中国石油海外安全管理研究和实践

中国石油国际勘探开发有限公司 ◎ 编

石油工业出版社

内容提要

本书收录了中国石油海外安全管理实践、安全和应急实践、管理创新实践与事件分享四方面的内容，从不同视角、不同维度展现了中国石油海外安全管理实践。

本书既可作为石油企业海外工作人员的学习读物，也可作为海外业务安全管理人员的参考资料。

图书在版编目（CIP）数据

中国石油海外安全管理研究和实践／中国石油国际勘探开发有限公司编 . —北京：石油工业出版社，2022.10
ISBN 978-7-5183-5574-7

Ⅰ.①中… Ⅱ.①中… Ⅲ.①石油企业—海外企业—安全管理—研究—中国 Ⅳ.① F426.22

中国版本图书馆 CIP 数据核字（2022）第 164427 号

出版发行：石油工业出版社
　　　　（北京安定门外安华里 2 区 1 号楼　100011）
　　　网　　址：www.petropub.com
编　辑　部：（010）64523548　图书营销中心：（010）64523620
经　　销：全国新华书店
印　　刷：北京中石油彩色印刷有限责任公司

2022 年 10 月第 1 版　2022 年 10 月第 1 次印刷
787×1092 毫米　开本：1/16　印张：20.5
字数：418 千字

定价：98.00 元
（如出现印装质量问题，我社图书营销中心负责调换）
版权所有，翻印必究

《中国石油海外安全管理研究和实践》

编委会

主　　　任：陈金涛
执行副主任：黄先雄
副　主　任：阎世和　赵成斌
成　　　员：彭继轩　李　杜　杨意峰　刘丽萍　于　添
　　　　　　赵　潇　贺晓珍　史宝成

编写组

主　　　编：赵成斌
执行副主编：彭继轩
副　主　编：赵　潇　贺晓珍
成　　　员：杨意峰　刘丽萍　史宝成　曹民权　陆宝军
　　　　　　王红涛　邱　明　田慧颖　陈楚薇　王晓龙
　　　　　　陈昌明　邱智辉　李笑笑　李卿云　曹增民
　　　　　　冯军伟　李洪忠　王　劲　齐　睿　于佳禾
　　　　　　佟家珣　王翰超　张汀镐　王劲松　陈　默

Preface 序

在劈波斩浪中开拓前进，在披荆斩棘中开辟天地，在攻坚克难中创造业绩。自1993年"走出去"以来，中国石油国际勘探开发有限公司作为中国石油开展国际化经营的先行者和主力军，始终坚持"以人为本、安全第一"的理念，把安全环保放在各项工作的首位，树立安全核心价值观，以保障人的生命安全和健康、保护作业环境为前提，坚持速度、规模、效益与安全相协调，"不安全不投标，不安全不建设，不安全不生产"的理念深入人心，持续保持能源开发与生态环境的和谐，做到安全环保与生产经营同步规划、同步实施、同步发展，构建了积极优良的企业安全文化，有力保障了海外油气业务高质量发展。

面对百年未有之国际大变局和全球政治安全形势复杂多变、各国法律法规要求各不相同且日趋严格等复杂形势，中国石油国际勘探开发有限公司深入贯彻习近平总书记安全生产重要论述和生态文明思想，全面落实国家和中国石油天然气集团有限公司总体工作部署，围绕公司发展战略，服务生产经营大局，集中攻关，创建了一系列极具海外油气业务特色的安全管理实践，有序有效处理了各类突发事件，保障了海外油气业务正常生产经营活动，确保了员工生命安全与身体健康。

本书收录了海外油气业务安全管理实践、安全和应急实践、管理创新实践、事件分享，从不同视角、不同维度展现海外安全管理工作与成果。以南苏丹紧急撤离来说，面对突发困难，我们有方案、有计划、有担当、有行动，充分诠释了中国石油"互利共赢、合作发展"的合作理念，获得了南苏丹总统基尔"患难见真情"的肺腑感慨。

历史写下辉煌过往，时间掀开崭新一页。知所从来，方明所往。为持续提升海外油气业务安全管理水平，不断总结各类场景应对经验，记录海外油气业务安全管理亮点工作，广泛营造良好的安全管理文化，完成安全生产从严格监管阶段向自主管理阶段的跨越，中国石油国际勘探开发有限公司质量健康安全环保部编写出版了《中国石油海外安全管理研究和实践》一书。本书回顾和见证了中国石油海外油气业务安全管理工作一贯以来"以人为本、安全第一"的理念，也从侧面反映了海外油气业务"从无到有、从小到大、从弱到强"的艰苦奋斗历程。述往思来，向史而新，本书为从事海外油气业务的广大员工提供了海外 QHSE 管理方面的翔实资料和经验总结，具有非常高的学习和参考价值。

梦在前方，路在脚下，自强者强，自强者胜。在攀登安全高峰中追求卓越，在肩负安全重任时行胜于言。当前，全球新冠肺炎疫情、国际政治形势的复杂变化对我们保障员工生命安全提出了新要求，海外油气业务面临新挑战。我们将持续学有所悟、而后笃行，以国家战略需求为导向，不断做好每一件事，完成每一项任务，履行每一项职责，踔厉奋发、勇毅前行，坚定不移推进安全生产向自主管理跨越，为中国石油建设基业长青的世界一流综合性国际能源公司更多更好贡献海外力量！

陈金海

2022 年 10 月

Foreword 前言

中国石油国际勘探开发有限公司（以下简称"中油国际"）始终秉承互利共赢的合作原则，牢固树立"员工生命高于一切"和"以人为本，质量至上、安全第一、环保优先"的社会安全和 QHSE 管理理念，将中国石油的优良传统与中油国际的良好实践相结合，形成了一套具有中国石油特色的海外油气业务安全管理体系，实现了安全风险可控、受控、在控、能控，各项安全指标达到国际油气行业先进水平，为海外油气业务高质量发展提供了强有力的保障。

以史为鉴，可以知兴替。回首过去，总结优秀经验，是对历史的记录也是未来管理提升的重要手段。中油国际社会安全和 QHSE 管理历经 30 年，从无到有，从被动的事故管理到主动的风险管理，逐步走向了成熟，业绩得到了持续改进。

1993 年至 2003 年是中油国际社会安全和 QHSE 工作探索起步的 10 年，委内瑞拉项目、哈萨克斯坦项目和苏丹项目等依据国际实践各自建立 HSE 管理体系，中油国际本部未组建独立的健康安全环保部（简称"HSE 部"），由 2 名员工组成的 HSE 办公室先后挂靠在勘探部、总工程师办公室等职能部门，主要负责完成中国石油下达的安全环保工作和本部范围内 HSE 工作，利用技术标准、规范和过往经验开展管理工作，逐步探索与国际化管理接轨。海外项目的 HSE 管理水平主要取决于接管前项目的 HSE 管理水平及接管后合作伙伴的 HSE 管理水平和要求。

2004 年至 2010 年，中油国际本部成立了 HSE 部，初步建成 HSE 管理体系并推广实施。2004 年 5 月 21 日中油国际 HSE 部正式成立，人员编制从 2 人增加到 4 人，中方享有作业控制权的项目明确了中方 HSE 总监，联合作业项目明确了中方 HSE 协调人，部分项目配备了现场 HSE 监督。2004 年 8 月 10 日，中油国际举办 HSE 体系标准宣贯培训，标志着中油国际 HSE 管理体系工作进入了实质性阶段，2004 年 12 月 31 日，中油国际正式发布中文版 HSE 管理体系，包含手册、程序和作业指导书等文件，以风险管理为主线，强调领导与承诺的核心作用，遵循 PDCA 循环，开创了中油国际 HSE 体系化管理的先河。2007 年 1 月 2 日，中油国际成立应急值班办公室，负责公司的 24h 应急值班，由 HSE 部负责组织运行。

在这一阶段，海外项目社会安全和 HSE 管理取得了骄人业绩，得到多方认可。

2007年9月委内瑞拉项目穆龙新、彭继轩和吕功训等完成的"HSE管理中的风险分析方法"项目荣获石油企业2007年度管理现代化创新成果一等奖（行业部级）。2008年1月厄瓜多尔安第斯石油公司因出色保护当地热带雨林环境而荣获"世界石油HSE与可持续发展最佳公司"和英国伦敦能源所"世界环保奖"提名。2008年11月窦立荣、齐金郦、刘烈强等完成的"乍得项目安保体系建设及其成功应用"项目及齐金郦、赵奇志、许文庆等完成的"承包商HSE管理"项目分别荣获石油企业2008年度管理现代化创新成果一等奖和二等奖。

2011年至2017年，中油国际社会安全和HSE管理逐步规范，通过了国际认证。2011年，编制"2011—2015年HSE管理体系建设推进计划"，进一步加强海外业务HSE管理体系建设工作，提高海外业务HSE管理的整体水平，提升中油国际在国际油气市场上的核心竞争力和文化软实力。2012年，在中国石油HSE管理体系总体框架下，结合不同项目的作业权特点和合同模式，建立满足国际油气业务运作需要、共性通用、统一规范的HSE管理制度体系，印发更新版HSE管理体系，包括手册和程序等63个文件。各海外企业、项目公司根据自身规模、业务性质、HSE风险、生产经营目标、安全文化发展阶段、资源国法律法规和标准、相关合同和协议等，形成与板块HSE管理体系有机衔接、结构清晰、流程顺畅、简明实用、特性突出的HSE制度、程序、规程、管理方案、方法和工具。中油国际本部和海外多个项目的体系通过了ISO 14001环境管理体系认证和OHSAS 18000职业健康和安全管理体系认证。中油国际HSE部齐金郦、王晓龙和彭继轩等完成的"海外HSE风险评估与应急响应机制研究和实践"课题荣获2011年度中国石油科学技术进步奖二等奖。安第斯公司张兴和赵新军等完成的"以创新和谐油区为核心的大型海外项目公司社会责任管理"项目荣获2014年度石油企业管理现代化创新成果一等奖。

2018年至2022年，中油国际社会安全和QHSE（质量健康安全环保）管理更加完善，业绩得到持续提升。2018年，中油国际正式印发中油国际HSSE控制框架，相继更新完善了HSE和社会安全政策、标准、手册和程序等文件。2019年1月1日，成立海外HSSE技术支持中心，为HSE部和海外项目HSSE管理提供技术支持。2019年，质量管理职能由企业管理部变更为HSE部，明确质量管理职责，2020年将质量管理纳入HSE管理体系，正式形成QHSE和社会安全管理控制框架，建成面向海外业务的简明、规范且遵循国际管理理念的QHSE管理体系。在近三年开展的外审工作中，中油国际控制框架赢得了国际认可，分别获得了ISO 9001、ISO 14001和ISO 45001等国际认证，中油国际QHSE和社会安全管理能力持续提升，管理业绩持续攀升。

中油国际QHSE管理控制框架包括：公司质量健康安全环保政策和社会安全政策、

管理体系等 12 项管理标准，健康手册等 12 个手册，救命规则等 46 个程序规范和特种设备管理指南等若干个 QHSE 管理指南。其中，政策、标准、手册和程序规范为强制执行，管理指南为推荐执行。各海外项目结合自身规模、业务性质、资源国法律法规和合同模式等，分别与公司 QHSE 管理控制框架进行对接，更新完善手册、程序和作业文件，突出简明性和可操作性，有效提高 QHSE 风险管控能力。

本书是一本面向海外企业和海外员工的安全管理实用书籍。在本书中，读者将看到的是中国石油三十年来海外油气业务安全管理典型做法和案例，这些良好实践曾多次在国家应急管理部、国家卫生健康委员会及中央企业等组织的培训班上做过介绍和解读，得到了多方面的肯定和赞扬。经过资料收集、整理编辑、精心筛选，本书收录了四方面的内容，一是安全管理实践，包括境外旅程安全管理、项目全生命周期 HSE 风险管理方法、事件管理和绩效管理；二是安全和应急实践，包括苏丹 / 南苏丹转移撤离纪实、伊拉克安全实践、拉丁美洲地区安全文化纪实、中亚地区安全管理纪实；三是管理创新实践，包括创新社会安全危机应对策略、海外员工动态定位和预警系统开发和实践、伊拉克项目面临的安全风险与应对实践、拉美地区安全管理创新实践、伊拉克哈法亚项目韧性健康卫生保障系统和尼贝管道项目安全管理创新实践，以及多元安全文化创新与实践和环境管理信息化国际良好实践；四是事件分享，收录了近两年海外项目 QHSE 典型事件。各篇章从不同视角、不同维度展现了海外安全管理工作成果与经验教训，记录了海外油气业务安全管理亮点与精髓，具有非常高的学习和参考价值。本书既可作为石油企业海外工作人员的学习读物，也可作为海外业务安全管理人员的参考资料。

参加本书编写的人员有：中国石油国际勘探开发有限公司赵成斌、彭继轩、赵潇、贺晓珍、杨意峰、刘丽萍、史宝成、曹民权、陆宝军、王红涛、邱明、田慧颖、陈楚薇、王晓龙、陈昌明、邱智辉、李笑笑、曹增民、冯军伟、李洪忠、王劲、齐睿、于佳禾、佟家珣、王翰超、张汀镐，安全环保技术研究院李卿云，盈机技术服务（北京）有限公司王劲松、陈默等。

在本书编写和审定过程中，得到了中油国际董事长陈金涛，副总经理、安全总监黄先雄，中国石油海外防恐安全办公室主任李强等领导悉心指导。中油国际安全副总监阎世和、健康安全环保部全体人员为本书的编写做了大量工作，给予了全力支持，在此一并表示感谢。

为符合现场使用习惯，书中部分地方保留了非法空计量单位，请读者阅读时注意。由于作者水平所限，书中难免有疏漏不足之处，欢迎读者批评指正。

2022 年 10 月

目录

第一篇　安全管理实践

第一章　境外旅程安全管理 …… 3
　第一节　概述 …… 3
　第二节　管理要求 …… 3
　第三节　出行安全 …… 5
　第四节　出行风险防范指南 …… 7
　第五节　个人常见威胁及应对措施 …… 13

第二章　项目全生命周期 HSE 风险管理方法 …… 17
　第一节　概述 …… 17
　第二节　项目背景与特征 …… 19
　第三节　风险评估与管控 …… 20
　第四节　影响评价与预防 …… 22
　第五节　实施保障与支持 …… 23
　第六节　小股东项目管理原则 …… 24

第三章　事件管理 …… 25
　第一节　概述 …… 25
　第二节　职责界定 …… 25
　第三节　管理要求 …… 26
　第四节　事件分级 …… 33
　第五节　事件调查报告模板 …… 37

第四章　绩效管理 …… 39
　第一节　概述 …… 39

第二节	安全业绩评价管理体系创建	39
第三节	安全业绩评价管理系统推广应用	44
第四节	安全业绩评价管理系统运行效果	45

第二篇 安全和应急实践

第一章 苏丹/南苏丹转移撤离纪实 49
| 第一节 | 南苏丹37区油田现场非关键岗位人员撤离 | 49 |
| 第二节 | 苏丹1/2/4区项目紧急撤离 | 51 |

第二章 伊拉克安全实践 55
| 第一节 | 哈法亚油田项目精准有效防控风险实践 | 55 |
| 第二节 | 艾哈代布油田项目能源合作 | 64 |

第三章 拉丁美洲地区安全文化纪实 68
第一节	拉美公司安第斯项目安全文化建设	68
第二节	中国石油在委内瑞拉的木薯情结	71
第三节	中国石油南美洲地区和谐油区建设	72
第四节	秘鲁1AB项目与亚马孙原住民培育良好关系	77
第五节	安第斯项目强化HSE培训严控岗位风险	78
第六节	委内瑞拉乳化油项目健步走和阳光心态活动	80
第七节	秘鲁6/7区项目坚持互利共赢树立良好形象	83

第四章 中亚地区安全管理纪实 87
| 第一节 | 用质量管理筑牢一流企业的根基 | 87 |
| 第二节 | 镌刻下中国石油的厚谊深情 | 92 |

第三篇 管理创新实践

第一章 创新社会安全危机应对策略 97
| 第一节 | 背景介绍 | 97 |

第二节　事件应对挑战 …………………………………………………… 97
　　第三节　事件应对创新策略 ……………………………………………… 98
　　第四节　应对结果与展望 ………………………………………………… 105
第二章　海外员工动态定位和预警系统开发和实践 ……………………… 106
　　第一节　概述 ……………………………………………………………… 106
　　第二节　背景和目标 ……………………………………………………… 106
　　第三节　系统开发瓶颈问题 ……………………………………………… 107
　　第四节　系统核心思路 …………………………………………………… 108
　　第五节　建立风险智库系统 ……………………………………………… 109
　　第六节　建立智慧创新型海外社会安全综合服务平台 ………………… 115
　　第七节　建立动态风险分布地图 ………………………………………… 118
　　第八节　取得的效果 ……………………………………………………… 122
第三章　伊拉克项目面临的安全风险与应对实践 ………………………… 124
　　第一节　中国石油在伊拉克项目面临的主要社会安全风险 …………… 124
　　第二节　伊拉克安全形势应对策略和措施 ……………………………… 127
　　第三节　结语 ……………………………………………………………… 135
第四章　拉美地区安全管理创新实践 ……………………………………… 136
　　第一节　安第斯公司社会责任管理实践 ………………………………… 136
　　第二节　安全风险量化和应急体系建设实践 …………………………… 152
第五章　伊拉克哈法亚项目韧性健康卫生保障系统 ……………………… 166
　　第一节　韧性健康卫生保障系统实施背景 ……………………………… 166
　　第二节　韧性健康卫生保障系统操作模型 ……………………………… 167
　　第三节　网格化递阶医疗救助体系的创新及实践 ……………………… 170
　　第四节　员工健康适岗管理框架的探索及实践 ………………………… 174
　　第五节　员工心理韧性提升方案及实践 ………………………………… 178
　　第六节　公共卫生和环境卫生类健康威胁的管理方案及实践 ………… 180
　　第七节　韧性健康卫生保障系统的实施效果 …………………………… 182

第六章　尼贝管道项目安全管理创新实践 ·········· 183

第一节　执法记录仪对不安全行为规避的实证研究 ·········· 183
第二节　中资企业境外项目新冠病毒防疫衍生安保风险分析与规避 ·········· 188
第三节　海洋石油工程平台安全管理策略分析 ·········· 193
第四节　非洲工程施工安全管理 ·········· 196
第五节　海因里希因果连锁理论与 HSE 执行力 ·········· 202
第六节　海外石油化工行业污水处理技术 ·········· 207
第七节　防御性驾驶技术在丘陵丛林作业中的应用 ·········· 210
第八节　长输管道线路焊接一个平台两项支点管理实践 ·········· 212

第七章　多元安全文化的创建与实践 ·········· 221

第一节　社会安全管理体系的持续推进与有效运行 ·········· 221
第二节　多元文化环境中的 HSE 管理创新 ·········· 222

第八章　环境管理信息化国际良好实践 ·········· 225

第一节　环境绩效指标体系的建立方法 ·········· 225
第二节　国际石油公司实例分析 ·········· 238
第三节　对标分析 ·········· 245
第四节　完善建议 ·········· 252
第五节　环境信息收集工作流程与方法 ·········· 255
第六节　环境管理信息化系统 ·········· 264
第七节　总结与建议 ·········· 273

事件分享（Alert）

01　Hand Injury Caused by Ventilation Fan ·········· 277
02　Fiber Optic & Power Cables Damage ·········· 278
03　Car Crashed by Animal in Night Driving ·········· 279
04　Maintenance on Hydraulic Unit without Lockout-Tagout ·········· 280
05　Speeding Rollover Accident ·········· 282

06	Person Standing on a Handrail without Fallen Protection	283
07	Rig Site Accommodation Fire	284
08	Excavation Violate Procedures	285
09	Running Casing Accident	287
10	Overturned Mobile Elevating Mobile Platform	288
11	Lowering a Person Using the Air Winch	289
12	Tires Burst Causes Vehicle Rollover	290
13	Hand Injury Caused by Working in the Line of Fire	292
14	Gradual Rotation of Pipe Spool	293
15	T-Handle of Manual Tong Broke Off	294
16	Kitchen and Surrounding Got Fire	295
17	Loss of Load whilst Making a Right-hand Turn	297
18	IP Trapped Finger in Cabin Door	298
19	Iron Band Chain Falls from TDS	299
20	Loader Struck by Flatbed Truck	301
21	Fire and Sulfur Dioxide (SO_2) Intoxication	302
22	Team Started Working without Approved PTW/Proper PPE	303
23	Uncertified Lifting Points	305
24	Deep Fat Fryer Caught Fire	306
25	Fell Down from Mobile Scaffolding	307

附录：缩略词 ………………………………………………………………… 309

后记 …………………………………………………………………………… 311

第一篇

安全管理实践

第一章

境外旅程安全管理

境外单位中方人员国际旅行、赴作业区现场工作、所在城市内通勤，面临诸多安全风险，为确保人员安全，涉外企业和境外单位均应建立并实施旅程安全管理规定或程序。

第一节 概　　述

境外单位国内本部（涉外企业）以及境外单位制定旅程安全管理规定或程序时，应分别遵从我国和境外单位所在国法律法规。

旅程安全管理程序编制完成后，应通过单位 HSE（安全生产）委员会审定和批准。

各单位健康安全环保部或者安保部或者综合管理部应负责本程序的归口管理，负责建立、维护和解释本程序，指导各境外单位开展旅程安全管理工作。

境外单位应依据国内本部程序建立和实施旅程管理程序。境外各单位旅程安全管理遵循"直线责任、属地管理"原则，社会安全管理部门负责指导本单位各部门及所属单位开展旅程安全管理工作，相关职能部门具体负责旅程安全管理程序的执行，并提供培训、监督、考核。

第二节 管理要求

各境外单位应建立健全旅程审批制度，员工出行（包括国际旅行、所在国旅行、外出作业、城市内商务/因私外出，不包括员工小区/院内散步）应按管理权限报批。表 1-1-1 是一个境外作业出行审批表模板。

高风险及以上国家所在单位应制定员工上下班通勤、工作外员工出行安全管理规定。

高风险及以上国家所在单位应坚持非必要不出行，出行前应先做风险评估，出行期间应保持高度警惕，做好安全防护。

极高风险国家所在单位，中方人员出行应乘坐防弹车，穿防弹背心，安排安保力量护卫，定时反馈旅程安全信息。

表 1-1-1　境外作业出行审批表模板

单位：					
计划出发时间		出发地点		目的地	
旅程安全负责人		联系电话			
目的地联系人		联系电话			
交通工具 1	乘客及保安人员姓名	交通工具 2		乘客及保安人员姓名	
（驾驶员姓名） 交通工具编号：		（驾驶员姓名） 交通工具编号：			
中途休整（夜宿）					
夜宿地点	夜宿日期		露宿安全计划 / 详细情况		
计划检查表（检查完后用√标记，Y—是，NA—不相关）					
最新地图 /GPS　　　　通信设备良好　　　　当地政府通行证　　　　应急食品 撤离计划　　　　　　交通工具检查　　　　水（至少满足 48h 供给）　　劳保用品 急救包　　　　　　　出发前安全事项　　　应急物资检查　　　　　　其他					
出行路线（每 2h 一次或到达主要城镇汇报）					
第一次报告记录					
第二次报告记录					
第三次报告记录					
抵达目的地记录					
风险评估情况：		负责护卫的安保力量核准（根据需要）：			
		单位主要负责人或授权人			
		旅程安全负责人签字			
		出发地安全负责人签字			

境外所在单位应制定夜间出行管理规定。在高风险国家或地区，夜间出行，必须经境外大区公司或境外单位主要负责人批准。当预警等级为红色级别时，夜间禁止出行。

境外员工应严格遵守上述旅程安全程序或规定，时刻保持警觉，及时汇报可能影响自身安全的局势变化及相关情况。员工出行应熟知、遵守出行风险防范指南（见第四节）和个人出行常见威胁及应对措施（见第五节）。

第三节 出行安全

出行方式包括车辆、飞机、船只等。高风险及以上国家出行，严禁骑行或步行。极高风险国家所在单位，中方员工严禁乘坐公共交通工具（飞机除外）。

一、出行前

出行前必须制订旅行计划，开展风险评估，并履行出行审批程序。

（一）风险评估

出行前应做好风险评估。应预估可能出现的或影响出行的风险，如车辆、直升机或船等交通工具出现故障，遭遇暴雨、大风、沙尘暴等恶劣天气，遇到伏击或过境延迟等情况，制订简要的行动计划。应对计划要简单、实用、可操作。

若风险危及人员生命安全，则停止出行；若风险可控，应针对途中和目的地存在的各种威胁，提前采取规避和应对措施，将出行安全风险降到最低。出行前由交通安全负责人签署出发令。没有出发许可，不得出发。

（二）路线选择

应尽量避免可能发生游行示威、武装抢劫或者其他任何可能威胁道路安全的地段。

确定主路线，然后确定至少一条可行的备选路线。在主路线存在风险时，可以绕过原主路线的任何或全部路段。

驾驶员必须熟知备选路线。如果时间和资源允许，须对所有的备选路线进行全面勘察。

在极高风险地区，车辆出行时，应有安保护卫。

（三）安全防范

做好车况安全检查，确认安防设施、保安护卫、应急物资等符合要求；出行期间应遵循低调原则，携带适当额度的应急备用金，避免与当地人发生冲突，及时化解矛盾。

二、出行期间

（一）车速

在出车前，要设定一个车速，保证所有车辆能一起行驶。

（二）车距

行驶过程中，应保持安全车距。临时停车时，要注意观察周围的情况。在情况恶劣的条件下，不得停车。

（三）通信

必须配备至少两种有效通信工具，并保持每隔 2h 或每到达一处休息地时与项目部联系一次，同时在出行审批表上做好联系记录。出行期间，车辆之间如在视线之外，应至少每 30min 联系一次。

（四）袭击事件

出行期间，若遭到袭击应以最快速度冲出危险区。车队负责人所坐的头车应确定一个安全的集合地，等候每一辆通过袭击的车辆。

未到达袭击点的车辆应立即停止前进，并返回出发地。如必须到达目的地，应采用备选路线。

遇到袭击时，应在第一时间向出发地和目的地交通安全负责人报告。

三、抵达后

当到达目的地后，驾驶员必须向交通安全负责人报告，告知已经抵达。然后，通知出发营地交通工具、人员到达的数量和到达时间。

启程返回营地时，必须通知交通安全负责人出发时间和预计抵达营地时间。

抵达目的地后，驾驶员应汇报旅程中遇到的异常情况。

四、晚点抵达

如果比预计到达时间晚到 30min，本旅程交通安全负责人必须立即向上级汇报。如果在预计到达时间 1h 后仍未到达，应立即启动应急响应程序。

五、流动作业安全

到达流动作业现场后，应在作业期间合理配置保安力量和必要的物理和技术防护措施，根据现场实际情况，做好保安力量的部署、巡逻安排，明确突发事件的报警、集结及撤离等现场处置方案。在同一作业区域内的各单位之间应建立社会安全情报信息共享机制，及时通报社会安全威胁和事件。

第四节　　出行风险防范指南

一、出发前准备

出国（境）前应接受全面的出国前安全培训。

（1）根据目的地特点制订差旅计划，包括时间节点和安全路径等，并根据目的地的安全形势，制订紧急情况下的备选方案。差旅计划应在出发前通报上级领导和对接的单位或人员，并在旅途中的关键节点及时汇报安全情况。

（2）提前获取并熟记目的地所在单位 24h 应急电话，了解中国驻当地使（领）馆、公司常驻该国（地区）办事机构的地址和联络电话，以及当地火警、急救、警察、安保合作伙伴等应急电话以便及时求助。

（3）检查护照有效期，确保护照剩余有效期在 6 个月以上；办妥目的地国签证；核对机票；购买必要的保险；进行全面体检，并根据目的地国家的要求和传染病流行情况，进行必要的预防接种，并随身携带接种证明（俗称"黄皮书"）。

（4）了解有关国家的海关规定，注意目的地国海关在食品、动植物制品、外汇等方面的入境限制。禁止携带毒品、国际禁运物品、受保护动植物制品及前往国禁止携带的其他物品等出入境。切勿为陌生人携带行李或物品。如携带大额现金，必须按规定向海关申报。

（5）学习《中国领事保护和协助指南》有关内容，了解当地法律规定、风俗习惯、宗教信仰、气候、流行病、交通、治安、饮食、住宿等情况。

（6）掌握差旅目的地动态，时刻关注"领事直通车"、公司发布的安全提醒、警示等境外安全信息，提前采取安全防范措施。

二、出行期间安全防范

（1）遵守外出管理制度，规范外出行为。离开驻地或安全区域，应履行请假或报告程序。

（2）外出时注意携带护照、入境许可、签证等证件或复印件。

（3）外出时注意交通安全，遵守当地法律，注意自己的言行。

（4）避免长期有规律的外出，避免单独及夜间在黑暗僻静处、贫民区、抢劫偷盗多发地行走或停留。

（5）远距离外出时，要准备基本的急救物品，并准备本地语言常用词汇，以便紧急情况下能与当地人沟通。

（6）尊重当地习俗、宗教信仰，不在公开场合谈论政治、宗教等敏感话题。

（7）出入公共场所应提高警觉，熟悉安全疏散通道，知晓应急避难场所。

（8）保持手机电量充足，随身携带宾馆名片、紧急联系卡。手机设置快捷呼叫功能。

（9）保管好随身携带的证件和财物，不随身携带大额现金和贵重物品，不露富，不炫富。

（10）不向陌生人透露个人信息，不搭乘陌生人便车，不食用陌生人递给的食物和饮品。

（11）不要进入赌场、夜总会等娱乐场所。

（12）尽量避免前往人群密集地点。遇游行示威、街头斗殴等，不要围观、询问或停留，立即远离现场。

（13）如发生被抢、被盗、被骗或被打事件，尽快向警方报案，并通知公司和境外单位。

三、宾馆安全

（1）选择社会治安形势好、交通便利的宾馆入住，并确保从宾馆出行不穿越危险区域，宾馆安保措施完善，卫生状况良好。

（2）办理入住手续时，看管好行李物品，注意防止个人信息泄露。

（3）入住宾馆后，及时浏览房间整体情况，查看房间地图，了解安全通道、灭火器、报警器的位置，以及紧急情况下的逃生方式和路线。

（4）检查房间门锁是否完好，拉上安全门链；检查窗户是否关闭，天黑后要拉窗帘；测试房间内的电话能否正常使用；注意关注当地新闻，了解所在地的最新安全情况；注意水、电、燃气安全。

（5）不要轻易给陌生人开门，要先通过门镜看清对方，问明来意。

（6）睡觉时，要把手机放在床边，并把报警电话或者同行人员的电话存为快捷键，以便遇有紧急情况时及时报警或求助。

（7）外出时记下宾馆的名称、地址、电话，或随身携带宾馆名片。

（8）回房间时，若发现门窗有异样，切勿盲目入内，应告知宾馆服务人员，必要时报警。

（9）离开宾馆时，仔细检查有无遗留物品，并留出充足的时间办理退房手续。

四、驻地安全

（1）遵守驻地的规章制度，严禁在屋内私藏易燃、易爆物品。

（2）入睡前，检查门窗，防止夜间入室偷盗等。

（3）如有来访，未经确认前不要让陌生人进入房间。

（4）妥善保管现金、贵重物品。

（5）注意水、电、燃气安全，防止发生触电事故、燃气泄漏和火灾。长时间出门要把电源、水和燃气关掉。

（6）做好应急物资的储备，包括食物、水、急救包等。

（7）外出归来时，若发现门窗异样，不要贸然入内，确认有异常情况时尽快报告。

五、乘机安全

（1）尽量选择大型且安全记录优良、准点率高的航空公司出行。避免乘坐事故多发、价格低廉、安检松懈的航班出行。

（2）了解航空公司名称、飞机型号、沿途天气情况、转机地点、等待时间等相关情况。

（3）贵重物品、重要文件资料要随身携带，不得托运。

（4）如需转机，选择飞机机型新、转机次数少的航线飞行，尽可能在安全形势相对较好的国家（地区）进行转机。

（5）关注天气变化，遇到恶劣天气时，避免乘机出行。

（6）乘机前，告知家人和接机人所乘航班、出发和到达时间。

（7）需要接机时，应事先了解接机人相貌特征、姓名、电话。

（8）出发前检查好行李箱并上锁。到达后，如行李箱有异样，及时与机场工作人员联系。

（9）如需携带药物，应确保药物装在带标签的原始药瓶中。必要时，携带医药处方。

（10）遵守有关乘机安全规定，全程系好安全带。注意倾听飞机上的安全讲解，了解机上安全设备的使用方法和紧急逃生出口位置。遇有意外情况时，保持冷静，听从乘务人员指挥。

（11）注意保护个人信息，保管好有个人信息的票证。

六、乘坐自有车辆

（1）如租用当地车辆，应选择资信好、规范经营的租车公司，确认所租车辆车况良好，保险及行车证等证件齐全且在有效期内。

（2）使用车型和颜色大众化的车辆，尽量使用当地车牌。

（3）遵守当地交通规则。

（4）出行前，对车辆进行安全检查。随车配备急救包、灭火器、逃生锤等应急工具。

（5）评估出行风险，选择风险较低的路线。

（6）行车过程中，全程系好安全带。严禁司机食用违禁药物和车辆行进时使用移动电话。杜绝司机疲劳驾车，避免夜间行车。

（7）不要在政府机关、军营、警察局等敏感地点停留拍照。

七、乘坐公共交通工具

（1）高风险国家或地区，原则上不乘坐公共交通工具出行；极高风险国家或地区，严禁乘坐公共交通工具出行。

（2）乘坐公共交通工具时，尽量两人以上同行。

（3）留心观察车内情况，保管好随身物品。

（4）夜间不乘坐公共交通工具。

八、乘坐出租车

（1）选乘正规出租车，上车时需记下车牌号。

（2）不要在街上随意拦出租车。尽量通过宾馆联系出租车，或在指定的出租车等客停泊点等车。

（3）如乘坐不计程的出租车，事先与司机谈好价格，备好零钱。

（4）行驶途中，不要与司机闲聊，不要透露个人信息。

（5）注意看管好自己的行李物品，拿好所有行李后再付钱。

（6）避免夜间单独乘坐出租车。

九、自驾安全

（1）如需在境外驾车，应办理所在国及公司内部准驾手续。

（2）遵守所在国的交通法规。禁止酒后驾车、无证驾驶、超速行驶和疲劳驾驶。

（3）开车前检查车况是否良好，燃油是否足够，行车路线是否安全。若驾车远行，应提前了解目的地和沿途的天气状况。

（4）走近汽车前，先观察周围环境是否安全。上车后锁好车门，关好车窗。

（5）沿途不要搭载陌生人，不要开启车窗给乞讨者施舍财物。若发现被跟踪或有人意图拦车等状况，不要停车，视情况快速通过，或把车开到附近的安全场所。若车胎被扎，下车前要观察、判断周边情况，修车时一定要锁好车门。

（6）遇到警察盘查时，应立即停车，双手放在方向盘或置于胸前，不要做突然动作。对方要求下车或出示证件时，打开约 5cm 车窗，要求对方出示工作证，检查无误后再下车接受检查。

（7）夜晚停车应选择照明条件好的停车场。停车时，将车朝向可以快速驶出的方向停靠，启动车辆警报系统。下车时，不要将手包等贵重物品留在车内。

（8）车辆发生故障时应靠边停车，先观察周边有无异常，确保安全后再下车检查。

十、乘船安全

（1）尽量避免乘坐轮船出行，如必须乘坐，请务必关注天气变化，合理安排出行。遇到恶劣天气时，应避免乘船出行。

（2）尽量选乘管理规范、设备状况良好的大型船舶。

（3）按照规定穿戴好救生衣，了解救生设备的放置位置和紧急逃生路径。不要把危险物品、禁运物品带上船。

（4）乘船时，不要拥挤、争抢，不随意攀爬船杆，不跨越船挡。注意拍照安全，以防落水。

（5）如在行驶途中发现失火、漏水等意外情况，尽快向船员报告，听从统一指挥。

十一、交通事故

遇到突发交通事故，要做到：

（1）保持冷静，检查是否受伤；快速判断是否需要立即挪车。

（2）报告交警，在现场等待，直到警方到达并完成调查。

（3）将所有卷入车辆事故的汽车的车牌号码都记录下来，特别是要记住司机和目击人。

（4）方便的话，拍下事故现场。

不要：

（1）与对方争吵。

（2）与事故方争论责任问题。

（3）除非应急需要，一般不移动车子，除非交警要求。

（4）肇事逃逸。

注意：

（1）警察可能要 20min 或更长时间以后才能到达，你可以立即到周边的警亭、商店、饭店或者其他场所，等待警察到来。

（2）警察可能会用当地语言做书面记录。除非精通当地语言，否则不要在所谓的报告上签字。

（3）设法获得通晓当地语言的人帮助。

（4）在有些国家存在一定的讨价还价现象。

十二、劫机

（1）遵守劫机者的指令。如果不能理解，和其他人保持一样，不要引人注目。

（2）特别注意不要做或说任何可能被曲解或误解的事或言语。

（3）保持双手可见，不要让恐怖分子认为可能持有武器。

（4）保持警惕，记住周围的任何情况，但不要让人看出在四处张望。

（5）避免与劫机者目光对视，避免与之对抗，除非生命受到威胁。

（6）接受给予的食物，因为可能要在飞机上待很长时间，也无法确定此后能吃到什么。如果拒绝，可能会被认为存在敌意。

（7）留意紧急出口。

（8）人质经常被用作谈判的工具，不能做或说任何可能导致被挑选出来的举动或言语。

（9）在心中对情况恶化时须采取何种行动做好准备。

（10）在心中对可能被问到的关于自己的问题加以准备，避免被视为有特别价值的人质，尽可能弱化自己的职位。

（11）如果飞机被安全部队突袭，是任何劫持事件中最危险的时刻。安保部队不知道谁是恐怖分子，谁是人质，在分清之前，所有乘客都将被作为恐怖分子对待。

（12）营救过程中，应进行躲避，遵守所有命令，不突然移动，保持手和胳膊可被看到。

（13）不要试图协助安保部队，可能被意外地视为劫机者，留在座位上，尽量缩成一团。

十三、人身侵害防范

（1）穿衣着装要尊重当地风俗。在伊斯兰国家，女士严禁着装暴露，不宜穿过露、过紧、过透的衣服。

（2）在公共场所遭遇袭击时，要大声呼救，喝阻坏人，伺机摆脱。

（3）在偏僻地方遭袭击，切记保命为重，避免遭人身伤害。

（4）记住不法分子、相关交通工具及周围环境的特征，尽快向当地警局报案。同时向单位和驻外使领馆报告相关情况。

（5）及时与家人、朋友联系，告知案情。避免家人、朋友因信息不畅被不法分子借机欺骗、敲诈。

十四、恐怖袭击防范

（1）保持冷静，不要惊慌。

（2）遭遇炸弹爆炸：应迅速背朝爆炸冲击波传来方向卧倒，如在室内可就近躲避在结实的桌椅下。爆炸瞬间屏住呼吸、张口，避免爆炸所产生的强大冲击波击穿耳膜。寻找、观察安全出口，挑选人流少的安全出口，迅速有序撤离现场。及时报警。

（3）遭遇匪徒枪击扫射：应快速降低身体姿势，利用墙体、立柱、桌椅等掩蔽物迅速向安全出口撤离。来不及撤离就迅速趴下、蹲下或隐蔽于掩蔽物后，迅速报警，等待救援。

（4）遭遇有毒气体袭击：尽可能利用环境设施和随身携带的手帕、毛巾、衣物等遮掩口鼻，避免或减少毒气侵害。尽可能戴上手套，穿上雨衣、雨鞋等，或用床单、衣物遮住裸露的皮肤。尽快寻找安全出口，迅速有序地撤离污染源或污染区域，尽量逆风撤离。及时报警，请求救助，并进行必要的自救互助，采取催吐、洗胃等方法，加快毒物的排出。

（5）遭遇生物恐怖袭击：应迅速利用手帕、毛巾等捂住口鼻，最好能及时戴上防毒面罩。尽快寻找安全出口，迅速撤离污染源或污染区域。及时报警，请求救助。

第五节　个人常见威胁及应对措施

一、抢劫盗窃

在僻静地方或无力抵抗的情况下，切记保命为重，避免为保身外之物而遭受人身伤害。

（1）尽量满足对方要求如金钱、首饰、手表等。

（2）为了安全起见，没有十足把握（生命没有受到威胁之前）不要试图反抗，要设法尽快脱身。

（3）如果情况恶化，可考虑采取让对方分身无暇方法，如将现金散落在地上并立即脱离现场。

（4）直接进入避难所或安全地点。

（5）在避难所或安全地点向警察局或公司立即报告自己的情况。

二、绑架劫持

绑架劫持大多以图财为目的，遭遇劫持或绑架，应保持镇定，并尽量做到如下事项。

（一）劫持过程

立即判断，并决定停车还是迅速逃离。在多数情况下，停车并且交出财物是明智的选择。不贸然采取抵抗行动，不做任何突然的动作。将手放在劫持者可见的地方，不要反抗、争辩。迅速遵从劫持者的指令，要表示出自己没有任何威胁且很顺从。

（二）劫持后

如果已遭遇绑架或劫持为人质，作为人质，应谨记：

（1）保持镇定。接受现实，举止谨慎。

（2）认清现实并在精神上接受目前的困难处境。

（3）接受他人为自己治疗伤病，并真诚地与他们进行交流。

（4）接受给予的食物，即使食物很差。

（5）尽量在绑匪心目中降低自己对于公司的重要性，做到谦而不卑。

（6）永不放弃获救希望，保持积极乐观情绪。

（7）制订一个包括饮食、锻炼活动计划并坚持不懈地进行。

（8）利用好绑匪提供的便利，例如书籍、报纸或者广播。如果没有，可尝试提出此类要求。

（9）小心留意身边的环境以及绑匪的行为细节。

（10）即使生活在脏乱的环境，也要尽量保持整洁并适当地要求绑匪提供洗漱用品。

（11）尽量与绑匪友好相处。

（12）不要对绑匪做无用的抵抗；要认识到自己在他们的掌握之中，尽量服从他们的要求。

（13）不要交谈涉及争议的话题，例如政治信仰或革命问题。

（14）不要透露对绑匪可能有用的信息，例如其他行政人员，家庭住址以及公司安保管理问题等。

（15）不轻易尝试逃脱，除非有很大的成功概率。

（16）努力记录时间。

（17）相信直觉，要坚信公司不会抛弃自己。

（18）不要轻易相信所听到的，对待人和事采取谨慎怀疑的明智态度。

（19）不要期望会被立刻释放，思想上要做好长期吃苦的准备，也许是数个月或更长的时间。

（20）不要让自己的想法被绑匪左右，尝试取得对方的尊重。

三、武装袭击

（一）路遇袭击

（1）在空旷的地面受到袭击立即俯身寻找遮盖物，趴在地上，不要奔跑，观察周边当地人的情况。

（2）如必须移动，采取匍匐前进或者打滚方式，尽可能地保持低位，贴近地面并使用一切可以利用的遮蔽物。

（3）如看到即将爆炸的手榴弹等爆炸物品接近自己且又无法躲避的情况，应平躺在地上，双脚和双膝紧紧贴在一起，将脚底朝向爆炸物品位置。因为爆炸将以爆炸物品为中心向外呈圆锥形释放火力，在这种姿势下，鞋、脚和腿会保护人体的其他重要部位从而最大限度地减轻伤害。

（4）如果在车上应迅速判断是否针对我们，可以的话一直开过去或调头沿原路返回，人员注意放低身体，保护头、胸等重要部位；如果不可以，从背着开火的一面下车并隐蔽。

（5）车辆上人员应尽量压低身体。

（6）谨记，看不见交火并不表示安全。

（二）营地遭遇袭击

（1）已在房间人员，待在房间不动、插好门栓，躲在房间。不要出门查看，通过通信与其他房间保持联系，并上报。

（2）在室外人员，应迅速卧倒、降低身体暴露面积的同时，可匍匐、转移至最近的避弹所或加固的躲藏点，在枪击时间内，人员一律不得跑动，或站起身来查看。

（3）听到枪声，利用电台、手机等上报，或用喇叭短促的信号、电铃等，提示其他所有人员卧倒或进入躲藏点。

（4）如果枪击时间较长，或持续时间不定，有条件的情况下，人员全部转移至避难所。

（三）冲击、围攻驻地

（1）遇到当地人员围攻驻地、冲击驻地或要求停止施工等以经济利益为目的突发事件时，不得强行阻止，立即将信息及时上报，由上级部门进行协调、解决。

（2）中方人员不要与当地人员争辩、解释，也不要劝阻等。

（3）中方人员保持镇静，不要惊慌失措，到处乱跑，也不要喊叫。

（4）如当地人员持棒、枪等冲击驻地，应立即回到房间，插好门栓待命。任何人不得打开房门或出去查看。

（5）通过电台、手机、卫星电话等，及时通知、报警、上报。

（四）工作场所暴力

（1）实施严格的门禁控制程序。
（2）警惕员工中的攻击性行为。例如，威胁、攻击性的怒气爆发、过度发怒等。
（3）对可能被报复的事件进行报告。
（4）一旦发生暴力事件，立即通知安保人员。
（5）必要时向人力资源部门报告，以实施纪律处分措施。
（6）报警。

（五）民众骚乱

（1）尽量避开大型集会，如果正在开车，要尝试转向离开。如果不能驶离该路线，将车停靠在路边让示威的人群过去，停靠时锁上车门，关好车窗，不要熄火。

（2）如果遇上游行示威，应立即远离该区域；到附近的大型商店或酒店避难；立即通知同事。

四、非法拘禁

遭遇非法拘禁，可采取如下措施：
（1）保持克制与冷静，要求向外界联系。
（2）确认对方身份，判明对方目的。
（3）不轻易屈服敲诈勒索。
（4）表现出有耐心、有合作性。

（5）不签署看不懂或有疑虑的文件。

（6）不随便承认任何事或主动提供任何信息。

（7）不陷入对方以释放为条件，诱骗为其做事的诡计。

五、跟踪监视

（一）确认被监视

尝试发现监视行为：

（1）改变车速，同时注意后方车辆的动向。

（2）频繁停车。

（3）在路边或弯道处突然停车。

（4）驶入车道和停车时，注意周围车辆动向。

（5）突然加速，然后减速或者停车。

（6）将车调头或停车。

（7）经常回头，环顾四周。

（8）偶尔停步做动作。

（二）避开监视

（1）将车开到最近的安全场所（警察局、商业购物中心等）。

（2）尽量规避嫌疑车辆，避免超速。

（3）检查门窗是否锁好。

（4）走高速公路或者快速通道，不走小道。

（5）不使用方向指示灯。

（6）选择有多个出入口的场所，寻找机会摆脱监视。

（7）变换步行速度和方向。

（8）走繁忙的路口，利用红绿灯变换摆脱。

（9）确保自身安全后，立即报警并通知同事。

第二章

项目全生命周期 HSE 风险管理方法

第一节 概　　述

基于海外油气项目投资风险管控特点分析，为使项目全周期 HSE 风险被准确识别和有效应对，各阶段的 HSE 管理工作应确保信息收集的效率与质量，信息分析的准确与实用，管理方案的针对性和可操作性，绩效考核的目标明确与监督有效。

结合海外油气项目的 HSE 管理框架，以及项目全周期各阶段工作重点，海外油气项目 HSE 管理的总体工作流程示意图如图 1-2-1 所示。

在项目全周期的 HSE 管理工作流程中，可以采取适当的工作方法进行基础性的信息识别收集、专业性的信息分析评估、针对性的管理方案设计，以及持续性的效果监测改进，并且有一些技术方法会同时涵盖信息收集、信息分析和方案设计等多方面工作，上述工作方法按其主体工作内容可以分为 4 类。

一、项目背景与特征

收集和查明项目 HSE 相关的外部条件、内部特征、实施要求和限制等基础信息，主要工作方法包括基线调查、政策法规识别、利益相关方识别、环境因素识别等。

二、风险评估与管控

对基础信息进行分析，评估项目 HSE 相关的风险，并论证相应的风险管控措施，主要工作方法包括国别风险评估、尽职调查、危害与效果管理登记、风险评估、最低合理可行（ALARP）原则风险管控措施论证、工艺安全分析、公众参与计划、社会安全分析、应急预案等。

三、影响评价与预防

对基础信息进行分析，评估项目 HSE 相关的影响，并论证相应的影响管控措施，主要工作方法包括环境影响评价（EIA）、职业病危害预评价、安全预评价等。

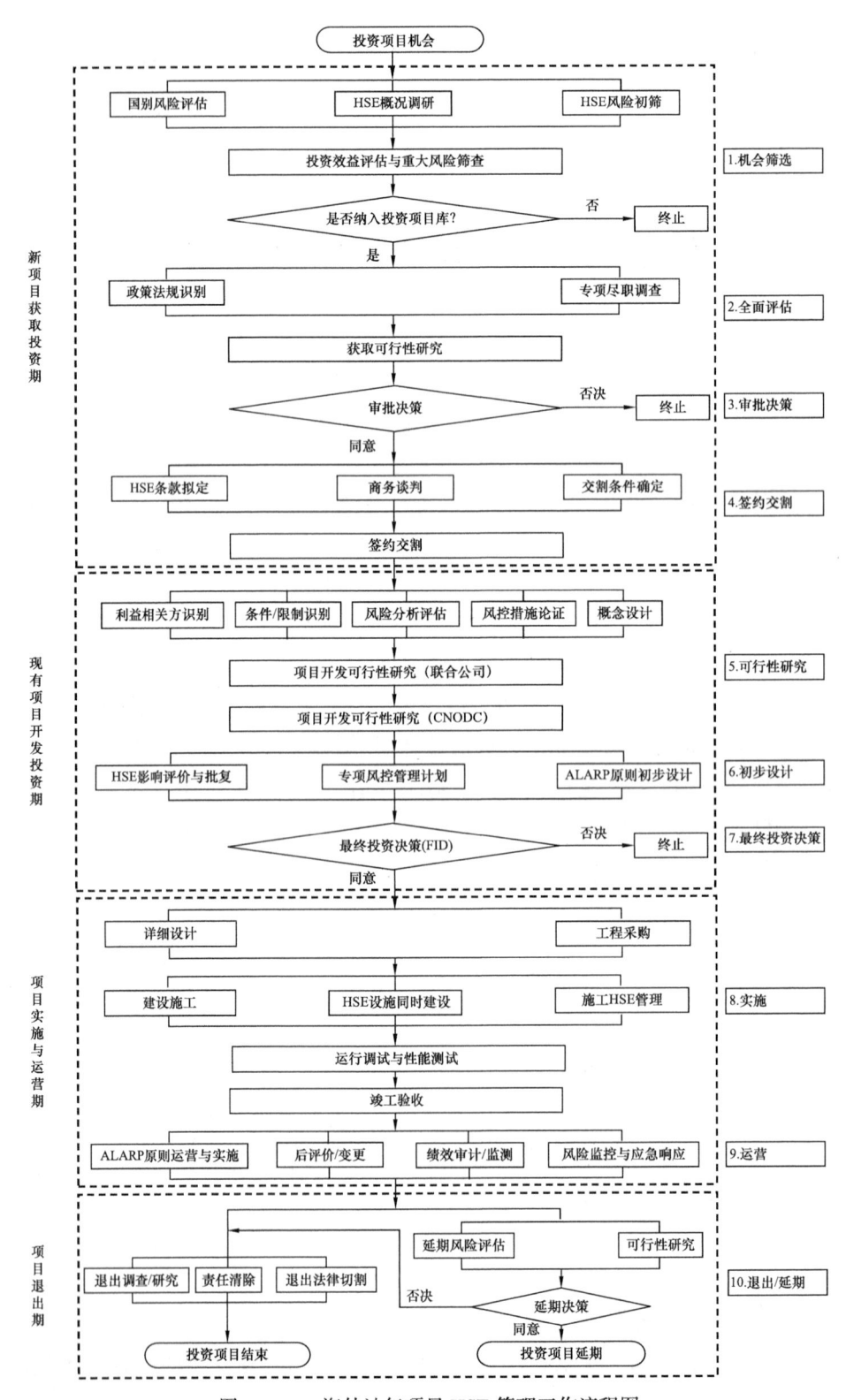

图 1-2-1 海外油气项目 HSE 管理工作流程图

四、实施保障与支持

针对项目实施方案及基于 ALARP 原则制订的风险管控方案,按公司政策与流程保障项目和方案稳定实施,保障项目全周期从始至终的信息资料及时更新共享和有效传递衔接,并对工作绩效进行有效监测和必要改进,主要工作方法包括 HSE 管理体系、HSE 绩效监测考核、信息资料管理等。

第二节　项目背景与特征

一、外部背景调查

项目外部背景调查方面的主要工作方法有如下 4 类。

(一) HSE 概况调研

对拟投资获取对象的外部背景条件和内部特征状况进行初步的概况调研,收集 HSE 相关的基础性信息,特别是可能涉及重大风险方面的信息,涵盖项目所在国和当地的政府监管情况、社会背景状况、自然背景状况等外部背景条件,和项目当前状况(含历史情况)、未来状况、管理情况等项目内部特征状况。此调研可以通过卫星照片及公开的数据库进行基本的案头调研。

(二) 政策法规识别

对海外投资项目所在地的国家与地方相关政策法规进行识别(例如法律框架、监管单位、主要的审批流程等),并将把识别的主要法规要求分门别类汇总进一个登记表,供项目继续使用。该登记表是一个动态的文件,初始阶段只是宏观政策的分析,确定大的政策方向和要点;然后随着项目概念的确立,逐步细致与完善,在项目中后期形成详细的适用法规登记表,确保项目团队对于需要履行的法律义务有清晰的认识和详细的应对方案,同时便于项目管理者追踪项目的合规情况。

(三) 利益相关方识别

对海外投资项目的利益相关方进行识别,分析他们的背景、潜在的利益诉求,以及与项目上可能产生互动的方式和时间节点等,并对于利益相关方的顾虑提出有针对性的公众沟通立场与实施策略。

(四) 项目条件与限制识别

对海外投资项目所需满足的所有内部和外部相关要求进行识别,如当地法规要求、公司内部要求、国际标准要求、合资方要求等。

二、内部特征调查

项目内部特征调查方面的主要工作方法是 HSE 危害因素识别方法，对可能导致人员伤害和（或）健康损害、财产损失、工作环境破坏、有害环境影响的环境方面的根源、状态或行为，或其组合。HSE 危害因素包括环境、职业健康、生产安全、社会安全、社区健康与安全方面的风险源、影响因素和事故隐患。

第三节　风险评估与管控

项目风险评估与管控方面的主要工作方法有如下几点。

一、国别风险初步研究

了解所在国宏观政治、经济、行业、社会和自然环境概况，了解存在哪些宏观政治、社会与环境风险。通过在国别风险评估中考虑到公司在该国的初步战略思路，则可以识别出一些具体有指导性的风险点，以协助下一步的决策，对选择项目或可能的合作方案给予宏观的指导。通常，国别风险评估和基线调研与利益相关方识别是相辅相成的，国别风险评估在一定程度要考虑这方面的因素，但只是在宏观层面进行初步的判断，后面的专项调研是在时间与经费容许的前提下进行的更深入的调研。

二、HSE 风险初筛

在识别交易机会的初期通过内部专业部门或外部专业机构进行政策法规分析、外部因素分析和合作伙伴分析等方式识别和初步框定与交易相关的风险、理解关键利益相关方的态度与立场、以及伙伴的运营能力。

三、专项尽职调查

专项尽职调查是一种评估风险和潜在责任的工作方法，一般聘请专业机构进行独立的尽职调查，对拟投资项目的 HSE 风险与责任及其对应价值贬损进行系统的调查和评估，以降低投资行为风险。调查识别的风险通常为超过设定的重大风险经济阈值（material threshold）的运营许可证、运营合规性、遗留责任、运营成本增加、资本性支出，以及重大的声誉风险。根据前期筛查出的初步风险，结合投资类型和项目时间进度，与外部机构确定一个合适的工作范围和深度。尽职调查的结果内部作为决策依据，外部作为谈判的支撑文件。尽职调查的开展参照公司的 HSE 尽职调查指南文件进行。

四、危害和效果管理流程（HEMP）

一套综合性的风险管理方法，是整个项目全周期 HSE 风险管控体系的核心，贯穿于整个项目历程，其目的是帮助项目管理者系统化地识别和评估危害与风险，对于无法全部移除的危害和风险，采取有效的管理措施，使其影响控制在合理可行的最低水平（ALARP）内。HEMP包括HSE危害辨识、风险评估（基于设定的风险评估矩阵，RAM）、风险防控（ALARP原则）、应急处置与恢复。HEMP工作的开展参照中油国际HSSE风险管理程序和适用的海外油气项目全周期HSE风险因素识别指引表基于当前和预测的外部条件和内部状况，对涵盖项目全周期的历史遗留、当前发生与未来潜在的主要HSE危害进行识别和预测。

五、ALARP论证报告

分析论证项目如何做到全面控制HSE风险和危害，使其降低到合理可行的最低水平（ALARP）的方法。ALARP论证报告是一套动态的文件，随着项目的推进，在不同阶段都需要随项目的变化进行更新，时刻保持与项目进度的一致。这套文件既可以作为内部审批用，也可以对外作为符合政府和法规要求的依据，还可以作为合资方之间对于项目信息交流的关键文件。根据中油国际HSSE风险管理程序和适用的海外油气项目全周期HSE风险因素识别指引表，ALARP论证报告基于项目资产类型及设定的风险评估矩阵（RAM），与勘探、生产运行、炼油开发、工程建设等相关部门协作，对识别出的HSE风险进行逐项复核，提出成熟可选的风险控制技术方案，并基于ALARP原则进行方案论证比选，和最终技术方案的确定。

六、危险与可操作性分析（HAZOP）

以系统工程为基础的一种可用于定性分析或定量评价的危险性评价方法，用于探明生产装置和工艺过程中的危险及其原因，寻求必要对策。通过分析生产运行过程中工艺状态参数的变动，操作控制中可能出现的偏差，以及这些变动与偏差对系统的影响及可能导致的后果，找出出现变动与偏差的原因，明确装置或系统内及生产过程中存在的主要危险、危害因素，并针对变动与偏差的后果提出应采取的措施。

七、故障树分析（FTA）

通过对可能造成系统失效的各种因素（包括硬件、软件、环境、人为因素等）进行分析，画出逻辑框图（故障树），从而确定系统失效原因的各种可能组合方式及其发生概率的一种演绎推理方法。故障树根据系统可能发生的事故或已经发生的事故结果，寻找与该事故发生有关的原因、条件和规律，同时辨识系统中可能导致事故发生的危害因素。

八、事件树分析（ETA）

根据规则用图形来表示由初因事件可能引起的多事件链，以追踪事件破坏的过程及各事件链发生的概率的一种归纳分析法。事件树从给定的初始事件原因开始，按时间进程追踪，对构成系统的各要素（事件）状态（成功或失败）逐项进行二选一的逻辑分析，分析初始条件的事故原因可能导致的时间序列的结果，将会造成什么样的状态，从而定性与定量地评价系统的安全性，并由此获得正确决策。

九、安全检查表（SCL）

为检查某一系统、设备及操作管理和组织措施中的不安全因素，事先对检查对象加以剖析和分解，并根据理论知识、实践经验、有关标准规范和事故信息等确定检查的项目和要点，以提问的方式将检查项目和要点按系统编制成表，在设计或检查时，按规定项目进行检查和评价以辨识危害因素。安全检查表对照有关标准、法规或依靠分析人员的观察能力，借助其经验和判断能力，直观地对评价对象的危害因素进行分析。安全检查表一般由序号、检查项目、检查内容、检查依据、检查结果和备注等组成。

十、公众参与计划

针对利益相关方的意见征询、沟通和交流的计划，包括利益相关方的识别、信息披露，以及参与方式等，原则上需要考虑"自由、事先和知情（Free，Prior and Informed）"的原则。从项目各个层级建立沟通机制，广泛而有效地理解和响应利益相关方的顾虑和担忧。

第四节 影响评价与预防

项目影响评价与预防方面的主要工作方法有如下几点。

一、基线调查

对海外投资项目的拟建场地进行初始的环境和社会等相关方面的初始现状调查，作为综合环境、社会和健康影响评价（ESHIA）的前期工作，为影响评价提供影响分析与预测的本底。

二、综合环境、社会和健康影响评价

按照法规指导开展相关工作，但国际石油公司通常都有自己的评价导则（原则上与国际金融公司绩效标准的要求趋同），会根据项目的特点，决定是否需要按照自己的标准进行补充性的评价，以满足内部管理的需求。ESHIA 是一项周期跨度比较长的工作，需要按阶段逐步实施，前期工作是为了后续工作锁定范围，针对性地确立评估方向。EHSIA 的过程利用到了多种工作方法（例如：公众参与、风险评估等）。此外，对于复杂的项目，ESHIA 可能会引发更多延伸性研究，例如专业的地下水模型研究。由于某些专项评价的敏感性，业主通常需要支持独立的专业学术机构完成，以保证研究结果的公信力。相应的研究结果即是支持项目 EHSIA 结论的重要依据，也可能作为项目审批的条件，即延伸到项目的后续阶段研究实际的影响。

三、职业病危害预评价（OHPA）

可能产生职业病危害的建设项目，在其可行性论证阶段，对建设项目可能产生的职业病危害因素及其有害性与接触水平、职业病防护设施及应急救援设施等进行的预测性卫生学分析与评价。

四、安全预评价（SPA）

指根据建设项目可行性研究报告内容，分析和预测该建设项目可能存在的危险、有害因素的种类和程度，提出合理可行的安全对策措施及建议。

五、基于 ESHIA 的管理计划

基于 ESHIA 结论编制的消除或缓解相关影响的管理计划，包括 ESHIA 管理计划、土地征用和移民安置计划等。

第五节 实施保障与支持

有关管理体系与方案方面的工作方法如下。

一、管理体系（MS）

以公司管理政策与制度为基础建立体系，例如：ISO 9001 质量体系、ISO 14001 环境管理体系、OHSAS 18001 安全管理体系等，从各专业的特点出发，设置特定的政策、制度、标准、流程和方法以达到对应的专业管理目的。

二、专业人员配置

为项目全周期各阶段任命专职或兼职的 HSE 风险管理人员，负责设立、维持和执行适当的风险管控研究和措施，以确保海外投资项目的 HSE 风险被充分识别和评估，并记录在项目的 HSE 行动方案中。HSE 风险管理人员将密切融合在项目团队内，并应保持人员的稳定和工作的衔接，将 HSE 风险管控整合在项目各个阶段的决策和交付中，以确保风险的尽早识别和管控。

三、运营保障计划

为了项目在实施阶段也能不断收集、分析动态的 HSE 相关数据（例如：项目执行过程中利益相关方的态度变化、风险控制措施的落实情况等），以确保相应的风险可以及时识别、得以规避，而确定的项目核心价值得以妥善的维护，并积极寻求可以进一步提升风险管控的机会，从而增加项目的效益。

四、绩效监测考核

项目领导层、公司总部领导层或合作伙伴对于项目绩效表现进行监测、考核、审计和监督，通过定期检查 HSE 工作开展情况，及时识别差距，可以有效调动合理的资源，弥补项目上的管理漏洞，规避风险。

五、HSE 审核

HSE 风险管理绩效监测考核的主要方法之一，是获得 HSE 方面的审核证据并对其进行客观的评价，以确定满足审核准则的程度所进行的系统的、独立的并形成文件的过程。HSE 审核应按照中油国际 HSSE 审核管理程序进行。

六、信息文件管理

确保项目全周期各阶段的主要 HSE 数据、信息、文件资料能得到有效统计、收集和管理，并对项目内外相关方按权限进行动态更新与公开，且在项目前后不同阶段进行顺畅传递与衔接。

第六节　小股东项目管理原则

对于非主导的小股东项目，可参照以下管理原则参与项目 HSE 风险管理，以尽可能保障自身利益。

（1）通过基础合同条款获得对联合公司单独或联合审计监督的权力。
（2）通过在联合公司管理或运行委员会的决策权参与项目 HSE 风险管理。
（3）要求联合公司执行中油国际的管理标准和方法。
（4）对照项目，确定每个阶段需要联合公司执行的工作事项。
（5）要求获得联合公司资料审查的权力，并以审查后的项目资料作为决策依据等。

小股东项目中的以上权益可通过商务合同谈判反映到相应的合同条款中来实现。

第三章

事件管理

依据国际石油公司 QHSE 和社会安全方针政策,所有事件均应报告、调查和分享,为确保 QHSE 和社会安全(以下简称 QHSSE)事件均能得到及时、如实报告、调查和分享,吸取经验教训,海外项目应编制实施事件管理规定或程序。

第一节 概 述

事件是指可能或已经导致人员伤亡或疾病、财产损失、环境污染或声誉受损等的单一或连锁偶发意外事件(如能量的释放)。

未遂事件是指发生但未导致人员患病或受伤,资产、环境或声誉受损的事件(如能量释放但未造成实际后果)。

事件管理应包括业务范围内开展的各项生产经营活动,同时也包括各级单位所有承包商、分包商。

针对作业者项目:涉及中方、当地及国际员工的所有事件。

针对非作业者项目:涉及中方人员的生产安全事件、社会安全事件、健康事件和质量事件;合资公司及其承包商的高后果事件和高风险事件。

第二节 职责界定

事件管理涉及海外项目各业务、职能部门和单位,不仅仅是安全管理部门的事情,一般情况,应给如下部门分配事件管理相关职责。

一、安全管理部门

(1)负责组织制(修)订公司事件管理规章制度。

(2)负责组织职责权限内事件的内部调查和统计分析,建立事件档案,并组织开展 QHSE 事件的分析、经验分享。

(3)负责组织一般 B 级生产安全事件、一般 A 级环境事件和较大质量事件和 III 级社会安全事件的调查,参与中国石油一般 A 级及以上生产安全事件、较大及以上环境事件和重大及以上质量事件和 II 级及以上社会安全事件。

(4)负责组织对事发单位纠正预防措施落实情况进行督查。

二、人力资源、纪检部门、党群、工会等部门

参与事件调查及工伤鉴定。

三、海外项目

(1)负责制(修)订本单位事件管理规章制度。

(2)负责本单位事件的信息报告和内部调查分析,配合当地政府、公司和中国石油做好事件调查处理和舆情处置工作。

(3)负责组织召开本单位事件分析会,落实事件纠正预防措施,并对所属基层单位执行落实情况进行监督检查。

(4)负责组织制作本单位事件案例专题片,建立事件档案。

(5)组织对涉及本单位的事件进行统计汇总。

第三节 管理要求

一、一般要求

所有事件的报告与调查均应符合所在国(地区)相关法律法规的要求。鼓励各项目上报未遂事件。

二、事件分类与分级

事件可分为生产安全事件、健康卫生事件、环境事件、社会安全事件、工作外伤害事件、质量事件、自然灾害事件七大类。

(一)生产安全事件

生产安全事件是指在公司生产经营活动中发生的造成人身伤害或者直接经济损失的事件,包括工业生产安全事件(包括火灾事件)、交通事件和过程安全事件。

(1)工业生产安全事件:指在公司内发生的、或在公司属地外进行生产经营活动过程中发生的,以及因所管辖的设备设施原因导致的事件。工业生产安全事件包括物体打击、车辆伤害、机械伤害、起重伤害、触电、高处坠落、坍塌、中毒和窒息、灼烫、火灾和爆炸、井喷失控、其他伤害。

(2)交通事件:指公司(或承包商)自有、签约或包租的交通运输工具在生产经营活

动中发生的交通事件。包括道路交通事件、航空运输事件、水路运输事件、铁路运输事件。

（3）过程安全事件（工艺安全事件）：物质，包括无毒和不可燃烧物质（如水蒸气、热水、氮气、压缩二氧化碳气体或空气），从过程或非期望情况或可能导致物质泄漏情境下的无计划或不受控的泄漏。

生产安全事件按伤害/损害程度分类可以分为：亡人事件、损失工作日事件、工作受限事件、医疗处置事件、急救箱事件、无伤害事件、未遂事件。

（二）健康卫生事件

健康卫生事件，包括职业性疾病事件、非职业性疾病事件和公共卫生突发事件。

（1）职业性疾病事件：出现由于暴露于工作环境而引起的任何异常状况，但不是由职业伤害引起异常的事件。职业性疾病包括背部损伤和下肢障碍、癌症和恶性血液疾病、颈椎损伤和上肢障碍、传染病/可预防疾病（疟疾、登革热、急性水痘等）、毒虫叮咬、职业性心理疾病、噪声造成的听力损失、中毒、呼吸系统疾病、皮肤疾病及其他职业性疾病等。

（2）非职业性疾病事件：因个人身体健康原因发生较严重疾病，导致任何一日不能按计划或按要求工作的事件；或病情严重导致死亡、包机转运、乘坐商业航班转诊，或者未来48h内有可能演变为需要紧急转运情况等。

（3）公共卫生突发事件：已经发生或者可能发生的、对公众健康造成或者可能造成重大损失的传染病疫情和群体性不明原因疾病、重大食物中毒和职业中毒，以及其他危害公共健康的突发公共事件。

（三）环境事件

环境事件，包括突发环境事件和环境保护违法违规事件。

（1）突发环境事件，是指由于污染物排放或者自然灾害、生产安全事故等因素，导致污染物或者放射性物质等有毒有害物质进入大气、水体、土壤等环境介质，突然造成或者可能造成环境质量下降，危及公众身体健康和财产安全，或者造成生态环境破坏，或者造成重大社会影响，需要采取紧急措施予以应对的事件。

（2）环境保护违法违规事件，是指在生产、建设或经营活动中，因违反国家和地方生态环境保护政策、法律法规、规划计划、标准规范等的有关规定和要求，或者受到中央和国家各级督查、巡视、审计、专项检查通报，受到刑事责任追究、行政处罚或者造成社会影响的事件。

（四）社会安全事件

社会安全事件：指海外业务所在国家（地区）因政局动荡、恐怖袭击、战争或武装冲突、宗教部落矛盾、治安犯罪等，可能会对境外员工、财产和公司正常运行造成损害或损失的单一偶发事件或连锁偶发事件。

（五）工作外伤害事件

工作外伤害事件：指员工在工作时间以外，从事与工作无关活动意外受伤致死，或在受伤后的任何一日不能按计划或按要求工作的事件。

（六）质量事件

质量事件：指不符合质量法律法规、标准、规程和制度等要求，在生产经营活动中存在可能导致质量事故发生的质量隐患。

质量事故：指在生产和经营活动中，因产品、工程和服务质量不合格，造成经济损失或社会影响的事件，以及在项目所在国家或中国石油组织的监督抽查中发现的产品、工程和服务质量不合格事件。

（七）自然灾害事件

自然灾害事件：指发生的海啸、洪灾、极端自然天气、地震等自然灾害，并可能造成公司人员伤亡、财产损失或影响公司所属单位及海外项目生产经营活动的自然灾害。包括洪汛灾害、气象灾害、地震灾害、地质灾害、海洋灾害和其他自然灾害。

事件分类原则：当一起事件涉及几类情况时，应确定每一类事件的等级，按其中最高等级进行归类。

生产安全、环境、质量事件按后果严重程度分级分为特别重大、重大、较大、一般四级，一般生产安全、环境事件细分为一般A、一般B、一般C三级；社会安全事件分为I级、II级、III级、IV级；健康事件按照健康损害程度分为亡人、伤残、损工。事件分级方法具体见附录1-3-1。

三、事件报告

所有事件均须于24h之内上报至中油国际QHSE信息系统。III级及以上突发事件，应按照突发事件应急预案要求及时上报到中油国际应急值班室。

事件发生后，任何发现事件的员工或承包商应立即向其直线经理报告，直线经理应立即向海外项目业务主管部门和QHSE部门报告。情况紧急时，事件现场有关人员可以直接向中油国际应急值班室报告。事发单位QHSE部门接到事件报告后，应当按规定及时、如实报告事件信息。

一般C级生产安全、环境事件，一般质量事件，事发单位应在事发24h之内，向中油国际应急值班室和中油国际健康安全环保部进行书面报告，同时将事件信息录入公司QHSE信息系统进行报告。

一般B级及以上生产安全、环境事件，较大及以上质量事件及需要升级管理的事件，由事发单位在事件发生后30min之内电话报告至中油国际应急值班室，在事发1h内以事件快报（格式见表1-3-1）书面报告，同时抄报中油国际质量健康安全环保部。在事件发生后24h内，由事发单位录入公司QHSE信息系统。

表 1-3-1 事件快报表

填表时间：　　年　　月　　日　　时

事件单位		事件类型*	
事件时间	××年×月×日×时×分	事件地点	
事件现场及周边环境情况			
目前人员伤亡情况	死亡×人，失踪×人，医疗×人，限工×人，损工×人 （附伤亡人员的姓名、年龄、性别、职业和国籍等详细信息）		
目前环境污染情况			
预计直接经济损失	×××元		
事件简要经过：			
采取的措施及媒体舆情：			
初步原因分析：			
其他应当报告的情况：			
填表人：	负责人：		联系电话：

*事件类型填写说明：事件大类里明确划分小类的写到小类。如生产安全事件/工业生产安全事件、健康卫生事件/职业性疾病、环境事件、社会安全事件、工作外伤害事件、质量事件、自然灾害事件、其他事件。

敏感时间发生的事故信息报送按照公司突发事件信息报送规定实行升级管理。

如在事件初期无法准确认定级别时，应按照"就高不就低"原则，先按高一级别事件进行信息报告，待事件级别正式认定后再按照认定的事件级别报告信息。

应急值班室接到事件报告后，对于需上报中国石油的事件信息，应按规定及时、如实报告。

一般 A 级生产安全、环境事件和重大质量事件，应急值班室应当在事件发生后 1h 之内以电话方式报告中国石油质量安全环保部，随后以事件快报书面报告。

较大及以上生产安全、环境事件、特别重大质量事件及需要升级管理的事件，由应急值班室在事件发生后 30min 之内向中国石油电话报告、1h 内以事件快报书面报告，同时抄报中国石油质量安全环保部。

一般 B 级及以上事件发生后，公司应当在生产经营协调会上通报事件情况及采取的措施。

事件发生后，事发单位还应当按所在国家相关法律法规要求，向当地政府有关部门报告，同时通报可能受到事件影响的单位和居民。

事件情况发生变化的，事发单位应当及时续报。续报采用书面的形式，续报一般每日一次，变化比较大的情况应加密续报频次，保证重要信息能及时反馈到公司总部，直至事件关闭。续报格式见表 1-3-2。

表 1-3-2 事件续报表

填表时间：　　年　月　日　时

事件单位		事件类型	
事件时间	××年×月×日×时×分	事件地点	
目前人员伤亡情况	死亡×人，失踪×人，医疗×人，限工×人，损工×人		
目前环境污染情况			
预计直接经济损失	×××元		
人员伤亡、救治和善后处置情况：			
现场处置和生产恢复情况：			
舆情监测和媒体沟通情况：			
次生灾害及处置情况：			
其他应当续报的情况：			
填表人：	负责人：		联系电话：

四、事件应急

事件发生后，现场单位应立即采取措施，防止事件扩大，减少人员伤亡、环境污染和财产损失，避免造成次生事故及灾害。

接到事件报告后，相关单位主要领导应当按以下要求赶赴事件现场组织抢险救援，在事件调查处理期间不得擅离职守。

发生一般 A 级及以上生产安全事件，或者已经发生一般 B 级生产安全事件，并可能造成次生事件时，中油国际业务领导或 QHSE 主管领导、地区公司主要领导或业务领导应当赶赴事件现场主持事件处理工作，事发单位主要领导应当赶赴现场参与事件处理工作。

发生一般 B 级生产安全事件时，事发地区公司主要领导或业务领导及时赶赴现场主持事件处理工作，公司根据情况明确赶赴事件现场人员，事发单位主要领导应及时赶赴现场参与事件处理工作。

发生一般 C 级生产安全事件时，事发单位主要领导应及时赶赴现场主持事件处理工作，地区公司根据具体情况明确赶赴事件现场的人员。

事发单位应当根据事件应急救援需要划定警戒区域，配合所在国当地政府有关部门及时疏散和安置事件可能影响的周边居民和群众，劝离与救援无关的人员，对现场周边及有关区域实行交通管制和疏导。

发生事件的单位应当妥善保护事件现场及相关证据，拍摄、收集并保存事件现场影像资料，任何单位和个人不得破坏事件现场、毁灭有关证据。

因抢救人员、防止事件扩大及疏导交通等原因，需要移动事件现场物件的，应当做出标志、绘出现场简图并做出书面记录，妥善保存现场重要痕迹、物证。

五、事件调查和升级管理

对于所在国政府或中国石油组织的事件调查，海外项目应当积极配合所在国政府或中国石油调查组开展事件调查工作，应当针对事件原因分析，制订并落实相应的防范措施。

对于由中油国际总部或海外项目调查的事件，事件调查遵循如下规定：

一般 A 级及以上生产安全事件、较大及以上环境事件、重大及以上质量事件和 II 级及以上社会安全事件，公司相关人员参与中国石油成立的事件内部调查组开展事件内部调查；一般 A 级及以上交通事件以事件发生所在地交通管理部门调查为主，公司视情况及事件后果、影响可以组织调查。

引起党中央、国务院关切，国内主流媒体关注，或者发生在重要敏感时期的生产安全事故，升级为一般 A 级生产安全事故管理。

一般 B 级生产安全事件、一般 A 级环境事件、较大质量事件和 III 级社会安全事件，由中油国际总部组织调查或委托地区公司负责牵头成立事件内部调查组，并任命调查组组长，成员由相关部门人员组成，开展事件内部调查。

引起地方等其他媒体报道的生产安全事故，升级为一般B级生产安全事故管理。

一般C级生产安全事件、一般B级及以下环境事件、一般质量事件和IV级社会安全事件，由海外项目负责成立调查组，任命调查组组长和调查组成员，开展内部调查。

生产场所发生油气及其他危险化学品泄漏、火灾、爆炸、井口溢流等情形，即使没有造成人员伤亡和财产损失，也要按照一般C级生产安全事故进行管理，并纳入生产安全事故统计和调查。

调查组成员应当具有事件调查所需要的专业知识，并与所调查的事件没有直接利害关系，事件内部调查组可以聘请有关专家参与调查。

事件调查组的职责包括：

（1）查明事件发生的经过、原因、人员伤亡情况及直接经济损失。

（2）认定事件的性质和事件责任。

（3）提出对事件责任单位和人员的处理建议。

（4）总结事件教训，提出防范和整改措施建议。

（5）提交事件调查报告。

事件调查组有权向有关单位和个人了解事件有关情况，并要求其提供相关文件、资料，有关单位和个人不得拒绝。

事件调查组成员在事件调查过程中应当诚信公正、恪尽职守，遵守事件调查组的纪律，保守事件调查的秘密。

事件调查报告应按第五节事件调查报告模板要求编写，事件调查报告应当附具有关证据材料。事件调查组成员应当在事件调查报告上签名。事件调查报告应当包括下列内容：

（1）事件相关单位概况。

（2）事件发生经过和事故救援情况。

（3）事件造成的人员、财产、环境、声誉损失或损害。

（4）事件发生的原因和事故性质。

（5）事件责任的认定及对相关责任人的处理建议。

（6）事件防范和整改措施。

针对需要与外部分享的调查报告，在形成调查报告前需寻求法律咨询；在最终批准前还需经过法律评审。

事件发生三个月内，应完成调查报告批准或备案。调查报告的批准或备案遵循如下规定：

一般B级生产安全事件、一般A级环境事件、较大质量事件和III级社会安全事件调查报告的批准按以下流程执行：

（1）事件内部调查组负责起草初稿，经调查组全体成员讨论同意、签字后，形成事件调查报告。

（2）中油国际 HSE 委员会办公室对事件调查报告进行审查，由事件内部调查组根据审查意见在 5 个工作日内完成修改。

（3）修改后的事件调查报告由事件内部调查组提交中油国际 HSE 委员会批准。

（4）事件调查报告批准后，下发至事发单位。

一般 C 级生产安全事件、一般 B 级及以下环境事件、一般质量事件和 IV 级社会安全事件的调查报告由事发单位报中油国际 HSE 委员会办公室备案。

一般 A 级生产安全事件、一般 A 级环境事件、较大质量事件和 III 级社会安全事件，由中油国际质量健康安全环保部印发事件通报；一般 B 级及以下生产安全、一般 B 级及以下环境事件、一般质量事件和 IV 级社会安全事件，由公司视情况印发事件通报。

事件经验应在公司内部及其他相关方分享学习。

事件发生单位应当认真吸取事件教训，落实事件调查报告提出的防范和整改措施，防止类似事件再次发生。

六、事件统计与归档

海外项目 QHSE 部门应当进行事件统计，事件信息应当在事件发生后 1 个工作日内录入 QHSE 信息系统。

事件处理完成后，应建立事件档案，并按等级保存。

一般 A 级及以上生产安全事件、较大及以上环境事件、重大及以上质量事件、II 级及以上社会安全事件，由中油国际质量健康安全环保部建立档案并保存。

其他事件，由事发单位建立档案并保存。

一般 A 级及以上生产安全事件、较大及以上环境事件、重大及以上质量事件、II 级及以上社会安全事件的档案应当包括以下内容：事件内部调查报告；所在国政府批复的事件调查报告。

其他事件档案，参照一般 A 级及以上事件档案建档保存。

第四节　事　件　分　级

一、生产安全事件与质量安全事件

生产安全事件与质量事件分级见表 1-3-3。

表 1-3-3 事件分级表

事件分级	事件分类	
	生产安全事件	质量事件
特别重大事件	造成 30 人以上死亡,或者 100 人以上重伤(包括急性工业中毒,下同),或者 1 亿元以上直接经济损失	直接经济损失在 5000 万元及以上的质量事件;或在社会上造成特别恶劣影响、严重损害公司形象的质量事件;或造成重大工程(装置或设备)报废或原定设计使用功能严重降低的质量事件
重大事件	造成 10 人以上 30 人以下死亡,或者 50 人以上 100 人以下重伤,或者 5000 万元以上 1 亿元以下直接经济损失	直接经济损失在 1000 万元及以上、5000 万元以下的质量事件;或在社会上造成重大影响、损害公司形象的质量事件;或因施工过程中出现系统性缺陷,造成大量工程返工,严重影响施工工期或已投产工程因施工质量造成停产,严重影响正常生产的质量事件
较大事件	造成 3 人以上 10 人以下死亡,或者 10 人以上 50 人以下重伤,或者 1000 万元以上 5000 万元以下直接经济损失	直接经济损失在 100 万元及以上、1000 万元以下的质量事件;或在社会上造成较大影响、损害公司形象的质量事件;或项目所在国家组织的产品质量监督抽查中出现两次及以上不合格;因施工质量造成工程停工或已投产工程停产,在中国石油内部造成较大影响的质量事件
一般事件	一般 A	造成 3 人以下死亡,或者 3 人以上 10 人以下重伤,或者 10 人以上轻伤,或者 100 万元以上 1000 万元以下直接经济损失	直接经济损失在 100 万元以下的质量事件;或项目所在国家或中国石油组织的自产产品质量监督抽查中出现不合格
	一般 B	造成 3 人以下重伤,或者 3 人以上 10 人以下轻伤,或者 10 万元以上 100 万元以下直接经济损失	
	一般 C	造成 3 人以下轻伤,或者 1000 元以上 10 万元以下直接经济损失	

注:1. 上述分级标准有关数量的表述中,"以上"含本数,"以下"不含本数。
  2. 重伤:指损失工作日超过或等于 105d 的失能伤害。轻伤:指损失工作日小于 105d 的失能伤害。

二、环境事件分级

环境事件分级如下。

（一）特别重大环境事件

凡符合下列情形之一的,为特别重大环境事件。

（1）因环境污染直接导致 30 人以上死亡或 100 人以上中毒或重伤的。

（2）因环境污染疏散、转移人员 5 万人以上的。

（3）因环境污染造成直接经济损失 1 亿元以上的。

（4）因环境污染造成区域生态功能丧失或该区域国家重点保护物种灭绝的。

（5）因环境污染造成设区的市级以上城市集中式饮用水水源地取水中断的。

（6）Ⅰ、Ⅱ类放射源丢失、被盗、失控并造成大范围严重辐射污染后果的；放射性同位素和射线装置失控导致 3 人以上急性死亡的；放射性物质泄漏，造成大范围辐射污染后果的。

（7）造成重大跨国境影响的境内环境事件。

注：上述分级标准有关数量的表述中，"以上"含本数，"以下"不含本数。

（二）重大环境事件

凡符合下列情形之一的，为重大环境事件：

（1）因环境污染直接导致 10 人以上 30 人以下死亡或 50 人以上 100 人以下中毒或重伤的。

（2）因环境污染疏散、转移人员 1 万人以上 5 万人以下的。

（3）因环境污染造成直接经济损失 2000 万元以上 1 亿元以下的。

（4）因环境污染造成区域生态功能部分丧失或该区域国家重点保护野生动植物种群大批死亡的。

（5）因环境污染造成县级城市集中式饮用水水源地取水中断的。

（6）Ⅰ、Ⅱ类放射源丢失、被盗的；放射性同位素和射线装置失控导致 3 人以下急性死亡或者 10 人以上急性重度放射病、局部器官残疾的；放射性物质泄漏，造成较大范围辐射污染后果的。

（7）造成跨省级行政区域影响的环境事件。

注：上述分级标准有关数量的表述中，"以上"含本数，"以下"不含本数。

（三）较大环境事件

凡符合下列情形之一的，为较大环境事件：

（1）因环境污染直接导致 3 人以上 10 人以下死亡或 10 人以上 50 人以下中毒或重伤的。

（2）因环境污染疏散、转移人员 5000 人以上 1 万人以下的。

（3）因环境污染造成直接经济损失 500 万元以上 2000 万元以下的。

（4）因环境污染造成国家重点保护的动植物物种受到破坏的。

（5）因环境污染造成乡镇集中式饮用水水源地取水中断的。

（6）Ⅲ类放射源丢失、被盗的；放射性同位素和射线装置失控导致 10 人以下急性重度放射病、局部器官残疾的；放射性物质泄漏，造成小范围辐射污染后果的。

（7）造成跨设区的市级行政区域影响的环境事件。

注：上述分级标准有关数量的表述中，"以上"含本数，"以下"不含本数。

（四）一般环境事件 A 级

凡符合下列情形之一的，为一般环境事件 A 级：

（1）因环境污染直接导致 3 人以下死亡或 3 人以上 10 人以下中毒或重伤的。

（2）因环境污染疏散、转移人员 1000 人以上 5000 人以下的。

（3）因环境污染造成直接经济损失 200 万元以上 500 万元以下的。

（4）因环境污染造成跨县级行政区域纠纷，引起一般性群体影响的。

（5）Ⅳ类放射源丢失、被盗的。

（6）或者放射性同位素和射线装置失控导致人员受到超过年剂量限值的照射的。

注：上述分级标准有关数量的表述中，"以上"含本数，"以下"不含本数。

（五）一般环境事件 B 级

凡符合下列情形之一的，为一般环境事件 B 级：

（1）因环境污染直接造成 3 人以下中毒或重伤的。

（2）因环境污染疏散、转移人员 100 人以上 1000 人以下的。

（3）因环境污染造成直接经济损失 50 万元以上 200 万元以下的。

（4）Ⅴ类放射源丢失、被盗的。

（5）放射性物质泄漏，造成厂区内或设施内局部辐射污染后果的事件。

注：上述分级标准有关数量的表述中，"以上"含本数，"以下"不含本数。

（六）一般环境事件 C 级

凡符合下列情形之一的，为一般环境事件 C 级：

（1）因环境污染疏散、转移人员 100 人以下的。

（2）因环境污染造成直接经济损失 50 万元以下的。

（3）对环境造成一定影响，尚未达到较大环境事件级别的。

注：上述分级标准有关数量的表述中，"以上"含本数，"以下"不含本数。

三、社会安全事件分级

社会安全事件分级如下：

（一）Ⅰ级社会安全事件

凡符合下列情形之一的，为Ⅰ级安全事件：

（1）造成多人死亡或被绑架。

（2）对财产造成巨大的破坏，经济损失大于或等于 5000 万元人民币。

（3）对环境产生巨大影响。

（4）可能对中国石油的声誉造成国际性影响。

（二）Ⅱ级社会安全事件

凡符合下列情形之一的，为Ⅱ级社会安全事件：

（1）造成单人死亡、永久性完全丧失劳动能力或被绑架。
（2）对财产造成大范围的破坏，经济损失大于或等于1000万元人民币，小于5000万元人民币。
（3）对环境产生重大影响。
（4）可能对中国石油的声誉在国家范围内造成巨大影响。

（三）Ⅲ级社会安全事件

凡符合下列情形之一的，为Ⅲ级社会安全事件：
（1）造成人员重伤，损失工作日，永久性部分躯体残疾。
（2）对财产造成重大破坏，经济损失大于或等于500万元人民币，小于1000万元人民币。
（3）对环境产生有限影响。
（4）可能在当地对中国石油声誉产生巨大影响。

（四）Ⅳ级社会安全事件

凡符合下列情形之一的，为Ⅳ级社会安全事件：
（1）造成人员轻伤，工作受限，损失工作日（小于3个损失工作日）。
（2）对财产造成局部小范围的损害，经济损失在500万元人民币以下。
（3）对环境产生较小影响。
（4）可能在当地对中国石油声誉产生中等的影响。

第五节　事件调查报告模板

事件调查报告模板如下：
一、封面
1. 标题
×××（事件单位）"××·××（事件日期）"××（事件类型）事件调查报告
2. 编制单位
×××（事件名称）事件调查组
3. 编制日期
××××年××月××日
二、事件调查组成员签名页
三、目录页
四、正文
1. 事件简况
事件发生的时间、事件单位、地点、事件类型、事件后果、事件等级。

2. 事件单位概况

事件单位的成立时间、注册地址、所有制性质、隶属关系、经营范围、证照情况、生产能力、劳动组织情况等；事件单位与其他相关单位的关联关系。

化工、联合站应介绍事件及相关装置生产工艺流程、主要设备设施及生产运行状况。

3. 事件经过

（1）事件发生前，与事件有关的作业过程描述。

（2）事件发生经过的详细描述。

（3）事件应急处置情况。

4. 人员伤亡情况

伤亡人员的详细情况。

5. 事件原因分析

（1）直接原因。

（2）间接原因。

（3）管理原因。

（4）事件性质。

6. 事件责任认定处理建议

7. 防范措施

（1）技术防范措施。

（2）管理防范措施。

（3）其他防范措施。

8. 附录

（1）现场照片。

（2）专家论证结果。

（3）技术鉴定书。

（4）相关示意图。

（5）相关管理材料。

（6）其他材料。

第四章

绩 效 管 理

第一节 概 述

　　油气业务属于高危作业，安全生产、清洁生产是一个不容忽视的重要课题，特别是在非洲等经济薄弱的地区，熟悉油气业务技术的当地雇员比较少，运行多年的项目，设备设施老化，当地承包商队伍小、多、低，安全监管难度比较大；加之"碳达峰、碳中和"呼声高涨，环境保护关注度越来越高，监管日益苛刻，历史遗留污染物合规处置难度大，政府、社区、NGO等不合理索赔诉求增多，为境外油气项目安全平稳运行带来诸多挑战和困难。

　　多年来的境外作业实践，中国石油境外油气业务形成和固化了"员工生命高于一切"和"以人为本"的质量健康安全环保及社会安全（简称QHSSE）管理理念。以此理念为统领，落实领导干部第一责任，强化直线管理，推行属地责任，实现从全员参与向全员负责的转变、从严格监督向自主管理的转变，突出有感领导、直线管理和过程控制，确保安全生产和清洁生产，追求零缺陷、零伤害、零污染和零事故的QHSSE业绩目标，为中国石油境外油气业务持续有效发展提供强有力的保障。

　　目前，国际大石油公司HSE管理均采用关键绩效指标法（KPI）。基于KPI管理理论，结合中国石油境外油气业务实际情况，中油国际配套开发了一系列QHSSE管理制度，并就杜绝性指标、控制性指标、管理性指标、过程性指标和奖励性指标等5类指标进行考核管理，取得显著效果，为境外油气业务安全平稳运行打下坚实基础。

第二节 安全业绩评价管理体系创建

　　以中油国际QHSE及社会安全管理体系为基础，结合境外油气业务实际情况，遵循"策划、实施、检查和措施（PDCA）"闭环管理原则，中油国际配套开发并实施了"QHSSE责任书""QHSSE绩效报告指南""QHSSE管理评价"和"QHSE考核评比及奖励办法"等制度。

经多年的摸索实践，形成和固化了 5 类绩效考核指标，即杜绝性指标、控制性指标、管理性指标、过程性指标和奖励性指标。

一、杜绝性指标

杜绝性指标包括 6 项，包括：杜绝一般 A 级及以上生产安全亡人事故；杜绝井喷失控事故；杜绝一般 A 级及以上环保事件；杜绝职业病、传染病亡人事故、新冠肺炎疫情聚集性感染和由心理问题引发意外伤害事件；杜绝因社会安全管理原因造成中方员工被绑架或致死事件；杜绝较大及以上质量事故。

同时，要求如实报告各类事件，将瞒报、漏报纳入杜绝性指标管理。杜绝瞒报、漏报一般 C 级及以上健康安全环保事故和 Ⅲ 级及以上社会安全事件、一般及以上质量事故。

二、控制性指标

实行百万工时统计考核。其中，百万工时损工伤害率（含承包商）小于或等于 1.5，得 50 分；大于 1.5 且小于或等于 2，得 30 分；百万工时总可记录伤害率（含承包商）小于或等于 3.5，得 50 分；大于 3.5 且小于或等于 4，得 30 分。

百万工时统计指每百万工时发生的事故（事件）、造成的人员伤亡、损失工时的频率。主要包括百万工时总可记录事件率和百万工时损失工时伤害事故率。百万工时统计范围包括企业在册员工、临时员工和项目承（分）包商。统计的项目主要有工时、总可记录事件和损失工时。总工时系指员工工作时间的总和。工作时间分实际工作时间和暴露工作时间。暴露工时系指从事野外施工作业，包括居住在野外临时生活区的时间，每人每天按 24h 统计。

损工伤害率（LTIF）是指平均每一百万工时发生的损工伤害数（死亡人数 + 永久性全残人数 + 损失工作日人数）。即：

$$损工伤害率 = \frac{损工伤害数}{工时总数} \times 10^6$$

总可记录伤害率（TRIR）是指平均每一百万工时发生的可记录伤害总数（死亡人数 + 永久性全残人数 + 损失工作日人数 + 工作受限日人数 + 医疗处置人数）。即：

$$总可记录伤害率 = \frac{总可记录伤害数}{工时总数} \times 10^6$$

总可记录事件包括员工可记录事件、火灾事故和非计划误工事件。员工可记录事件包括损失工时伤害事故、限制性工作日事件和医疗处理事件。损失工时伤害事故系指造成人员伤亡，导致脱岗一个工作日以上（含一个工作日）的事故。包括死亡事故、损失工时的重伤和轻伤事故。限制性工作日事件系指造成人员伤害，虽暂不能从事原岗位工作，但经过治疗后（一个工作日以内）可从事其他岗位工作的事件。医疗处理事件系指造成员工生病或受到伤害，经过医疗处理（一个工作日以内），还能从事原岗位工作的事件。非计划误工事件系指因质量、环保等原因造成的停工事件。损失工作日人数（LWDC）是指因工受伤人员在受伤日之后的任何一日暂时不能工作的人数。"任何一日"包括休息日、周末、假日、公共假期或解聘后的时日。视事故中受伤人数的不同，一起事故可能涉及多个损失工作日人数。损失工作日数是指因工受伤人员由于损失工作日事件暂时不能工作的日历日总数。如果受伤人员死亡或永久性全残，则不计损失工作日。

三、管理性指标

管理性指标实行百分制，主要指标分数权重见表1-4-1。

表1-4-1　管理性指标

序号	管理性指标	最高分值
1	主要负责人和安全总监亲自参加安全（含井控）检查或审核	20
2	主要负责人、安全总监按规定参加领导干部安全资格培训（或国家应急管理部组织的安全生产管理取证培训、中国石油安全处级干部培训），每1人未参加培训，扣4分；其他中方安全专职人员（专职健康人员和专职安保人员的培训暂不计入此统计）按规定参加专职人员培训（或中国石油安全监督培训班），每1人未参加培训，扣1分	20
3	地区公司和所属作业者项目设置安全总监、安全副总监或执行总监或部门经理	10
4	主要负责人进行HSE授课或开展安全经验分享，授课1次得15分，分享1次得5分	15
5	公司安全委员会委员按要求参加公司安全委员会或管理评审会议	12
6	主要负责人组织事故事件调查，确保至少报送2起本单位或承包商事故或未遂事件调查报告用于内部分享，每报一起得4分	8
7	及时、准确、完整报送地区公司安全动态信息（含安全月报），每少报1次扣1分，迟报1次扣0.5分；按时提交年度安全工作总结，未提交扣5分	10
8	主要负责人参加年度体检，得5分	5
	合计	100

四、过程性指标

过程性指标也实行百分制，主要指标分数权重见表1-4-2。

表1-4-2　过程性指标

序号	过程性指标	最高分值
1	积极推广HSE管理工具，建立或完善HSE管理体系，并组织实施	20
2	项目公司部门中层管理人员实施年度QHSE述职	5

续表

序号	过程性指标	最高分值
3	各级负责人承担对下属的HSE培训责任；完成四项取证培训（领导干部HSE资格取证和复证培训、防恐安全取证培训、初级急救培训、特种作业人员取证和复证培训）、基层员工岗位风险控制、应急技能培训及培训计划规定的各层次人员的HSE培训，落实承包商入场前安全教育及相关HSE制度、规程、工具培训	10
4	建设项目严格落实"三同时"制度；实施覆盖"队伍资质关、HSE业绩关、人员素质关、监督监理关、现场管理关"的承包商HSE管理制度；至少组织一次主要承包商安全全面检查审核，并提供检查审核报告	10
5	及时、准确、完整报送HSSE动态信息（周报、月报、年报及事故快报）；建立报告、调查不安全行为/状态、未遂事件、事故的机制；建立事故、事件数据库；开展安全经验分享；跟进预防和纠正措施的落实	15
6	建立与中油国际本部应急预案衔接的总体应急预案和专项应急预案，并完成中油国际评审备案；落实应急资源；按照预案要求组织培训和演练	8
7	落实员工健康和职业卫生保障措施；员工出国前体检、年度体检率和职业健康体检率达到100%	7
8	落实环境监测与统计；及时跟踪资源国环保法律法规的变化；采取综合性防治措施，确保达标排放	10
9	至少每年开展一次社会安全风险评估；及时修订社会安全应急预案；落实人防、技防、物防措施	10
10	根据"境外员工工作外安全管理规定（试行）"制订实施细则；加强文体活动、出行、休假安全风险提示和预防	5
	合计	100

五、奖励性指标

奖励性指标实行5分制，最高奖励不超过5分。主要指标分数权重见表1-4-3所示。

表1-4-3 奖励性指标

序号	奖励性指标	最高得分
1	获得所在国政府、国际组织安全奖励、表彰，每获得一次奖励0.1分	0.5
2	项目公司参加或主导所在国或国际安全组织，每个加0.1分	0.2
3	安全管理或技术研究成果获得国家/所在国、中国石油科技进步奖、技术发明奖，每个加0.5分；获得公司科技进步、管理创新、特殊贡献奖励的，一等奖加0.4分，二等奖加0.3分，三等奖加0.2分	1
4	参加公司组织的安全交叉审核，每人次加0.1分	0.5

续表

序号	奖励性指标	最高得分
5	项目公司积极派员参加中国石油国内开展的年度井控检查，以及派人参加中国石油组织的井控分级定点培训、井喷压井和应急救援技术培训。每人次给予项目公司加分奖励0.05分	0.2
6	5个项目被列为2021年EISC建设试点项目，EISC建设任务并将钻井现场相关信息接入中油国际中心EISC，加0.5分	0.5
7	交流材料被中国石油安全有关会议采纳，每篇加0.1~0.2分	0.5
8	对中国石油或中油国际安全有关制度制、修订反馈合理化建议并被采纳的，每次加0.01分	0.2
9	考核年度内中方员工获得注册安全工程师、注册环境工程师、NEBOSH资质的，每1人加0.1分；当地或外籍员工获得NEBOSH国际资质考试证书，每1人加0.1分；中方员工获得中国石油、公司或第三方认证机构审核员资格证书，每1人加0.05分	0.5
10	参加中国石油或中油国际公司统一组织的突发事件应急预案备案评审，一次获得通过，并得85分以上（含），每个加0.2分	0.6
11	积极提供ALERT、BULLETIN、简报素材并被录用，每篇加0.02分	0.5
12	积极参与中油国际安全专家库活动，每高质量完成1个程序规范评审加0.05分	0.5
13	员工参加省部级及以上或国际安全会议宣读或发表安全论文，或获得中国石油级别论文奖励，每篇加0.05分	0.2
14	积极使用社会安全信息平台报送各类事件和情报信息，酌情加0.05~0.2分	0.2
15	员工积极参加本部组织的安全培训和会议，每参加1人次加0.02分	0.2
16	完成基层场站一案一卡并通过评审，加0.2分	0.2
17	中方员工健康检测率达到90%及以上，加0.2分	0.2
18	中方员工健康改进合格，每增加一名，奖励0.05分	0.2
19	心理健康专兼职管理员参加心理沙龙活动或高阶培训（情绪急救），每人次加0.05分	0.2
20	参与创建健康企业，加0.2分；通过中国石油评审加分0.8	0.8
21	在健康、安全、环保、质量和社会安全管理中某方面表现突出或做得较好的，每项加0.1~0.5分	1
合计		

中油国际推广实施质量健康安全环保和社会安全业绩与项目公司全体人员经济利益挂钩、年底考核方式，严考核，硬兑现。

未实现杜绝性指标的，年度QHSSE管理工作考核分值不得大于零分值；实现杜绝性指标的，按照控制性指标分值占30%、管理性指标分值占30%、过程性指标分值占40%的原则，再加奖励分值核算总分，进而核定项目公司年度业绩分值。

第三节 安全业绩评价管理系统推广应用

以业绩评价管理系统为主线，中油国际全面推进有感领导、直线责任和属地管理理念和要求。有感领导重点是通过领导干部以身作则的良好安全行为带动全员积极主动参与 QHSSE 管理，通过制订履行 QHSSE 承诺、实施个人 QHSSE 行动计划、参与行为安全审核等方式实现。领导干部，特别是主要负责人从重视过渡到重实，从赶羊人变为领头羊。

直线责任明确了管工作必须管安全的工作原则。属地管理明确了基层员工属地领域管理 QHSSE 责任。构建并落实各级主要领导全面负责，副职领导分管负责，业务主管部门具体负责，岗位人员直接负责，QHSE 部门监督指导的安全环保及社会安全责任体系，推动各级管理人员和业务主管部门由 HSE 及社会安全管理的"参与者"向"责任者"转变，基层员工由"岗位操作者"向"属地管理者"转变，QHSE 及社会安全人员从"责任者"向"咨询师"转变。

一、践行有感领导，强化直线责任，落实属地管理

2006 年以来，中油国际各历任主要负责人均签发 HSSE 承诺，承诺保护环境、关爱员工的健康和人民群众的生命财产安全，是公司的核心工作之一。

每年年初，中油国际主要负责人与境外单位负责人签订质量健康安全环保与社会安全责任书，各境外企业、所属单位也都层层签订了责任书。责任书指标设计进一步完善了杜绝性指标、控制性指标、管理性指标和过程性指标，并适时调整权重。突出对各单位安全过程管理和主要负责人安全责任履行的考核。

中油国际领导带头在公司生产经营协调会上做安全经验分享。中东公司、阿姆河天然气公司、尼日尔项目等单位的总经理也亲自在各类会议上进行安全经验分享。伊拉克、乍得等项目总经理亲自进行健康安全环保授课。中油国际各单位部门副经理及以上领导干部积极参加领导干部培训班。各级管理层在关注安全、关爱环境、关心健康并养成习惯方面有了持续改进和提升。

直线责任是指落实各项工作的负责人对各自承担工作的 HSSE 管理职责，做到谁主管谁负责、谁组织谁负责、谁执行谁负责。中油国际本部职能部门对分管业务范围内的 QHSSE 工作负直线责任。管道部牵头，多次组织境外项目管道安全隐患大排查；炼化部牵头组织乍得和尼日尔炼厂启动前安全检查。

QHSSE 管理融入生产经营业务管理流程。中油国际全面推广危险与可操作性分析等工艺安全管理方法，完善风险识别、评估和控制机制。在中油国际本部多个职能部门的联合组织和指导下，伊拉克、伊朗、土库曼斯坦、乍得和尼日尔等新建项目和尼罗河公司下游在役项目都相继开展了危险与可操作性分析，伊朗北阿扎德甘项目还进行了危

险源识别分析。伊拉克哈法亚、乍得管道项目安装了周界电子围栏、光纤管道安全预警系统。南美公司安第斯项目建立了覆盖油田现场、项目本部和驻地的实时视频监控系统，项目和油田现场对讲机系统，车辆轨迹跟踪 GPS 监测系统，进出刷卡门禁系统，这些信息都实时汇集到监控中心，专人 24h 值守，一旦发生突发事件，立即启动应急响应程序。

生产作业现场的每名员工都是属地主管，都对属地内的安全负责，做到每块领地都有人管。每名员工都具有"安全是我的责任"的意识，实现从"要我安全"到"我要安全"的转变。

二、全面实施 QHSSE 业绩评价管理

QHSSE 业绩评价管理融入了中油国际整体业绩评价管理，权重达到 10%。公司逐步完善和规范了 HSSE 目标和指标设定、绩效日常跟踪和定期回顾及绩效考核和结果分析应用工作。

为持续改进 QHSSE 信息和控制的质量，为内部绩效改进提供可靠的 QHSSE 信息，同时满足对外披露的要求，2007 年公司发布并开始实施"HSE 绩效报告指南"，2011 年公司又更新并完善了"HSE 绩效报告指南"。本指南要求公司享有作业控制权的单位，即能贯彻执行公司 QHSSE 方针的单位，应依据本指南完善 QHSSE 绩效报告程序，并严格执行。各级直线管理层和 HSE 部门/人员有责任确保及时提供可靠、准确、完整的资料。要求主管领导和 QHSSE 专兼职人员充分了解和分析月度、年度 HSE 绩效变化趋势，以改进 HSE 绩效；对照绩效指标监测和评估 HSE 绩效，以控制 HSE 风险；提供对利益相关方披露绩效所需信息，以履行 HSE 承诺；让管理层了解 QHSSE 绩效相对于竞争对手的情况，以提供决策支持；在公司内部共享 QHSSE 信息，以吸取事故教训。

第四节　安全业绩评价管理系统运行效果

"十三五"期间，中国石油境外油气业务损工伤害率、总可记录伤害率分别为 0.15 和 0.66。2021 年，境外油气业务亿工时死亡率、损工伤害率、总可记录伤害率分别为 0、0.03 和 0.09，远低于国际油气生产商（IOGP）发布的 42 个成员企业损工伤害率和总可记录伤害率。各项指标显示，中国石油境外油气业务 HSE 绩效达到国际同行先进水平。中油国际（CNODC）近十年业绩如图 1-4-1 所示。

多年以来，面对传统的和非传统的安全问题，中油国际以质量健康安全环保和社会安全体系建设为主线，以业绩评价管理为抓手，不断强化风险动态管理，切实增强各项防护措施，在社会安全事件和自然灾害频发，新项目工程建设业务量大幅增长，项目作业风险不断增高的条件下，项目所在国环境要求越来越苛刻的大背景下，连续 3 年实现

了6个杜绝，境外油气业务平稳安全运行，质量健康安全环保及社会安全业绩保持稳定，为境外油气业务实现亿吨权益产量当量奠定了坚实基础。

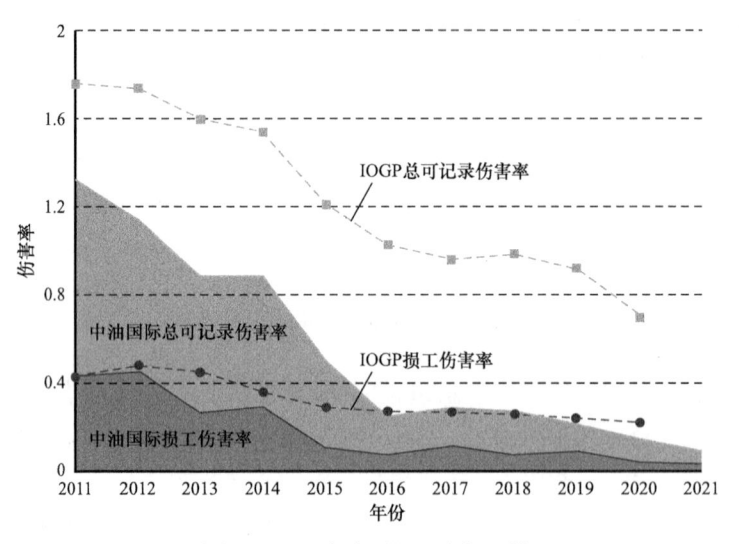

图 1-4-1 中油国际近十年业绩

▶ 第二篇

安全和应急实践

第一章

苏丹/南苏丹转移撤离纪实

第一节　南苏丹 37 区油田现场非关键岗位人员撤离

朱巴时间 2015 年 5 月 19 日 17 时 30 分，中国石油尼罗河公司南苏丹分公司朱巴基地会议室，人员来来往往、电话此起彼伏。

同一时间，喀土穆中国石油尼罗河公司会议室也在召开紧急会议。

朱巴和喀土穆两地的关注点聚焦到南苏丹 37 区油田现场的中方人员身上。

一、危险突发，紧急启动应急响应

2015 年 4 月初以来，南苏丹 37 区油田所在地——上尼罗河州，因部族武装冲突，导致油田周边安全形势骤然紧张。

2015 年 4 月 23 日，部族武装冲突加剧，并有向油田周边蔓延的趋势。按照应急预案，中国石油南苏丹协调组（简称南协调组）提升南苏丹 37 区油田现场警戒级别，向驻南各单位通报安全形势，要求启动 24h 值班制度。2015 年 5 月 19 日，部族武装攻击南苏丹 37 区主力油田法鲁赤西 40km 的迈卢特县城，并通过媒体等渠道发布要求外国石油公司员工撤离的消息。在政府军增援力量到达之前，一旦防线被突破，部族武装将快速推进到迈卢特东 18km 的莫利塔油田，进而逼近主力油田法鲁赤。在这种严峻的形势下，油田现场四百多名中方人员（其中中国石油员工 179 人）的人身安全受到严重威胁。

油田安全形势告急。2015 年 5 月 19 日 14：00 左右，南协调组领导会同中国驻南苏丹大使馆经济商务参赞，紧急拜会南苏丹石油矿产部部长，求证油田现场战事发展最新态势，提出撤离油田现场非关键岗位中方人员的要求。南苏丹石油矿产部部长表示支持，并保证将尽一切力量保护现场中方人员的人身安全。16：30，南协调组决定立即启动应急响应，并将紧急撤离报告上报中油国际。中国石油与中油国际要求南协调组："确保油田中方人员的人身安全。"中国驻南苏丹大使馆也要求南协调组立即撤离油田现场非关键岗位中方人员，并要求南苏丹政府务必采取一切必要措施，确保油田现场中方人员安全。

北京、朱巴、喀土穆无数人的目光，投向法鲁赤油田，聚焦在油田现场中方人员的身上。

二、果断撤离，确保中方人员安全

南协调组启动应急响应后，综合报告、安全保卫、油田生产、信息收集、后勤支持等各应急小组，按照演练过多次的应急预案，各自上岗进入战时状态：通知油田现场中方负责人执行撤离计划，做好油田紧急关停井准备，确保撤离后油田基本生产和资产安全；落实2015年5月20日紧急撤离的飞机，安排航空公司当日执行飞行计划；与现场保持24h通信，及时了解现场安全情况；核实撤离人员名单及证件等相关信息……

油田现场应急小组紧急通知作业人员：停止作业，返回法鲁赤营地待命。边远地区无法当夜赶回的人员，在政府军保护下撤入最近营地，待天亮后再回撤。

同时，南苏丹分公司将相关情况向尼罗河公司进行通报。

尼罗河公司当即在喀土穆召开南37油田紧急撤离中方人员对接会议，安排部署应急飞机于2015年5月20日由喀土穆赴现场撤离中方人员；协调中国驻苏丹使馆和苏丹外事、航空等部门，为紧急撤回喀土穆的中方人员办理应急入境许可和开辟特别通道；协调苏丹37区做好上游油田紧急关停后下游管线应急方案，确保管线不发生凝堵；加强后勤物资储备等。

2015年5月19日夜，朱巴、喀土穆两个基地的中国石油员工，在紧张忙碌中度过了一个不眠夜：与油田现场对接紧急撤离人员名单，完善非关键岗位中方人员撤离后维持油田基本生产方案……

2015年5月20日10:55，历经朱巴机场航空管制等波折后，第一架应急飞机从朱巴机场起飞赴油田现场执行撤离任务。21:03，最后一架航班降落朱巴机场。11h内，南协调组动用应急飞机资源8架次，从南苏丹37区油田现场撤离中方人员404人（中方外方共计477人），其中中国石油员工163人，非中国石油员工241人。同时，在油田现场安排一架飞机24h待命，用于紧急撤离极端情况下留守现场维持生产的16名中国石油员工。

南协调组在紧急撤离油田现场非关键岗位中方人员的同时，国内外媒体报道了南37区油田现场形势，南苏丹中方人员的家属通过电视、报纸、网络等渠道知道了油田周边发生战争。但他们把对亲人的关心放在心里，用无声的力量默默支持着前线将士。南37区油田现场留守的16名员工目送搭载战友的航班顺利起飞后，通过电话或网络告诉守在屏幕前的亲人："我们这边没事儿，战场离我们这儿还很远！"

三、临危不惧，坚持作业维持生产

2015年5月20日一早，一夜没睡的南37区油田采油厂厂长郭新文，手持电台、卫星电话和即将撤离的非关键岗位人员名单，带领法鲁赤主营地的中国石油员工分工负责，按照应急预案执行撤离计划。按照原计划，中方人员分 3 批撤离：第一批撤离非关键岗位中方人员，第二批撤离除实施关停井任务外的其他中方人员，第三批撤离实施关停井的生产留守人员。

中国石油、中油国际同意南协调组撤离油田现场非关键岗位中方人员，体现了以人为本、生命至上的精神。但对于油田现场的中方人员来说，即便临时撤离自己为之奋斗多年的油田，也是一种痛苦的选择。尽管枪炮声在不远处时时响起，但他们思考的是在撤离前能为油田做些什么。

阳光国际留守现场的员工，一边协助维持机场秩序，一边观察航班动向，及时向后方通报机场安全形势和航班进出港情况。

管道局员工，紧急撤离前备份重要文件、封存设备和物资。即将撤离的 2 名员工不顾个人安危，在撤离当日上午，会同留守的 4 名员工赶赴 1 号外输泵站，维修恢复油田外输核心设备 B 泵机组，确保撤离后原油外输的安全。

大庆石油管理局在莫利塔、Gummry 油田作业的员工按照关停井程序关闭井场，紧急封存现场设备、复制电脑资料，将工作交接给当地雇员后，才携带卫星电话等应急用品撤回法鲁赤营地……

一件件、一桩桩事情，在油田正常生产时期不算什么，但在事关自己生命安危的关键时刻，显得如此不平凡。在他们身上，我们仿佛看到了大庆会战时，在北方荒原上披星戴月、以苦为乐，为让中国甩掉贫油国帽子奉献青春乃至生命的石油前辈的身影。撤离前以集体利益为重，撤离后无怨坚守是对"爱国、创业、求实、奉献"的最好诠释。

犹记得南苏丹总统基尔对中国驻南苏丹大使说："A friend in need is a friend indeed（患难见真情）"。一个国家元首何以发出这样的感慨？因为 2013 年"12·25"撤离行动中，中国石油 23 名勇士的留守，维系了 98% 以上财政收入源于石油的南苏丹国家经济命脉。"5·20"紧急撤离中，中国石油 16 名留守员工，再次彰显了中国石油"互利共赢、合作发展"的合作理念。中国石油员工的留守，不仅使南苏丹政府感动，而且起到了强大示范带动效应。"5·20"撤离行动中，关键岗位的当地雇员、国际雇员与中国石油员工一起留守，确保了油田生产作业基本正常和原油外输安全。问及为何选择留守时，他们说："2013 年，CNPC 的人在危险时刻留守，帮助油田渡过难关。我们相信有 CNPC 的人在，这次也一定会平安度过！"

第二节　苏丹 1/2/4 区项目紧急撤离

2012 上半年，1/2/4 区项目公司（以下简称项目）所在地区发生多场武装冲突，经历了惊心动魄的紧急疏散和多次大规模撤离，累计撤离人员 4530 余人次，其中包括 335 名中方人员，没有出现一名人员伤亡，被苏丹政府和项目伙伴称赞为"创造了安全奇迹"。本次成功撤离充分体现了中国石油"以人为本"的理念，进一步验证了尼罗河地区公司及其所属项目公司应急机制完善、组织部署周全、措施行动有效,是一场不可多得的宝贵经历。现将此次紧急撤离经验总结如下。

一、武装冲突背景

苏丹南北分离后,两国在边界划分、石油利益分配等问题上分歧巨大,双方进行多轮谈判皆未能达成协议,一场以占领黑格里格油田为主要目的的冲突由此爆发。

2012年3月26日上午,南苏丹一支军事小分队首先占领苏丹境内、距离边境3km的一座变电站,拉开了黑格里格武装冲突的序幕。

2012年4月10日,南苏丹军队占领了黑格里格油田和营地,油田全面停产。2012年4月20日,在国际社会压力下,南苏丹宣布撤军,苏丹军方乘势收复黑格里格地区。

二、撤离经验

突如其来的武装冲突,既考验着1/2/4项目公司社会安全和HSE管理水平和应急能力,也威胁着油田现场员工,尤其是335名中方人员的生命安全。在中国石油统一领导、中油国际协助、地区公司统筹部署和苏丹政府全力支持下,项目冒着武装冲突炮火,紧急动员、高效组织,在2012年3月26日至4月10日的4场武装冲突期间,动用48架次各类飞机、三条空中航线、近400台次车辆,实施了三次大规模紧急撤离。整个过程没有造成一名员工伤亡,政府和伙伴称赞"创造了安全奇迹"。回顾武装冲突过程,项目之所以能够及时、安全地完成人员转移和撤离,主要得益于以下几个方面。

(1)及时掌握信息和做出准确预判是安全撤离的关键。

"3·26"冲突发生时,苏丹军方和安全部门出于军事保密和生产稳定考虑,未向公司人员提供有关信息,事发前油田现场人员均未接到安全预警,当炮弹已在井场附近爆炸后,安保人员依然要求油田人员继续工作,致使南苏丹军队攻入Hamra油田时,油田人员猝不及防。"3·26"冲突后,中方领导陪同苏丹石油部长巡视军营、战场布防和被毁的营地,向政府提出增加兵力、加强安全信息通报等要求,尽管苏丹政府一再强调油田不会再遭受攻击,但尼罗河公司领导根据现场获得的第一手资料,结合中国使馆等信息,迅速做出判断,立即启动中方人员撤离油田计划。4月初,除22名关键岗位人员外,现场各单位中方人员全部撤至喀土穆,为"4·10"武装冲突中留守人员的安全撤离奠定了基础。

(2)完善的应急管理体系是安全撤离的前提。

按照中国石油应急管理工作总体部署和海外勘探开发公司的具体要求,尼罗河公司自成立之初就建立了较为完整的应急管理系统。设定了黄、蓝、红、黑四种风险预警级别,并制订了相应的风险管控方法和应急预案;明确规定政府与伙伴、公司管理层、公司执行层三个管理层次的职责和权限;公司设立应急管理委员会、应急协调中心和现场应急指挥部三个管理层级,严格落实中国石油及中油国际突发事件信息报送制度,冲突期间及时向中国石油及中油国际报送现场情况报告11份，为领导决策提供了有力支持；加强了与政府及伙伴的沟通、公司内部协调，以及对现场执行紧急预案的跟踪落实。完善的应急管理体系保障了紧急情况发生时，做到管理到位、协调到位、信息到位、措施到位、执行到位，政府、伙伴、联合公司、工程技术和工程建设队伍协同配合、迅速行动、有效组织，确保了人员安全。

（3）严密组织和高效协调是安全撤离的基础。

在撤离工作中，项目严密组织和快速协调机制都起到了至关重要的作用。应急预案启动后，管理人员全体动员，分工负责，相关单位和部门指定协调人，保障危急时刻紧而不慌、忙而不乱，各项指令迅速得到传达和全面实施。2012年4月1日，南苏丹军队再次向苏丹发起进攻，项目立即启动空中紧急撤离预案。鉴于撤往喀土穆耗时较长，遂决定优先安排外籍员工乘直升机和货机转往距离较近的Neem和Baleela营地，有效节约了转运时间；为尽快完成撤离，项目连续三天三夜安排航班，在黑格里格机场不具备夜航能力的条件下，采用车辆为飞机指引航道的方式，保证了紧急时刻人员安全、快速撤离。

（4）及时更新和完善应急管理体系是安全撤离的保障。

武装冲突形势瞬息万变，即使再完备的应急预案，在实施时也会发生意想不到的情况，需要根据现场情况变化及时更新。2012年3月26日的撤离中，人员陆路撤离中途遭遇地方部落拦截，长时间无法通过。事件发生后，管理层及时调整撤离方案，将空中路线作为外籍员工撤离的主要途径；在2012年4月10日撤离中，由于黑格里格已被南苏丹军队占领，直升机飞行安全难以保证，公司当即协调军方护送14名中方人员和200多名当地员工由陆路撤出4区西部的Canar和Diffra油田。每次应急响应启动实施后，项目立即进行总结，对应急系统进行改进，使撤离工作组织更加有效、实施更加顺利。

（5）中国石油在苏单位统筹管理是安全撤离的中枢。

一直以来，尼罗河公司严格落实中国石油社会安全管理"三大一统一"的管理要求及海外甲工程技术和工程建设协调管理工作机制，苏丹地区中方HSE管理实行地区公司统一组织、各单位协同配合的模式，特别是为应对苏丹南北分离，地区公司建立了一套高效的应急反应体系，在本次武装冲突应对中，发挥了重要作用。"3·26"武装冲突发生后，苏丹地区协调组统筹协调、统一指挥，项目公司与工程技术和工程建设单位协同配合，迅速行动、有效组织，确保了中方人员的快速集结和安全撤离；在撤离组织中，六区等项目顾全大局，提前安排撤离人员在Baleela机场中转期间的医疗、食宿等后勤支持，疏解撤离人员情绪；在整个过程中，在苏单位密切配合、互相帮助，保证了撤离工作组织严密、井然有序、安全高效。

三、启示体会

在这场历时近一个月的武装冲突中，项目现场人员遇到了不少困难、曲折甚至险情，但最终安全、高效地实现了撤离，经受住了严酷的考验。武装冲突的硝烟虽已散去，但带给我们的记忆和思考却是深刻的。回顾反思项目在武装冲突中的应对工作，我们有以下体会和认识。

（1）当武装冲突发生时，迅速组织人员撤离危险区域为当务之急。

武装冲突残酷、枪炮无情，与社会动乱、部落冲突等事件有着明显区别。在武装冲突爆发时，将人员快速撤离武装冲突区域是必然、最佳、也是首要选择。

（2）信息获取和果断决策对于有序撤离至关重要。

在武装冲突状态下，军方有可能对重要信息进行封锁，对项目应急反应极为不利。此时，领导公司管理层需要冷静判断，果断决策，不可轻信政府承诺。此外，及时的现场考察分析和建立必要的情报获取渠道是海外项目规避安全风险的有效途径。

（3）应急预案中的协调联络人在撤离行动中具有重要作用。

多年来，1/2/4区苏丹项目大幅提升员工当地化水平，油田现场中方人员比例很低，而项目与工程技术和工程建设队伍中方人员的联络，主要通过项目的现场中方人员来实现，因此各单位联络人员的组织和衔接就尤为重要。危机中一旦人员不能有效衔接，很可能会出现人员落实不到位的情况。

今后项目还将面临一系列困难和挑战，项目全体员工将在中油国际和尼罗河公司的领导下，以超前的部署、科学的管理、务实的工作，攻坚克难，全力以赴，继续推动项目的安全、平稳、有效运行。

第二章

伊拉克安全实践

第一节　哈法亚油田项目精准有效防控风险实践

一、项目介绍

哈法亚油田位于伊拉克东南部米桑省，是伊拉克七大巨型油田之一。HSE 风险在项目高速发展中实现了精准和有效防控，甲乙方百万工时损工伤害事件率（LTIF）和总可记录事件率（TRIR）呈逐年下降趋势，从 2012 年起始终优于 IOGP 发布的国际油气生产商安全绩效指标。HSE 业绩得到了道达尔能源、马来西亚国家石油公司等国际投资伙伴和伊拉克政府的肯定和赞赏，为走出国门的国有企业在 HSE 风险管控方面赢得了良好的国际声誉。HSE 风险防控精准有效，得益于坚持两个"面向"和两个"四位一体"的 HSE 管理策略。

二、项目 HSE 管理背景和现状

哈法亚油田位于美索不达米亚平原南端，合同区块向东南方向延伸至哈维则湿地，该湿地是伊拉克唯一一处受国际湿地公约（拉姆萨尔公约）保护的湿地，生态环境高度敏感。哈法亚项目所在地阿马拉是伊拉克相对落后的地区。受连年战乱的影响，当地消防、医疗等公共基础设施非常有限，社会依托差。当地自然环境恶劣，旱季干燥炎热，高温可达 55℃，雨季阴冷多雨多雾，给生产作业带了极大的不便与风险。合同区块内散布着以农耕、放牧、捕鱼为主要生活来源的部落原住民，生活极端贫穷，对油田开发所带来的利益期待过高，社区关系极端复杂。当地劳动力尤其是油区内居民缺乏基本的安全知识与技能，安全环保意识淡薄。同时，哈法亚属高压、高盐、高含硫油田，部分地层硫化氢浓度超过 7500mg/m^3，作业难度大、安全风险高。

项目生产作业涉及勘探、钻井、试油、采油、井下作业、油气集输与初步处理、储运和工程建设等，固有 HSE 风险较高。

在这种复杂严峻、充满挑战的环境中，项目坚持遵循 HSE 国际惯例和发挥中国石油优良传统并举，在 HSE 理念、工具、方法、程序、标准、规范等方面跟国际最佳实践

进行了对标分析和全面接轨，实现了 HSE 观念国际化、HSE 做法国际化、HSE 绩效标准国际化。国际化、专业化的 HSE 管理团队不断强化自身的监督责任、服务意识与核心能力，始终坚持"HSE 专业人员不仅要及时发现问题和指出问题，还要跟其他直线业务部门一起形成强大合力化解和降低 HSE 风险"的基本原则，识别并牢牢把握项目发展的核心 HSE 需求，以市场化的方式集成全球化的适用 HSE 技术资源，在几年的国际化实践中不断完善了具有哈法亚项目特色的"两个面向"和两个"四位一体"的 HSE 管理策略。

三、"两个面向"和两个"四位一体" HSE 管理策略

（一）"两个面向"

在以往的企业或项目 HSE 管理中，"两张皮"脱节现象颇为常见，如：HSE 管理体系相关工作和日常 HSE 管理之间的"两张皮"；直线部门和 HSE 部门之间的"两张皮"；HSE 问题和 HSE 行动之间的"两张皮"等。

为有效克服上述问题，哈法亚项目在"问题空间"和"解空间"方法论的基础上，融合"面向对象"和"用户友好"思想，进一步提出"两个面向"的 HSE 方法论，即：面向 HSE 风险事项的识别和研判（即"面向问题空间"），面向系统化 HSE 风险防控措施及其功能实现（即"面向解空间"）。

第一个"面向"是为了识别、分析和判断清楚 HSE 管理的"问题点"或"着力点"；第二个"面向"是为了对筛选出的 HSE 风险事项精准地集成适用有效的系统化防控措施，并确保其功能实现。两个"面向"均要求贴近生产实际（面向对象），贴近最终用户的思维习惯和行为习惯（用户友好）。

"两个面向"相辅相成，缺一不可，丰富了"以风险管理为核心"和"基于风险"的传统 HSE 管理原则的内涵，更加有效地强化了 HSE 工作的"知行合一"，实现了 HSE 风险的精准和有效防控。

（二）管理主体之"四位一体"

HSE 管理经常会面对各管理主体职责不清的问题，比如：各个直线部门只管自己的主体业务不管安全（HSE），期待 HSE 部门管理所有与 HSE 有关的问题，把"HSE"和"专职 HSE 人员"画等号。HSE 的意思是健康、安全、环境，它们无处不在、如影随形。但专职 HSE 人员（含各职能部门的 HSE 人员）却不可能做到"时时都出现、处处都在场、事事都到位"。

为有效克服以上问题，哈法亚项目识别出投资伙伴、项目管理层、直线业务部门与 HSE 部门是 HSE 风险防控的主要行动者（管理主体），提出四大管理主体的"四位一体"。管理主体之"四位一体"主要基于以下原因：

（1）在"问题空间"中，各行动者（管理主体）的视角各异，只有"四位一体"才可以保证HSE风险事项得到更全面的筛查和刻画。

（2）在"解空间"中，各行动者（管理主体）的视角和行为方式也各不相同，唯有"四位一体"才能取得最强的协同效应。

（3）坚持行动者"四位一体"，让各管理主体一起从行动的视角看问题，带着问题一起去行动，从而使"解空间"和"问题空间"实现最大限度的匹配，实现HSE风险的精准和有效防控。

（三）管理机制之"四位一体"

为支撑HSE管理体系有效实施并最终实现HSE风险的精准和有效防控，哈法亚项目在实践中还发展完善了四大HSE管理机制，并进一步提出四个管理机制的"四位一体"。

四大HSE管理机制具体如下：

D——Directing & Driving（引领和驱动机制）；

R——Rolling out & Running of Risk Controls（风险防控机制）；

M——Monitoring Based on Systematic Methods（系统监测机制）；

C——Correction & Continual Improvement（校偏和持续改进机制）。

哈法亚项目的四大HSE管理机制以不可替代的方式、通过四大管理机制之间点、线、面、体的互动关系形成强健、有效、完备、立体的HSE风险防控结构（图2-2-1），助推项目HSE管理体系的有效实施。

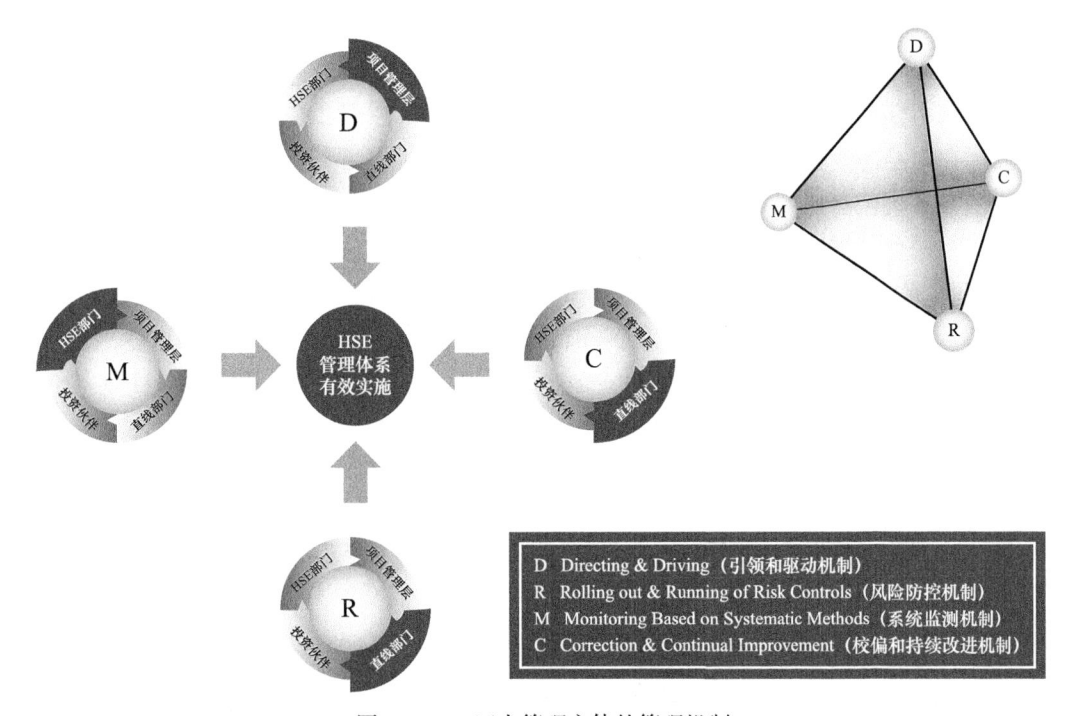

图2-2-1 四大管理主体的管理机制

（四）HSE 管理策略整体含义阐述

围绕 HSE 管理体系的有效实施，哈法亚项目的四大 HSE 管理机制由项目的四大管理主体支撑（图 2-2-1），强调四大管理主体在每个管理机制中及四大管理机制之间的高效协同并形成合力（图 2-2-2）。也就是说，四大管理主体既共同作用于一种机制，同时还要考虑其他管理机制的协同和抑制作用（系统动力学的思维方法），做到"大处着眼、小处着手"，最终实现系统目标，即实现风险的精准和有效防控。

具体在不同的 HSE 管理机制中，起牵头作用的行动者（管理主体）有所不同（图 2-2-1）：

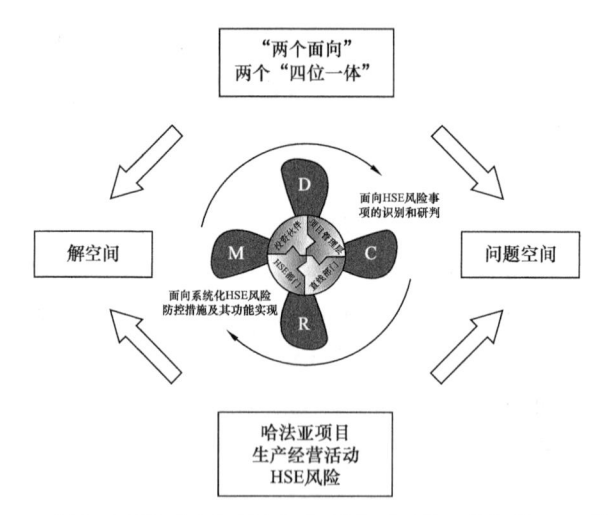

图 2-2-2　哈法亚项目"两个面向"和两个"四位一体"的 HSE 管理策略

（1）在引领和驱动机制中起牵头作用的行动者是项目管理层。
（2）在风险防控机制中起牵头作用的行动者是直线业务部门。
（3）在系统监测机制中起牵头作用的行动者是 HSE 部门。
（4）在校偏和持续改进机制中起牵头作用的行动者是直线业务部门。

"问题空间"和"解空间"方法论融合"面向对象"和"用户友好"思想，进一步发展完善为"两个面向"的方法论。"两个面向"为两个"四位一体"提供了基本准则和基本动力。"四位一体"的管理主体通过"四位一体"的 HSE 管理机制，助推 HSE 管理体系的有效实施，实现 HSE 风险的精准和有效防控，构成了哈法亚项目独特有效的 HSE 管理策略（图 2-2-2）。

四、"两个面向"和两个"四位一体"HSE 管理策略主要做法

（一）明确 HSE 目标方向，识别并协同各方力量

在 HSE 管理上，一方面，HSE 努力的目标方向必须要清晰明确；另一方面，紧密围绕 HSE 目标方向，需要将项目管理层引领的力量、各级主管推动的力量、全体员工自我

驱动的力量进行高效和高度协同。各方力量还可以表述为：

（1）认知和判断企业或项目各类风险的"思维力量"。

（2）将思维转化为高效行动方案的"转化力量"。

（3）将高效行动方案落实为具体风险防控措施的"行动力量"或"执行力量"。

在所有力量中，项目管理层高效务实的引领是"两个面向"和两个"四位一体"策略有效实施的坚强后盾。哈法亚项目自成立起就始终坚持"以人为本，HSE优先"理念，强化有感领导和HSE制度宣贯落实。最高管理者签发HSE方针和HSE管理体系，并于每年初正式审批年度HSE计划。

管理层高度关注HSE关键风险防控的效率和效果，通过管理层委员会会议、HSE委员会会议、专题HSE会议、承包商HSE例会等多种形式，为HSE关键风险防控提供建议和支持。

（二）有序推展、有效实施HSE风险防控措施

HSE管理体系的本质是"HSE管理的系统化"，核心是HSE风险管理机制。哈法亚项目着重强调HSE风险防控措施需要"有序"开展、"有效"实施。HSE管理体系要求在基层班组的落实，不能机械地为落实而落实，而应该看HSE管理体系中的工具方法能如何有效地帮助基层班组防控HSE风险。"风险控制措施"需要跟"风险事项"的"风险水平"相匹配：一方面"措施不到位"是绝对不允许的；另一方面也得严防"过犹不及"和"盲目行动"的情况出现。

根据领结模型（Bow-tie）和最低合理可行（ALARP, As Low As Reasonably Practicable）原则，哈法亚项目的风险防控着重从预防和应急两方面入手，在项目管理层引领和HSE部门支持的基础上，以直线业务部门为主体，将HSE风险消减到四大管理主体及其他利益相关方可接受的水平。同时，预防和应急措施将随着系统监测机制识别出的缺陷及校偏和持续改进机制进行的纠正而调整，从而推动HSE管理的持续改进。

1. 预防

组织结构上，项目明确HSE管理和直线业务部门HSE管理之间的分工和衔接，以保持HSE管理体系的完整性和必要的冗余。哈法亚项目在生产、钻井、工程等直线业务部门都配置专职HSE人员，并将HSE职责列为直线业务部门管理人员的核心责任之一，充分发挥直线部门在风险防控中的牵头作用。

HSE风险的防控首先源于对HSE风险事项的识别和研判（即面向"问题空间"）。哈法亚项目从2011年起开始执行HSE风险登记制度，对油田现场所有业务的风险进行梳理和防控，并不断更新。登记的HSE风险来自项目安全评价、环境社会影响评价、危险源识别分析、危险与可操作性分析、工程前端设计审查、HSE隐患监测跟踪系统等。上述整个过程均保证直线业务部门的充分参与，使问题的识别贴近最终用户的思维习惯和行为习惯，从而确保HSE管理"问题点"和"着力点"的精准识别，为安全风险"预知预

控"打下更坚实的基础。

根据识别和登记的 HSE 风险,结合 OGP 最佳实践,哈法亚项目确立了一系列合理有序、协同并进的 HSE 做法。首先是开发了一系列 HSE 程序、指南和现场规定,并定期对 HSE 体系进行更新。所有 HSE 体系文件的开发都经过了较为充分的酝酿、准备、分析和讨论,相关直线业务部门也参与其中,体现了集体的力量和智慧。

根据哈法亚项目 HSE 文件,针对项目全员、特定岗位人员、承包商甚至社区民众组织 HSE 培训宣贯,包括防御性驾驶培训、国际基本工业安全培训、硫化氢意识和程序培训、消防意识和技能培训、环境意识培训、基础急救培训等。哈法亚项目还特别注重专职 HSE 人员在 HSE 培训辅导过程中的作用。另外,哈法亚项目的 HSE 能力评估和辅导项目通过识别出的 HSE 关键岗位和关键能力,建立 HSE 关键能力评估和辅导系统,进一步实现关键岗位人员 HSE 能力的精准提升。

哈法亚项目运用底线思维,推广实施 18 条 OGP 保命法则(8 条核心法则 +10 条补充法则),这是哈法亚项目 HSE 管理的底线要求。每月对保命法则的实施情况进行统计分析。

针对哈法亚油区内地下油气管线和光缆分布广、高压输电线路穿过村庄附近等情况,项目联合米桑石油公司组成 HSE 宣讲小组,围绕规避高压输电线、硫化氢危害、禁止在地下管线和光缆警示标志区域内挖掘、远离高压输电塔等主题,在油田社区开展了油气设施安全知识宣讲。这一主题活动是哈法亚项目 HSE 长期战略之一。

在职业健康方面,哈法亚项目围绕职业健康风险开展了一系列工作:

(1)根据伊拉克劳动法及国际惯例,完成了哈法亚油田现场"关键职业危害数据表"。

(2)从职业健康的角度,建立了油田"化学品健康影响及其预防和应急措施"数据库。

(3)建立健全了油田现场员工的职业健康档案。

(4)实施系统的员工健康适岗性管理方案。

2. 应急

为有效规避和控制油田生产安全风险,项目针对油田开发生产过程中可能发生的井喷、硫化氢泄漏、油气泄漏、化学品泄漏、火灾爆炸、放射性污染等环境污染风险或生产安全事故风险,编制了危机管理计划、重大突发事件总体应急预案,以及井控应急响应专项预案、环境应急响应专项预案、溢油应急响应计划等应急计划和专项预案,对可能发生的事件进行分级、预警,明确了应急事件处理的组织机构、应急资源保障及应急响应程序。项目各基层站队如油气处理一厂(CPF1)、油气处理二厂(CPF2)、各生产井平台、各钻修井场、库房、加油站、火工品库、营地等均根据现场特点制订了现场应急程序,明确了突发事件处理措施及汇报程序。哈法亚项目还要求所有承包商及分包商按照项目要求建立各自的应急管理体系,并定期进行审计评估。各项预案及应急程序,通过现场培训、演练和审计,不断更新完善。

哈法亚项目高度重视应急队伍建设和应急资源配备工作。以阶梯发展的模式，对消防员开展专业技能培训，分批将消防员送到约旦进行专业培训。同时，所有消防员完成了救援人员急救能力培训，大大提升了消防队伍的应急响应和处置能力。此外，通过日常队列训练及各项专业科目训练，油田消防队的职业荣誉感不断增强，战斗素质稳步提高，优良行为习惯得到了较好养成。同时，对主营地消防员专门强化了保障机场和航空器安全的消防训练科目。在硬件方面，营地应急响应中心及CPF2应急响应中心先后被投入投用；油田设施、机场、化学品处置等方面的专用装备不断充实，使得哈法亚油田的应急保障能力得到稳步提升。

鉴于当地卫生条件落后，医疗资源匮乏，哈法亚油田依托国际SOS（International SOS）的全球化医疗救援平台，配备由国际高级急救医生、高级急救员、当地急救医生和员工兼职急救队伍组成的强有力的油田医疗应急团队，整合地面救护车和空中救护车等医疗救援工具，形成以营地主诊所为中心、油田现场三个急救站（CPF1、CPF2和CPF3）为辐射的应急医疗保障网络，并强化与当地卫生部门及米桑省和巴士拉省医院的联系，为员工提供符合国际规范的、可靠的应急医疗服务和支持。为提高员工自救和互救能力，哈法亚项目分批组织了由美国心脏协会（AHA）认证的基础急救培训，覆盖了30%以上的油田现场员工。

（三）系统监测HSE风险防控状况

"HSE风险精准和有效防控"是管理体系的真正目的。监测HSE风险防控状况侧重于从不同角度和层面及时发现和解决问题，"诊断"HSE风险防控措施的适宜性、充分性和有效性，并进行针对性的强化与提升，从而给出各方力量的着力点、着力方向和着力大小，牢牢把握安全生产运行的脉搏。"问题"来源于系统监测机制运行过程中发现的各类HSE风险（隐患）和直线业务部门的核心HSE需求，以及风险防控措施的薄弱环节。哈法亚项目坚持问题导向，紧紧围绕HSE风险这个核心，以HSE部门为主体，各管理主体全面协同，建立起了全方位的HSE风险监测方案。实施监测的主体包括四大管理主体（投资伙伴、项目管理层、直线业务部门、HSE部门）和第三方，分别对应于不同形式的HSE检查和审计等HSE活动。

哈法亚项目将HSE检查/审计作为项目现场HSE管理的重中之重。多年以来，哈法亚项目逐步建立健全了覆盖整个油田各专业门类和各生产作业场所的HSE隐患监测跟踪系统。基于风险分析，结合油田业务特点，哈法亚项目的HSE隐患监测跟踪系统包含了消防、航空与陆地交通、钻修井、油气生产、工程建设及营区管理等模块，覆盖了项目各专业门类和各生产作业场所。该系统具有多样化的信息采集渠道，并且采用了油田甲乙方统一的HSE隐患登录标准。公司管理层定期开展的HSE审计、HSE部门与业务部门之间的联合检查、HSE部门组织的日常HSE检查及定期内审、投资伙伴不定期审计、国际第三方HSE审计等都是该系统的主要数据来源。同时，哈法亚项目鼓励在油田现场工作的所有员工，没有职务与岗位的限制，包括承包商、分包商以及当地民众对人的不安全行为与物的不安全状态进行报告。尽管信息采集渠道多种多样，但不论是管理层的定期审计，还是员工对不安全行为或状态的报告，最终所有信息都输入到了油田统一的HSE隐患监测跟踪系统。

各职能部门将HSE检查与日常工作结合在一起，做到既管业务也管安全，并定期组织对所辖业务的专项HSE检查，如作业部定期组织专项井控安全检查。HSE部门每月与职能部门制订月度联合检查计划，针对直线业务部门HSE管理的重点环节和薄弱环节进行专题检查和讨论。HSE部门配有涵盖航空和陆地交通、钻修井、油气生产、废物管理、环境监测、职业健康、工艺安全等专业的国际化团队，对相应HSE风险进行聚焦式检查、审计并提供专业化建议。道达尔能源和马来西亚石油公司是哈法亚项目的两大合作伙伴，这两家公司对哈法亚项目不定期进行HSE审计，为哈法亚项目HSE风险的防控提供了新的视角和思路。项目还分别邀请挪威船级社和法国船级社等国际专业公司，结合实践，对项目每个业务领域和主要承包商进行全面的审计，并结合项目实际提供解决方案。此外，哈法亚项目高度重视社区关系，自觉接受当地社区对HSE问题的监督，鼓励社区居民及时报告发现的人的不安全行为和不安全状态。内外部不同来源的信息为风险的发现、跟踪和防控提供了多种维度的视角，为风险"零死角"的目标提供了有力的保障。

结合项目HSE管理体系中的HSE风险评估指南，HSE隐患处置的优先等级分为低、中、高，确保每一项HSE隐患处置的优先等级和关闭日期都要在HSE专业人员跟各相关方充分沟通交流的基础上进行慎重确认，从而按风险分级防控原则建立起HSE隐患监测跟踪系统数据库。

输入系统内的HSE隐患由HSE部门和直线业务部门共同维护，并对HSE隐患状态进行动态跟踪直至关闭。该系统的运行维护体现了属地管理和直线责任的要求，强化了HSE专业建议和监测跟踪的职能。对于重大和关键事项，项目坚持随时协调处理；对于其他需优先处理的事项，在每周HSE分委员会议上进行集中研究讨论，特别针对反复出现、逾期未整改或各方达不成共识的HSE隐患形成可执行的处理意见；每月根据对数据库分析和与直线业务部门沟通交流情况，梳理出所有系统性及其他重大或关键HSE隐患上报项目管理层。以上三项原则，使得哈法亚项目在安全生产中的突出问题和关键问题被随时置于项目管理层的视野之内。

规范建立并得以有效运行的哈法亚油田HSE隐患监测跟踪系统，融合了四大管理机制，体现了四大管理主体和四大管理机制"四位一体"的正向协同效应，使得哈法亚油田的各级各类HSE风险得到了全方位的监测防控，也使得HSE风险控制效率和控制效果得到了不断提升，对项目良好HSE绩效的取得起到了重要保障作用。

（四）及时校正偏差、持续提升HSE风险防控水平

校偏与持续改进机制侧重于解决问题、强化提升，有简单校偏和系统校偏两种基本

形式。

1. 管理层会议校偏

投资方指导委员会会议和联管会会议是哈法亚项目的决策层会议。作为惯例，每次会议上委员会都会首先听取HSE工作的专题汇报，对HSE管理工作进行总体指导。

项目坚持召开HSE委员会会议，它是HSE体系要素中"管理评审"的一种重要形式，可及时对HSE管理中发现的问题进行讨论并提出决议，最终达到解决问题和强化提升的目的，为项目HSE管理工作搭建了一个高效的交流和决策平台，对HSE管理进行直接和系统地校偏。HSE分委员会会议以周例会形式由管理层或其代表主持，各部门经理参加。优化后的会议议程，增设了HSE视频案例、职能部门报告、指定承包商关键HSE信息报告等环节，增强了各职能部门的参与程度。公司层面HSE委员会会议由项目总经理主持，公司管理层成员和部门第一负责人参加，重点解决公司层面的重大HSE议题和风险；分委员会会议每周一次，聚焦现场具体问题的跟踪和解决。HSE委员会和分委会的决议以会议纪要的形式由HSE部和直线业务部门共同跟踪落实，并向委员会反馈。以HSE委员会会议为代表的HSE风险治理结构的有效建立得益于项目管理层高瞻远瞩的引领力量，会议讨论的议题主要来自系统监测机制的输出，同时为精准和有效的风险防控提供了一个直接校偏的平台。因此，通过融合了四大管理机制的具体做法，使得HSE委员会会议效果以及整个HSE风险治理机制得到了最大程度地发挥。

2. 定向帮扶、正向激励和违规处罚等措施

哈法亚项目通过系统监测机制，帮助各部门与各承包商识别HSE管理薄弱环节中的关键点，并有针对性地提出改进要求和建议。如聘请国际知名公司挪威船级社对承包商进行全面审计、要求承包商按照OHSAS 18000和ISO 14000进行内审、要求承包商专兼职人员参加NEBOSH培训、与各直线业务部门一起对各领域进行危害识别、邀请国际知名公司法国船级社对各业务领域进行专题审计等。

正向激励是一种间接的校偏。如不定期对承包商的良好实践和HSE绩效进行公开肯定和表彰，以达到鼓励先进、鞭策落后的目的，从而实现间接校偏。

违规处罚是直接校偏。修订后的项目HSE违规处罚管理程序加大了对HSE隐患逾期不整改及同样的HSE问题反复出现的处罚力度，并明确规定了环保违规的内容及处罚标准。该程序明确规定了根据情节对承包商及员工的HSE违规行为如何进行处罚，同时也明确了逾期不整改或同类问题反复出现进行加倍处罚，直至该问题关闭。

五、结语

项目运行之初对HSE工作进行了严谨细致的统筹规划，使得思路清晰、行动有力、协同并进的系列HSE防控措施有序展开。在项目高速发展的实践中，发展完善了"两个面向"的方法论，清晰定位了四大管理主体的角色和职责，建立了高效务实的四大管理

机制，使项目"从无到有""从有到强"培育出了稳健高效的 HSE 管理体系，使油田生产作业场所和基层班组的 HSE 风险得到了"精准和有效防控"。

"两个面向"和两个"四位一体"HSE 管理策略为新项目和高速发展项目 HSE 管理体系搭建、成长、成熟和不断提升提供了一种简明扼要的技术路线；为基层班组 HSE 系统化管理提供了简明扼要的有效思路；使基层班组的 HSE 风险得以"精准控制"，逐步夯实整个企业或项目的 HSE 管理基础。

第二节　艾哈代布油田项目能源合作

中东公司一方面通过油气合作参与国际投资、国际油气勘探开发，满足国内油气需求；另一方面坚持共商共建原则，全力提高油气产量，积极投身中东油气基础设施建设，从而带动项目所在国的工业化和现代化进程，促进当地经济发展，让更多百姓分享到石油工业发展的成果。

伊拉克艾哈代布油田继 2018 年完成 13 个公益项目之后，2019 年的 16 个公益项目正在加紧招标落实。这是中油国际中东公司在伊拉克积极承担社会责任、塑造中国石油良好形象、构建美丽海外中国形象的重要举措之一。

在伊拉克，中东公司一方面重合同、守信用，凝心聚力描绘"一带一路"油气合作旗舰蓝图，油气业务实现了跨越式发展；另一方面高效履行社会责任，与当地民众和谐共处，促进经济长期和可持续发展，积极推动当地社会进步。

一、产量提升为经济增长注入动力

中国和伊拉克同属世界文明古国。两千多年来，东方文明与两河文明交相辉映，在古丝绸之路上经贸往来不断。

中伊两国人民通过丝绸之路展开友好交往，结下了深厚情谊。两国在历史上悠久绵长的友好交往与精诚合作中，始终如一地相互支持，并形成互利双赢的格局。

中伊能源合作正是源于历史上的友好交往，源于特殊时期的相互扶助，源于互利共赢的根本理念。经历了国际风云变幻考验，双方把能源合作作为压舱石，在能源领域建立长期稳定合作关系；把互利共赢作为指南针，加强沟通和对接，引导两国能源企业加强合作，构建全方位、多领域、多元化合作格局。

伊拉克石油资源丰富，探明石油储量居世界第五位，油气资源是其发展的经济命脉。2009 年伊拉克政府制订原油增产计划，利用国际资金和先进的管理、技术经验提高原油产量，把增产收入投向国家基础设施领域，惠及广大国民。包括中国石油在内的国际石油公司通过提供技术服务的方式，投资参与大型油田的生产经营。

2008 年战火尚未停息，中国石油进入中东市场，作为战后走进伊拉克的第一家外国石油公司，加入复兴伊拉克石油工业的事业中。在获得艾哈代布油田的服务合同后，中国石油又联合BP、道达尔能源、马来西亚国家石油公司等国际同行获得鲁迈拉、哈法亚等大型油田的技术服务合同，中国石油在伊油气业务进入了新时期。

中国石油携手国际同行和伊拉克的合作伙伴，为实现伊拉克原油增产计划做出了艰苦卓绝的努力：艾哈代布项目是战后第一个投产油田，提前3年投产，年产油600×10^6t，与原合同预期相比，相当于为伊拉克政府多贡献了100亿美元收入；哈法亚项目2018年9月三期2000t产能建设项目投产，2019年3月底达到40×10^4bbl高峰产量；鲁迈拉项目创造了三十年来油田最高产量纪录，2019年一季度产量同比稳步提高。

与此同时，2009年至2018年，伊拉克新增探明储量379×10^8bbl，原油产量提高87%，原油出口收入最高峰期间较2009年增长130%。日益兴旺的石油工业为伊拉克走向和平安定奠定了坚实基础。

二、共赢发展同塑美好未来愿景

过去十多年来，中油国际中东公司以项目执行力赢得了合作伙伴和伊拉克政府的认可和信赖，用真诚沟通、共享共赢的行动获得了项目周边社区的信任和赞扬。

艾哈代布项目在运行中建设信任文化，营造良好合作建设大环境。项目秉承公开、透明、诚信的原则，坚持以互利双赢的理念和兑现承诺的实际行动构建了多层面的信任关系，与伊拉克政府、当地社区和民众、股东方及承包商建构良好的合作机制，形成了独具特色的信任文化。省、市、县代表及伊拉克中部石油公司（MDOC）、绿洲公司一起组建了"公益项目委员会"，共同讨论确认社会公益项目，同时制订清晰的工作流程，确保项目得到有效执行。2018年，艾哈代布项目共完成13个公益项目，总计费用超过500万美元。

2019年4月，中东地区出现异常天气，伊拉克遭遇近五十年来最严重的洪涝灾害。艾哈代布油田社区附近几十间民房因大雨垮塌，油田组织捐款为他们提供了及时救助，受到当地百姓的称赞；给当地50个小学捐赠激光打印机的公益事宜也正在办理中。

伊拉克因遭受长时间国际制裁，加之战后局势动荡，当地工商业发展缓慢，高失业率一直困扰着当地居民。艾哈代布油田是伊拉克战后中国企业参与的第一个对外石油合作项目。十年来，中方投资三十多亿美元，将其打造成"中东标志性项目"。在油田建设发展过程中，艾哈代布项目积极实施本地化战略，累计为当地创造了五千多个直接或者间接就业机会，从源头帮助当地社区居民获得可持续发展机会和改善生活质量，构建了互利共赢的发展战略。

侯赛因毕业于当地一所大学的石油工程专业，他说，"前几年，当地石油经济发展缓慢，没找到专业对口的工作。"直到中国石油接手哈法亚油田，他才实现了在家乡从事石油工作的梦想。"我很满意现在的工作，也很喜欢这里的氛围，中国石油带来的不仅是投资，还有先进的开发生产技术，大幅提高了油田管理水平。"他说。经过培训，很多伊拉克员工从场地工干起，成长为钻工、井架工，甚至副司钻，工资水平大幅提高。目前，哈法亚项目本地化用工比率超过70%，不少伊拉克员工成为专业技术的行家里手。

2019年3月，由哈法亚项目捐助的一批价值两千多美元的体育运动物资在卡哈拉体育俱乐部完成移交。这是哈法亚项目资助当地青年体育事业发展的第一步，通过捐赠活动，架起与当地青年人沟通的桥梁。哈法亚项目通过创造就业机会、修路、供电、资助学校设施等一系列民生工程，打造和谐社区、和谐环境，为加速油田建设创造条件，促进了当地工程建设、油料供应、私人安保等产业发展。

鲁迈拉油田是伊拉克最大的油田，目前产能达到每年 $6000×10^4$t。滚滚油流一方面增加了伊拉克政府收入，另一方面为当地增加了22000个就业机会；当地承包商获得30亿美元合同额，在以国际化标准为指导的大量培训下，团队生产安全质量、施工效率、技术水平已发生了本质改变。

"中国石油在履约和承担责任方面表现得非常出色，值得信赖。"伊拉克驻华大使艾哈迈德·贝尔瓦利这样评价道。

三、绿色发展畅想合作未来

绿色发展是当前全球治理主旋律，是伊拉克人民对美好生活的迫切需要，更是中国石油在国际合作中始终努力奋斗和承诺的发展方向。

哈法亚项目部在加快自身发展的同时，注重企业与社会、环境的可持续发展，努力建设环境友好型企业，倾力打造中国石油海外作业者典范，高效建成了两千万吨级绿色大油田。

2019年5月9日，伊拉克石油部在巴格达举行签约仪式，将10.7亿美元天然气处理厂项目（GPP）授予中国石油工程建设有限公司。

GPP项目建成后将"消灭"整个哈法亚油田燃烧的火炬，每年减少近 $3×10^4$t 二氧化硫排放量，极大降低废气排放对当地环境的影响，实现绿色油田建设目标。与此同时，中国石油将是伊拉克市场第一个完全履行油气开发合同的国际石油公司，在中东油气行业树立了中国石油"重合同、守信用、负责任"的良好形象。

艾哈代布油田所在的瓦西特省是伊拉克的传统农业区，油田作业过程中对土地资源保护尤为重要。因此，项目启动之际，艾哈代布项目就确立了"废钻井液不落地"的目标，采用世界领先的"废钻井液无害化处理"专利技术处理油田的全部钻修井液，处理后的废钻井液固体物经中伊双方检测达到安全土质标准，具备了保障农林业生产和植物正常生长的条件。几年来，艾哈代布项目累计处理废钻井液近 $50×10^4$m^3，开创了伊拉克钻井史和环保史的先河。伊拉克政府对其高度认可，要求其他国际石油公司借鉴中国石油的做法，推广应用中国的新技术。

鲁迈拉油田每年约有 $200×10^8$m^3（标况）的伴生气被直接放空燃烧。为合理利用能源，中国石油联合BP、伊拉克南方石油公司组成联合体（ROO），启动建设"绿色油田"

计划，分多期建设电站工程。电站于 2018 年完工，每年可提供 13×10^8kW·h 发电量，满足当地 108 万户家庭一年用电需求；每年可有效利用 $5.2\times10^8\text{m}^3$（标况）伴生天然气，减少约 300t 二氧化硫排放。

聚焦共同发展、绿色发展与加速融合的共识让中伊合作伙伴关系更加紧密，油气合作由此成为两国人民友谊发展的桥梁、彼此携手共进的纽带。未来，中东公司将与伊拉克各界保持良好的沟通和合作，进一步发挥中国石油优势，更好地贴近和满足伊拉克石油工业的发展需求。

第三章

拉丁美洲地区安全文化纪实

第一节　拉美公司安第斯项目安全文化建设

开拓进取的中国石油，一度位居全球500强企业的榜首，成为全球市值最大的企业。不管是经济发展还是安全建设，中国石油都领风气之先，居前导之位。本节介绍中国石油安第斯项目在安全文化建设方面的典型经验。

与中国石油一样，世界大型跨国石油公司BP、荷兰皇家壳牌集团等无不把安全文化建设看成了企业发展的基础和核心，他们的HSE管理具有先进而坚定的理念、科学而实际的体系和严格有力的政策，辅之以规范的运行方法，不仅明确了各个业务单元在HSE体系中的角色，而且规定了具体任务，大至体系建立，小到个人需求，上至决策高层，下到操作岗位，远至设计源头，近到当下操作，无不一一明确，从而保证了体系的健康运行。由于人人拥有超强的HSE观念，而且个个倾力推行HSE管理体系，使得HSE的实施发展蔚然成风。

在全球经济一体化的大潮中，中国石油不仅学习着对手，更在超越着对手。如今我们的HSE成绩足以媲美世界一流企业，在很多方面更是有过之而无不及。例如中油国际拉美公司安第斯项目就通过安全文化建设进一步推动海外社会安全和HSE管理水平上了新台阶。

企业安全文化是安全价值和安全行为准则的总和。它体现为每一个群体对安全的态度、思维程度及采取的行为方式。众所周知，人的不安全行为是事故发生的最大隐患，企业的安全文化建设则直接决定了事故率的高低。

按照国际油气生产协会OGP安全绩效指标来看，中国石油安第斯项目百万工时误工伤害率为0.42%；百万工时总可记录伤害率为1.32%，处于世界领先水平。

为什么会有这样的结果呢？经过不断的总结、汇报、调研，甚至中国石油总部派出专家考察团亲赴南美洲作业现场调查并走访当地员工和居民，最终得出安第斯项目有三大经验值得学习和推广。

一、经验一：安第斯项目在企业安全文化建设方面独树一帜

（1）安第斯项目始终把社会安全管理放在各项工作的首位，居安思危，未雨绸缪，制订了多项社会安全管理制度和标准，积极与厄瓜多尔政府谈判，认真与合作伙伴沟通交流，达成一致，与专业安保公司、军警部门建立了畅通的联系渠道和合作机制，制订了详细的公益事业计划，努力构建和谐社区，为项目起好步、开好头奠定了坚实的基础。

（2）立足预警，防控并重，加强社会安全局势和安全环境变化监控，建立了高度发达的信息情报中心。建立了对各方面的情报信息进行汇总和决策反馈的机制，为管理决策提供了及时可靠的依据。同时还建立了严密的武装保安和军警护卫系统。在基多公司总部雇佣 47 名保安，在油田现场雇佣了 400 名保安和 35 名军人，定期巡逻和不定期检查，保证了随时发现问题和解决问题。

（3）建立了合理有效物防系统。项目驻地、机场和油田生产现场周界都设置了底部封闭、高度为 2.5m 以上的铁丝网，周界四个角设置了瞭望塔，入口处设置了减速带和检查停车区。

（4）建立了先进的技防和应急反应系统，实现了总部和现场间的双互实时反应。24h CCTV 实时视频监控系统覆盖油田现场、机场、员工驻地和公司总部，几百千米之外的实时录像都能通过遥控镜头调焦旋转抓拍；车辆轨迹跟踪 GPS 监测系统，所有车辆位置、速度实时显示在监控屏上；公司内部间的对讲机系统；门禁系统和报警系统，这些信息都实时汇集到公司总部监控中心，专人 24h 值班，一旦发生突发事件马上多方联动，反应迅速，运行良好。

（5）建立了社会安全培训全覆盖系统。做好各种安全培训教育，不定期进行各种专项演习，有效地提升了员工的风险意识和应对技能，全员安全素质明显加强。

二、经验二：安第斯项目在 HSE 管理方面独具一格

安第斯项目在社会安全方面真正做到了体系化管理，在推进社会安全管理体系的同时，还持续推进了 HSE 管理体系的健康良性发展。

具体来说，安第斯项目 HSE 的管理具有这样的特点：

（1）理念先进。遵循"一切事故均可避免"的安全价值观，领导带头践行公司 HSE 的各项规章制度，定期参加 HSE 培训、应急演练、经验分享等活动。公司上下同心，互相促进，加强"有感领导、属地管理、直线责任"和"员工生命高于一切"等安全管理理念的落实，为积极培育企业安全文化树立了良好典范。

（2）程序严格。安第斯公司严格执行既定制度、严肃遵守法律法规、严谨的工作态度，切实落实安全环保责任制，与主管人员签订了安全生产责任书，在岗位工作要求中明确各岗位的安全环保工作职责，层层分解 HSE 责任，将 HSE 工作压力逐级传递。

（3）制度完善。安第斯项目加强海外社会安全和 HSE 管理基层队伍建设，建立了一

支懂安全、会管理、能应急的专业化监管队伍，为油田作业现场配备了当地籍社会安全、医生、环保、生产安全专职管理人员，EHS 部门同时还承担了专职消防员职责。在与承包商的安全例会中，要求参会承包商轮流开展 HSE 讲座，分享经验。

将 EHS-CA 作为生产经营活动的重要部分，严格管理；未雨绸缪地有效识别 EHS 影响因素，细化防范应对，做到风险可控；通过各种培训不断强化 EHS 意识和技能；奖惩并举，EHS 表现作为管理绩效考核的内容，激励员工良好表现；同时持续坚持体系化管理，合理提供人财物资源，不断应用良好惯例。

（4）行为规范。对 HSE 管理体系十要素做了一一分解，细化风险评估、工作计划和职责分配等工作，强调提前计划，HSE 各项管理方法工具和制度落实求真务实，自下而上应用。

上述行为取得了明显的效果，安第斯项目不仅杜绝了生产安全亡人事故、环境污染事故，还取得了社会安全方面中方员工被绑架和致死事件为零的良好业绩。与美国职业安全与健康管理局统计的油气业务同口径比较，项目公司百万工时可记录事件率绩效毫不逊色。

三、经验三：安第斯公司在社区关系建设方面独占鳌头

由于安第斯项目处于较高风险区，时刻面临各种挑战，为了防患于未然，最大程度降低安全风险，安第斯项目在当地公益事业方面加大投入，取得了良好的成效。他们尊重政府、社区、员工，做好沟通与协商，成功打造了团结合作的内部多元文化团队，营建了外部和谐的社区环境。安第斯公司不仅获得了地方政府颁发的社区事务"先进单位奖"，还被厄瓜多尔石油矿产部和国防部称赞为"HSE 社区事务工作最佳外国公司"。

安第斯项目在建立和谐社区邻里关系方面，主要做法为：

（1）在医疗救助方面，安第斯公司援建了两个社区诊所并配备了社区医生和医疗设备。五年多的 24h 无休息服务，社区医生们挽救了无数的生命，让八千多名社区居民享受到了基本的医疗服务，其中两千多名居民享受到了免费的医疗服务。他们还为超过 440 名身患血液病的儿童提供免费治疗。

（2）在教育资助方面，他们让社区居民深深体会到了知识改变命运。目前在 Tarapoa 油区，五十多所学校的三分之一校舍都是安第斯公司承建的。公司除捐献了 2 辆校车外，还资助了 1800 名学生上学，并提供额外奖学金。并为 300 多名儿童提供了教育和生活资助，向当地儿童提供 5 万多份免费午餐，大大改善了孩子们的营养状况。

（3）安第斯公司建立的 15 个应急点，已经成为环保与和谐社区的双赢典范；他们捐献的大量板材也让很多当地人安居盖房没有了后顾之忧。

（4）在农业资助方面，他们无偿提供的农作物资和土地开荒等举措让社区居民走上了自力更生之路。

（5）安第斯公司员工共 655 人，近 94% 的员工都是当地人，员工本土化率名列前茅。

他们通过加快推进本土化，加强公益事业，建设海外业务安全发展大环境等一系列工作，从根本上改善了公司与社区的关系，社区甚至和公司签署了"永久和平"协议，中国石油人在这里得到了广泛的赞誉。

现在，厄瓜多尔依然存在治安犯罪、武装抢劫、贩毒猖獗、社会骚乱、民族主义情绪高涨等社会安全风险，但安第斯公司却创造了相对安全的区域，在社会安全风险控制上走出了新路子，创造了新办法，取得了好效果。

安第斯项目负责人张兴说："社会安全风险控制要自我加压，在安全形势还不那么严峻的时候，要当严峻来对待，等到真正严峻的时候就能胸有成竹，就能从容应对。如果说我们在社会安全管理方面取得了一点成绩，归根结底，我认为必须抓好三件事：落实责任，确保投入，严格管理。在社会安全风险控制方面，没有最好，只有更好！我们还要加倍努力。"

安第斯项目的成功，证实了这样的一种理念："播种一种思想，收获一种行为；播种一种行为，收获一种习惯；播种一种习惯，收获一种文化；播种一种文化，收获一种未来。"

有理由相信，随着中国石油 HSE 树典型、学模范的深入开展，随着安全文化建设先进经验的大面积推广，绽放的宝石花不仅会从美洲的热带雨林冉冉升起，还将熠熠发光，照遍地球的每一个角落！

第二节　中国石油在委内瑞拉的木薯情结

算上重油资源，委内瑞拉的石油资源在世界排名第一，但国家经济发展不平衡。委内瑞拉中心城市譬如说首都加拉加斯，从消费水平和市政建设上来看，完全不亚于欧洲的水平，但在其他偏远地区，只有一成不变的荒凉。

委内瑞拉东部安索阿特吉州石油重镇埃尔蒂格雷就是这样的一个荒凉小镇。尽管有浓郁的热带风情、神秘的印加文明，但人民的生活依然贫困。

在这里，令人印象最深的就是木薯饼这种食物。这种口感略显粗糙的食物与当地的文明一样有着悠久的历史。巴西、秘鲁等南美国家的先民已在四千多年前就已经开始栽培木薯，现在木薯也是委内瑞拉最主要的粮食作物之一。

1997年，中国石油参与了在蒂格雷附近卡拉高莱斯油田的作业，同时也参与了附近一处印第安人村落卡伊科·塞科的社会项目建设。卡伊科·塞科在西班牙语中是"干涸的滩地"的意思，这里是方圆数百千米最贫困的社区。村里没有自来水，人们的主业是加工沙石作为建筑材料出售。

自从中国石油的队伍来到了这里，从2005年开始，在这里种植了$30\times10^4 m^2$木薯，2007年为村里建起了一座投资15万美元的木薯饼加工厂，而这座超过$1500 m^2$的厂房是当地最醒目的建筑（图2-3-1）。

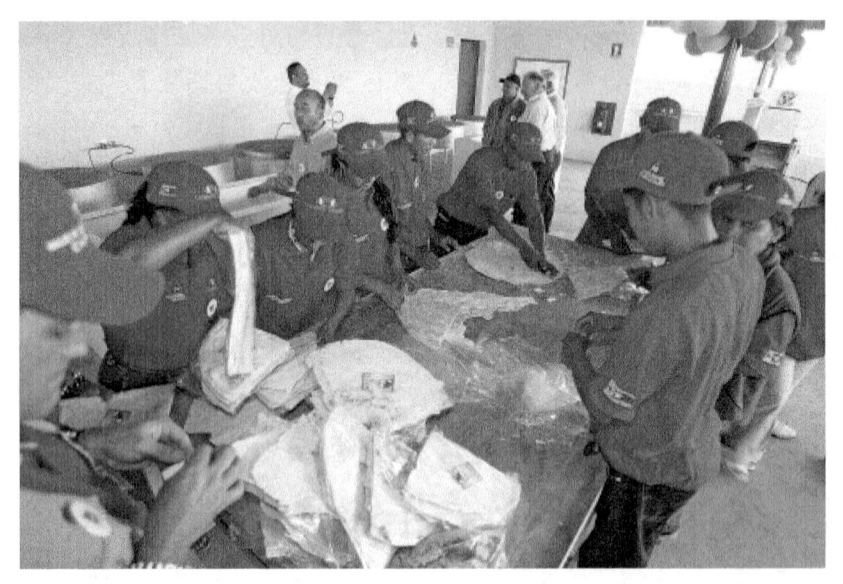

图 2-3-1　木薯厂的工人正在协作加工木薯饼

2007年木薯厂经理胡利奥·科雷亚（也是卡伊科·塞科村的村民）说："目前这个工厂可以创造24个就业岗位，村民们对这个厂期望很高，希望将收益主要用于再投资，不断扩大厂房，扩大木薯种植面积，至于木薯饼的销路肯定不成问题。"伊内斯·玛丽亚是这座木薯加工厂的员工，她说："我是一名家庭妇女，能获得工作，特别是能在离家这么近的地方工作，笔者感到非常高兴。"

在卡伊科·塞科，还有中国石油援助装修一座新的乡村急救所、饮用水供水装置、供电线路、桥梁等，还有一个棒球运动场在筹建中。

在委内瑞拉，中国石油的员工通过种植、加工木薯及各种援建项目和当地人民结下了深厚的友谊。中国石油在委内瑞拉投资经营的石油类合作项目也始终坚持合作共赢、共同发展的理念，积极倡导并践行着"奉献能源，创造和谐"的企业宗旨，力所能及地投身于当地的社会公益事业。中国石油在委内瑞拉的公益项目受益人数已超过1500人。当地官员都对中国石油的社会公益事业赞不绝口。

2006年，委内瑞拉实行石油国有化后，中国石油在委内瑞拉的项目改为以委方控股的合资公司的方式运作，卡拉高莱斯作业区的社会贡献项目继续发展，而中国石油人与当地居民亲手种下的木薯，仍然在这片"干涸的滩地"上焕发着勃勃生机。

第三节　中国石油南美洲地区和谐油区建设

一、概述

南美洲地区油气资源丰富，已探明常规石油可采储量$148 \times 10^8 t$，占全世界探明可采储量的9%，主要分布在委内瑞拉、巴西、厄瓜多尔等国。此外，南美还蕴藏着丰富的重油资源，约占全球重油储量的61.2%。OPEC年度统计报告显示，2010年，委内瑞拉已探明原油储量约 $450 \times 10^8 t$（$2965 \times 10^8 bbl$），超过沙特阿拉伯，跃居世界第一。

中国石油南美业务遍及南美大部分产油国，是南美最具有影响力的油气投资公司和工程技术服务商。在党中央、国务院"利用两种资源、两个市场"和"走出去"方针政策的指引下，从1993年中国石油最早的海外油气开发项目——秘鲁塔拉拉6/7区开始，1997年，中标了委内瑞拉英特甘博油田和卡拉高莱斯油田（简称陆湖项目），开始进入委内瑞拉市场。此后，中国石油在南美又相继签署了委内瑞拉MPE3项目（原乳化油项目）、秘鲁1-AB/8区项目、厄瓜多尔安第斯项目、委内瑞拉苏马诺项目和呼宁4项目，并开始进入风险勘探领域。目前，中油国际拉美公司在委内瑞拉、秘鲁、厄瓜多尔、哥伦比亚4个国家，经营管理着7个油田勘探开发项目，是中国石油海外油气合作区中，项目分布的国家最多、跨度最大、合同模式最多、管理幅度最大的地区公司，油气作业产量连续4年超 $1000 \times 10^4 t/a$。

19年来，中国石油在南美地区的油气合作、工程技术服务、物资装备出口和原油贸易业务，从无到有、由小变大、站住了脚。与此同时，通过油气合作，中国石油在南美全面履行了环境和社会责任，促进了当地经济和社会的发展，实现了企业和社会的可持续发展。在实践过程中，拉美公司各项目坚持"零污染""零排放"和共同发展的理念，严格标准、规范作业，实现了钻修井废料不落地、污水处理后完全回注和植被恢复的环保目标；通过投资当地公益事业，增加当地就业岗位，从而回报社会，实现了与油区周边社区和谐共同发展的宗旨。创出了中国石油品牌，进一步塑造了中国石油"奉献能源，创造和谐"的负责任的大型油公司形象。取得了良好的社会效益，得到当地政府和人民的一致好评。

二、让马拉开波湖水更清

马拉开波湖是南美洲最大湖泊，与加勒比海相通，石油资源丰富，有石油湖之称。宽广的湖面上采油站、井架、抽油机比比皆是。

1997年6月中国石油在委内瑞拉第三轮国际招标中，中标英特甘博油田项目，1998年5月接管油田操作权。接管时，英特甘博油田湖底淤泥深、电缆、油气管线密集，湖面设施设备多，存在较大的环保风险，项目以节点风险分析为手段和突破口，识别每个工序、每个环节、每个岗位中最主要的风险，并切实做好风险防范。

对于湖上钻修井作业，钻井废液是最大污染源。钻井废液主要由钻井液和钻井岩屑（钻井过程中收集到的岩层碎屑）组成，是一种复杂的多相稳定胶态悬浮体系，含有多种无机盐、有机处理剂、聚合物、表面活性剂等物质，其中所含油类、盐类、钻井液添加剂以及一些可溶性的重金属离子污染土壤、水体，影响动植物生长，危害人类健康。随着化学工业的进步特别是合成高分子化学的发展，一大批新型合成高聚物出现并用作钻井液处理剂，使得钻井废液的组成变得越来越复杂。钻井过程中产生的钻屑对环境的影响也是不可忽视的。钻屑往往黏附了大量的油类、有机处理剂，如果钻屑不经处理，直接排放到马拉开波湖水中，对环境将造成破坏或污染。

中国石油接收湖上英特甘博油田后，始终坚持"零排放"原则，对作业现场钻井废液实施有序即时完全回收，并请当地政府认证的第三方钻井废液处理公司进行专业化的有机降解处理。据不完全统计，中国石油自接管湖上英特甘博油田后，累计收集并有效处理钻井废液和岩屑近 $10 \times 10^4 m^3$。

中国石油进入委内瑞拉以来，严格执行当地环保法律法规，始终坚持油田作业和生产过程零污染原则，杜绝了井喷事故，实现了废料和工业垃圾不落地目标，保障了马拉开波湖水清澈见底。

三、让亚马孙河水更纯

在亚马孙雨林深处，树立起了中国石油的绿色环保丰碑。亚马孙雨林占地面积 $700 \times 10^4 km^2$，横越巴西、秘鲁、委内瑞拉、厄瓜多尔等8个国家。2006年，中国石油天然气集团公司（55%）联合中国石油化工集团公司（45%）收购加拿大 EnCana 公司在厄瓜多尔资产，组建安第斯石油公司。中国石油便开始扎根亚马孙水系和热带雨林，并以"奉献能源，创造和谐"为宗旨，在保护亚马孙水系和热带雨林的前提下，开采石油，并回报资源国、回报当地人民，获得厄瓜多尔政府和民众的广泛认可。

在厄瓜多尔石油工业四十多年的历史中，早期一些西方石油公司对亚马孙雨林环境保护关注不够，造成较大污染。厄瓜多尔民众数次发起诉讼，索赔数十亿美元赔偿。中国石油天然气集团公司和中国石油化工集团公司联手运作安第斯石油公司后，未雨绸缪，对油区内的历史污染土做了摸底，制订了3年历史污染清理和治理计划。2009年先将2005、2006年发生的三起人为管线破坏事故产生的污染土进行清理处理，并着手清理油区11处小型污染地，同时在两个主要油田分别再建设一座污染土处置设施，以便处理历史污染土和新产生的污染。厄瓜多尔环保部官员多次到现场查看，对安第斯公司实施的生物氧化处理污染土技术给予很高的评价，对公司所表现出来的环保承诺给予很高的赞扬。

2007年，安第斯公司还在油田核心部位建设并运营了废水综合处理回注中心，采油生产时采出的地下水（油田综合含水90%以上），经综合处理后回注地层，实现了"零排放"的承诺。2011年，平均每天处理回注采出水 $7 \times 10^4 m^3$，实现了水资源的循环利用，保障了亚马孙雨林水质。

安第斯油田现场每周组织环保应急演练，包括泄油控制、灭火、放射性离子辐射控制、放射性源保护、应急设备操作、灭火器使用、救护、水上泄油控制、应急控制点清理围堰设置等。安第斯公司规定，参加应急演练和应急响应是每个现场员工的义务。因此每个员工都需接受各类定期应急演练，随时待命，事发时接受应急指挥官指挥，参与应急响应。

2007年，安第斯公司荣获"世界石油HSE与可持续发展最佳公司"称号和英国伦敦能源所"世界环保奖"提名，受到各级环保组织、研究机构，特别是政府主管部门的好评，安第斯公司已成为所在国行业HSE工作的典范。

中国石油在亚马孙雨林的另一深处——秘鲁1AB/8区，也主动保护雨林水质和环境。2003年中国石油参与秘鲁石油开发后，与伙伴公司一起，投资数亿美元设计建造了油田采出水综合处理工程。2008年12月，1AB/8区油田水处理项目一期工程投产，8区原油开采每天产生的40×10^4bbl污水，在经过处理后全部回注地层。2009年4月，二期工程投产，1AB油田每天产生的55×10^4bbl污水经过处理之后，也全部回注地层，从而为具有"地球之肺"之称的热带雨林增加了一道"安全门"。

四、让当地政府和人民受益

坚持互利共赢和履行社会责任是中国石油海外创业的基本原则。既要自身发展，又要为所在国服务，促进互利共赢。重视资源国的利益和诉求，强调社会公益事业，用发展成果惠及当地百姓，才能更好地树立中国石油的品牌形象，创造良好的可持续发展环境。

2005年初，中国石油决定帮助委内瑞拉卡拉高莱斯油田周边村庄种植和加工木薯。当时中国石油从广西聘请技术专家到现场指导开荒耕地、改良土壤、选种育苗和田间管理等，经过一年多的努力，建成30km²木薯高产农业示范园（图2-3-2）。木薯丰收的同时，中国石油还在附近社区建设了木薯加工厂（图2-3-3）。

图2-3-2 木薯高产农业示范园

图2-3-3 木薯加工厂

中国石油本着"奉献能源，创造和谐"的宗旨，与阿根廷普鲁斯石油公司合作，在1AB/8区油田境内创建了10个诊所，总共配备了32名专业医生和16名护士倒班工作，油区周边19个社区和两个村落的八千多名原住民到这些诊所免费看病和治疗。在中国石油到来之前，周边几十千米范围内没有一家医院甚至诊所，原住民要到很远的地方看病就医。现在，即使是社区最偏远的地方，只要2h原住民即可乘船到达诊所看病（图2-3-4）。

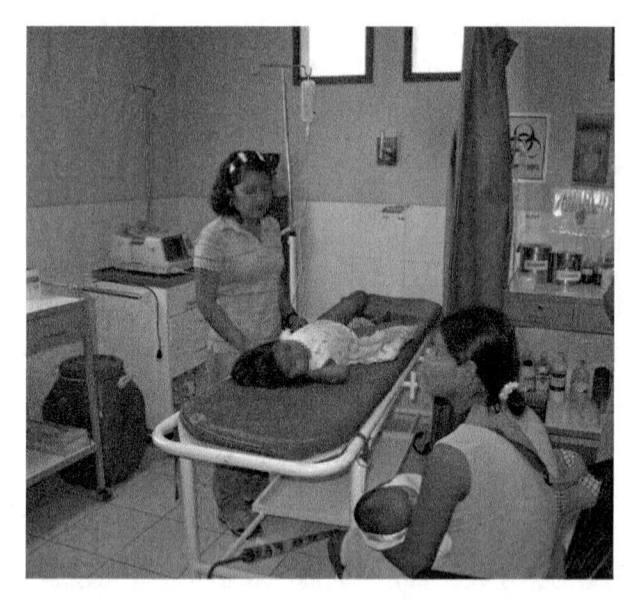

图2-3-4 社区诊所

中国石油厄瓜多尔安第斯公司注重"和谐油区"建设，与南北社区分别达成"永久和平"协议，获得地方政府颁发的社区事务"先进单位奖"，厄瓜多尔石油矿产部和国防部称赞安第斯公司为HSE-社区事务工作最佳公司。

中国石油在委内瑞拉用于社会公益的投入和捐赠超过1000万元人民币，志愿者累计服务时间超过1000h，扶贫帮困对象及受益人数近五十万人，公益项目涵盖公共设施建设、医疗卫生、教育事业、扶贫帮困、文化体育和环境保护等领域。2010年，委内瑞拉遭受严重洪灾，近十三万人无家可归，中国石油慷慨解囊。委外交部副部长泰米尔·波拉斯代表委政府向中国石油表示感谢。他说，在委内瑞拉遭受罕见洪灾时，中国石油伸出了援助之手，这是两个国家石油公司良好合作的体现。2011年，中国石油委内瑞拉MPE3项目合资公司积极参与委内瑞拉安居工程，分别在5个市政地区开展房屋建设，派出项目执行人员38人，惠及当地居民上万人。

五、结束语

与中国石油在全球各地的其他项目一样，中国石油在南美始终坚持以发展的成果回报资源国、回报当地人民、回报社会，实现了与当地政府及油区周边社区和谐共同发展的目标。得到当地政府和人民的一致好评,进一步塑造了中国石油"奉献能源,创造和谐"的负责任的大油公司形象。

第四节　秘鲁1AB项目与亚马孙原住民培育良好关系

广袤的亚马孙丛林不仅是无数野生动植物的天堂,其地下也蕴藏着丰富的石油资源,在秘鲁北部的丛林地区,中国石油与阿根廷合作的石油开采项目——秘鲁1AB项目石油年产量约$200×10^4$t(图2-3-5)。

图2-3-5　秘鲁1AB项目注水工程

秘鲁印第安原住民的抗议活动曾给该项目造成了一定影响,油田一度停产。然而,长期以来,中国石油在开发资源的同时也十分注重环境保护并积极扶助当地公益事业,因此双方并未发生冲突。这个结果得益于中国石油长期和原住民建立的融洽关系。

自油田项目2003年启动以来,不仅为一千多名印第安原住民提供了就业机会,而且积极扶助当地公共事业。项目共投资两千多万美元用于公益事业,如修建医院、学校等。在油田周边地区,项目共建十多处医疗诊所,这让八千多名印第安原住民受益;每逢节假日,项目会给学校的孩子们赠送文具。和中国石油在全球各地的项目一样,秘鲁1AB项目始终坚持的理念是,将企业利润的一部分拿出来用于回馈当地社会(图2-3-6)。

出于保护亚马孙雨林环境的考虑,多年来项目公司还累计投资五亿多美元在油田建造污水处理和发电厂等配套工程。开采石油时从地下抽出的污水必须先经过净化处理,达到符合秘鲁法律规定的环保标准才能回注或排放。这些污水处理设备和工程已全部完工,并在持续发挥环保效益。

图 2-3-6　项目援建的社区设施

第五节　安第斯项目强化 HSE 培训严控岗位风险

安第斯项目在员工 HSE 培训实践中，突出岗位风险，按照"按需培训、分级管理、突出现场、优先作业"的原则，结合资源国的法规要求及项目公司的管理实际，加强 HSE 培训需求识别与计划编制，科学开展培训与考核，取得了较好的效果。

一、多角度入手，识别 HSE 培训需求

公司 HSE 培训包括法律规定课程、行业安全课程、认知活动和通用课程四方面内容，其中，法律规定培训主要为资格类的取证培训，其余 HSE 培训课程均由公司根据识别出的培训需求确定。

（1）结合员工职业生涯设计识别培训需求。公司每个专业技术岗位分为 6 个级别，公司依据员工资历将其归入职业生涯设计的相应级别，每级都规定了需参加的培训课程内容。HSE 课程包含必修和选修科目。例如采油工程师岗位的现场 A 级（入门级）人员必修科目包括：HSE 入厂教育、安全防御驾驶、急救、体系与管理标准、H_2S 防护理论及演练、初级消防理论及演练、危害沟通、初级泄油控制、气体检测、高空作业、工作许可、事故报告、能量隔离、受限空间、社区事务等内容。这些项目是员工晋级的必要条件。

（2）依据岗位风险评估结果识别培训需求。由公司的 HSE 培训师、HSE 监督和员工的直接主管共同参与，通过与员工讨论、汇总制订风险矩阵、确定优先级等步骤，开展岗位风险评估识别培训需求。培训师在讨论时一方面根据岗位信息表请每位员工主动

分析风险，另一方面根据风险矩阵模型，针对 7 大类 59 种风险对员工进行潜在风险的提示。在风险识别与量化的基础上，汇总所有岗位及其风险等级获得风险矩阵，按风险等级和影响人数，确定需优先管理的风险，并针对这些风险的管理措施作为主要的培训需求。岗位风险评估每两年进行一次。

（3）利用职业健康体检数据识别培训需求。公司员工职业健康体检的历史数据，提供了共性的职业健康隐患和异常情况信息。通过与员工单独讨论，判断异常是否与职业活动有关，从而识别与职业健康有关的隐患，制订隐患管理措施，进而纳入培训需求。

（4）充分利用需求识别工具识别培训需求。公司通过事故事件分析、隐患报告、日常检查等工具，及时发现作业过程中的风险，并确定有针对性的培训需求。2013 年，公司通过对事故事件的分析，发现手部伤害的案例占总事件数的 29%；在检查中发现用于高空作业的设备存在较多问题。通过应用上述工具，开展手部防护和高空作业设备检查及作业培训被列入必要的培训项目。

二、结合风险等级，分类制订培训计划

HSE 培训小组将识别出的培训需求汇总整理形成培训计划，经与 HSE 部门、公司现场经理、各部门总监讨论后，由管理层批准执行。

HSE 培训计划由正规培训、讲座、演练和认知活动四部分组成，根据不同的风险等级，不同的培训内容采用不同的培训方式及培训载体。

（1）正规培训计划。针对较高风险的培训和法律规定的培训一般纳入正规培训，通常需外聘培训师或外派培训。培训计划每个培训科目直接指定了应参加培训的高风险岗位员工。一般每年安排 12~18 个主题。

（2）讲座计划。中等风险的培训和需要强化的培训一般纳入年度讲座计划，全部由现场 HSE 总监、监督、医生和培训师完成。每月一个讲座主题，确保现场所有员工都能参加，讲座内容全部针对已识别出的现场风险防控，如手部防护、H_2S 防护、上锁挂签和工作许可及工作安全分析、社区事务等。

（3）演练计划。所有演练全部纳入年度演练计划，如消防、泄油控制、急救、放射性防护、应急设备操作、受限空间、高空作业等。计划同时包括了在每年进行的法定应急演练，法定演练邀请政府官员参加，并召开演练总结会，评估演练及总结教训。

（4）认知活动计划。涉及安全文化建设、特定预防的科目均被纳入认知活动，通过布告板、活动等多种形式实施。如车速控制的宣传，是在员工餐厅的餐垫上印刷了不同区域车速的规定。运动前热身、运动伤害预防、应急队伍体质、灵活性和耐力培训等均属于认知活动的特定预防的科目。

三、突出培训重点，强化实施与考核

公司在 HSE 培训上坚持"突出现场、优先作业"的原则，培训实施及考核检验的重

心向作业现场倾斜。

（1）利用信息化手段做好培训的组织。公司 HSE 培训师通过"培训登记系统"实现培训组织，将培训信息通过公司区域网系统群发邮件通知，参加者点击阅读详尽信息后可直接通过系统报名，报名后会按时收到培训师发出的有关培训信息的系统提示。

（2）严格认真落实培训计划规定的内容。在作业现场，培训计划所规定的各项培训内容都会得到严格落实。如：每周六下午 5：00～6：00，由 HSE 总监和环境、安全监督或医生组织月度讲座；每周日下午 2：00～3：00，由 HSE 监督组织每班 15 人的应急分队演练；周一、三下午 5：00 为承包商提供培训；每周二、四、六下午 4：00～5：00，为所有初次进厂的公司员工和承包商人员提供入厂教育培训。

（3）注重考核跟踪确保培训效果。在全公司经营考核的 15 个指标中，HSE 考核指标占 5 个，HSE 培训是其中之一。HSE 培训师将培训者的电子记录录入到"培训跟踪系统"，系统自动将培训记录发送到人力资源部和员工个人信息管理系统。员工可检查自己接受培训的情况，人力资源部和 HSE 部定期通过培训跟踪系统，督促特定员工参加培训。另外，公司每天的日报、周报都将反映培训、入厂教育、讲座、演练和演习的执行情况。

四、体会与认识

（1）项目公司的统计数据表明，培训与安全业绩并不是绝对的线性正比关系，但随着培训投入及人工时增加，事故事件起数下降趋势明显。项目公司现场员工每年人均培训课时达到 68h 左右，但仍然存在安全业绩起伏现象，这说明安全与培训都是动态的，需要动态管理。

（2）建立企业自身绝对可信的事故事件数据库、培训数据库、风险识别数据库、隐患报告数据库等，是持续改善 HSE 培训工作的有效工具。

（3）HSE 文化要倡导宽容文化，从而建立一种积极的正文化，构建 HSE 人员的从容与自信，从而激发员工主动参与和自我管理的积极性。

（4）为承包商提供的培训越多，企业自身的安全业绩就越好，安全文化水平就越高。

第六节　委内瑞拉乳化油项目健步走和阳光心态活动

长期在海外工作，员工的身体健康和心理健康是两个不容忽视的重要课题，如何确保两个健康，不少海外项目独创了诸多良好实践，委内瑞拉乳化油项目健步走和阳光心态活动就是其中之一。

委内瑞拉的巴赛罗那市是一个充满热带风情的海滨旅游城市。多条人工河流绵延在市内各个角落，人们称这座小城为"小威尼斯"。乳化油项目中方员工生活的 Puerto Principe（王子港）住宅小区像巴赛罗那其他小区一样，环境优美、风景怡人，游泳池、健身设施等一应俱全；同时，也有一条停放着各种游艇的人工小河流淌在小区周围。每逢周末和节假日，小区当地人便驾驶着自家的游艇，从这条不起眼的小河，驶向附近的加勒比海各个海岛，享受阳光、沙滩、啤酒和音乐（图2-3-7）。

图2-3-7 委内瑞拉巴塞罗那市市容

每天下午快6：00的时候，几辆汽车也陆陆续续停在王子港住宅小区的一座小楼附近，这是项目上自己开车或是搭乘小车的人员也下班回来了。不一会儿，只见人们一个个穿着运动衫、旅游鞋走出了小楼，招呼着说笑着，三三两两朝小区的门口走去。原来，这是乳化油项目每天下班后、晚饭前的健步走活动开始了。

项目上的工作是紧张而忙碌的，工作上的压力、语言方面的限制以及所处社会治安环境的动荡，决定了项目人员不可能有很多的业余时间和丰富的社会生活。项目上的生活是单纯的，每天办公室和驻地，近乎两点一线的生活，简单而规律。虽然处在风景如画、四季如夏的南美洲国家，自然环境得天独厚，可远离故乡和亲人，再好的风景也禁不住日复一日、年复一年地观看。所以在项目上既要学会工作，也要学会放松和休息，学会欣赏周围那些容易被忽视的简单而美好事物，来保持健康的身体和愉快的心情，以良好的状态投入紧张的工作。所以项目上的人员都学会了努力调整自己，积极地投入锻炼，达到强身健体的目的。每天下班后的健步走活动，简单而轻松，在说说笑笑中锻炼了身体，舒缓了心理压力，成了大多数乳化油人放松锻炼的主要项目，成了每天生活的一部分。

委内瑞拉的巴赛罗那市没有了春夏秋冬分明的四季，一年只有雨季和旱季的分别。虽说没有四季，但这儿的春夏秋冬还是有初夏和盛夏的区别的。也许是受火热的热带气候的感染吧，这儿的植物都显得非常的茂盛，花儿大多开得很艳丽。顺着健步走的街道，路边有挺拔的椰子树、叶儿像大扇子一样的芭蕉树、茂密的芒果树，还可以见到长得比人还高的芦荟和仙人掌……，更多不知名字的花草树木，因序开着各种美丽的花朵，有的树上开着一窜窜金黄的花朵，有的开着一簇簇火红的花朵，还有一些常年开花的灌木，虽然叫不出名字，但并不妨碍欣赏，一样给人们带来阳光的心态和快乐。

　　在每天的健步走活动中，大家三三两两在路上快步走着，一边欣赏着周围的花草树木，蓝天白云，一边三言两语地闲聊着，交流着项目的进展和新闻，交流着工作和生活中的烦恼和收获，脚下长长的道路好像也变得很短了。大家彼此的感受和话题，随着快速的脚步，洒在了这条健步走的道路上。

　　美好的海滩就在人们脚下，著名的加勒比海就在眼前，每次赶海和看海都会令人张开思绪，陶冶心灵，让人们忘记一天的劳累，再多的辛苦、再多的烦恼，面对宽阔的大海，眨眼工夫就能让令人恢复平静，以最好的心情去面对接下来的工作和生活。

　　顺着海滩健步走，看着沙滩上爬来爬去的小螃蟹，逗逗在海边嬉戏的可爱的孩子……让人一下忘却了所有的烦恼和疲劳。挑几处平整的石头坐下，一边海阔天空地聊着，一边听听海，看看云，尽享海风的温柔，尽情体会这在国内近乎奢侈的享受。同时，也任思绪随波荡漾，寄去对远方亲人无边的思念（图2-3-8）。

图 2-3-8　海滩健步走活动

　　项目上有一些健步走活动的积极拥护者，无论刮风下雨，只要时间许可，下班后晚饭前的健步走是必不可少的，看见天气不太好的时候，就带上一把伞出去走走，但如果不这样，就好像缺点什么似的。

　　乳化油项目作业区前线，位于距总部三百多千米以外的Morichal地区，那里每天下班或晚饭后围绕营地的健步走活动，是前线人员的一项重要内容。Morichal地区地广人稀，天高云低，大家经常一起围绕着营地走上大大的一圈，享受着清新的空气、一望无际的原野、变化无穷的云朵、各种昆虫小鸟的鸣唱，让人洗去一天的疲劳，舒展一天的心情。

难怪从 Morichal 前线回来的人员，每当提起在 Morichal 营地的健步走活动时，都要流露出满心的留恋，那种向往的眼神，不说话也能让人深深地感受到。

"30 分钟的餐后论坛"也是乳化油人的光荣传统。100m² 的那块平台，是乳化油人交流、沟通、逗乐、漫步最好的场所之一。在这块平台上，乳化油人交流"乳化"合作伙伴和委内瑞拉政府有关部门的经验和教训；交流如何兼顾家庭、孩子和事业；交流如何利用有限的休假时间与家人团聚和培养感情；交流如何培养我们的下一代。

始终坚持健步走，让身体一天比一天健康，一天比一天强壮。在雨中和烈日下的健步走，让人们更加坚定了工作和生活的信心，坚信今后不论工作和生活遇到再大的困难，都能勇往直前奔向最终目标。

由于工作的需要，项目上不断地有新的人员来了，又有一些同志奔赴其他的岗位。公司中不乏转战苏丹、秘鲁、委内瑞拉等国家，在海外项目已工作了八九年的人员，石油人好像也已经习惯了四海为家。"哪里有石油哪里就是我的家"，这句话在这些老海外身上得到了最好的体现。调离乳化油项目，奔赴其他岗位的同志，大都仍然保持着健步走的传统，并在新的地方发扬光大。而每当乳化油项目上有新的员工来到，多半很快就会加入健步走者的行列，成为健步走活动的积极拥护者。

斗转星移，从 2001 年 12 月份合资公司正式成立以来，乳化油项目人员也从最初的十来个中国人发展到现在的 50 名。从来到项目的那一天，目前项目建设已经进入最后的冲刺阶段，就要实现项目的全面胜利投产了，这里面凝结着多少乳化油人的智慧和汗水啊！等到乳化油运回中国的那一天，每一个乳化油人怎么会不欢欣鼓舞呢！

乳化油项目健步走活动，已经成为项目人人生中重要的一章，既能健身又能释放压力的健步走的种种记忆，也会深深印在乳化油人的脑海中，像一笔宝贵的财富，在今后的人生岁月里，时不时地闪现出光彩。

第七节 秘鲁 6/7 区项目坚持互利共赢树立良好形象

2022 年 5 月 23 日，秘鲁《时报》（La hora）推出秘鲁公司 6/7 区项目《"互利共赢 合作发展"造福塔拉社区》的专题报道，引发秘鲁各界积极反响（图 2-3-9）。

秘鲁公司 6/7 区项目是中国石油国际化发展具有里程碑意义的标志性项目，是中国石油实施国际化经营的"第一站"，被称为海外投资业务的井冈山。中国石油参与秘鲁油气合作始溯于 1993 年，近三十年来，中国石油在秘鲁的发展离不开当地各方的支持和帮助。中国石油秘鲁公司秉承"奉献能源、创造和谐"的企业宗旨，致力于促进当地社区发展和社会进步、提高当地民众的生活质量。高度重视社区沟通，积极开展文教卫生等社会公益项目建设，造福当地民众，实现互利共赢、共同发展。

建设希望小学，树立良好国际形象（图 2-3-10）。中国石油秘鲁项目进入 6/7 区运作伊始，就特别重视社区共建及公益事业，1996 年 10 月，秘鲁项目在 6 区所建的希望小学举行了落成庆典仪式，当地政府官员、公司领导和学生家长参加了庆典活动，该学校是中国石油海外的第一所希望小学，之后每年公司都给该学校提供帮助，与多所学校开展共建活动，为学校捐赠图书文具，修建电脑培训室，购买课桌椅，发放奖学金及聘请专业课老师等，改善教学环境，提高教学水平。

图 2-3-9 秘鲁《时报》相关报道

图 2-3-10 6 区希望小学

投身灾后重建，赢得社区高度赞扬。2017 年，秘鲁北部工区遭到沿海厄尔尼诺自然灾害侵袭，工区不同区域降雨量达到 372～523mm，远超平均年降雨量。整个雨季的连续降雨，不仅给油田道路、生产设施造成很大的破坏，同时对社区道路与公共设施造成了严重影响，社区百姓也深受其害。公司在确保油田生产的前提下，组织相关队伍，组织推土机、翻斗车、重型卡车等清淤工程车辆对辖区内 5 个城镇的 11 个地区进行抗洪抢险及灾后重建，累计工时 500h，并先后分三次联合地方卫生部及各级地方政府开展了为期 21d 的灾后登革热喷雾消毒及灾后病虫害宣讲等活动，不仅得到了地方政府的好评，更赢得了社区居民的高度赞扬。

积极捐资捐物，改善教育医疗条件。为社区居民开展免费健康体检，为社区保健中心捐赠了一大批医疗器材和用品，改善了社区医疗卫生条件。特别是 2020 年新冠肺炎发生以来，秘鲁 6/7 区项目持续做好与塔拉拉各社区、当地政府、其他当地油公司、秘鲁石油等的沟通和交流，捐助塔拉拉方舱医院以及向油田周边社区捐赠口罩等，树立了中国石油负责任的国际油公司形象（图 2-3-11）。

图 2-3-11　口罩捐赠

开展技能培训，增强就业本领。积极为社区居民开展技能培训，内容涵盖油田生产、钻井作业等，增强其就业本领，所受培训人员基本上都被油区各服务公司聘用（图 2-3-12）。此外，还专门针对社区无工作的妇女开展了多期的服装设计制作技能培训，增强就业本领。同时，积极为当地社区居民提供就业岗位，要求所有承包商尽可能多招收当地社区劳动力，增加社区居民的就业机会，提高生活水平。

加强有效沟通，创造和谐氛围。制定行之有效的社区沟通机制，采取"走出去，请进来"的方式，加强与当地社区的沟通，为项目创造和谐的社区环境。"走出去"就是深入社区，向社区居民宣传项目公司的作业规程及相关安全环保等方面的政策，使其对公司有全面了解；"请进来"就是邀请当地社区代表到油田内实地参观考察，亲身感受油田生产、钻井作业等各项工作的开展情况，以及安全环保措施的实施情况，使其对油田生产作业运行有更深了解，从而给予理解和支持。

图 2-3-12　开展技能培训

热心公益事业，树立良好形象。塔拉拉地区渔业资源丰富，有相当一部分居民以打鱼为生，并成立渔业协会。在油田 6 区内的 Lobitos 镇有一座码头，设施简陋，年久失修，渔民上下码头仅凭一部梯子，很不方便，也存在很大风险。2013 年，项目公司对该渔码头进行了翻修改造，修砌了台阶，加装了围栏，使渔民上下码头更方便更安全，此举得到了当地渔民和渔业协会的高度赞扬。另外，为社区儿童修建儿童乐园，每年为一千余名当地贫困家庭的孩子和家长举行圣诞联欢会并发放礼物，赞助冲浪比赛，在 6 区海边修建了停车场，添置了体育设施及清洁装置，对社区的一些工程项目提供人力物力帮助，为社区学生提供校车服务等，通过一系列活动，增强了公司的亲和力，树立了良好形象。

秘鲁公司 6/7 区项目坚持"互利共赢、共同发展"的理念，重视资源国利益和诉求，用发展的成果惠及当地百姓，树立中国石油良好品牌形象，创造良好的可持续发展环境。未来，秘鲁 6/7 区项目将继续秉承中国石油企业宗旨，担当责任，创造和谐，持续树立中国石油的良好国际品牌形象。

第四章

中亚地区安全管理纪实

第一节　用质量管理筑牢一流企业的根基

阿姆河天然气公司生产作业现场位于土库曼斯坦的阿姆河右岸，巴格德雷合同区块现有面积 8568km^2，分为 A、B 两个区块，已经连续运营 15 年，是中国石油拥有 100% 权益的海外最大天然气合作项目、重要清洁能源生产供应基地和中亚管道主供气源。2021 年油气生产超过千万吨当量，主要经营指标创历史新高。

作为油气田整体开发的一部分，阿姆河公司在 2021 年 6 月启动 B 区西部气田建设。是阿姆河天然气公司继 A 区萨曼捷佩气田、B 区中部、东部气田成功投产后又开发的第四个气田集群，对保证阿姆河公司天然气增产稳产具有重大经济与社会意义，是未来向中亚天然气管道供气的主力气田之一，起到了战略接替作用。

一、质量之行始于设计

西部气田建设启动伊始，阿姆河公司就把工程建设质量放在置顶位置。作为地面工程项目建设顺利实施的基础和保障，设计方案是纲。要求设计方案立足于中国石油数字化气田建设要求，采用现行国际行业先进做法，超前设计，发挥设计先导优势，体现本质安全。

承担设计任务的中国石油西南设计院组织精兵强将实地考察西部气田现场，结合天然气生产运行系统所处的外部环境和内部输送介质的压力、组分及其化学特性等因素确定设计方案。设计小组根据阿姆河公司对西部气田建设的整体思路，结合气田自身的特点，充分利用周边已建系统，对地面工程总体布局、工艺流程、自动化控制等关键环节开展专题技术优化和论证，并组织核心团队、聘用外籍专家进行层层把关，在保证专业设计质量前提下，提升设计的数字化、超前性、合理性，保证主体工程与安全设施"三同时"，实现西部气田运行期间的安全性、远程易操作性。

阿姆河公司以"一体化管控"理念，成立专家组。公司基建工程部联合生产运行部、安全环保部、PMC 项目管理公司技术骨干与中国石油西南设计院设计小组结合，实行设计、审查论证、校验定案。专家组立足设计文件，结合阿姆河公司发展史上不同阶段地面工程设计、建设、生产运行中积累的经验提出反馈意见。设计小组综合专家组观点，扬长避短，在细节上进一步开展工艺流程、管网布局、管径选择、设备仪表选型、SCADA网络建设、供电供水等事关工程寿命、运营维护的方案优化工作。设计方案初稿提交土库曼斯坦建设部和天然气康采恩设计院审查，听取所在国油气专家意见，确保工程设计符合所在国油气行业的标准规范要求。

二、工艺施工质量第一

阿姆河公司基建工程部严格按照阿姆河天然气公司建设工程质量监督管理实施办法细则进行地面工程建设质量管理。以"关键工艺施工一次合格率100%"为质量管理目标。要求承包商严格按照设计方案施工，任何工艺变更必须经过专家组论证批准。承担工程建设任务的是中国石油工程建设有限公司，其施工经验丰富，质量、安全环保管理业绩优良。PMC项目管理公司——中国寰球工程有限公司执行专业管理，全程管控地面工程建设、设备定型监造、管道焊接试压、仪表安装调试等重大工艺环节的质量管理。

公司质量监管人员和PMC专业管理团队活跃在西部气田建设现场，以专业的眼光审视每一道施工环节。例如在集气干线管道焊接质量管理中，作业现场配置防风保温棚，减少风沙环境对焊接质量的影响，确保焊接质量；对焊缝外观进行检查，焊缝外观成型好，无咬边、无低于母材等缺陷；焊缝无损检测率100%，无损检测结果满足《石油天然气钢制管道无损检测》（SY/T 4109—2020）标准规定；在管道防腐作业质量管理中，检查喷砂除锈是否达到规范标准，底漆涂刷是否均匀，漆膜厚度用漆膜检测仪抽查4点，均达到设计文件要求的不小于150μm，底漆涂刷质量合格（图2-4-1）。

图2-4-1 管道焊缝无损检测、底漆厚度检测

质量监管人员在基建工程建设中对标设计要求，从设备材料进场前就确认设备材料质量符合设计要求，且关键设备材料在合同要求的短名单内采购；严格管理地面工程桩基建设建材的质量和配比，绝对杜绝使用建材质量有缺陷、建材数量不到位的现象。在水源站、加迪恩集气站厂房建设中，现场检查土建梁、板钢筋质量，对屋面框架梁、板

钢筋安装、框架梁主要受力钢筋规格、数量、搭接长度、箍筋间距、加密区间距及框架梁截面尺寸、屋面板分布筋间距、马凳筋设置及板筋入梁锚固长度等均满足设计及规范要求，检查验收合格（图2-4-2）。

图2-4-2　检查基础建材按照设计要求使用

质量监管人员在阀门试压质量管理中，严格按照试压方案施工作业，强度试压按照阀门公称压力的1.5倍试压5min，严密性试验按照设计压力试压15min，压力值不下降为合格。经过对各处阀门试压检查，合格率100%（图2-4-3、图2-4-4）。

"建设世界一流天然气合作项目"是阿姆河公司确定的发展目标，在B区西部气田建设中，阿姆河公司全体员工在公司党委的领导下，破困局开新局，以"蓝金精神"丰富"铁人"精神，为祖国能源安全做贡献。在疫情常态化形势下，一手抓防疫、一手搞建设，为冬季天然气保供再努力，为祖国奉献清洁能源而拼搏。

质量是企业长远生存的保障，用诚信、质量管理铸就世界一流天然气合作项目的根基，这是阿姆河天然气公司始终不渝的追求（图2-4-5至图2-4-9）。

图2-4-3　阀门试压车间，确保阀门承压符合设计要求

图 2-4-4 工匠——横平竖直，保证管路平行度及同心度

图 2-4-5 野外焊接设置焊工房，减少风沙对焊缝质量影响

图 2-4-6 操作者拧紧每一颗螺丝钉

图 2-4-7　外输管线管廊跨越萨曼达斯湖支流

图 2-4-8　阀门试压——确保所有阀门质量符合设计要求

图 2-4-9　管道防腐层厚度、拉拔试验

第二节　镌刻下中国石油的厚谊深情

2018年9月28日,在"一带一路"重点建设项目哈萨克斯坦奇姆肯特炼油厂中央控制室,中国石油与哈萨克斯坦合作伙伴代表共同展示数字化工艺控制成果,炼厂现代化升级改造项目二期工程如期竣工投产。

中亚油气合作以1997年并购哈萨克斯坦阿克纠宾项目为起点,经过多年艰苦创业,主营业务实现跨越式发展,不仅推动了资源国油气工业发展,而且积极造福当地人民,多个项目获得"最佳社会贡献总统奖",被多个国家领导人称为"合作典范"。

一、宝石花开扮靓中亚

"1997年的时候,油田近在咫尺,居民却无气可用。后来中国石油来了,小镇用上了廉价天然气,解决了冬季取暖大问题。"作为土生土长的当地人,阿克纠宾项目哈方第一副总经理叶辛古诺夫深有感触。如今,通过KC13管道,阿克纠宾项目每年向周边居民提供远低于成本价的天然气 $10 \times 10^8 m^3$。

中国石油投资建设的恩巴—让那若尔铁路是第一条由外国投资者在哈萨克斯坦建设的铁路,在解决员工通勤问题的同时,也带动了铁路沿线的经济发展。2009年,阿斯塔纳北京大厦投入运营;2016年,阿斯塔纳国立舞蹈学院竣工并投入使用。这些地标性城市风景赢得了当地政府和社区民众的高度赞誉。在土库曼斯坦,中国石油投资359万美元修建的土库曼斯坦"米干村水厂",一次性解决了边远地区五千多名居民的饮水问题。

为卫国战争红军老战士解决住房问题、建起哈萨克斯坦第一个生态蔬菜大棚、建立收容孤儿的儿童村……一个个公益亮点让宝石花闪烁的光芒分外美丽。

回顾21年来中亚油气合作历程,中国石油在中亚大地累计投入公益资金超过3.75亿美元,创造就业机会4万多个,企业员工本土化率达98%以上,为资源国经济发展和营造企业友好社会环境发挥了重要作用。

二、情动公众心心相通

始建于20世纪70年代的奇姆肯特炼油厂,是哈萨克斯坦三大炼厂之一,中国石油于2005年参股,与哈萨克斯坦国家石油天然气公司(KMG)实施对等管理。近年来,由于生产工艺滞后、设备老化等原因,炼厂亟待升级改造。

炼厂现代化升级改造工程启动于2014年,是中国"一带一路"倡议与哈萨克斯坦"光明之路"新经济政策高度契合的重点工程项目,在哈萨克斯坦被认定为关系国家能源安全的项目,被列入国家战略投资项目名单并作为国家级重点工程监督管理。改造工程由中国石油工程建设有限公司承建,分两期实施。

2017年9月，哈萨克斯坦仅有的3家炼油厂中有2家因意外事故相继停工，引发了汽油供应短缺和社会、市场恐慌，多位相关政府官员和企业高管被解职。哈萨克斯坦政府向唯一正常运行的奇姆肯特炼厂提出了增加成品油生产的要求。炼厂克服正处于现代化改造项目建设的关键时期、在计划外增加产量压力非常大。通过调整生产计划，4个月累计多加工原油约$32.6×10^4$t，多生产各型号汽柴油近$15×10^4$t，为避免成品油危机进一步恶化发挥了重要作用。

2018年2月，哈萨克斯坦国家石油天然气公司副总裁吉耶萨夫致信特别感谢中国石油参股的奇姆肯特炼油厂在2017年哈萨克斯坦成品油市场供应不稳定期间，努力增加油品产量，全力配合哈萨克斯坦政府做好"油荒"应对工作的担当行为。

"中国石油是负责任的公司，在哈萨克斯坦积极投身于社会公益事业，为社会发展和人才培养做出了重要贡献。"这是中哈油气合作20周年之际，哈萨克斯坦影响最大的电视台——哈巴尔电视台在晚间新闻黄金时段给出的评价。

2017年4月，阿克纠宾州遭遇10年不遇的特大洪灾，数千人无家可归。面对无情洪水，阿克纠宾项目员工向当地灾民义务捐赠的行为再次佐证了这一评价。

三、蓝天碧水和谐共生

自从进入中亚，中国石油就以清洁生产和为资源国提供清洁、可持续的能源为己任，为保障能源开发与生态环境和谐，按照资源国法律要求和天然气综合利用计划，加快了环保重点工程项目建设，加大污染源治理力度，持续推进生态保护和天然气等资源有效利用工程建设，实现了多年无较大及以上环境污染事故。天然气排放逐年降低，环境保护业绩逐年提高。同时，建立了专门的环境保护数据库，高效监控环境风险，为中国石油树立了负责任国际石油公司的形象。

"建一个气田，留一片蓝天"。在土库曼斯坦，阿姆河天然气公司在生产和建设中特别注重安全生产和环境保护，实现了油气生产与自然的和谐共生。因此，土库曼斯坦总统别尔德穆哈梅多夫称赞阿姆河项目为"土库曼斯坦对外开放合作的样板"，盛赞中国石油为"英雄般的建设者"。

在哈萨克斯坦，总投资额达12亿美元的阿克纠宾项目让那若尔油气处理厂三期工程于2015年竣工投产。让那若尔处理厂不仅大大提高了能源利用效率，而且有效改善了环境，彻底熄灭了在油田上空燃烧了三十多年的火炬，使油田完全融入大草原的怀抱中，被哈萨克斯坦总统纳扎尔巴耶夫确认为阿克纠宾州6个突破性项目之一，在环境保护方面为其他石油企业起到了示范作用。

中国石油以油气为纽带，用一次次真情相助和责任担当，拉近了与资源国人民的距离。多年来，中国石油提供资金开展岗位培训和以提高技能水平为目的的脱产培训，为当地员工业务技能和综合素质提升提供了平台。在土库曼斯坦启动的百名留学生人才培养工程及哈萨克斯坦"总统奖学金"等教育培训项目，为当地数百名优秀学生到中国留学接受高等教育提供了帮助。截至 2017 年年底，仅阿克纠宾项目就已派出培训员工 9100 多人次，派出培训管理干部 2200 多人次，选派到中国留学的优秀学生达 203 名。

"中国石油展示了优秀合作伙伴的风采，希望这种互惠合作能更加持久。"这是哈萨克斯坦总理萨金塔耶夫对哈中油气合作的由衷祝愿。

第三篇

管理创新实践

第一章

创新社会安全危机应对策略

第一节 背景介绍

乍得总统代比（Idriss Deby Itno）自 1990 年开始执政。进入 2020 年，由于新冠疫情防控原因，乍得境内及周边恐怖势力武装袭击规模持续增大。2021 年 4 月 11 日，反政府武装跨境进入乍得，4 月 20 日刚刚获得大选胜利的代比总统在清缴反政府武装的战斗中受重伤去世，同日，乍得政府成立过渡军事委员会（CMT）临时接管政权。中国驻乍得大使馆通知进入紧急状态。

中国石油在乍得各项目有中方员工 1040 人，加上相关协助单位中方员工合计 1597 人。危机关头，在中国石油正确领导下、中油国际全力支持下，中油国际西非公司全面统筹协调，组织中国石油所属在乍得各项目立即启动应急响应，以习近平总书记"人民至上、生命至上"理念为指引，贯彻落实戴厚良董事长"坚持底线思维，要把员工的生命安全放在首位"的批示要求，科学有序开展应对工作，实现中国石油三保要求。自 2021 年 4 月 23 日至 5 月 21 日，中国石油业务相关中方人员由 1597 人减至 1432 人；同时，1051 人办理了喀麦隆签证，23 人办理了苏丹签证，9 人办理了尼日尔签证，做好随时转移的准备工作。

这次危机应对，凸显了中国石油一体化机制优势，检验了应急响应机制的有效性和科学性，锤炼了队伍，凝聚了士气，提升了安全保障能力。危机应对工作得到外交部安全司、中国驻乍得大使馆和中国石油领导的充分肯定。同时，通过持续稳定生产，有力保障了乍得成品油市场供应和主要城市电力供应，为乍得过渡政府的维稳工作和乍得社会稳定起到了积极作用，极大地提升了中国石油在当地的企业形象。

第二节 事件应对挑战

乍得总统代比在前线负伤去世，发生得非常突然，叠加叛军入侵进攻势头迅猛，乍得社会安全形势随时可能出现失控状态。

中国石油在乍得拥有众多实体利益，在乍得中方员工有1040人，涵盖乍得上游项目（含原油外输管道项目）与乍得炼厂，是中国石油在非洲投资运营的重点项目。安全形势的突变，严重威胁中国石油在乍得员工生命安全和项目正常生产经营。反政府武装驻扎地点距离中方项目（乍得炼厂）最近直线距离约150km，且乍得炼厂的位置紧邻叛军前往首都的必经之路——乍得国家2#公路，甚至成为双方交火拉锯的交战区，面临的安全形势十分严峻。

中国石油在乍得项目是本地经济支柱，关系到乍得的社会稳定和经济稳定，一旦中方人员撤离，项目停工停产，势必会引发社会恐慌、动荡或冲突。如果对社会安全突发事件发展趋势研判存在偏差或采取的行动处理不当，将会严重影响中国石油在乍得政府及民众中的形象，面临重大的合规风险，甚至上升到外交层面，引起不必要的外交事件。

鉴于突发事件叠加发生，且事态发展迅速，在海外历次应急处置中属于较为罕见案例，如处置不当，会对项目人员和资产造成重大损失。按照"做最坏的打算，争取最好的结果"的原则以及中国石油领导"不落一人、纳入统一管理"的要求，梳理研究夯实应急资源，细化转移撤离方案，全方位做好局势应对和应急处置工作。

第三节　事件应对创新策略

在中国石油、中油国际的正确领导下，中油国际西非公司以风险为导向，科学研究应对策略，开展了大量扎实的沟通交流、调查踏勘、反复谈判和尝试，不断摸索探讨，制订和采取积极有效的措施和做法，解决了各类困难和风险挑战，取得了此次乍得社会安全危机应对的经验成果。

一、创新建立矩阵式应急组织体系

应急指挥和组织体系在预案基础上，考虑到公司在乍得项目点多、面广、人员复杂、单位众多、人数庞大等特点，根据重大突发（危机）事件的突发性和破坏性，在既有线性指挥结构的基础上，实施了矩阵式应急组织体系创新，力求应急协调横向到边，应急指令纵向到底，并通过培训和上百次的各层级演练测试和复盘改进，最大程度提高应急管理的统一协调效率和执行效率，确保各工作组、片区、单元和现场应急工作组职责分工明确、信息传递高效、统筹协调有力、应急响应及时。在本次乍得社会安全应对中，采取的是中国石油—中油国际—中油国际西非（项目）公司—工作组—片区应急工作小组的矩阵式立体化应急组织体系，建立了分级负责的应急处置协调机制。

矩阵式立体化应急组织体系图如图3-1-1所示。

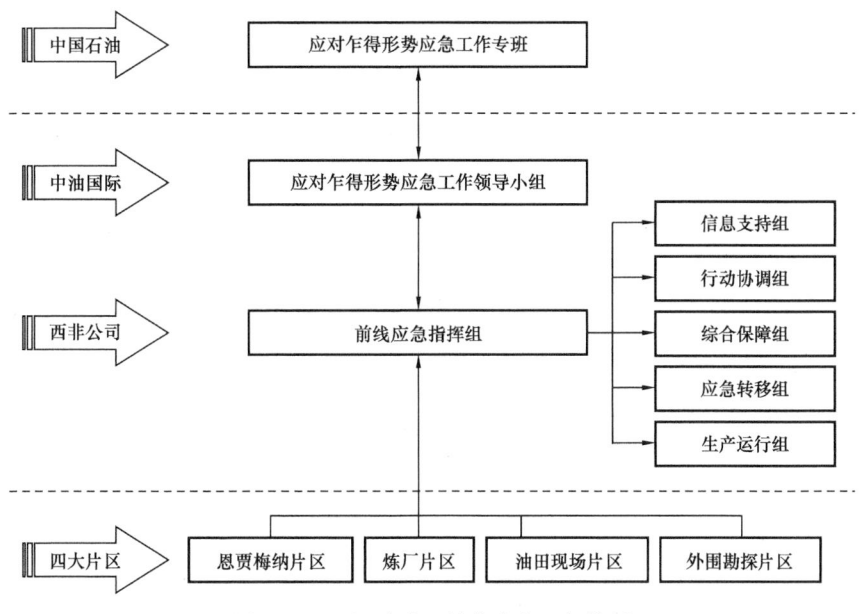

图 3-1-1 矩阵式立体化应急组织体系

（一）成立应急组织领导机构

自上而下成立了四级应急组织领导机构，强化应急工作组织领导，做到前后方无缝对接、国内外分级管控，既有针对性，又有兼容性。

（二）建立应急响应组织体系

在组织体系上，建立信息支持组、行动协调组、综合保障组、应急转移组和生产运行组，明确各小组职责，每天召开应对乍得形势应急视频工作会议，细化落实每一项工作。

（三）创新属地管理策略

按照区域统筹管理，将在乍得的中方人员划分为四个片区：恩贾梅纳片区、炼厂片区、油田现场片区和外围勘探片区，打破单位界限，统一进行属地管理。片区下设10个单元76个小组，发挥中国石油应急资源优势，统筹片区所属内外部所有中方单位统一管理，实现片区内各单位防疫、生活保障、人员管控、应急响应一体化。确保所有中方人员的人身安全和转移撤离不落一人，展现了中国石油的担当和能力。

二、创新信息渠道网络和预警研判机制

根据情报信息工作的客观规律，扩展丰富了多项新的信息渠道网络，建立西非大区情报信息组，引入了信息交叉比对机制（项目自身研判、专业机构研判、可信赖情报源等），提高情报准确性。

（一）成立信息收集组，创新信息共享模式

中油国际西非公司第一时间成立信息收集组，召集包括尼日尔、尼日利亚等多个周边国家项目的相关法语人才从网站、电视台等渠道收集信息；在中油国际西非公司领导下，四大片区依托各自的资源，分别建立信息收集和联络组，专人负责，及时收集信息，每天将收集的信息和应急工作情况以简报的形式报中油国际西非公司信息组，重要或关键信息第一时间由各片区长向上级领导直接报告。通过分片收集、初步研判、统一汇总、每日通报、实时共享、上下协同，实现了域内各项目情报互相补充、最大化共享，为整体应急工作的开展提供有力的信息支撑。

（二）拓宽信息收集渠道，指引项目快速做出应急反应和防范措施

各项目公司通过驻军指挥官、当地员工、当地线人及周边村民、安保公司、国际商业安保机构、保险公司等渠道，多方收集信息，密切关注局势变化，准确研判形势，科学精准应对。锚定法国大使馆这一最敏感信息指标，紧密保持与中国驻乍得大使馆、西方石油公司等联系，及时沟通了解相关信息。拓展信息来源，加强信息研判，提高了信息研判的专业性、前瞻性和准确性，实现了提前预警和提前研判的目标，为应急工作的开展提供了有力信息支撑。

在此次危机应对过程中，当地员工在信息收集和沟通中发挥了关键作用。例如，4月17日上午11:00，炼厂本地员工提供了一个重要社会安全情报信息：一伙武装力量从乍得边境进入集结到马奥（MAO）地区，可能向首都恩贾梅纳进发。炼厂总经理掌握相关消息后立即与驻军、乍得石油部进行安保沟通，要求加强炼厂区域武装保护。4月20日上午，炼厂通过当地员工在总统府工作的亲属早于各机构、媒体等第一时间掌握了代比总统受伤去世的情报信息，并第一时间以保密的方式向中油国际西非公司报告了情况，及早做出防范危机的准备。

多渠道信息收集示意图如图3-1-2所示。

三、创新设定危机预警条件，不断完善应急预案和各类保障方案

中油国际西非公司依据动态信息支持与分析研判，针对乍得的社会安全风险形势和政治局势的发展，开展各种突发事件情景推演和概率研判，明确了精准的转移触发条件，实现了提前应对。

按照"走得了、待得住、散得开、聚得起"的原则规划应急策略，分片区成立应急转移行动领导小组，基于整体场景构建和分区风险评估，设置并细化预警状态下转移触发机制，各片区通盘考虑、统筹运作，充分授权各转移行动领导小组组长，集中审核转移方案，同时组织中方和外方人员实地勘察路线，结合实际科学制订应急转移路线方案，修订并完善相应应急预案，开展整体情景构建3种情景，分区评估4类风险，设置4级19项转移触发机制。

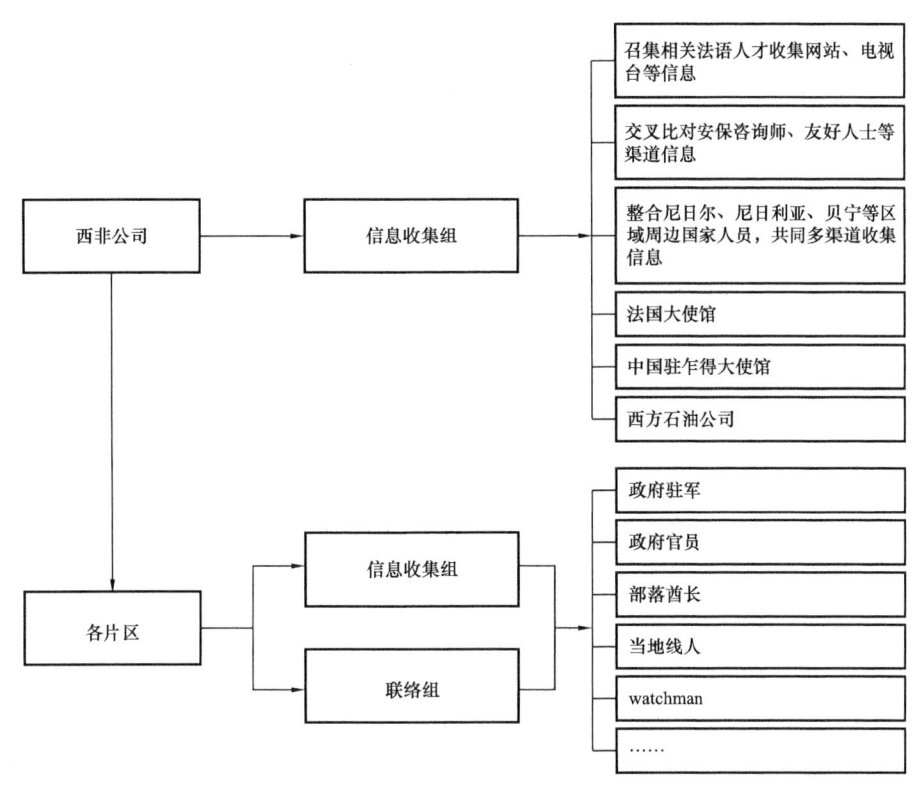

图 3-1-2 多渠道信息收集示意图

根据预警条件，修订完善社会安全应急预案、人员转移方案，不断调整细化预警行动和应急行动措施。四大片区分别制订了紧急停工方案、资产保全方案、人员留守方案。以外围作业区为例，外围作业区根据不同预警情景，分别制订了正常72h停工、24h紧急停工、4h紧急停工三种方案，以及各井队停工人员转移撤离后的设备设施封存和看护方案。以简单、清晰、可操作为原则，组织片区内中方单位，分别制订了具体的应急措施落实方案，对照梳理负责人、人员清点与所处地点、个人应急准备、车辆分配及对号入座、业务工作落实与资产保全、应急物资与防疫物资准备等各项工作或措施实施进展和完成情况，确保危机应急应对准备工作扎实有效、可靠到位。

四、强有力的应急物资和社会资源保障

基于片区转移、跨国撤离和原地待命三种方案准备相应武装护卫力量、应急物资保障和社会资源协调，实现了各种复杂场景下的资源保障有力，做到有备无患。

（一）保障应急通信、应急车辆、应急物资

各单位均配备卫星电话和电台等应急通信设备，检查卫星电话被叫功能，保持电台、卫星电话系统通信正常，能用管用；应急车辆编号并实施动态定员，保持油料充足，每日检查，保证车况正常；应急物资、应急药品、防疫物资储备可满足3个月以上需要。

（二）靠实应急转移路线及实地勘踏工作

落实跨国空中转移路线，包括：恩贾梅纳/蒙杜—喀土穆（TARCO AIR）、恩贾梅纳—开罗（埃及航空）、恩贾梅纳—亚的斯亚贝巴（埃塞俄比亚航空）、恩贾梅纳/蒙杜—迪拜（国际 SOS 联系航空公司）、恩贾梅纳—喀土穆和内罗毕等。协调各单位优势资源，同时落实多条特殊航空路线。上游项目落实油田现场片区转移至喀麦隆的小飞机资源、航权、飞行许可办理等工作，中国石油长城钻探工程公司落实恩贾梅纳/蒙杜至喀土穆的包机、落地通关、疫情防控、人员食宿等工作。

考虑机场关闭的风险，乍得炼厂实地勘踏落实了从炼厂片区转移至喀麦隆库塞里和转移到油田片区 2 条陆地线路，上游项目派员前往喀麦隆对其境内可能涉及的多条转移路线、酒店食宿接待能力、安全环境、边境海关、武装保卫资源等进行了踏勘和调研，为可能发生的陆路转移做好详实的准备工作。

（三）进一步提升核酸检测能力

乍得上游项目紧急采购 5 台 8 通道核酸检测仪及配套的 3000 支核酸检测试剂和 3000 支抗原检测试剂，具有紧急情况下一天之内完成对所有中方员工核酸检测的能力。

乍得炼厂与乍得卫生部的官员保持了良好的沟通和合作，乍得卫生部协助提供满足现场人员转移需要的取样试管，提前落实人员转移的核酸检测工作。

（四）靠实转移中转点后勤保障工作

与中国石油苏丹办事处、阳光国际开罗酒店、中国石油集团东方地球物理勘探有限责任公司埃塞俄比亚项目部沟通人员中转第三国地面接待相关事宜。安排中国石油集团东方地球物理勘探有限责任公司派专人前往喀麦隆库塞里建立中转点，提前租用多家酒店和民房，采购临时住宿用品、食品等后勤保障物资；安排上游项目和 CPECC 完成对油田现场 Ronier 营地及蒙杜营地设施的修缮和改造工作，补给充足必要的后勤物资，建立陆路转移中转营地。

（五）以人为本，精简非关键人员，实行人员动态管理

依据转移方案，中油国际西非公司第一时间确定紧急转移人员名单，对非关键人员实施首批转移，自 4 月 23 日至 5 月 21 日期间，中石油业务相关中方人员由 1597 人减至 1432 人。实行人员动态管理策略，建立"片区—单元—小组"垂直责任体系，确保覆盖至每一名员工，人员流动情况以日报形式每日上报，保证不落下一个人。中油国际西非公司统一协调，提前办理中方人员签证，做好随时转移准备。

五、做细做实各项应急准备

（一）全面开展员工应急转移培训和演练

准备应急转移物品清单，确保每一名员工了解应急转移流程和自身职责。各片区根

据应急转移方案，以单元为单位，分层分级开展了近百次应急预案桌面推演或现场演练，做到应知应会、心中有数、有条不紊、快速响应。

（二）落实转移过程中的安保护卫力量

与石油设施保护局（DSPIP）达成协议，在紧急情况下，其将为恩贾梅纳、油田现场及外围探区提供武装护卫至边境。赴喀麦隆中方实地勘察组与当地武装警察取得联系，对方承诺可在Maroua以南区域提供武装护卫。与当地商业安保公司进行沟通，其承诺可以提供库塞里到Garoua全程提供武装护卫。与乍得石油部和炼厂驻军沟通，承诺在紧急情况下由664名总统卫队成员负责炼厂区域内中方人员转移武装护卫工作。

（三）扎实做好应急值班值守工作

各单位建立24h应急值班值守制度，各片区设置24h值班电话，专人值守，应急领导小组成员和各部门单位负责人保持24h通信畅通，并进行值班分组，确保及时传递信息，及时采取应急应对行动。各片区实行社会安全日报告制度，开展安保履职专项检查，持续强化安保管理。

（四）靠实停工停产方案

油田片区制订了紧急停工方案，组织人员培训，确保紧急情况下停工有序，防止发生次生事故。炼厂片区根据不同预警情景，制订了三种停工方案。同时考虑炼厂合资公司的特殊性，通过中乍双方反复沟通、协商，在合资公司层面授权炼厂总经理紧急停工权，并获得乍得石油部、股东会同意，保证了炼厂中方人员撤离和紧急停工合法合规。

（五）开展资产保全工作

成立资产保全工作领导小组，按照四级预警分级，编制详细的资产保全方案。各单位重要资料和文档全部实现电子化。油田片区重要勘探生产资料做好备份存储，应急资金分散存放；对车辆、办公设施等安排当地员工看护，井场封存设备确定由武装宪兵、商业保安、村落酋长和当地村民共同看护，封存井场大门上锁，看护人员每天记录，并向安保部门报告。根据实际，制订法律保全和资金保管措施。炼厂片区对生产设施、生产机械设备、生产工具、厂房、生活营地、生活设施、车辆、其他建筑物、库存材料、成品，以及生产中的半成品等制订了封闭、焊接、设置防护栏、上锁、封存等措施加以保护。同时考虑炼厂资产属于合资公司资产，制订了具体看护方案交给当地员工管理，并与驻军沟通联系安排武装看护。对资金债权，提前准备了法律信函、银行账户冻结保函，以便在必要时立即发给相关方生效执行。

（六）发扬党的优良传统作风，稳定员工情绪，加强社区合作

中油国际西非公司充分发挥基层党组织的战斗堡垒作用和党员先锋模范作用，中油国际西非公司及所属各项目主要领导靠前指挥，各单位党员领导干部坚守岗位，主动参

加夜间值班值守，关键时期"站得出来"，危难时刻"豁得出去"。各级党组织积极疏导员工情绪，组织青年员工座谈、家属视频会等方式，分析研判形势，靠实做细应急预案，让员工时刻感受到组织就在身边，坚定战胜危机的决心和信心，保持员工心绪稳定、保证工作生活正常。同时，充分调动当地员工、沿线村民、部长酋长等积极性，密切沟通和联系，在车辆应急处置、井场设备封存、信息情报收集等工作中寻求帮助。

六、加强与乍得政府部门的沟通联络，创新安保防卫命运共同体策略

加强与乍得政府部门的沟通联络，反复强调中国石油乍得项目的生产经营与乍得政府及乍得社会经济休戚与共，提升中国石油乍得项目重要性。炼厂和上游项目多次与乍得石油部长、DSPIP（石油设施保护局）将军电话沟通，要求政府加强对石油设施的安全保卫，确保油田及炼厂的人员安全和稳定运行。2021年5月1日，乍得过渡政府总理邀请了中国驻乍得大使、乍得石油部长、炼厂总经理和副总经理在其住处进行了会面，总理肯定了炼厂的重要地位和所做出的努力，指出炼厂对乍得社会经济非常重要，军队将继续提供保护，并强调希望炼厂在当前社会形势下不要停工，对炼厂总经理提出的相关问题，由石油部长推动解决。通过双方加强沟通，互相配合，乍得政府加强了对中国石油乍得项目的安保力度，有效屏蔽外部风险，保障项目正常生产运行；中方平稳运行，保障乍得市场成品油的稳定供应，为乍得国家的经济稳定、社会稳定做出了贡献，做到了构建命运共同体，互赢互惠。

七、坚持依法合规，兼顾应急与民生保障

在危机应对过程中，有序做好重要资料、文档的电子化备份及资产看护、紧急关停等法律合同文件准备，规避转移后的法律和经营风险，保全国有资产。积极与过渡政府、股东和各利益相关方沟通，秉承契约精神，确保依法合规。在Glencore和Exxon两家西方油公司相继停产撤离，乍得随时可能面临断油断电，社会形势可能陷入进一步混乱的情况下，上游和炼厂项目通力配合，在做好应急准备工作的基础上，全力保障了乍得全国油品和主要城市电力等民生需求的稳定供应，极大地提升了中国石油在乍得政府和民众心中的形象，得到了过渡政府总理的感谢和称赞。

八、创新开展数字化、智能化发展探索尝试

在应急管理后台数据库上通过应急指挥平台软件，坚定了走数字化转型和智能化发展路径的信心。面对中国石油在乍得人员多、区域分散、战线长的风险特点，一是坚持船小好调头，加快推动组织架构优化、本土化和国际化进程，减少中方员工数量；二是坚持转型好发展，大力转变发展方式，推动数字化油田、炼厂建设，提升智能化管理水

平，推动治理体系现代化国际化，实现风险管控能力进一步提升。

第四节　应对结果与展望

代比总统逝世后，乍得国内进入宵禁状态，多地接连发生大规模反政府游行活动，中油国际西非公司以风险为导向，创新社会安全危机应对策略，动态调整、优化应对措施，成功应对乍得重大社会安全突发危机，取得如下成果：

（1）在乍得社会安全形势持续恶化的情况下，中国石油所属乍得各项目生产经营稳定运行，未停产、减产，未发生次生事件，保证了中方项目1597人平安健康及各项目资产安全。

（2）在各外资公司陆续停产撤离的情况下，乍得上游项目和乍得炼厂在做好应急准备工作的同时，全力保障乍得成品油和电力供应等民生需求，极大地提升了中国石油在乍得政府和民众心中的形象。

（3）通过实战检验突发事件应对预案，进一步优化并形成应对模式、组织体系及应对措施，为未来持续应对危机奠定了良好的基础。

中国石油海外项目大部分在高风险国家和地区，风险高、可利用应急资源相对有限。在中国石油党组的坚强领导下，项目始终得到中国石油戴厚良董事长亲切关怀，多次给予批示和要求，指导项目开展安保工作。中油国际西非公司在此次乍得社会安全应对中，面对在乍得中方人员多、区域分散、战线长的特点，通过建立高效的矩阵式立体化应急组织体系，制订全方位的应急策略，构建涵盖信息、资源、准备的科学的大安保机制，同时兼顾应急与民生保障，保护在乍得中国石油业务相关中方人员的生命安全，保障乍得项目安全运营无重大损失，推动治理体系现代化、国际化，实现风险管控能力进一步提高，提升了中国石油在乍得的企业形象。中油国际西非公司此次成功应对经验，值得其他兄弟单位借鉴学习。

外交部安全司负责人对乍得项目视频巡视时，对中国石油乍得项目安保工作给予高度评价和肯定，"给中国石油在乍得的安保工作打99分，中国石油在资金投入、措施和管理经验方面值得其他中资企业借鉴，彰显了央企的责任和担当。"安全是发展的前提，发展是安全的保障，中油国际西非公司全体干部员工将继续牢固树立"红线意识和底线思维"，以"员工生命高于一切"为出发点，持续完善应急管理体系，不断提高应急管理水平，统筹做好区域内社会安全管理、新冠疫情防控和生产经营发展工作，切实做到让党和国家放心、让中国石油党组放心、让员工及家属放心！

第二章

海外员工动态定位和预警系统开发和实践

第一节 概 述

随着中油国际海外油气业务的不断发展，海外油气权益产量突破一亿吨大关，为公司创造了巨大的经济和社会效益。但是目前项目80%以上的人员所在国家或地区社会安全形势异常严峻复杂，给海外员工人身安全和财产安全、以及海外油气业务的安全、平稳、有序发展带来越来越严重的挑战。基于海外社会安全形势，为切实保障海外员工人身安全、为员工创造安全稳定生产、生活环境，全面提高公司国际化业务社会安全管理水平，公司建立了全球化、立体空间的多源海外员工动态定位和预警系统，包括时间、空间双轴动态风险分布地图，研发了一套事前实时预警、事中全程跟踪、事后智能总结的全生命周期的风险智库系统，构建了一个多终端、多功能、多维度全球覆盖的、智慧创新型海外社会安全综合服务平台，全面实现海外人员动态管理信息化、数字化、智能化。海外员工出国前，系统定向推送目的地国家社会安全形势动态，提出安全出行建议；登上飞机后，系统将实时展示员工旅行轨迹，并向员工播报动态安全信息；抵达目的地后，系统将报送员工所处位置，并向员工推动当地实时安全情况；返回国内后，系统将不再进行跟踪和推送信息。员工在海外遇到突发事件可以一键启动SOS求救功能，公司可以第一时间启动跟踪响应。

第二节 背景和目标

公司依照建设服务于中国石油海外油气业务社会安全综合服务平台的战略愿景，完成了海外社会安全信息网络平台的建立与应用，打造了社会安全风险数据库、人员安全保障与救援平台、海外社会安全风险监控平台为一体的数字化、实时化、智能化的智慧海外社会安全管理体系。实现了数字化的信息共享和管理、实时化的事故预警和跟踪处理、智能化的安全数据库建立和更新，提升了社会安全管理体系的智慧化水平，为海外人员安全保障及海外油气事业发展提供了高效有力的安全管理平台。

（1）实现了员工海外社会安全全过程、全覆盖管理。

（2）构建了一个多功能、多维度覆盖全球的智慧创新型综合服务平台。

（3）建立中油国际时间、空间双轴动态风险分布地图，提出了公司资产与员工风险实施更新与预测方法。

（4）研发了一套事前实时预警、事中全程跟踪、事后智能总结的全事件周期的风险智库系统。

第三节　系统开发瓶颈问题

一、海外项目分布广，社会安全隐患多

（1）中油国际的油气项目分别在全球三十多个国家，这些国家恶性社会治安事件频发，社会安全形势严峻、复杂，不确定性高。

（2）大多数海外油气项目位于高风险、极高风险的国家，恐怖活动、武装冲突等诸多风险因素威胁着公司人员的安全和资产的完整性。

二、社会安全事件难处理，人员安全难保障

（1）海外油气项目所在国家的社会治安力度层次不齐，社会安全事件处理能力各有不同，外加有些事件不确定性强，从发生到结束的时间跨度大，导致处理社会安全事件的难度加大。

（2）中油国际常年驻外人员多，驻外中方人员占海外板块中方人员的83%，遇到突发状况时，事件所涉及的人员数目众多，且工作人员多与当地人民语言不通，加大了人员救助难度，从而难以保障人员生命财产安全。

三、社会安全信息数据库缺乏，风险控制力低下

（1）目前，中油国际有用于收集项目公司所上报的社会安全风险及事件信息的HSE信息系统，仅通过互联网传输数据，无有效分析数据，这些信息得不到合理的整理、直观的呈现及有效的利用。

（2）缺乏完善的信息化手段更新并分析社会安全信息数据库，传统的手动采集信息的方法容易出错，且工作量大，更新进度慢，导致数据库准确度低、更新滞后。不完整的数据库无法准确预测社会安全事件发生的可能性，直接导致社会安全风险得不到有效的控制。

四、社会安全综合服务质量低，管理不便捷

（1）由于项目人员流动性大，需要随时随地获取、使用、提交、共享社会安全的相

关信息，没有统一的安全综合服务平台，导致文件报送困难，公告传达不便等问题。

（2）公司项目数目多，每个项目的基本情况不同，项目信息整理难度大，实时更新困难。且公司很难整合众多项目公司的信息，展现公司的整体情况。

（3）公司不同职级的工作人员分工不同，且对于查看文件、审核报告等工作的权限不同。纸质版的材料保密性差，报送和审核耗时、费力，不易存放，且使用大量的纸张打印，容易造成资源的浪费。

第四节　系统核心思路

一、构建全球社会安全风险地图，做好预警工作

（1）根据社会安全信息数据库中信息的整理和分析，显示动态的全球各地区风险等级、社会安全事件信息和项目人员位置，实时、直观地反映各地区的社会安全和人员安全状态。

（2）做好社会安全预警工作，做好风险提示工作，避免或尽可能降低社会安全事件带来生命财产的损失。

二、完成社会安全事件跟踪处理，实现一键求救

（1）监控社会安全事件的进展，并跟踪处理，采集和整理事件信息，为风险数据库的数据更新提供资料。

（2）在突发事件中，支持相关人员一键求救，通过网络实现救援工作。

三、建立智能数据库系统，加强风险控制力

（1）建立社会安全信息/事件数据库，实现事件信息的智能化整理和分析，清晰地展示事件的时间、地点等详细情况，展示事件处理的工作成效。

（2）社会安全风险的预测的基础是做好社会安全风险数据库的完善工作，所以应当加强数据库的实时性，并采用数字化的数据采集方式，确保数据库的信息更准确，同时采用计算机智能处理数据，提高工作效率，加强风险控制。

四、提升社会安全服务质量，提高工作效率

（1）建立结合社会安全信息管理与信息共享的多功能网络平台，支持固定计算机和移动终端随时随地处理社会安全信息和事件。

（2）平台实现项目信息的管理和维护，实现各项目的基本信息一目了然，展现公司整体的安全信息。

（3）设置不同职级工作人员的权限，增加文件报送、审批、存档的线上办公功能。

第五节　建立风险智库系统

建立了一套事前实时预警、事中全程跟踪、事后智能总结的全事件周期的风险智库系统。研发了事件前预警、事件中跟踪和事件后总结的全事件周期的风险管理系统，能够提前预测社会安全事件，并及时启动预警，全程跟踪救援进展，进一步完善社会安全信息数据库，从而达到了有效控制社会安全风险，强化社会安全风险及事件管理的成效。

一、事前实时预警

海外项目公司提交的社会安全风险信息、社会安全风险事件经过公司要求的审批流程并通过后，最终保存至海外社会安全风险数据库（图3-2-1至图3-2-3），项目公司根据当地实际情况需要，启动或解除社会安全预警。

（1）公司预警。社会安全预警工作包括公司社会安全预警和人员社会安全预警。平台分析海外社会安全风险数据库，得出安全风险等级，当风险等级较高时，可以根据实际需要，提醒公司发出社会安全预警（图3-2-4）。

（2）社会安全预警管理。系统可启动、解除社会安全风险预警。预警分为红橙黄蓝四级，系统自动根据不同的预警级别，自动选择相应的审批流程。流程审批后，自动推送预警消息，并形成社会安全风险预警库。

（3）人员风险提示。人员风险提示工作依靠人员旅程风险提示功能完成。首先，采集人员机票信息，不仅能够自动同步"出国事务"系统机票信息，也可以手动新增；根据不同职级工作人员的权限不同，可查看本项目公司或个人机票信息。随后，与航空公司接口对接，及时获取航班实时信息，并通过海外人员分布图展示。最后，根据航班中

图3-2-1　海外社会安全风险数据库——社会安全信息填报列表

图 3-2-2　海外社会安全风险数据库——社会安全采集信息列表

图 3-2-3　海外社会安全风险数据库——海外社会安全查询

图 3-2-4　社会安全预警列表

转地、目的地国家，系统推送风险、预防、预警、医疗、紧急联系方式等信息，同时支持手动推送"风险提示信息"。

（4）SOS 一键求救。首次实现了快速发出求救信息及救援全过程跟踪管理，为海外社会安全突发情况救援指挥提供了技术支持保障。当员工遇到紧急情况时，可通过自主研发的 APP 一键点击发出求救信息，社会安全相关管理人员能在第一时间获得求救信息，员工通过 APP 与管理人员实时交互救援措施和进展。

（5）海外员工外出。外出时需在系统中申请，申请信息包括出发地、目的地、出发时间、预计到达时间、司机乘客及安保人员（若有）姓名和联系方式、计划返回时间、预计返回驻地时间、目的地联系人、出行主路线、中途是否休息、休息地等信息。外出流程审批通过后，系统自动根据申请单中时间（出发、到达时间）与定位设备反馈的位置信息等信息判断外出人员是否偏离预计行进路线、是否安全到达目的地等，并随时通知相关社会安全管理人员。

（6）人员安全越界预警。各海外项目公司根据项目当地实际情况，在系统中分别绘制多个"安全区域"和"危险区域"；当员工未经审批离开安全区域进入"危险区域"时，系统会自动发出报警信息，并及时通知项目公司相关社会安全管理人员；当员工在非"安全区域"的某地逗留时间过长时，系统自动发出预警信息；当员工处在"安全区域"时，系统只定时记录人员位置（图3-2-5）。

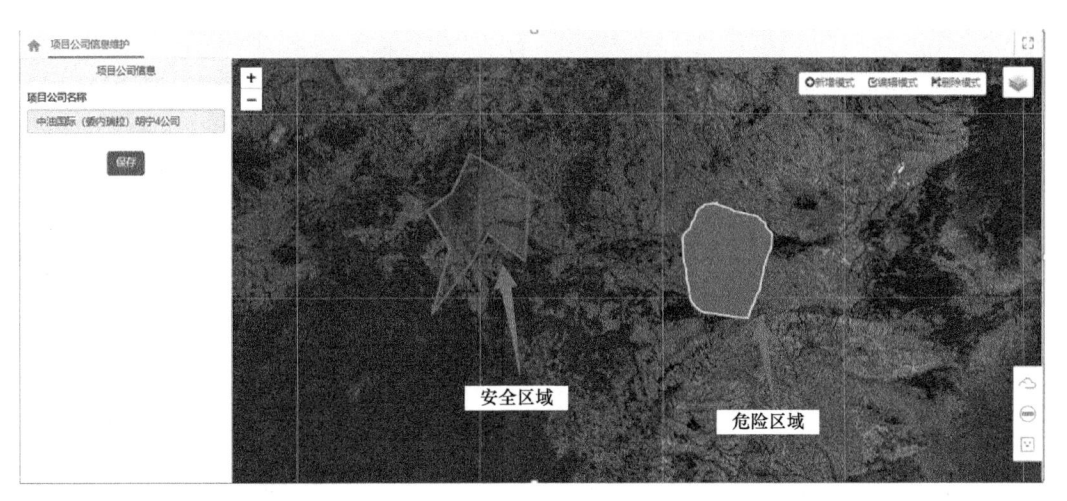

图3-2-5 "安全区域""危险区域"示意

所建立的数据库能够智能整理、分析、处理与推送数据。平台的系统通过接口方式自动将安保日报、安保周报信息推送至HSE海外子系统相关功能模块；平台支持筛选第三方专业机构全球社会安全风险信息，选出与公司较关注的信息，并将其保存在海外社会安全风险数据库中。智能、完善的数据库，可以为公司的社会安全预警功能提供更好的支持。

二、事中全程跟踪

参考国际油公司最佳实践，深化应用社会安全管理体系中有关人员风险和旅程安全的要求，首次实现了实时动态定位海外员工位置信息，公司各级管理人员可以通过地图展示页面实时查询、统计海外不同区域的员工实时位置信息，并可根据是时间条件查询海外员工的详细行动轨迹，包括行动速度、方向、进度、维度等信息，同时支持对"定位间隔时间"进行灵活设置。

在海外某国家或区域发生紧急事件情况下,可通过平台系统向该国家或区域的项目公司人员、差旅人员(通过APP定位查询)的手机发出社会安全询检指令,强制要求反馈当前的人身安全状态。如社会安全询检信息未读,系统会自动重复发出提醒消息,直到反馈安全状态位置。反馈状态为"遇险"时,系统自动发出SOS求救,反馈最新定位信息,启动SOS救援。安保管理人员可通过网页端、移动端对反馈的安全状态信息进行统计。对于未反馈安全状态的人员,安保管理人员需要通过电话、短信等方式进行联系,直到确认人员安全状态。

SOS一键求救首次实现了快速发出求救信息及救援全程跟踪管理,为海外社会突发情况救援指挥提供了技术支持保障。信息既可以在APP移动端发出,也可以用定位设备发出,社会安全相关管理人员能在第一时间获得求救信息,在使用APP移动端求救时,支持上传照片、音频、视频等,同时安保人员可以在线指导救援,实现员工通过APP与管理人员实时交互救援措施和进展(图3-2-6、图3-2-7)。

图3-2-6 SOS求救

根据社会安全事件的类型不同,如恐怖袭击、群体事件、战争或武装冲突、政局动荡、民族宗教事件、社会治安事件等,安保人员采取不同的救援措施。当社会安全事件发生时,APP自动定时获取人员位置系统,系统默认10min一次,可以根据实际社会安全需要,管理员调整系统默认定位确认时间间隔或对单个人定位间隔时间进行设置;定位设备小巧、美观,不易察觉,可基于北斗、GPS、WiFi、基站多种方式定位,待机时间长达2d以上;除了人员实时定位外,还可以根据时间区间查询,现实该人员的行动轨迹,包括定位点个数、定位时间、行进方向、经纬度、推算行动速度、行动方式等详细信息(图3-2-8、图3-2-9)。

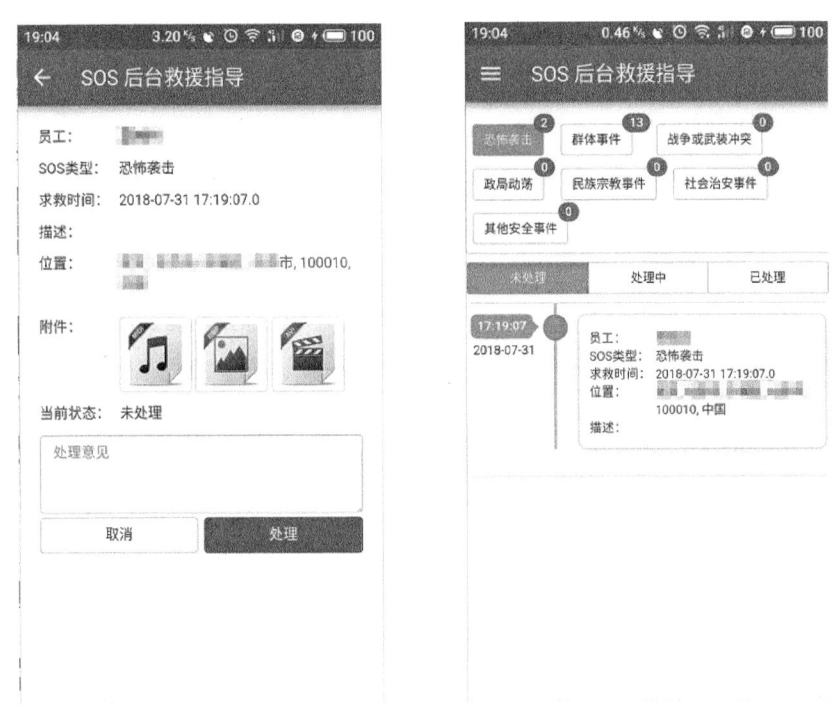

图 3-2-7　SOS 后台救援指导

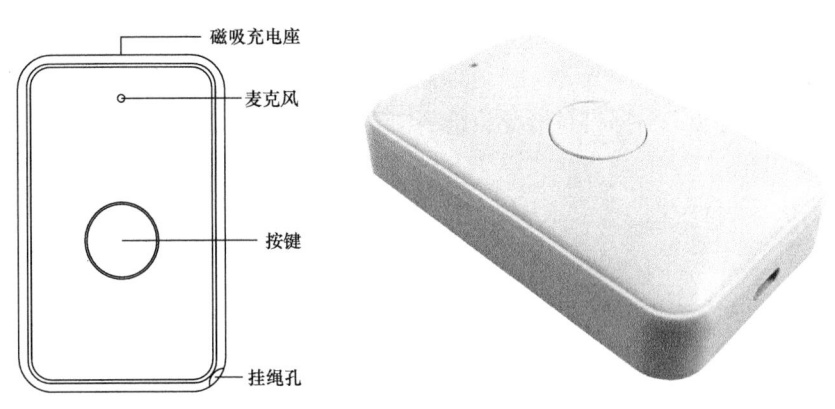

图 3-2-8　定位设备实物图及结构说明

打造三级应急指挥平台。设立中油国际本部、海外地区公司和项目公司、海外工作现场三级应急指挥中心，融合可视化设备，实现国内外可视化调度，实时连接到事件/事故现场，查看现场换面，并可以与现场救急人员沟通联系，下达应急指令；支持与即时沟通平台相融合，能够实时建立应急指挥沟通群组（包括建立语音群组、视频群组），用于应急处置的实时汇报与跟踪。

三、事后智能总结

SOS 一键求救结束后，管理端可以一键生成"社会安全风险事件"，存入"社会安全风险数据库"。

建立了智能预测分析模型，通过大数据手段搜索社会安全热点词，并对同一国家/地区大数据搜索的信息进行分析和预测，与人工上报的社会安全信息及专业机构提供的预警信息等方式相结合，相互补充，实现智能预测和预警。

图 3-2-9　人员自动定位系统

四、实现数据库智能化

根据权限不同，各个项目公司人员维护本项目的基本情况，包括项目基本情况、项目概况、项目风险提示、营地/驻地信息、应急通讯录、项目所在国家风险提示等（图 3-2-10）。项目公司根据自身情况，绘制"安全域"和"危险域"。

图 3-2-10　国家风险提示

通过网页端、手机端报送社会安全信息，经由审批人员分析、定级、审核后，信息会自动保存到"社会安全风险数据库"中存档。专业社会安全机构提供的社会安全风险信息无须审批直接展示并入库存档（图 3-2-11）。

图 3-2-11　社会安全事件信息查看

第六节　建立智慧创新型海外社会安全综合服务平台

　　建立了一个多终端、多功能、多维度全球覆盖的、智慧创新型海外社会安全综合服务平台。海外社会安全信息网络平台项目，秉承"员工生命高于一切"的理念，从建立全面的海外社会风险数据库、实时掌握海外作业人员的位置信息、即时推送的社会安全风险信息及预警信息、简单快速的发起 SOS 求救信息、准确的风险信息统计、信息及时接收等多方面进行设计与探讨，规划了社会风险信息、社会安全事件、项目人员信息的一体化管理，建成的海外社会安全信息网络平台，实现了海外社会安全管理要求与海外员工人身安全需求的平衡，大大降低了人身安全风险。在日常社会安全管理层面，通过技术手段，让全员参与社会安全管理，是公司对员工尊重和安全保障的管理创新，使社会安全管理更加标准化，流程化，技术化，极大地提高了社会安全管理工作的效率和质量，有力地的推进了公司的社会安全管理水平的提升，实现了社会安全信息平台的数字化、实时化、智能化，形成了智慧社会安全管理体系。

　　通过海外社会安全信息网络平台，实现全球社会安全风险信息库、与项目相关的社会安全事件库、风险预警、员工旅程安全等信息的推送，以及 SOS 一键求救和救援跟踪、员工实时动态定位等管理功能，对中油国际员工而言，能切实感受从出国前风险提示／提醒、旅程中定位及风险和防控措施实时推送、到达后旅程地／工作地人员定位及轨迹跟踪，以及外出 SOS 求救等实用功能，这些环节共同形成了闭环管理，将事前、事中、事后管理全线打通，确保员工安全管理无死角，让员工可以安心、放心工作（图 3-2-12）。

　　平台能够根据数据库和定位系统信息，形成海外人员分布图，该图同样用全球地图展示海外项目人员最新的位置，也可显示人员姓名、所在国家、距离，人员所在航班等信息，并支持按姓名精确查找。

图 3-2-12 项目管理模块

图 3-2-13 为海外社会安全信息网络平台的总体功能架构，包括风险地图展示、社会安全信息管理、社会安全事件管理、社会安全风险管理、社会安全预警管理、项目接班管理、人员安全管理、文件通知管理、审核检查、统计分析、社会安全、旅程安全、文件通知、待办审批、我的消息、SOS 一键求救、求救处理跟踪等多个功能板块，有效提高了安全综合服务质量，使社会安全管理工作更加便捷。

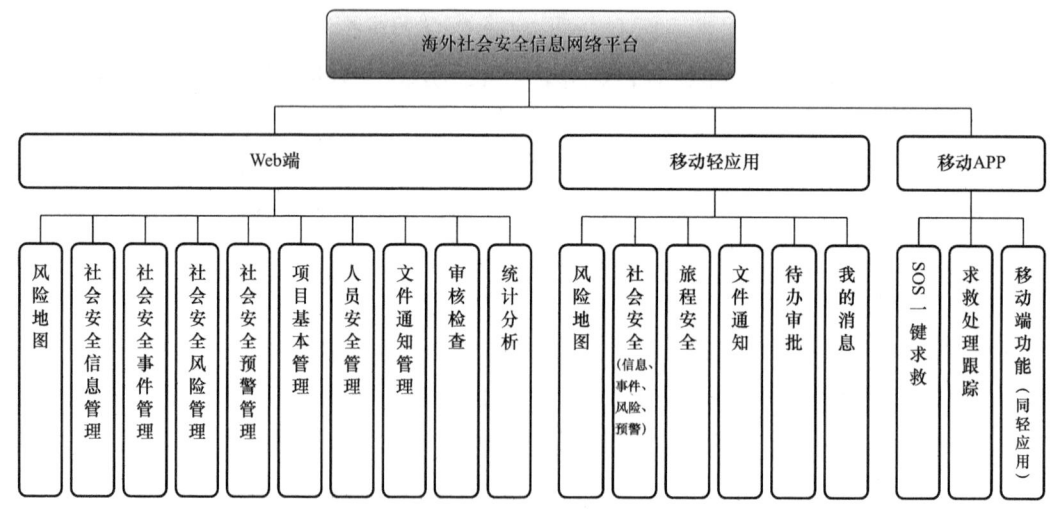

图 3-2-13 海外社会安全信息网络平台总体功能架构图

为了方便海外项目人员使用系统方便，根据各客户端的特点和优势条件，平台提供 Web 网页端、iLink 移动轻应用、移动 APP 客户端三端访问模式，实现了固定计算机平台与移动智能终端多热点支持，网络连接所有终端，公司员工可以随时掌握工作材料，能够随时随地办公，提升了社会安全管理系统的智慧化水平。

一、Web 网页端

Web 网页端包含首页、应用两个标签，具体包含门户页面、功能菜单（全功能）、首页快捷菜单、待办提醒、通知公告、统计分析模块等功能。网页端支持管理员统一配置、用户自定义设置两种方式（图 3-2-14）。

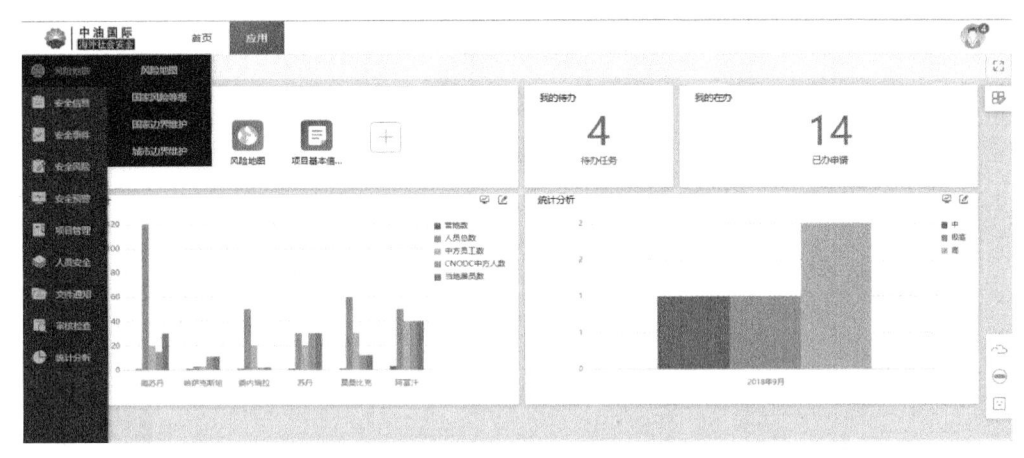

图 3-2-14　Web 网页端

二、iLink 移动应用平台

iLink 移动应用平台可单点登录，包括地图、社会安全、旅程安全等主要功能模块。其中，地图模块可展现中国石油风险地图、中油国际项目风险地图以及人员分布图；社会安全模块包括社会安全信息查看、社会安全事件填报、风险数据库查询、安全预警启动/解除，以及风险信息查看（由第三方专业机构实时推送）功能；旅程安全模块可查看个人/项目公司人员航班信息，提示风险信息，安全询检功能。另外还设有安全管理文件、通知公告、消息提醒、待办事项等功能模块（图 3-2-15）。

三、APP 客户端

独立的移动 APP 客户端支持 Android 与 IOS 两种常见的手机系统，并有中英文双语版，包括了 SOS、风险地图、社会安全信息、旅程安全、SOS 后台救援指导等主要功能模块。其中，SOS 功能模块为默认首页，可一键发出求救信息，使用时要求开启 GPS 定位功能；海外社会安全功能模块是集成移动端页面，其功能、使用方法与 iLink 轻应用端相同；SOS 后台救援指导功能模块在发出 SOS 求救后，可辅助相关人员记录救援进展、指导意见及救援结果等信息（图 3-2-16）。

平台系统使用用户不仅包含中油国际员工，还包括当地线人、当地雇员、供应商、承包商、安保机构等，对其提供移动功能入口，可通过系统填报社会安全风险信息、社会安全事件等，作为社会安全风险库的重要数据来源和补充。

图 3-2-15　iLink 移动应用　　　　图 3-2-16　独立移动 APP 客户端

第七节　建立动态风险分布地图

建立了全球时空多信息源的中油国际动态风险分布地图，实现公司资产与员工风险实时更新与预测。建立了空间和时间双轴的动态全球风险地图，包含了中国石油风险地图、中油国际社会安全事件地图及海外人员分布图，分别精准显示了全球各地区风险等级、社会安全事件信息和项目人员位置，提出了公司资产风险实时更新与预测方法，提供了相关事件人员在线救助的网络平台。

一、覆盖全球时空多信息源，集成多个系统，搭建了统一的海外社会安全综合型平台

（1）与商旅平台集成：系统通过与商旅平台集成及时获取员工出行航班信息，包括航班号、计划起飞、计划到达、实际起飞、实际到达时间、飞行状态、是否经停等详细飞机航班信息，以便随时掌握外出在飞员工的安全状态。人员出行信息来自出国事务系统和项目公司自行维护，系统自动刷新最新航班数据并在地图上详细展示相关状态信息；根据出行人员航班信息，系统自动根据经停地所在国家推送相关风险预警信息至手机端提醒（图 3-2-17 至图 3-2-19）。

图 3-2-17　旅程安全列表

图 3-2-18　旅程安全列表界面图　　图 3-2-19　海外人员安全信息提醒

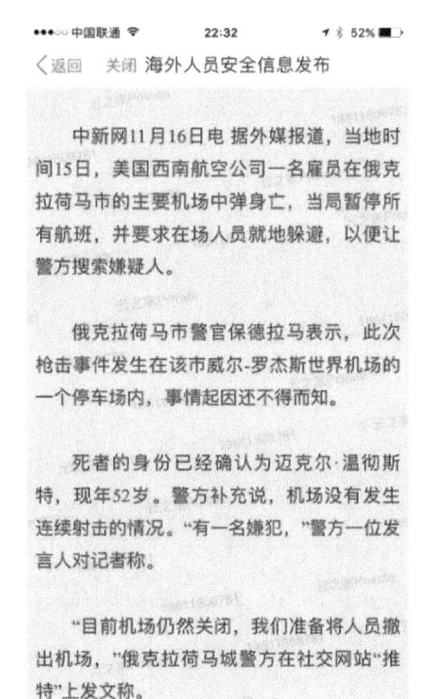

（2）与智能定位设备集成：通过在机关本部、部分海外项目公司试点，为出国员工配备可穿戴、手持终端等智能定位设备（多模设备，支持北斗、GPS 定位），支持数据流程、北斗卫星短报文回传定位信息，平台通过接收的位置信息对员工海外出行的位置进行记录与监控，提高遇险报警效率及实时跟踪定位，防止发生因移动数据传输问题导致的人员位置信息不能及时获取的情况，同时支持低电量预警、离线告警等功能，有效降低人员出行安全风险及财产损失。

二、强化了员工人身安全保障，完善了海外社会安全风险监控

安保日报/周报功能：开发了安保日报、安保周报上报功能（含离线上报功能，图3-2-20），平台根据项目公司上报的社会安全信息、事件，结合第三方专业机构提供的社会安全信息，以及人员位置和信息，自动生成安保日报/周报，海外员工通过平台直接报送提交，系统自动将提交的安保日报/周报信息同步推送至海外HSE子系统相应的功能模块中。管理员可通过平台配置页面，灵活设置各海外项目公司安保日报/安保周报的填报。设置灵活的统计、查看列表，对于未及时上报的项目公司，系统通过手机短信、邮件等方式，向公司和项目安保人员进行提醒。

图3-2-20　社会安全日报/周报上传

全员全过程旅程安全管理：将旅程风险和社会安全风险信息及预警信息即时送达。系统通过与HRSSC出国事务系统集成，可自动抓取员工的出国立项信息及相关的国际航班信息。系统根据抓取的海外出行人员乘坐航班的中转地、目的地所在国，第一时间自动从社会安全风险数据库、各项目公司维护风险信息（包括国家旅游提示信息、国家风险信息、项目公司风险信息、风险防范措施、大使馆和领事馆联系方式、医疗风险等）自动筛选后，直接发送至用户手机端、邮箱及系统内消息提醒。做到事前旅程风险提前知晓，早做相关准备，防患于未然。系统通过与航空商旅平台集成，通过航班号、出发日期，可掌握海外出行人员最新的航班动态信息，及时了解海外出行人员的安全状态。系统除自动获取出HRSSC国事务系统中记录的航班信息外，还提供手工补录功能，用来监控未在出国事务系统中记录且需要乘坐国外航班的人员出行信息。

三、风险地图

（1）中油国际社会安全事件地图：既可以按照时间顺序记录和保存海外项目公司上报的社会安全事件信息，也可以根据时间条件，把社会安全事件标记在全国地图上。该地图可显示项目公司总人员、今日定位人数，以及社会安全事件的详细信息，支持网页端、移动端两种展示方式。可在世界地图上按自然周显示中国石油每周发布的全球风险等级（共8级），每周由系统自动生成；可在查询的时间段内显示各海外项目公司上报的社会安全风险信息；特定授权人可查询所有海外项目人员位置信息，系统支持按姓名模糊查询。

（2）海外人员分布图：能够按照"国家聚合""距离聚合"两种方式聚合，展示海外项目人员最新位置，支持按姓名精确查找人员定位，可以显示包括集成人员信息在内的在飞国际航班信息。

四、实现多时区、多平台自动切换

中油国际海外项目遍布亚洲、非洲、拉美等各大洲的国家和区域，地域跨度大，其中涉及多个不同时区，因此要求业务系统必须支持多时区，使海外员工与总部人员能够准确地知晓事件发生的具体时间。系统支持按组织机构或项目设置时区，也支持按个人来设置时区，以便支持机关本部去海外出差情况，个人设置优先级高于组织设置。后台系统时间统一按服务器时间赋值，当用户查看详细信息时，系统会自动将信息中的相关时间内容转换成其使用时区时间显示。

另外，系统后期还需要支持多语言，以便当地员工也能够接入系统成为用户，使用英文等其他语言来接收信息并进行操作，享有社会安全相关服务。系统提供业务模型及系统提示信息中文本内容的自动提取，翻译成其他语言后可按用户所使用语言展现，包括其相关数据类型显示格式的转换。

第八节　取得的效果

海外社会安全信息网络平台自 2018 年 9 月开始上线运行以来，目前已在中油国际西非公司、乍得上游项目、乍得炼厂、艾哈代布项目、中油国际拉美公司、委内瑞拉 MPE3 项目、中油国际尼罗河公司、尼日尔上游项目、中油国际中亚公司、南苏丹 3/7 区项目公司和中油国际俄罗斯公司等海外项目公司进行试点使用，在乍得上游项目、乍得炼厂项目进行了现场推广和答疑，在所有海外项目专兼职安保管理人员及全体海外员工中得到广泛应用，有效改进了公司的海外作业安全管理模式。通过专业渠道获取的社会安全信息，有效提高了信息获取的有效性和及时性，为项目社会安全管理提供了便捷的管理方式；通过跟踪管理和 SOS 一键求救，通过系统快速获得人员信息，为公司社会安全管理人员快速确定并采取营救措施提供了数据支持；通过旅程安全提醒、社会安全信息/事件推送，有效避免了极端情况的发生，保障了海外员工的人身安全。目前平台运行正常，使用效果良好。

一、风险信息、风险时间及时报送与审核

海外项目的工作人员通过 PC 网页端、iLink 移动应用端，方便、快捷地对当地发生的社会安全风险信息、海外社会安全风险事件等数据信息进行上报。项目安保管理人员、公司健康安全环保部等对上报的社会安全信息、社会安全事件进行分析、等级评估、审核及归档，最终形成全球社会安全风险数据库。自 2018 上线以来已收到乍得上游项目、乍得炼厂、尼日尔上游项目、中油国际拉美公司、南苏丹 3/7 区等提交审核的社会安全风险信息及事件 1358 条，杜绝了因社会安全原因导致中方人员亡人的发生。

二、海外工作人员定位及行动轨迹查询

通过自主开发的移动端 APP，系统可实时对海外员工所在位置的进行记录。当某区域发生影响人身安全的风险事件后，可以通过系统快速获取该区域的人员数量和人员信息基本信息，为公司安保管理人员快速确定并采取营救措施提供数据支持；目前在系统推广的海外项目公司员工已完成移动端 APP 的下载与安装，通过系统页面可查询最新的位置信息及行动轨迹。实现了中油国际海外全体人员无遗漏覆盖。

三、社会安全风险信息及时提醒

通过与出国事务系统集成，系统通过接口已自动抓取了员工立项通过的出国航班信息，并自动向目的地（或中转地）所属国家的最新的风险信息、风险防范措施、医疗相关的注意事项以及大使馆（或领事馆）的联系方式等；目前系统已向用户推出一千多条

社会安全风险信息。

四、国家（地区）项目公司风险数据

系统已完成与中国石油发布的全球风险数据对接，完成了按自然周对风险数据进行维护，员工可通过网页端或手机端随时查看所在国家或地区的社会安全风险等级，根据时间段查询各项目公司发起的社会安全风险信息，了解各项目最新风险动态。

第三章

伊拉克项目面临的安全风险与应对实践

近年来，伊拉克政治局势持续不稳定，近两年来社会安全事件数量显著升高，伤亡人数呈上升趋势。2022年1月，一中资企业伊拉克项目运送雇员时遭遇袭击并有人员受伤。

目前，伊拉克项目毁诺、改约、重谈的风险很高，道达尔2021年9月达成的270亿美元合同就因政府换人陷入僵局。伊石油部长兼国家石油公司总裁伊霍桑2022年2月遭免职，2月15日伊拉克联邦最高法院裁定，库尔德斯坦地区不应独立于巴格达中央政府生产和出口石油和天然气之外，并表示库尔德斯坦地区政府自然资源部与国际公司之间的合同应作废。

伊拉克战争结束已近20年了，但是伊拉克境内社会安全形势仍持续动荡。中国石油在伊拉克的经营一直面临着安全形势堪忧、教派关系紧张等威胁，做好安全工作是保障中国海外利益的必然选择，也是企业维护投资安全的必修课。

第一节　中国石油在伊拉克项目面临的主要社会安全风险

中国石油在2008—2013年先后获得了艾哈代布（Ahdab）、鲁迈拉（Rumaila）、哈法亚（Halfaya）和西古尔纳（WestQurna）4个油田的技术服务合同。

2008年11月10日，中伊双方在巴格达正式签署了《艾哈代布项目开发生产服务合同》（SDPC），项目正式启动。合同中，绿洲石油公司占75%权益（中国石油和振华石油控股有限公司各50%），政府伙伴SOMO占25%权益。油田位于伊拉克中部瓦西特省首府库特城附近，北邻底格里斯河，油田合同面积约300km^2。首都巴格达位于油田西北约180km，油田东邻两伊边界，东南距离巴士拉入海口约500km，油区地处两河流域的冲积平原农业区。

2009年12月11日，在伊拉克第二轮油田国际招标中，由中国石油牵头，与法国道达尔和马来西亚国家石油公司组成投标联合体，成功中标伊拉克大型油田——哈法亚油田开发生产服务项目，中国石油为作业者。油田位于阿拉玛（Amara）市西南35km，巴格达南400km。

鲁迈拉和西古尔纳项目作业者分别是英国石油公司和埃克森美孚公司，两个项目均在巴士拉地区，中国石油派出员工参与项目的运营。

上述项目虽然正常运行，但是，各项目也面临日益复杂的社会安全风险。2021年各项目共发生社会安全事件200多起，枪击、阻工、示威、蓄意破坏事件频发。

一、极端民兵武装冲突

目前，除了部落武装冲突外，大约有十多支准军事化的民兵武装组织盘踞在米桑和巴士拉省。2014年前，这些组织在马利基政府期间被整编，转为非武装政治组织，人员被编入政府和企业，参与国家政治建设。后因剿灭"伊斯兰国"的需要，这些民兵组织被重新组建，并发挥了很大作用。

上述民兵组织之间关系复杂，矛盾重重，随着伊拉克大选后新政府组阁最后的落锤，它们之间爆发冲突的可能性上升，很有可能成为当地最不确定的安全威胁。

2017年1月6日，"虔诚军"组织伊拉克分支集结了12辆武装皮卡，封锁了所有进入哈法亚项目中央处理站3号站（以下简称CPF3）施工现场的主要道路，试图对参与油田建设的当地分包商施加压力并获取利益，给施工作业带来了极大的干扰和威胁。最后经项目公司协调石油警察（OPF）、特种部队（SF）和当地驻军介入，民兵武装车辆才最终撤离。

2018年5月3日，该民兵组织武装突破中国海洋石油集团有限公司巴扎干油田（紧邻哈法亚油田）中方营地，在营地武装炫耀一圈后离开。而当时负责营地安全的如石油警察等安保力量根本不敢阻拦。从以上两起事件可以看出，该民兵武装是米桑省一支独立且极具威慑力的力量，一旦失控，将会给米桑省，尤其是哈法亚油田带来极大的破坏。

此外，中国石油伊拉克项目还受到其他不明武装组织的威胁。2018年8月16日深夜，不明武装人员武装袭击CPF3北门，石油警察、特种部队及军队随后赶到支援，不明武装人员趁夜色逃离，第二天在北门外2处地点发现7.62mm和5.56mm弹壳几十枚。

由于政府应对突发事件的能力十分有限，进一步增加了此类事件的发生。对于当地频发的各种冲突，政府更是毫无应对能力，只能任由武装势力间自行解决，每次武装冲突都给油田的生产运营带来了极大的影响。

二、当地部落冲突和矛盾

米桑省拥有悠久的部落历史，在200万人口之中，约有三分之二的人口都具有部落隶属关系，同时他们与巴士拉、济加尔、库特等南方其他省份的人口也都有部落隶属关系。例如，巴士拉省某两个部落发生人命案件后，远在200km外的阿玛拉的对方部落人员可能遭到报复而毙命。

哈法亚油田内当地居民主要由三大部落共计19个小部落组成。过去的八年里，在哈法亚油田地区及巴士拉到阿玛拉超过180km的公路两边均为老百姓的聚居区，部落之间为争夺水资源、土地、妇女、就业机会和工程分包项目长期冲突。哈法亚油田处于错综复杂的当地部落之中，时刻都有被部落武装冲突波及的风险。

例如，2018年1月底，哈法亚项目在卡哈拉镇捐建的一所学校——"社区贡献项目"的施工现场，一夜之间成为Arjan和Beet Bata两个部落交火的战场。这些年来这两个部落因为部落事务等原因，在营地周边发生多次的武装冲突，而交火中的流弹掉入哈法亚营地，造成一名中方承包商人员受伤。

当地部落冲突造成的风险在频率和影响程度上甚至超过了恐怖袭击，在今后相当长的一段时间内，部落武装冲突对哈法亚油田的影响将长期存在，尤其是对油田内的施工人员的人身安全将造成致命的威胁。

三、恐怖袭击风险

艾哈代布油田所在瓦西特省位于伊拉克中南部，与巴格达省、迪亚拉省（均为社会安全风险极高区域）毗邻，直线距离仅一百多千米。其中迪亚拉省是中国石油禁止进入省份，至今几乎每周都会发生伊拉克安全部队与"伊斯兰国"武装人员的冲突。

瓦西特省西北部苏维拉地区（Al Suwaira）是恐怖组织长期盘踞的危险地带之一，距离油田很近，恐怖分子向艾哈代布油田方向渗透的可能性非常高。2017年还曾有"东突厥斯坦"极端分子在该区域活动的迹象，主要针对中资企业和中国人发动恐怖袭击。振华石油公司的东巴项目（与艾哈代布油田相距不远）已遭遇多次恐袭枪击和恐吓事件，给中方人员生命安全带来了巨大威胁。

2019年4月22日，东巴油田受到当地武装团伙勒索，威胁袭击运输车队、破坏钻井设备并绑架中方人员。2019年5月26日，东巴油田S1营地上空发现1架无人机，并于5月27日又发现2架无人机，判断可能是有经验的、具有高科技的恐怖组织在制订详细的计划之前进行的侦察活动；5月30日，东巴油田运输柴油当地承包商油罐车遭到当地人射击；6月21日，东巴油田S1区域施工现场受到当地人袭击威胁，要求支付保护费。

四、社区矛盾持续紧张

由于哈法亚油田已经完成一期、二期和三期工程建设，油田建设期高峰用工已过，参与工程建设的大批当地人员将面临失业，这些因素使得当地人生活拮据，怨恨增加，或将与战败返回油区、同样没有生活来源的"伊斯兰国"残余分子相互勾结，蓄意破坏，成为哈法亚油田的社会安全重大隐患。

艾哈代布油田周边村落星罗棋布，因征地、就业、农田灌溉、青苗补偿等各种原因引起的人身威胁、设施破坏等阻工事件时常发生。2019年油田发生大大小小阻工事件96起，非恐怖主义威胁带来的油田社会安全风险也相当高。

当地人对油田设施的破坏也很严重。2017年至2019年共发生102起人为破坏输电线路事件，包括多起枪击破坏事件。同时，油田偷盗事件时常发生，2019年大的偷盗事件发生2起，小的偷盗事件发生频率较高。

油田内罢工示威事件频繁发生。2019年3月4日，合同制石油警察在绿洲基地大门石油警察营地处聚集罢工示威，人数最多时近200人，导致中方人员无法外出作业，在内部协调和外部支援（联邦警察和瓦西特省政府）下，直到下午罢工示威才结束。2019年8月5日，油田第三方司机发生集体罢工，约150名司机参与。这是2019年当地居民或员工发生的第7起罢工示威事件。截至2019年10月底该年度共发生4次石油警察罢工示威，其中最长一次罢工堵门持续了4d。石油警察是保护艾哈代布油田的唯一力量，其频繁罢工、示威、堵门对中方人员构成了严重威胁。

五、陆路动迁安保风险

艾哈代布项目自2018年10月动迁包机停飞后，只能依靠陆路方式组织巴格达与油田间往返动迁工作。目前，东西两条动迁线路长度分别为210km和260km，沿途必须经过数十个村庄、集贸市场、巴格达主城区及数个军警检查站，这些部位都极易遭遇袭击。例如，巴格达国际机场外第一道检查站被公认为恐袭重点目标，曾经发生过多起恶性事件，极度危险。往返巴格达陆路动迁已经成为目前重要的安保挑战之一。

哈法亚油田由于天气原因，也时有陆路动迁。同时，伊拉克当地政府试图停止哈法亚油田现场至巴士拉的航班服务，改为陆路动迁方式，以降低成本。鲁迈拉、西古项目人员从巴士拉机场动迁至油田现场也面临安保风险。

2021年7月至2022年1月，伊拉克哈法亚项目发生6起涉我枪击事件。部落冲突是枪击事件频发的主要原因。

第二节　伊拉克安全形势应对策略和措施

面对伊拉克安全形势的复杂性、长期性和严峻性，中国石油始终把海外业务社会安全放在首要位置，坚决做好海外项目安全管理工作。一方面，突出抓好伊拉克因政治、宗教、社会动荡而存在或潜在的恐怖事件的识别、研判和预警。另一方面，切实提高防恐怖袭击、防抢劫、防突发事件的能力，努力减少此类事件对员工人身和项目生产可能造成的伤害和影响。2009年以来，中国石油坚持以人为本发展理念，以保证海外员工生命安全为出发点，全面实施社会安全管理体系，全面实行安全绩效正面激励和过程管理，全面提高突发事件处置能力，确保了人员安全，保持了生产稳定。

一、确定社会安全政策、目标和原则

中国石油在伊拉克等国际业务活动中，确定了具体的社会安全政策。

（1）牢固树立"员工生命高于一切"的理念和核心价值观，切实保障境外员工在社

会安全方面的各项权利，为员工创造安全稳定的生产生活环境。

（2）遵守所在国法律法规，尊重当地宗教、文化和习俗。

（3）将社会安全管理作为公司管理重要组成部分，提供足够的资源以确保管理的有效性。

（4）对所有员工与承（分）包商进行培训，明确社会安全管理责任，提高管理能力和意识。

（5）定期评估社会安全风险，落实各项风险处置方案，定期开展社会安全审核和专项检查活动，落实纠正措施。

（6）制订应急预案和现场处置方案，并开展演练，将事故损失降至最低。

（7）遵守有关保安和武力使用原则，不滥用武力。

（8）对所有社会安全事件，均应进行报告、调查和记录。

中国石油在坚信一切事故都是可以预防的理念的基础上，确定了如下国际业务社会安全工作目标：一是努力追求零事故、零伤害；二是杜绝因管理原因造成的人员死亡或绑架事件。

中国石油国际业务社会安全管理确定了如下管理原则：直线责任，谁主管谁负责，管业务管安全；属地管理，谁的地盘谁负责，各单位主要负责人就是安全第一责任人。

确定了员工生命高于一切的理念、零伤害目标以及直线责任属地管理原则，中国石油在伊拉克各项目的生产经营活动就有了统一标准规范，当生产经营活动和人员生命安全出现问题时，就必须首先坚持人员不能受到伤害，然后才应该考虑保持生产经营活动有序有效运行。2019年5月19日至2019年11月10日，依据安全形势动态变化，先后5次转移撤离人员共169人。

二、发布实施社会安全管理体系

2008年，中国石油明确提出，用两年时间逐步建立具有中国石油特色的海外社会安全管理体系的工作目标，确定"员工的生命高于一切"和"以人为本"作为安全管理的根本出发点。

2008年至2009年，中国石油组织对皇家荷兰/壳牌公司集团、英国石油公司等国际石油公司及国内外安保咨询机构的安保管理进行了调研，在此基础上确定了"基于风险、预防为主、提前计划、全员参与、过程管理、持续改进"的体系建设工作思路。初步确定了社会安全管理体系的结构和框架。

2010年中国石油组织内外部专家共同开展并完成了中国石油国际业务社会安全管理体系文件开发工作。其中，"国际业务社会安全管理体系管理手册"（简称"管理手册"）历经12次修改完善，于2010年4月通过外交部、国家反恐怖工作领导小组、中华人民共和国国家安全部、中华人民共和国商务部和国务院国有资产监督管理委员会等单位知名专家的联合评审。2010年7月，中国石油"管理手册"正式发布，标志着中国石油社会安全管理体系建设由此跨越上了新台阶。"管理手册"的出台，不仅对全面提升国际业务社会安全管理水平具有指导作用，而且对国内其他企业的海外项目社会安全管理也具有借鉴意义。在发布会上，时任中国石油副总经理汪东进强调：各级领导干部务必高度重视，本着对党和国家、中国石油、海外员工和家属高度负责的责任感和使命感，切实把这项工作摆在重要的议事日程上。

中国石油通过"管理手册"发布了声明，即始终遵循"员工生命高于一切"和"以人为本"的社会安全管理理念。为了尽可能降低中国石油国际业务所面临的社会安全风险，"管理手册"要求所有员工和承包商都应遵照相关社会安全政策及行为准则：

（1）遵守所在国和地区的法律法规、中国政府加入的国际公约，以及相关的国际标准和惯例。

（2）尊重当地宗教、文化和习俗，与当地政府和社区保持良好沟通。

（3）将社会安全管理作为企业管理的重要组成部分。

（4）定期评估社会安全风险并配置足够的资源，确保社会安全管理有效实施。

（5）参加必要的培训，提高自身社会安全管理实践能力。

（6）定期开展社会安全管理体系审核或专项检查活动。

（7）定期召开社会安全管理评审会议，建立激励机制。

2010年年底开始，中国石油选取中油国际、中国石油集团东方地球物理勘探有限责任公司和中国石油长城钻探工程公司3家企业作为先行试点推广社会安全管理体系。

（1）组织开发实施操作层程序文件。

（2）根据管理体系实施推进方案，制作主要培训课件，开展体系宣贯，落实资源，明确责任和标准。

（3）充分利用国内外社会安全专家资源、内部专职人员的技术支持和内外部机构的资源或政策支持，做好试点和宣贯的过程控制，通过监测与评审，持续改进。

2012年至2021年，中国石油培训了三百多名社会安全管理体系咨询师、培训师和审核师，为全面深化推广实施体系奠定了坚实基础。2017年年底，中国石油发布了国家和地区社会安全风险评估管理办法。2022年，中国石油组织对已经发布的社会安全管理体系手册和程序文件进行全面更新完善。

三、持续推进社会安全管理体系有效运行

中国石油发布"管理手册"后，又及时开发编制了"风险管理""设施安全""事件管理""保安力量管理"和"应急管理"等12个程序文件，并迅速在伊拉克各项目推广实施。同时，中国石油在伊拉克推广实施"三大一统一"模式，即大安保、大后勤、大环境，统一协调管理。

——"大安保"是指安保资源的共享，包括安保信息、安保管理体系、安保设施和资源。

——"大后勤"是指实现"大安保"的有力保障，实现后勤资源的共享，但并不意味着大包大揽。

——"大环境"指一个和谐的外部环境，包括社区关系、政府关系、甲乙方关系，以及谐油区建设，营造良好的社会大环境。

——"一统一"是指在中国石油地区协调领导小组的统一领导和协调下，各参建单位统一安保标准，共享安保信息，管理上各负其责。

这些是中国石油针对伊拉克特殊环境运筹的战略应对举措，为确保中方员工人身安全发挥了重要作用，兑现了不因社会安全管理原因造成中方人员伤亡的承诺。

为了落实"三大一统一"原则，中油国际伊拉克公司建立了包括伊拉克政府、各项目和参建单位一体化的安保防恐体系，制订了紧急情况下员工安全撤离方案，要求营地和作业现场实施纵深防护，即落实"三重防卫、五道防线和六项要求"。

——"三重防卫"是指部落提供安全信息，伊拉克军方提供保护，项目工区及营地由专业安保人员提供保卫。

——"五道防线"是指壕沟、铁丝网、土堆、巡逻车道和沙袋墙。

——"六项要求"包括人员动迁、人员外出、人员培训、安保力量、应急管理和安保信息。其中，有关人员动迁，要建立空中走廊和落实机场；有关人员外出，应严格审批，行程保密，乘坐防弹车，穿防弹衣，武装保卫护送；有关人员培训，要求全员防恐培训，不培训不派出；有关安保力量，要求石油警察外围巡逻，退役的中国特警和特种兵贴身护卫；有关应急管理，要求制订应急预案，定期演练；有关安保信息，要求收集来自中国石油的综合信息，来自使馆和项目的伊拉克国内信息，来自当地雇员的当地信息。

同时，中国石油还发布并执行企业标准《国际业务社会安全管理体系审核规范》（Q/SY 15002—2016）、《海外项目现场应急通信配备标准》（Q/SY 15824—2020）和《海外营地安全防范工程建设规范》（Q/SY 1428—2020）等程序文件，规范伊拉克各项目营地安全防卫工作，规定了海外作业的营地、办公室及住宅的安全防范工程规划、设计、建设与管理规范，以及应急通信设备配置规范。

在伊拉克各项目修井作业场所与物探临时营地，均要求设置周界围栏，对场所实行封闭管理和出入口控制，必要时，在围栏外设置壕沟和护坡，在围栏内设置警戒塔，避免外部可直接对场所内进行观察和攻击。场所内应合理配置足够的保安力量，其修井作业场所应至少配备 3 名武装保安值岗，有枪弹袭击风险时，应设置简易防弹墙。物探临时营地应至少配置 10 名武装保安值岗，在日常居住 / 工作场所内（如营房车）选定紧急避难点，建造避难室。

中国石油伊拉克哈法亚项目始终践行"三大一统一"战略部署，充分利用作业者优势，整合各方资源，建立了甲乙方统一有效的社会安全管理协调机制，为项目快速发展提供了安全保障，确保了项目一期、二期和三期顺利建设与投产。一是创建了中国石油甲乙方 7 个单位共享的一个大营地，所有中国石油的单位，不论是项目作业者，还是工程技术服务单位，均在一个大周界内办公和生活，周长15km的大周界内设有项目自己的机场，可停靠50座飞机。

在营地办公室和生活区之外，设置了10道防范措施。从外到内，依次是：15km的大周界外围巡逻巡检道路；2.5m高铁丝网；宽3.5m深2m壕沟；3.5m高2m宽土堤；250m远一处高4m的瞭望塔；内部巡逻车道；周界照明灯；3m高1m宽防弹墙；3.5m高砖墙；24h监控摄像系统。同时，在营地内部建造了多个紧急避难室。

在伊拉克各项目，对人员流动作业明确各项安全要求。

（1）严格控制人员出行，非紧急情况严禁夜间出行。出行前应做好行程保密和风险评估工作，制订详细的旅程计划，做好车况安全检查，确认安防设施、保安护卫、应急物资等符合要求，经负责人审批后出行。出行期间应遵循低调原则，携带适当额度的应急备用金，衣着言行与当地习俗尽量保持一致，避免与当地人发生冲突，及时化解矛盾。

（2）外出流动作业时，不允许中方人员在没有保安护卫的情况下单车出行。出行时应配备合适的乘坐车辆、有效的通信工具、足够的武装保安和车辆护卫（不少于4名武装保安）。路途出行时要严格遵守旅程安全管理程序，定期进行通信联络，并对车（船）速度、车（船）距离、休息间距、旅程汇报、检查站通过等进行明确要求。

（3）在极高风险环境中外出流动作业时，中方人员应乘坐B6等级的防弹车辆，穿戴防弹衣和头盔，并至少配备2辆武装保安车辆，合理安排护卫车队和确定指挥官，制订并遵守护卫车队管理和突发事件应对程序。到达流动作业现场后，应在作业期间合理配置保安力量和必要的物理和技术防护措施，根据现场实际情况，做好保安力量的部署、巡逻安排，明确突发事件的报警、集结及撤离等现场处置方案。

（4）在同一作业区域内的各单位海外项目之间建立社会安全情报信息共享机制，及时通报社会安全威胁和事件。

四、提升预警和预控能力，有效应对突发事件

中国石油要求在伊拉克各级生产经营单位必须切实做好应急管理工作，做好社会安全情报信息收集、分析和研判、做好预警，做好应急预案，扎实开展演练，同时做好应急物资准备，做好通信设备准备，做好人员随时转移或撤离的准备。

（一）强化信息收集分析

中国石油在伊拉克各项目常见的社会安全威胁，可以分如下7类：

（1）治安犯罪（抢劫、偷盗、勒索等）。

（2）绑架劫持（勒索赎金或政治目的）。

（3）恐怖袭击。

（4）武装冲突。

（5）宗教部族冲突。

（6）政治动荡、社会动乱。

（7）社区居民阻工。

按照"一项目一策"的要求，中国石油伊拉克各项目策划编制各自的社会安全信息收集渠道，多层面收集社会安全情报信息，提前了解识别风险。

中国石油在伊拉克各项目确定了威胁信息的获取和识别的一般渠道，主要包括：

（1）伊拉克政府通告。

（2）外交部门、使（领）馆、政府有关部门和驻在国政府部门。

（3）新闻媒体。

（4）来源于本项目各级组织和员工的信息。

（5）作业伙伴。

（6）各项目基层单位通过各种渠道获得的信息。

（7）社区团体和组织。

（8）相关安保机构和国际组织。

威胁有可能来自项目内部和外部，以及内外勾结等情况。内部人士为一般可通过正常渠道接触资产的人员，他们可能通过利用欺诈、培训、熟悉相关设施等手段，从而在未经监督情况下接触重要信息及资产，造成严重威胁。

科学技术的发展，给项目的社会安全管理带来了便利，也带来了更多的挑战。对于威胁的识别和评估，除了常见传统威胁外，还应考虑高科技进步带来的新社会安全威胁，如电脑网络安全威胁、人工智能威胁、无人机、水下机器人恐怖袭击威胁等。

对于威胁的评估不必基于全面而完善的信息。实际上，对于大多数资产的威胁信息，通常获得的都是模糊或非具体的，从而制约了针对相关威胁进行准确而具体的分析。在这种情况下，一般应假设威胁方可能会对任何一个具有威胁吸引力的目标发动攻击，而现场具体的信息会更有助于调整目标的威胁等级。

（二）分级负责，充分授权

分级负责，即属地管理，谁的地盘，谁负责。属地负责人的应急意识非常重要。各单位主要领导、主管领导、分管领导、直接负责人员掌握应急响应的"态势"，严格落实四个"第一时间"，即第一时间报告情况；第一时间采取措施；第一时间赶赴现场；第一时间发布信息。各级属地主要管理人员被要求切实做到在其位，谋其政。

充分授权。现场属地负责人依据已经签发的应急预案、应急处置方案，有权决策和处置。当构成触发应急预案中应急响应启动条件的情况时，现场人员可先行处置，然后再汇报。例如，设定在达到如下任何一个条件时，现场负责人有权决定转移和撤离。

（1）一旦伊拉克境内国际商业航班大面积停飞。

（2）项目现场生活物资无法保障。

（3）项目发生连续48h停电。

（4）伊拉克当地军警哗变。

（5）70%以上当地员工不再上班。

（6）中国驻伊拉克使馆要求中资企业人员撤离等。

2014年6月中旬，伊拉克反政府武装攻占了大片伊拉克北部地带，巴格达也面临被攻陷的危险。中油国际伊拉克公司落实人员优化简化方案，从2014年5月至8月，分批次将中方人员数量从5000人有序压减至2300人。

（三）确保通信畅通，夯实撤离路线

中国石油要求涉外单位必须设置24h应急值班电话，并确保畅通。同时，要求在伊拉克各项目必须配置卫星电话，并确保畅通。例如：

（1）伊拉克项目主营地应配备固定式海事卫星电话1部；项目所有中国籍员工应配备当地手机，并开通中国手机国际漫游功能。

（2）每个现场固定营地应配备固定式海事卫星电话至少1部；建议配备无线电台1套；所有中国籍员工应配备当地手机，并开通中国手机国际漫游功能。

（3）每个现场流动营地应配备固定式海事卫星电话1部；建议配备无线电台1套；所有中国籍员工应配备当地手机，并开通中国手机国际漫游功能。

（4）每个流动作业队应配备手持式海事卫星电话1部；所有中国籍员工应配备当地手机，并开通中国手机国际漫游功能。

2014年6月，伊拉克局势日趋恶化，为有效应对因伊拉克内战而引发的中国石油员工经伊朗边境紧急撤离的需要，最大限度地保护中方员工生命财产安全，结合中国石油统一安排部署，中油国际伊朗公司和中国石油长城钻探工程公司等有关单位分别派出多路踏勘小组，于2014年6月中下旬，对伊拉克和伊朗边境的4个口岸进行了多番现场实地踏勘考察，掌握了非常详尽的第一手资料和信息，为实施后续接应伊拉克中方人员紧急撤离和应急演练工作奠定了坚实的基础，提供了必要的保障。

1. 萨拉姆切赫边境口岸（Shalamcheh border terminal）

地处两伊边境的最西南端，具体位于胡泽斯坦省阿瓦兹市南偏西，距离阿瓦兹125km，东面距离霍拉姆沙赫尔15km，从霍拉姆沙赫尔再向东南15km，是伊朗最大港口城市阿巴丹。该口岸到伊拉克巴士拉（Al Basrah）的直线距离不到50km。阿巴丹有飞往德黑兰、设拉子和伊斯法罕的航班，但没有阿瓦兹的航班多，从该口岸到阿瓦兹的公路路况都很好，适合陆路运输。

2. 恰扎贝边境口岸（Chazabeh border terminal）

地处伊朗西南两伊边境，同样位于胡泽斯坦省，在阿瓦兹西北101km处，除阿瓦兹外附近没有其他大城市。沿途路况时好时坏，总体一般。2014年6月26日，4名参与应急撤离演练的伊拉克哈发亚项目中方人员从此口岸成功过境。伊拉克一方叫Alsheeb口岸。

3. 梅赫兰边境口岸（Mehran border terminal）

地处伊朗西部两伊边境的梅赫兰边境口岸位于伊拉姆省，向东距离边境小镇梅赫兰11km；距离省会伊拉姆市75km，车程约1h；距离德黑兰大约830km，车程约10h；东南距阿瓦兹市352km，车程约5h。沿途路况较好。伊拉姆市有一座机场，可夜间飞行，最大起降的飞机为可乘坐100人的Fokker100型飞机。机场除星期日之外，每天都有去往德黑兰的两趟航班，每周有一趟去往伊朗东北部圣城马什哈德的航班。该口岸距离正西方向的伊拉克首都巴格达大约210km。

2014年6月26日，3名参与应急撤离演练的中石油管道局中方人员从此口岸成功过境。

4. 塔玛沁边境口岸（Tamarchin border terminal）

地处伊朗西北部两伊边境的塔玛沁边境口岸位于伊朗西北部的西阿塞拜疆省西南部边陲。该口岸距离德黑兰不到1000km，距离阿瓦兹中国石油长城钻探工程公司基地超过1200km，东距最近城镇皮兰沙赫尔约12km，东北距西阿塞拜疆省省会城市乌尔米耶约160km，距离东阿塞拜疆省省会城市大不里士约330km。距离伊拉克东北部埃尔比勒市大约3~4h车程，山路较多。与其他边境口岸不同的是，该边境口岸坐落在两伊边境的山上，从两国各自附近城市（城镇）到达此口岸都要走盘山道。伊朗境内从皮兰沙赫尔镇、乌尔米耶市和大不里士市到此口岸的道路均为柏油路面，路况很好，各城镇往返于此口岸道路上的各种车辆络绎不绝。

西阿塞拜疆省省会城市乌尔米耶和东阿塞拜疆省会城市大不里士每天均有多趟航班飞往德黑兰。没有乌尔米耶到阿瓦兹的航班，大不里士到阿瓦兹也仅每周六有一趟航班。

此口岸伊拉克一侧则称为HajiOmran口岸，或拼写为Umran。2014年8月12日，伊拉克库尔德地区的27名中国石油中方人员从此口岸顺利通关，圆满完成应急撤离任务。

自2019年10月起，伊拉克全国多个城市出现大规模游行示威活动，中国石油艾哈代步项目营地和作业现场多次遭遇围堵，为确保人员安全，中国石油细化应急预案，夯实应急撤离路线和应急物资，有序撤离中方员工266名。在连续两周的撤离过程中，没有造成一名员工伤亡。这主要得益于中国石油如下实践：

（1）及时掌握信息，做出准确预判。结合来自中国使领馆等多方面信息，迅速做出判断，立即启动中方人员有序撤离现场计划。至2019年11月底，除关键岗位人员外，现场各单位中方人员全部撤离。

（2）完善应急管理体系。中国石油伊拉克各项目按照风险预警级别，制订了相应的风险管控方法和应急预案。明确规定政府与伙伴、项目公司管理层、项目公司现场执行层三个管理层次的职责和权限。项目公司设立应急管理委员会、应急协调中心和现场应急指挥部三个管理层级，加强与政府及伙伴的沟通、项目内部协调，以及对现场执行紧急预案的跟踪落实。完善的应急管理体系保障了紧急情况发生时做到管理到位、协调到位、信息到位、措施到位、执行到位，政府、伙伴、联合公司、服务队伍协同配合、迅速行动、有效组织，确保了人员安全。

（3）严密组织和高效协调。在撤离工作中，项目严密组织和快速协调机制都起到了至关重要的作用。应急响应机制启动后，全体动员，分工负责，相关单位和部门指定协调人，保障危急时刻紧而不慌、忙而不乱，各项指令迅速得到传达和全面实施。在撤离期间，安排足够安保力量，在前方500m远处开道，侦查周边安全情况，保证了紧急时刻人员安全、快速撤离。

（4）及时更新和完善应急预案。安全形势瞬息万变，即使再完备的应急预案，在实施时也会发生意想不到的情况，需要采取有效措施及时更新。人员赶赴机场过程中，多次遭遇路途拦截和异常情况，长时间无法通过。之后，项目管理层及时调整撤离方案，将路途遭遇拦截无法赶赴机场的员工及时安排护送营地，再择机而动。每次应急响应实施后，项目公司立即进行总结，对应急预案进行改进，使撤离工作组织更加有效、实施更加顺利。

（5）中国石油在伊拉克各单位统筹管理。一直以来，伊拉克地区中方社会安全管理实行中东公司统一组织、各单位协同配合的模式，特别是2014年，为应对"伊斯兰国"，建立了一套高效的应急反应体系。在本次应对中，该体系发挥了重要作用。安全局势极度恶化后，中国石油中东地区协调组统筹协调、统一指挥，项目公司与服务单位协同配合，确保了中方人员的快速集结和安全撤离，保证了撤离工作组织严密、井然有序、安全高效。

第三节　结　　语

在未来一个相当长的时期内，中国石油伊拉克各项目将面临"独狼式"恐怖袭击以及武装绑架劫持的风险。为此应充分利用无人机等安全新技术以及建立更广泛、更深入的信息收集渠道等新方法，切实做好信息收集研判，提高预警能力和预控能力。

在近期及可以预见的未来一段时间内，中国石油伊拉克各项目周边的社区和居民，依然会以获得更多工作机会、获取更多报酬和福利等诉求，不断给项目的运行制造麻烦，甚至给员工生命安全带来威胁。但中国石油将继续以伊拉克政府和社区部落为基础，以授人以渔为方法，开展公益项目需求调查分析研究，设计实施能够长久见效的项目，回报当地居民，进而融洽各方面关系；加大项目宣传力度，保持项目正常运转，从而为政府、社区和居民提供更多税收、更多机会。同时，也将通过引进更多的当地服务商，加大员工本地化率，解决更多就业机会，缓和与社区和居民的关系。

第四章

拉美地区安全管理创新实践

第一节 安第斯公司社会责任管理实践

厄瓜多尔是南美洲第五大石油生产国,已探明石油剩余可采储量 65×10^8 bbl、居南美洲第三位,油气资源丰富,增产潜力很大。2005 年 8 月,中国石油(55%)和中国石化(45%)合资设立的安第斯石油有限公司(以下简称"公司"),收购了加拿大 EnCana 厄瓜多尔公司在厄瓜多尔的全部资产,包括位于奥连特盆地油气富集带的 Tarapoa 区块、14 区块和 17 区块等三个勘探开发区块,合计面积 4899.54km^2,以及 OCP 管道的部分权益。

一、以"三联机制"为依托的海外中资公司社会责任管理的背景

(一)海外中资公司经营环境的复杂性和特殊性

通过跨国并购获取新的战略资源,是跨国公司快速崛起、做大做强的一条重要途径。中国石油企业经过十多年海外经营,积累了一定的实力和经验,开始运用资本经营开展跨国购并。但是,由于与中国在政治制度、经济体制、历史、文化、民族、宗教、社会等方面存在巨大差异,海外经营环境异常复杂和特殊,远不同于国内,跨国并购后的经营管理存在极大的风险。2006 年 2 月公司接管 EnCana 公司在厄瓜多尔全部资产后,恰逢国际原油价格持续走高,拉美兴起石油国有化浪潮,厄瓜多尔对外资企业政策越来越苛刻。在当地政府个别人员的支持和蛊惑下,劳工、社区、非法工会等借机提出各种不合理的利益诉求,并以社区闹事、冲击油区、占领设施、盗抢物资、绑架员工甚至暴力袭击相要挟。公司接管初期,年均发生四十多起堵路、破坏、扣留绑架员工、强行占领营地、关停设施等事件。

这对公司管理团队是前所未有的严峻挑战,能否成功化解风险、应对挑战,成为关系公司生存与发展的头号问题。

(二)海外中资公司创新社会责任管理的必要性和重要性

1. 提升公司在国际合作和竞争中软实力的需要

在国际能源合作和竞争中,资金、技术、人才是硬实力,基于企业文化的社会责任战

略和管理是软实力。对于海外中资公司来说，软实力是比硬实力更为重要的核心竞争力，在厄瓜多尔项目的社会责任管理上，软实力可大幅提升中国公司的国际竞争力和影响力。

2. 践行中国石油宗旨、实现公司可持续发展的需要

在革命战争年代，毛泽东同志就明确提出："我们共产党人好比种子，人民好比土地，我们到了一个地方，就要和那里的人民结合起来，在人民中间生根开花。"在经济全球化时代，公司践行中国石油"奉献能源、创造和谐"的企业宗旨，落实中国石油安全生产、健康发展、建设海外"和谐油区"的目标，更应当主动融入当地社会，与油区居民和睦相处，亲密合作，实现公司和社区长治久安、互利共赢、可持续发展。

3. 弘扬中华优秀文化、提高公司社会声誉的需要

厄瓜多尔曾长期是西班牙殖民地，印欧混血人种和印第安土著居民占很大比例，深受西方文化影响。履行社会责任，创建和谐油区，实现与当地员工、居民、社区、政府和非政府组织和睦共处，关键是在中西两种不同文化中求同存异、相互拥抱、相互融合。中华文化具有极大的包容性，在融合中弘扬中华文化的优势、中国特色社会主义的优势以及中国石油企业文化的优势，增进他们了解和认可中国、中国文化和中国企业，改变厄瓜多尔人对中国的误解和偏见，消除西方散布的"中国威胁论"等负面影响，树立起中国和平崛起的负责任大国形象，提升海外中资公司的社会声誉。

二、以"三联机制"为依托的海外中资公司社会责任管理的内涵和主要做法

（一）融合中华文化和企业宗旨，确立公司社会责任管理理念和思路

公司接管之初，当地居民并不知道中国公司与西方跨国石油公司有什么区别，认为与西方石油公司都是一样的。当地省长曾在社区发表演讲，公开鼓动社区居民闹事，提出："我们要为自己的利益而斗争，要为自己的主权站着死而非坐着生"。

1. 深入剖析西方企业与当地社会冲突的根源

公司通过调查分析认识到，一些西方跨国石油公司在厄瓜多尔经营多年，最后不是被迫撤离，就是被驱逐出南美市场，究其根源是信奉资本主义"利润至上"原则，把追求超额利润作为唯一目标，能挣大钱就干，赚不到钱就撤，缺乏与资源国及当地社区兴衰与共的责任感，缺乏融入当地社会的企业文化和长远发展的思想。前 EnCana 厄瓜多尔公司的总经理及其他高管既不在厄瓜多尔居住，也很少同当地人交往。他们将自己游离于当地社会之外，把长期遭受殖民主义奴役的厄瓜多尔居民自然将他们看作异己势力，防备、排斥甚至敌视他们，由此引发了一系列冲突。

2. 树立基于中华优秀文化的公司社会责任观

中国传统的儒家义利观强调，大商谋道，小商求利；得道者道与利兼得，失道者道

与利俱失。儒家义利观有不同层次的价值取向，即"见利思义"的基本要求、"己欲立而立人，己欲达而达人"的中间要求、"义以为上"的最高要求。融合儒家义利观和中国石油"奉献能源、创造和谐"的企业宗旨，公司的社会责任观应是：在互利共赢的基础上，守卫基本的法律和道德底线、遵循中间标准、追求最高标准，即将公司的命运与资源国的发展结合起来，将公司的财富与当地居民共同富裕结合起来，将公司的业务与当地繁荣联系起来，将遵守市场法则与发扬社会主义道德结合起来，建设海外和谐油区（图3-4-1）。

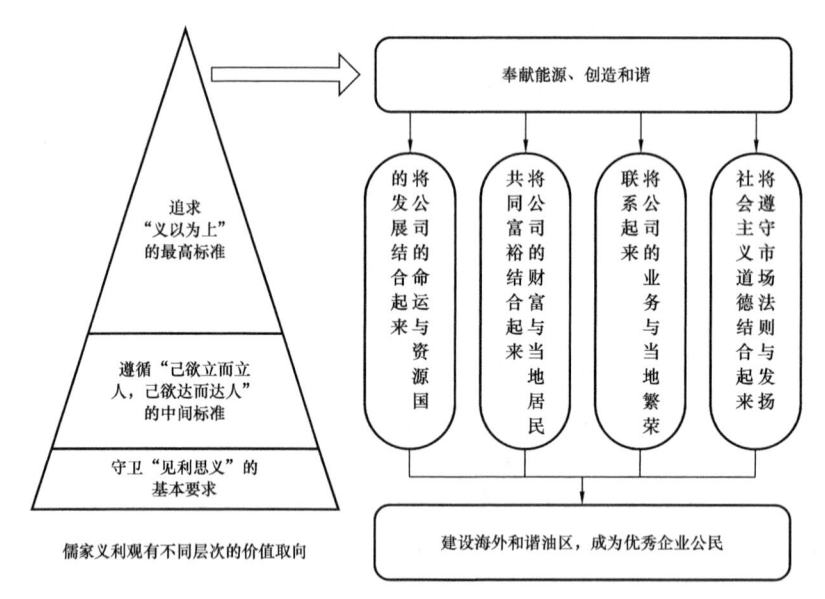

图3-4-1 依据儒家义利观构建的公司社会责任观示意图

3.确立公司社会责任管理指导思想和总体思路

依据公司社会责任观，公司社会责任管理的指导思想和总体思路，是坚持"平等合作、互利共赢"的发展理念，用中华优秀文化和公司宗旨确立公司社会责任观、指导公司社会责任管理；用联管会、联席会、联谊会三个管理平台建立全新社会责任管理机制、构建互利双赢的战略联盟；用公共关系管理营造良好的经营环境、维护公司根本利益；用共同建设油田社区形成"好邻居"关系、构筑和睦共处的作业环境；用和谐文化践行以人为本、建设同舟共济、精诚合作的国际化团队；用ERP系统提升风险管理和HSE管理，推进公司与人和资源、环境协调发展；实现和谐融洽的油社关系、平安有序的治安环境、蓬勃发展的油区经济、令人称赞的环境保护、引以为傲的经营业绩，把奥连特油区建设成为"政府赞赏，社区认可，员工满意"的和谐油区（图3-4-2）。

（二）运用利益相关方风险矩阵分析，确定公司社会责任管理的重点和方向

创新公司社会责任管理，建设海外和谐油区，首先需要科学地分析和识别风险，把管理的重心放到控制和化解主要风险源上来。

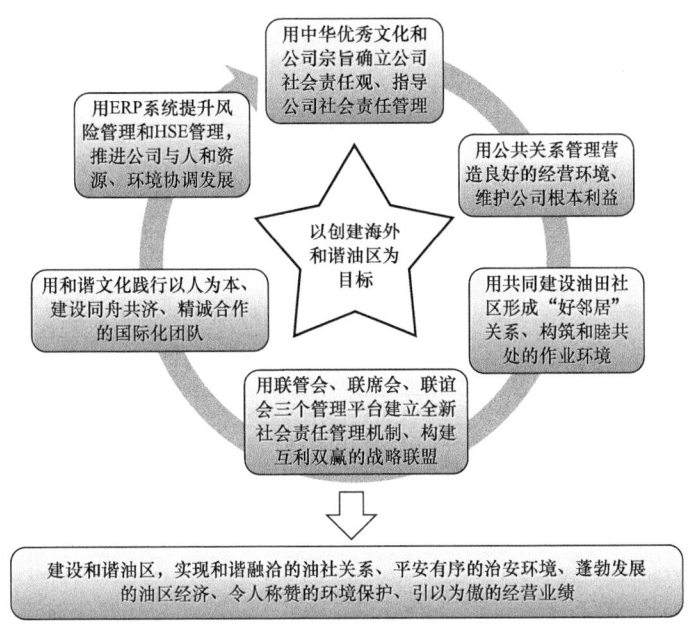

图 3-4-2　海外中资公司社会责任管理思路示意图

1. 用专家诊断法识别主要风险源

公司采用头脑风暴方式的专家意见模型，结合公司历史经验，识别出资源国存在的五十多种风险。按照风险等于风险发生可能性和严重程度的乘积，将这些风险因素排序，主要有政治、经济、HSE、法律等8种，权重百分比分别为100、80至25。

在这个基础上，公司采用专家诊断法，根据各利益相关方的功能特点、影响力和行为可控性，识别出11大类利益相关方。通过各利益相关方内部关联性分析，对利益相关方进行重要性排序，依次为股东/总部、中央政府机构、地方政府、媒体、劳工、社区、非政府组织（NGO）、承包商等，权重百分比分别为100、90至0。

2. 建立利益相关方影响权重模型

公司在对利益相关方和风险因素进行独立的识别与排序后，运用多变量矩阵主因子分析，建立各利益相关方影响权重模型，确定利益相关方与风险之间的关系。对每一风险因素与利益相关方通过强相关、弱相关、不相关赋值进行矩阵式量化，获得排序。横向乘积累加，以百分比表示基于风险的利益相关方重要性排序，如：中央政府机构量值为38925，权重百分比为100，则股东/总部的百分比为34500/38925=88.63；纵向乘积累加，以百分比表示基于利益相关方的风险排序（图3-4-3），这个矩阵分析结果可用图3-4-4图像化表述。

3. 确定公司社会责任管理的重点和方向

通过权重模型分析，公司认为，除总部/股东和不参与利益分配的媒体外，政府（包括中央政府机构和地方政府）、社区和劳工是对公司影响最大的三个主要利益相关者。根据厄瓜多尔国情进一步分析，政府、社区和劳工与公司的利益诉求冲突，核心问题是石油开采带来的巨大利益分配有欠公平。

风险因素 利益相关方		政治 100	经济 80	HSE 80	作业 60	法律 60	人身安全 40	公共形象 30	作业者变更或出售 25	量值	百分比
股东/总部	100	10000	8000	8000	6000	0	0	0	2500	34500	88.63
中央政府机构	90	9000	7200	7200	2700	5400	3600	2700	1125	38925	100.000
地方政府	80	8000	0	6400	0	4800	3200	2400	0	24800	63.71
媒体	70	7000	0	5600	0	4200	0	2100	0	18900	48.55
劳工	60	3000	4800	4800	3600	3600	2400	1800	0	24000	61.65
社区	50	5000	0	4000	1500	3000	2000	1500	0	17000	43.67
非政府组织	40	4000	0	3200	0	1200	0	1200	0	9600	24.66
全国和地方组织	30	3000	0	2400	0	1800	0	900	0	8100	20.80
承包商	20	0	1600	1600	1200	600	0	600	0	5600	14.38
油气工业界	10	500	800	400	0	300	200	300	250	2750	7.06
大学和研究机构	0	0	0	0	0	0	0	0	0	0	0
量值		49500	22400	43600	15000	24900	11400	13500	3875		
百分比		100.00	45.25	88.08	30.3	50.3	23.03	27.27	7.83		

图 3-4-3 利益相关方与风险矩阵分析图

利益相关方	数值
中央政府机构	100
股东/总部	89
地方政府	64
劳工	62
媒体	49
社区	44
非政府组织	25
全国和地方组织	21
承包商	14
油气工业界	7
大学和研究机构	0

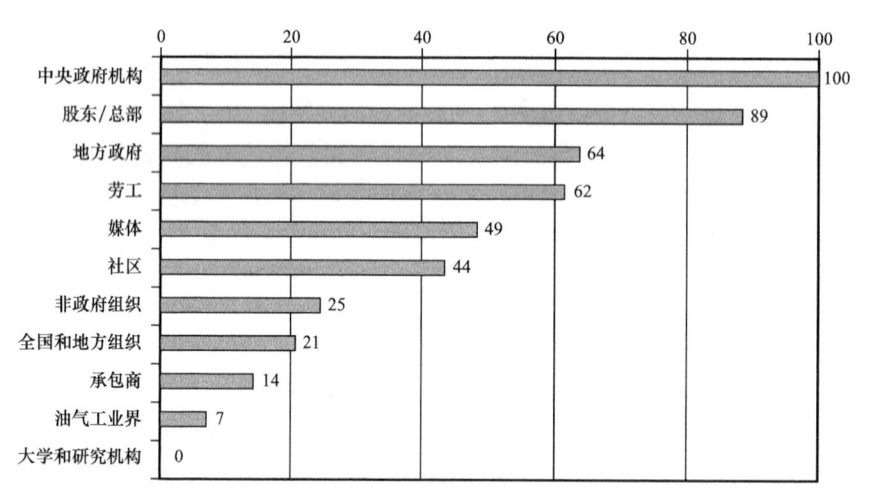

图 3-4-4 基于风险的利益相关方重要性排序柱状图

（1）两个石油主产省（Orellana 和 Sucumbios）开采石油 40 年，民众仍一直处于贫困状态。中央政府借机推行石油国有化，巨大的石油开采收益都被中央政府拿走，地方政府和社区更加不满，只能向石油公司发泄和施压。

（2）西方公司漠视当地社区利益。西方石油公司某些人认为，土著居民"不勤奋"、产品质量"无保障"，因此他们所需的物资和服务一直都从其"关联公司"采购，把当地公司排除在外。前 EnCana 厄瓜多尔公司雇佣几千人的作业队伍，当地劳工不到二百人。在厄瓜多尔经济恢复缓慢，失业率高达 40% 的情况下，这不能不引起社区居民的强烈不满。

（3）法律不稳定引发劳工问题。厄瓜多尔给当地员工分红的相关法律依据和政策文件都有含糊之处，存在多解性。一些别有用心的律师借机煽动部分第三方间接劳工向石油公司索要分红；劳工部一些既得利益者则冒着法律风险，给同一情况的第三方间接劳工出示不同标准的分红决议，从而制造了多起严重的罢工和闹事。

（4）工会非法活动放大与企业的冲突。在厄瓜多尔经济不景气、失业率比较高的情势下，一些工会组织利用人们的不满情绪，煽动当地劳工罢工闹事，向石油公司提出大幅度增加工资、历史性赔偿、强制性就业、非正常物资供应等不合理诉求。甚至网罗亲朋好友，冒他人之名签署文件就成立工会，宣布"一切归工会所有"，非法变卖企业资产，套取资金，欺辱员工，窃取他人财物和福利待遇等。这类非法工会当地每年都会冒出六十多个。

这些矛盾和纠纷，是公司社会责任管理面对的主要风险和必须妥善解决的主要课题。

（三）创建联管会、联谊会、联席会管理平台，建立全新社会责任管理机制

公司社会责任观决定了公司坚持和追求包容性发展。所谓包容性发展，就是合作共赢，让发展成果惠及利益相关各方。但是，对利益分配不能搞绝对平均，而是有所差异，统筹兼顾，各得其所。由于不同利益群体有不同的利益诉求，有些利益诉求比较合理，有的利益诉求漫天要价甚至违法，因此统筹和平衡各相关方的利益诉求，实现包容发展，必须建立有效的社会责任管理机制。

针对政府、社区、劳工（包括工会）三个主要利益相关者，公司探索搭建起联管会、联谊会、联席会三个平台，构建起沟通诉求、协调行为、求同存异、化解风险和冲突的管理机制，将公司发展与政府、社区、劳工的利益紧紧捆绑在一起，形成互利共赢的战略联盟。

1. 设立联管会，构建公司与政府的命运共同体

公司经过反复研究，借鉴国际石油合作产品分成合同的模式，与厄瓜多尔政府合作成立安第斯石油项目联管会，由专司对外合作项目执行的厄瓜多尔矿产石油部国家油气总署的三名代表和安第斯石油公司的三名代表组成，保证合同执行、作业审批、技术论证等重大事项正常运行，协调解决环境保护、社区寻衅滋事、非法组织干扰油田生产作业等重大事件。联管会为公司管理层与厄瓜多尔政府提供了常态化、制度化的沟通协调机制，使双方能够及时了解对方的利益诉求和关切，及时协商解决项目执行中出现的新问题，维护双方共同的重大利益。

2. 创建联谊会，建立公司与社区互利双赢机制

社区是厄瓜多尔行政区划的最小单位，相当于中国的村镇。公司南部油区有99个社区，多为土著居民；北部油区有39个社区，基本为外来移民。与公司发生冲突的主要是外来移民社区。公司的行为和利益与社区息息相关，建设和谐油区，首先要与社区建立

和睦相处的良好关系。

社区问题有着深刻的政治背景和历史根源。一些西方公司管理层基于追逐超额利润的理念，在处理与社区利益冲突上，先是不惜花大钱满足社区居民的不合理要求，资助和援建了一批社区发展项目，但这些项目严重脱离当地实际，许多基础设施处于废弃状态，教育水平也没有得到多少改变，反而助长一些人"等、靠、要"思想，甚至滋长了"谁能给石油公司制造麻烦、勒索来东西，谁就是民族英雄"的畸形观念。由此，一些西方公司管理层丧失了与当地政府和社区搞好关系的信心，得出"不可能与'敌人'讲和"的结论，一旦发生冲突就请求政府派军警来镇压，不断激化社区与石油公司的矛盾，使双方结怨越来越深，直接导致企业无法继续生存。

分析了社区问题的来龙去脉，公司认为，油区大多数民众是朴实、善良、通情达理的，解决社区冲突的根本出路，在于坚持平等合作，加强沟通协调，推进互利双赢，实现共同发展。

为此，公司与油区南北两大社区多次协商，成立了设有用工、工资、招投标、物资供应、纠纷处理、环境保护、健康安全等七个"办公桌"的社区联谊会，其宗旨是：促进发展，改善社区基础设施；促进就业，给社区参与甲乙方招聘更多的机会；促进竞标，给社区参与公司物资采购更多机会；促进教育，改善青少年学习条件；促进医疗，提高妇幼健康保护水平；促进环保，改善生态环境；促进旅游，改善经济发展和就业环境。各"办公桌"均由公司EHS部社区工作者、政府派出的社会工作者和社区代表组成（图3-4-5）。

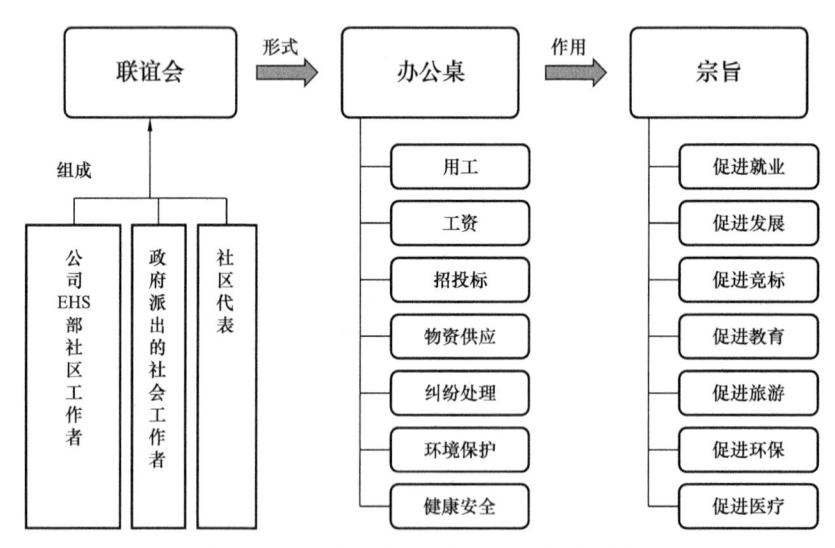

图 3-4-5 社区联谊会构成及宗旨示意图

3. 举办联席会，培养忠诚于公司的员工团队

员工是企业的第一资源，也是企业最宝贵的资产。公司员工绝大多数是本地雇员。面对2006年以来厄瓜多尔多次修改法律，当地人茫然无措的复杂局面，为提高员工队伍的思想道德素质，增强队伍的凝聚力和对公司的忠诚度，公司设立法律论坛和讲习会，包括举办法律知识讲座、西语之角、英语之角、当地文化讲座等，为员工提供法律咨询，解疑释惑；培训英语、西班牙语，提高交流沟通能力，消除语言隔阂；聘请拉美著名作者 Carlos Cuauhtémoc Sánchez 讲解人生，提供心理学、社会学咨询。帮助员工了解纳税怎么计算，身体如何保健，家庭关系怎样处理，应当追求什么样的人生未来，引导员工树立爱家、爱厂、爱国的价值观，理解公司、认同公司，把公司当作自己的第二个家园，培养与公司同舟共济，共同成长的忠诚感，抵制"非法工会"的煽动和挑唆。2007年初，北部油区受区外势力的煽动，酝酿组织大规模罢工闹事，450多名公司员工闻讯主动赶到肇事现场，耐心说服和劝解，平息了一场潜在的寻衅事件，保证了公司新年后原油产量计划。

4.完善公司治理，实行分级授权

新型社会责任管理更需要良好的公司治理。公司建立董事会和总裁权责明确、相互制衡、协调运转的治理结构，注重投资者核心管理的国际化模式建设，完善分级授权管理，以科学、高效为原则，设立技术经济发展、费用授权、大小标等多个委员会和特别工作小组，并实行委员会决策制，形成公开、透明、"管理严、部署实、执行细"的作业公司国际化生产经营管理模式（图3-4-6）。

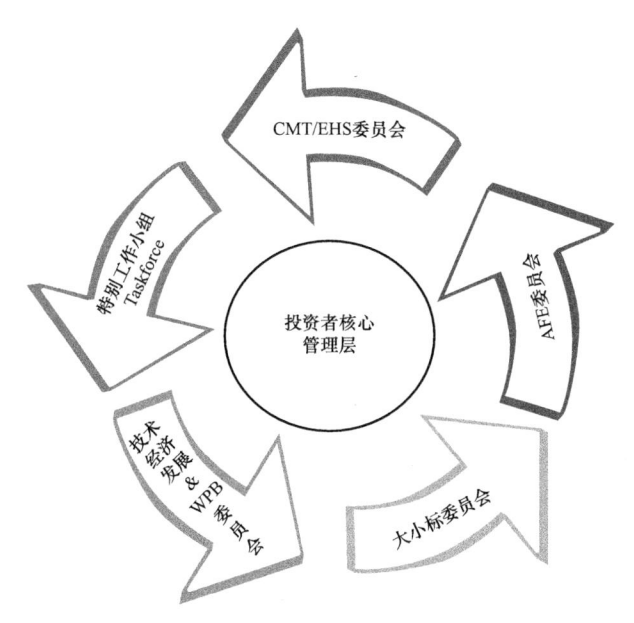

图 3-4-6 安第斯石油公司主要委员会组成图

同时，为了解厄瓜多尔国情，依法合规经营，用法律保护公司权益，公司成立顾问委员会，聘请熟知社区风土人情、当地作业规则和政府事务的5位资深法律、税务等高级专家，处理与政府、社区、员工利益关系提供法律和政策咨询，并聘用了十多位厄瓜多尔著名律师。

（四）加强公共关系管理，营造良好的经营环境

1. 开展公关活动宣示公司社会责任理念

（1）主动融入社会，广交各界朋友。公司成立了公关及媒体委员会，制订对外宣传和公关策略，倡导"着眼未来，共谋中厄互利双赢大业"的理念，参与社会活动，支持慈善事业，与社会团体和公共媒体建立和保持良好的合作关系。

（2）宣示企业理念，彰显公司宗旨。公司管理团队利用各种场合，向公司员工、社区居民、政府官员及媒体记者等，介绍中国石油"奉献能源、创造和谐"的宗旨和与厄瓜多尔合作开发油气资源的目的。在一次社区千人大会上，公司中方代表发表演说："我们不是来打斗，而是来传播友谊、发展技术、开展合作，我们不愿意看到暴力冲突场面""我们不光给你们送鱼，还要教你们发展渔业的技术""安第斯石油公司发展了，我们受益，你们同样也受益"。社区居民报以长时间热烈的掌声。当地媒体报道称："一场历史惯例性的批判斗争会，变成了中厄永久和平的庆典会"。

（3）传播中华文化，增进相互理解。近些年厄瓜多尔经济不景气，一些员工对国家前景比较悲观，抱怨自己的国家，抱怨自己所处的时代，打算去国外谋生。公司组织员工大会，以"子不嫌母丑"为主题，讲解"天下兴亡，匹夫有责"的道理，引导员工明白厄瓜多尔再差，也是自己的家园；只有热爱祖国、建设祖国，大家才会有美好的未来。

2. 通过联管会机制推进"命运共同体"建设

2007年，公司通过联管会机制，提出厄瓜多尔政府和外国石油公司之间是"利益共同体"的理念，向厄瓜多尔总统和政府介绍中国公司在提高采收率和炼油化工技术方面的实力，阐述公司社会责任观和对厄瓜多尔的经济贡献及对社区的社会贡献，提出中国公司愿意与厄合作扩大石油勘探开发和建设炼厂项目的意愿。在我使馆的积极支持和推动下，厄瓜多尔国家石油公司与中国石油签署了战略合作联盟协议，并获得厄瓜多尔总统和政府高层的认可和支持。

2007年6月27日，在南部社区个别政客的唆使下，社区一些人破坏了厄瓜多尔国家石油公司的输油管线，并以向厄瓜多尔国家石油公司索要管线漏油赔偿为由，切断安第斯石油公司南部油区道路，向我方提出提高社区劳工工资、招募全体社区人员、租用社区全部车辆、承揽油区所有公益项目等无理要求，导致油田部分停工停产。厄瓜多尔总统通过联管会机制，于2007年6月30日紧急召集内政部长、矿产石油部长、厄瓜多尔国家石油公司和安第斯石油公司总经理等听取汇报。公司总经理强调，公司是当地社会经济发展的重要支柱，与厄瓜多尔政府是命运共同体，在历次社会动乱与冲突中，公司如果受损30%，便意味着政府受损70%。总统权衡利弊，决定派出军警保护公司油区设施，并指派总统石油顾问和内政部、矿产石油部高官，到南部油区与肇事人员谈判交涉，成功化解冲突，保证了采油作业的进行。

3. 坚持合规经营，依法维护公司根本利益

法规政策多变是厄瓜多尔经营环境的一个显著特点。政策调整必然涉及企业的重大利益。公司坚持合规经营原则，依据厄瓜多尔法律据理力争，维护公司的整体和长远利益。

（1）依法抗争强征石油"暴利税"。2006年4月厄瓜多尔政府发布42号石油法修正案，要求石油公司将超额利润的50%上缴政府，所有油公司的利益都受到重大影响。2007年10月，厄瓜多尔政府再次颁布关于强征"超额利润税"的662号政府令，规定对"基础油"油价超过13美元/bbl的公司收益，一律征收99%的"暴利税"，此举意味着基础油高于13美元/bbl部分，每获得1美元利润，政府要拿走99美分，所有油公司面临倒闭的境地。公司积极从法律层面上进行争取，成为厄瓜多尔唯一获得"豁免"超额利润税的石油公司。

（2）依法抗争强征附加分红款。2006年至2008年间，厄瓜多尔陆续修改劳工法，并颁布了有关劳工问题的总统令，导致劳工部和法院对第三方外包服务公司的员工是否有权参与企业分红产生争议。厄瓜多尔劳工部在2009年初以石油禁运、冻结账户、限制法人代表行动等手段，多次强令公司缴纳附加的巨额分红金额，引发上百名第三方员工到公司门前索要分红达80d。公司谨慎引导主流媒体舆论导向，呼吁加强法制建设，维护法律尊严；通过联席会机制，稳定员工队伍和生产经营；通过联管会渠道，请内政部、警察总署、驻军部队对公司员工人身及作业安全提供保护，并获得矿产石油部等政府部门的理解和支持。同时，依法就劳工部的行政决定向厄瓜多尔宪法法院提出复议申请，最终于2009年4月16日获得宪法法院的终审判决：认定安第斯石油公司已经完全履行了法律义务，劳工部的决议存在多解性，以致使安第斯石油公司当地员工分配不均，应由政府及安第斯石油公司的联合特别小组从当地员工利润分红款中扣除相应数额，用来补偿第三方员工的分红款，公司不需缴纳额外分红款。

（3）在合同转制中维护公司权益。2010年7月，厄瓜多尔政府第三次发布石油法修正案，要求石油公司在120d内将所有产品分成合同改制为服务合同，否则政府有权单方面终止合同并清算资产，而合同条款的实质是实行国有化。公司即使无条件撤离，也会背负难以了断的法律纠纷。公司立即组织综合谈判团队，确定"转制前后项目经济效益总体不变"的谈判目标，做好国际仲裁和与厄瓜多尔政府谈判两手准备，利用联管会机制与政府建立的建设性互补关系，展开高层斡旋，谋求互利双赢。经过多轮谈判，最终于当年11月23日与厄瓜多尔政府达成协议并签署了新的服务合同模本，不仅保留了中方作业权，而且获得合理的服务费，合同延期10~20年，区块面积扩大2500km^{2}等，项目综合效益比产品分成合同总体上还有所改善。

（五）推进油田社区建设，构筑和睦共处的作业环境

联席会成立后，所有涉及公司与社区关系的事务，都通过"办公桌"由参与三方协

商解决，该政府承担的由政府承担，该公司解决的由公司协调解决。遇有重大事项，社区负责人亲自出席。公司特别事务委员会以每周例会的形式，持续跟踪协调新情况、新问题。

1. 积极帮助社区解决民生问题

七个"办公桌"都是半常设性质，有事一起商量，协商好就办。社区要求帮助解决居民就业难问题，联席会协商决定，公司协助政府建设"就业数据库"，建立社区民众就业档案，帮助培训社区民众就业技能，将公司及相关承包商的人员招聘纳入劳务"办公桌"统筹管理，遇有用工需求予以优先安排。前 EnCana 厄瓜多尔公司在当地油区作业 34 年，雇用当地劳工不超过 200 名，公司接管不久，雇用当地劳工就增加到 750 多人。社区反映居民就医难，公司研究后在两个社区各建一所医院，提供有经验的专职医生，社区居民就诊免费，药费自负；政府称赞这是发展地方、建设油区的好做法，主动提出实行药费补助。社区提出学生上学交通不便，公司立即出资购置校车用以接送学生，孩子们每逢学业有成和圣诞佳节之际，都以手工作画等形式感谢并赞美公司。

社区联谊会将社区民众利益与公司生产经营紧紧联系在一起，形成兴衰与共、互利双赢的机制，推动双方关系向良性互动发展。社区居民自发行动起来，保护公司作业环境，维护公司生产经营秩序。2006 年 7 月南部油区发生非法切断公司水源、夺取军警武器的骚乱，社区志愿者组成"护厂队"，利用树木等天然屏障阻塞肇事者的通道，以正义的民族编队甚至宗教形式，驱散窜入油区的肇事者，并向社会和政府庄严宣布："我们喜欢中国公司"。2007 年 6 月底，南部油区发生暴力对抗军警的冲突，威胁公司员工安全。油区最大的 Kichwa 社区和具有国际影响的 Waorani 社区，先后发布广播演讲和致总统公开信，强烈谴责极少数人的暴力行为，支持公司阻止少数人破坏油区设施的企图。

2. 签署公司与社区支持和发展协议

2006 年 7 月南部油区发生非法切断公司水源、与军警对抗的骚乱，公司还通过联管会机制，在厄瓜多尔政府和军警的支持和斡旋下，很快平息了骚乱。公司认为，就事论事处理危机能够立竿见影，但不是治本之道；只有同社区面对面协商，共谋合作发展大计，形成对双方都具有约束力的文件，才能长治久安。因此，公司管理层通过联谊会机制，深入南、北两大社区，与社区负责人和居民代表当面洽谈、反复协商，终于在当年 7 月和次年 11 月先后与南、北两大社区分别签署"安第斯石油公司与社区支持和发展协议"。

南部社区协议签署时，中国驻厄瓜多尔大使，厄瓜多尔矿产石油部长、内政部长、国家武装力量司令、总统办公室主任和当地省长、市长等政要都出席了仪式；北部社区协议签署时，当地省长和军方应邀到场，公司管理层与北部油区的 70 个社区约 1000 名居民代表会面。公司总经理发表了"忘却过去，着眼未来，共谋中厄双赢互利大业"的主题演讲，介绍公司对社区的贡献，表达了和谐相处、共同发展的理念，受到与会政要和居民一致好评，居民代表争相与公司高管握手、合影，称赞中国公司是厄瓜多尔石油工业史上"第一个亲临社区传播真诚友谊的企业"。

"安第斯石油公司与社区支持和发展协议"规定：公司承诺在员工招聘、物资采购、保安录用、女性就业、支持教育等方面，优先考虑社区需求，并提供力所能及的支持；社区承诺将中国公司当作永远的朋友和兄弟，支持和帮助公司维护正常生产经营秩序。如果社区影响公司的正常生产经营活动，公司和政府提供的支持承诺将自动失效，政府和公司可采取法律手段起诉肇事者。同时，政府将油气勘探开采列为战略行业，可采取强制手段恢复正常生产活动。协议明确了双方的权利和责任，具有法律约束力，将公司与社区关系提升到睦邻友好的"好邻居"，从此基本结束了与社区冲突和纠纷的历史，因而被社区居民称为"永久和平"协议。

（六）践行以人为本，建设同舟共济的国际化团队

公司致力于打造"中方管理为核心，以本土化力量为主体，多国籍团队为补充"的国际化人才队伍。

1. 弘扬大庆精神铁人精神，发挥中方员工的"三队"作用

中方员工是公司员工队伍的核心，绝大部分中方员工担任公司部门经理以上的高级管理岗位。公司致力于培育熟悉国际经营准则，精于海外生产业务，熟知资源国经济法律体系的中方员工队伍。在合资公司员工管理政策框架下，公司突出思想教育与引导，加强中方员工的责任意识、使命意识和担当意识的教育，以保障海外国有资产保值增值为己任，传承和发扬大庆精神铁人精神，注重团队融合，发挥表率作用，成为公司员工队伍中的"先锋队""宣传队"和"领军队"。"先锋队"就是肩负着国家的重托，承载百万石油人的梦想，率先踏上国际化进程，在厄瓜多尔开拓一片新天地，开创一番新事业；"宣传队"就是身体力行中国石油的企业宗旨和优良传统，言传身教传播中华民族的"和谐文化"和中国石油的先进技术；"领军队"就是顾大局，讲奉献，发扬艰苦奋斗、改革创新精神，带领公司团队开拓进取，实现国际油气合作有质量、有效益、可持续发展。

2. 搭建人才建设平台，推动本土员工国际化

本土员工是公司员工队伍的主体，占员工总数的92.6%。公司通过联谊会机制，以文化和情感融合当地员工，并以制度管理为主要手段，实施"跨国、精英、拓展、定位、考核、激励"十二字人力资源开发方针，创新9级员工职业生涯设计体系和薪酬定位体系，建立以业绩为导向的全员绩效考核体系，完善核心与骨干员工综合激励体系；每年坚持选派业绩优秀的当地员工赴中国考察学习，感知认同中国文化，搭建事业留住人、体制吸引人、技术激励人、文化鼓舞人的人才建设平台；注重建设跨国人才、复合人才队伍，重视培育技术精英、特别顾问人才队伍，着力推进当地员工国际化，并取得了明显成效。

3. 发挥国外智力优势，推进国际员工当地化

公司第三国员工分别来自加拿大、墨西哥、智利、阿根廷等10个国家，在勘探开发、钻井工程和工程建设等重要技术管理岗位工作，具有丰富的国际合作经验和较高的专业技术水平。公司以完善的员工劳动合同为基础，鼓励第三国雇员积极融入公司多元文化，融入厄瓜多尔社会，热爱资源国、热爱企业，推进国际员工当地化；注重发挥他们的经验和技术优势，扎根公司奉献自己的智慧，在决策中充分听取他们的意见和建议。作为公司员工队伍的有益补充，第三国员工在提升公司技术管理水平和有效控制成本等方面发挥了重要作用。

4. 加强文化融合，培育和谐企业文化

西方有西方人的信仰、信念和价值观，中国有中国人的道德、伦理和哲学。公司在员工队伍建设中，注重相互交流和合作，努力融合中外文化，培育和谐企业文化，推动企业的本土化，营造"相互欣赏、快乐工作"的氛围。坚持学习当地人，与本地雇员和土著居民交朋友，学习当地语言，了解当地风俗习惯；尊重当地人，恪守资源国法律法规，尊重当地宗教和民族传统，主动融入所在社区；依靠当地人，通过搭建联谊会、联席会两个平台，密切与当地社区和群体的联系，协商解决出现的问题；扶持当地人，以人为本，以公司为家，同舟共济，共同发展。

（七）用ERP系统提升风险管理和HSE管理，推进公司与人和资源、环境协调发展

1. 创新ERP系统，强化风险管理

公司构建"项目规划—经济评价—优化调控—大小标—AFE费用授权—后评估"6大闭合流程的战略发展及成本控制（ADAPS）体系（图3-4-7），对所有项目均实行市场公开招标机制。2006—2013年公司实际完成投资比计划节约11.4%，降低了经营风险。

公司创新以ERP系统为界面的内控风险管理机制，涵盖战略发展、核心业务和支持体系3个领域、75个分支、334个独立的行为规范，并运用9大工具监测实施，对人、财、物及油田生产的动态数据实行实时监控处理和分析。从而形成管理、发展、内控、作业、效益等科学化、流程化、规范化的管理模式（图3-4-8）。

2. 严格依法合规经营，保护生态环境

公司坚持践行"环保优先，安全第一，质量至上，以人为本"的HSE理念，建设覆盖面广、运行高效、执行严格的HSE管理体系，2006年至2013年，公司未发生任何重大安全环保事故，保持了"零事故""零泄漏"和"零污染"的优良业绩。2008年荣获世界石油"最佳HSE和可持续发展"奖。

奥连特盆地位于亚马孙丛林上游环境敏感地带，公司北部油田Tarapoa有56.2%的面积在Cuyabeno自然保护区内，南部油田也有一半多位于Yasuni国家公园内，是世界环

境敏感区、公众关注点和社区问题焦点。因此，公司将保护生态环境作为立足热带雨林、实现可持续发展的首要社会责任。

根据厄瓜多尔的法律规定，任何勘探、开发项目，包括扩建、改建项目，都须申请环境许可证。公司聘请厄瓜多尔环境部认可的国际知名环境咨询服务商进行环境摸底调

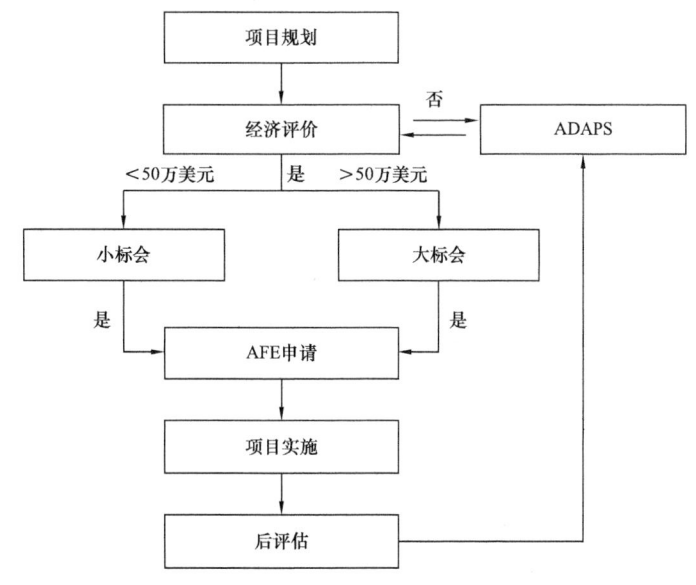

图 3-4-7 安第斯石油公司成本控制流程图

公司ERP内控体系＝中国石油内控统一架构+ERP

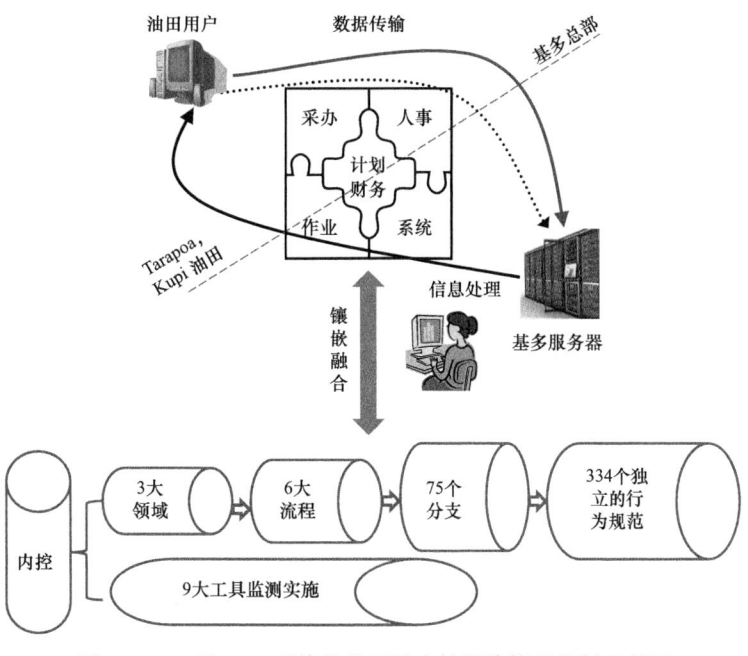

图 3-4-8 以 ERP 系统为界面的内控风险管理机制示意图

查，开展社区和利益相关方咨询与宣讲，制订科学的环境管理计划和社区关系计划，在取得社区认可后，提交环境影响评估报告。在厄瓜多尔环境部批准后，公司采用项目管理方法管控环境许可申请的153个步骤，并以周报形式跟踪管理环境许可中承诺的"环境管理计划"执行情况。

公司在ERP系统中执行在线甲乙方工作许可、在线事故报告与跟踪管理，全力推广工作安全分析、上锁挂签和业绩数据库管理等多种防控措施，对承包商实行科学准入，大力支持，全面管控，实现甲乙双方HSE统一升级管理，整体提升HSE管理水平，从源头规避环保风险。

坚持做好土壤、水质、气体排放和空气质量监测，定期开展环境计划检查、环境审计和不安全状态报告；陆续对南部油区老井场进行环境升级建设，先后建成南北油区"综合环境管理中心"，实现所有固体废弃物回收、分拣和再利用，以及所有液体废弃物回收再利用和回注。同时，公司对前EnCana厄瓜多尔公司的历史污染进行了调查摸底，有计划地推进历史污染治理和环境恢复。公司科学、有效、负责任保护当自然环境，赢得了厄瓜多尔环境部的信任与赞赏和社区的信任和支持。

3. 实施健康风险管理，确保员工健康安全

"以人文本"的前提是人的健康。公司采用岗位风险问卷法，通过全员参与、群体决策，进行岗位风险识别与分析，逐岗识别员工可能遭受的机械、物理、社会心理学、重大事故等健康风险，并以访谈的形式与岗位关键人员或工作性质相似的群体分析研讨，群体识别特定岗位存在的安全与健康风险。根据风险暴露程度，同步列出头部、听力、手、呼吸道等保护设备，以及防坠落设备、救援设备和个人防护用品等，实现"安全风险明了，防护措施到位"。

通过职业健康体检识别岗位潜在风险。公司医生分析员工职业健康体检结果，开具健康适合从业证明，对健康状况不适合某特定岗位的员工提请换岗，重点进行跟踪。

以培训管理为推手，促进安全文件建设和安全业绩持续改善。公司在员工HSE培训实践中，按照"按需培训、分级管理、突出现场、优先作业"的原则，结合资源国的法律要求及公司管理实际，加强HSE培训需求识别与计划编制，科学开展培训与考核，实现了安全文化提升和本质安全。

4. 利用现代信息技术，全天候保障油区和员工平安

厄瓜多尔属于国际安保组织和中国石油认定的"社会安全高风险国家"，公司北部油区与哥伦比亚边界最近距离仅25km，社会安全风险处于高风险之上。

公司充分利用现代信息技术，对油区所有关键设施、台站、出入口安装了全天候捕捉式电视监控装置，并设立现场、基多联网监控与应急指挥中心。所有车辆配备GPS监控与跟踪装置，所有设施和台站配备座机、手机、车载或手持无线电对讲机，并备份卫星通信，保证信息全覆盖、全通畅。同时，公司与当地驻军协调，派出50名军人常年驻

扎公司油区，确保发生突发事件时能获得强力保护，高危时期有军队护送和巡逻保护。

公司加大安保管理制度建设和执行力度。信息预警系统每天更新，根据前一天的安保形势，确定次日的警戒级别；执行严格的门禁制度，所有人员根据工作及岗位，用门卡授权其可出入的场所，并进行出入监控与记录；现场严格出行控制，所有出行需经现场经理批准，并经安保调度中心授权、协调并监控；警戒级别高或危险时，采取特别安保措施，如由保安或军队护送。

5. 创新中方特色优势技术，充分利用和保护好自然资源

公司运用先进的油田作业管理系统，创新中国石油特色技术，提升公司核心竞争力：

（1）致力于走滑扭动构造应力场"沿走向、探微相、找砂体"前缘领域的技术实践，连续打出两口千吨井，日产原油分别达到7593bbl和6900bbl，得到政府、业界的一致好评。

（2）勇于探索，研发差异渗流场水平井特殊完井技术，攻克了老油区稳产难题。

（3）创新高端技术，实现井下、井场油水分离，填充短流程生产、经济作业的空白。

（4）打破禁区，在泥岩墙斜坡带取得勘探重大发现。

（5）反转盆地、构造牵移、相带牵移构造多期次隐蔽油藏发育及其识别方法等。

通过管理和技术创新，充分挖掘老区增储上产潜力，提高了资源开发利用效率。

三、以"三联机制"为依托的海外中资公司社会责任管理的效果

经过8年来坚持不懈的努力，公司初步建成"政府赞赏，社区认可，员工满意"的和谐油区，发展环境显著改善，预定目标基本实现。

（一）社会效益显著：对政府、员工和社会的贡献高于前公司

8年来，公司原油生产累计给厄瓜多尔政府带来120亿美元的收入，上缴利税近70亿美元；公司员工人均年收入（含利润分成）由2006年的4.65万美元提高到2013年的5.26万美元（其中2008年达到8.5万美元），增长13%；本地采购合同累计金额27.3亿美元，其中，与当地承包商签署合同1962项、金额22.32亿美元，本地物资采购金额4.75亿美元，签署本地生活服务协议32项、价值2560万美元；为当地社区创造就业岗位2542个（其中公司645个，通过承包商提供1897个）；分别在南北两个油区开通两路校车，建立2所社区医院，为当地居民累计免费提供门诊及治疗服务8万多人次，寄生虫病防治服务6300余次；培植可可园1个，扶植种植园十多个；合计资助9个慈善机构以及贫困少年儿童就学两千多名。

（二）公众形象改变：公司和中国声誉大幅提升

以建设"和谐油区"为目标的公司社会责任管理，从根本上改善了油区治安，维护了公司、社区和政府的利益，解决了厄瓜多尔政府一直想管又管不好的大问题，获得所

在社区、厄瓜多尔政府和业界一致好评。当地居民先后给公司发来千余封感谢信，政府机构和社区也给公司颁发了致谢牌匾。在厄瓜多尔权威机构或知名媒体组织的该国企业年度排名中，公司始终名列前茅。公司先后荣获各种奖励五十多项，包括油区地方政府颁发的社区事务"先进单位"奖，厄瓜多尔国会和国家新闻记者协会联合颁发的社区事务"楷模金奖"，厄瓜多尔内政部、国防部、警察总署等部门的部长或其代表联合颁发的"社区事务模范"奖，2011年10月公司又获得厄瓜多尔非再生资源部与国际石油工程师协会（SPE）颁发的"杰出石油技术发展奖"。由于中国公司美誉度持续提高，2012年厄瓜多尔政府主动提出与中国石油合作开展千万吨"海岸上下游一体化"项目，2013年6月5日中国石油董事长与厄瓜多尔战略协调部长等共同签署了"海岸上下游一体化项目框架协议"。

中国国家人事部代表团到公司考察调研后指出，公司工作有"四个不容易"：一是中国人能在接管西方公司一年内就取得如此好的效益不容易；二是能在短时间内把一个多国籍的团队管理得如此好不容易；三是中国石油天然气集团有限公司和中国石油化工集团有限公司两大中国石油在海外项目如此精诚合作不容易；四是在如此恶劣的经营环境中保持队伍高度团结、精神面貌好不容易。

2012年，公司荣获中华全国总工会颁发的"全国五一劳动奖状"。

（三）经济效益良好：生产经营持续发展，投资回报超过预期

接管以来，项目基本保持了年均 300×10^4t 稳产水平，产量、资产、利润、税收四项指标在厄瓜多尔外资企业中连年保持第一位，实现了海外国有资产保值增值。

第二节　安全风险量化和应急体系建设实践

一、引言

近年来，拉美政治形势日益复杂，受地缘政治和全球经济低迷的影响，中国石油拉美业务所在资源国政治动荡、经济下行，各类社会矛盾遇到风吹草动就能爆燃。以委内瑞拉为代表的诸多国家，社会安全形势日趋恶化，政权颠覆风险、民众骚乱、绑架、抢劫等社会安全威胁一直笼罩着中国石油业务的正常开展。

以往的社会安全风险评估多为定性的，因此社会安全突发事件应急预案宏观指导有余，细节规范不足；预案的操作性和时效性没有迭代升级；过于强调应急指挥层级，而缺乏明晰的授权和管理界面；应急物资储备体系和调度体系模糊，不够明晰和制度化，在社会安全突发事件发生后，经常出现预案是预案、响应是响应，预案与实际响应互不关联互不相关的现象，预案成为一种摆设；对政权更迭、民众骚乱暴乱等极端事件发生的可能性、规模、严重程度、受影响程度、应急响应等缺乏前瞻性分析，应对尺度把握

不当，造成过度应急或"失防万一"，对应地出现资源浪费、成本机会丧失或生命财产损失。

二、安全风险量化和应急体系实施背景

（一）风险量化和应急体系建设是应对委内瑞拉社会安全威胁的需要

美国的全球战略与中国"一带一路"战略在拉美相碰撞，拉美国家出现向右转趋势，左翼政府政治空间受到严重挤压。在委内瑞拉，反对派控制的国会主席2019年1月23日自封为"临时总统"并得到美国及利马集团等支持。委内瑞拉受到了金融经济制裁与公开武力恐吓，要求现政府下台成为美国提出的改善对委关系的前提条件。制裁导致国家赖以生存的经济命脉—国家石油公司（PDVSA）不能开展正常的融投资、股权交易、物资进口、原油贸易和增储上产等经营活动，加之设备设施常年失修等因素，致使PDVSA原油产量已经从2013年初的 $275 \times 10^4 \text{bbl/d}$ 跌落至目前的 $70 \times 10^4 \text{bbl/d}$，而油价的下跌和出口受阻导致议价能力大幅被削弱，政府收入难以支撑国民经济，经济持续陷入衰退，失业率一路攀升。

（二）风险量化和应急体系建设是研判政权更迭、社会骚乱暴乱、外部势力入侵等重大社会安全事件的需要

以委内瑞拉为代表的拉美国家，进入21世纪后一直处于动荡期。拉美作为美国传统势力范围、门罗主义的发源地，地缘政治上始终没有摆脱美国的影响。

油气行业作为风险厌恶型高投入产业，风险管控始终是企业经营的重要内容。委内瑞拉等拉美数国近几年的政治动荡，对中国石油企业造成很大影响，是否需要继续坚守、如何坚守等重大问题的决策，完全依赖身处一线的管理者基于对资源国的深入了解，对重大社会突发事件做出研判，方能制定出事关企业存亡和巨大利益得失的战略性决策。

（三）风险量化和应急体系建设是应急体系精准化建设的需要

应急体系尚有许多需要完善的地方：过于强调格式的统一，而不注重内容本身，未体现企业自身的实际；预案编写者受自身专业、经历、经验局限，对预案涉及的细节，尤其是响应流程、事件升级、复杂情况、应对措施缺乏细节提示，缺乏各种情景下的应对举措预见；许多企业往往重视应急而不重视事前准备，预案的多学科审查、预案实操性演练成为"选择性忽视"，缺乏演练后总结和建议的落实整改，预案的实操性和时效性没有迭代升级；预案常常缺失情景构建，没有充分考虑到社会安全事件的突发性、事件发展的内在逻辑性和规模升级的程度和时间性；预案考虑了"保证员工生命安全"这个底线，但未体现极限思维；应急响应的授权不清，过于强调层级，缺乏明晰的授权界面，许多时候有赖基层主管的个人决断力；应急物资储备体系和调度体系模糊，预案中缺失对应急储备物资的种类、数量的指南，储备物资管理缺乏明晰的制度安排，应急物资调

度程序和汇报制度不清；应急指挥的建设性、可行性指导缺失；事件发生后不按预案、甚至根本不了解预案，随意解读预案，行政力量自立自创响应流程的现象时有发生。

三、主要措施及做法

（一）社会安全风险的定性和定量

社会安全风险的行为主体是"人"，社会安全风险的后果严重程度（事件导致的受害人受伤程度）很大程度上取决于"人"这个实施主体。基于资源禀赋（人文环境）和文化形态可以认知一个国家的国民性格，反映"罪犯"的残暴程度，从而对其社会安全整体风险做出定性判断。

委内瑞拉面积 $91.6 \times 10^4 km^2$，人口约3100万（目前不足2700万），为热带草原气候。西面安第斯山区与哥伦比亚接壤，东面与圭亚那隔大西洋相望，南面亚马孙雨林与巴西接壤，北临加勒比海，海岸线包括北部加勒比海及东北部大西洋岛屿总长约2800km，优美的自然环境使委内瑞拉成为曾经的旅游胜地。委内瑞拉民族结构单一，印欧混血占68%、白人占21%、黑人占10%、美洲原住民仅约1%，族群冲突较少。98%以上的居民信奉天主教，1.5%信奉基督教新教，宗教生态较为单一，产生宗教冲突的可能性小到可以忽略。西北面的马拉开波湖号称油湖，连同中东部重油，使其油气储量位居世界第一。1875年开始开发石油，1922年起就大量出口石油，1961年成为石油输出国组织（OPEC）创立者之一，2004年出口原油 $8.5 \times 10^8 bbl$。委内瑞拉劳动力人口占比较高，老龄化比例低，发展优势明显。周边各国间发展均衡，文化相似，几乎没有来自邻国的外来干涉和冲突。丰富的资源（油气、矿业）、适宜的气候、较少的自然灾害、温和的地缘政治，使委内瑞拉人总体呈现温和、宽容、懒散之性格，没有产生极端主义和极端思潮的土壤。因此在社会安全风险方面，可以定性为温和。

通常，一个国家的经济发展能力决定该国的社会全风险水平。委内瑞拉过去五年经济持续走低，对应地社会安全风险线性恶化。随着经济恶化的深度、广度增加，社会安全风险进入更广泛的空间和时间。令社会安全风险增加的另一个因素是贫富分化。贫富分化造成的社会不公和经济歧视，加重了底层人民的沮丧情绪，加大了社会群体之间的不平等。部分群体被边缘化，享受不到社会提供的福利（教育、医疗、公共服务和参政权利），不能与社会建立沟通、互动渠道，不能与社会体系进行交换。在这样的社会环境下，暴力犯罪被视为结构性失衡的结果：个体组成的群体为过上正常生活付出的努力与潜在获得、自身实际能力及机会之间存在矛盾。

这些因素，共同确立了委内瑞拉社会安全风险的形式和结果的严重程度：主要表现为以获取经济利益为目的的有组织绑架、抢劫、劫持、入室偷盗等犯罪活动和极少的意识形态为起因的伤害行为；犯罪行为多发生在政治对抗期间（街头抗议、示威游行、社会骚乱等期间）；军警和强力部门犯罪普遍；犯罪手段相对温和，极端的暴力事件多为受害人应对不当导致，残忍度相对较低。但是，不排除示威人群在"群体心理"和"从众心理"的驱使下，在"人多势众"的优势感中，由于个人道德和社会机制失去效力，做出极其残忍的伤害行为。经济诱因下的暴力犯罪活动，使得风险具有极高的不确定性、突发性、随机性和常态性。

经过社会安全风险定性，接着应用威胁危害识别和风险评价（THIRA）法，基于经验、预测、专家评判和数据库，全面识别威胁（Threats）或危害（Hazards）；随后通过专家评判或统计数据分析，考量在不同时间、季节、位置、社会因素下威胁或危害发生的可能性（脆弱性分析）；进而确定上述威胁或危害的影响程度，检验组织现有的核心能力；最后确定应急能力建设目标，即识别减缓机会，确定预防、保护、减缓、响应、恢复各阶段的能力建设目标。基于这个方法，确定了委内瑞拉的社会安全风险等级，见表3-4-1。

基于上述风险的订性和定量评价，可按社会安全风险"三零"目标要求，制订针对不同时间、不同地点、不同状态的物防、技防、人防、信息防措施。

（二）基于情景构建识别社会安全重大风险

委内瑞拉复杂的政治冲突和处于崩溃边缘的民生经济，导致社会动荡不安、民生危机日益严峻、政治斗争长期僵持、国外势力强势干预，外界担忧委内瑞拉发生政权更替、社会骚乱暴乱、外部势力干涉、局部战争等重大事件的可能性越来越高。

情景构建法可对上述风险事件激发、发展、终结的逻辑脉络进行梳理，将纷繁复杂的事件用思维导图展现出来，依据企业自有应急资源、条件和经验、风险可接受程度，综合分析识别重大风险点、确定应急响应启动条件。

1. 民生危机引发的社会骚乱暴乱

近年来，随着委内瑞拉民生危机的爆发，游行示威、打砸抢等全国性、区域性社会骚乱成为新常态，而全国性大停电、大油荒又导致国际国内航班大面积停飞、取消等，使社会恐慌情绪加剧，紧急撤离成为外资企业的"底线"。情景构建法可以从杂乱无章的现象背后识别威胁，找到预警监测指标：如CLAP（政府为民众发放的食品包）发放停滞时间和补充渠道，汽油、柴油、航空煤油供应中断天数，以及城市供水和市政服务中断时间，结合企业自身应急储备和民众忍耐水平，即可确定撤离触发条件。

同样的方法，可以识别政治因素引发的社会骚乱。委内瑞拉同拉美其他国家一样，多年来存在"左右之争"和"亲美反美"之争，政治斗争在经济下行时更为突出，引发的骚乱也会导致事态失控，通过情景构建也能确定撤离触发条件。

2. 军事政变或哗变引发的政权更替

应用情景构建法，梳理军事政变或哗变的情景，判断风险所在。军事政变发生的可能性，在后面的利益攸关方分析给出研判。

表 3-4-1 委内瑞拉社会安全风险等级量化

风险暴露（可能性）(员工行为、状态)		危害等级						
		谋杀（10）	绑架（8）	有组织犯罪（劫持，8）	抢劫（人身伤害，7）	抢劫（财物损失，5）	殴打（4）	偷盗（3）
早晨上班路途（乘车）	4	40	32	32	28	20	16	12
早晨上班路途（步行）	10	100	80	80	70	50	40	30
办公室办公	2	20	16	16	14	10	8	6
中午上下班路途（乘车）	4	40	32	32	28	20	16	12
中午上下班路途（步行）	8	80	64	64	56	40	32	27
办公室办公	2	20	16	16	14	10	8	6
下午下班路途（乘车）	3	30	24	24	21	15	12	9
下午下班路途（步行）	6	60	48	48	42	30	24	12
公寓休息	2	20	16	16	14	10	8	6
机场	5	50	40	40	35	25	20	15
境内陆路旅行	7	70	56	56	49	35	28	21
公众场所	4	40	32	32	28	20	16	12

3. 外部势力干涉的可能情景

美国在全球拥有诸多军事基地，在南美就有古巴关塔那摩海军站、洪都拉斯"勇敢的所托卡罗"空军基地等，总数超过76个（网络数据）。同时，美国与特立尼达和多巴哥、多米尼加、智利、巴西、波多黎各、阿根廷等国军事合作密切。美国全球九大司令部中的南方司令部管理拉美-加勒比军事事务，通过美国国家地理空间情报局（NGA）实现了对拉美-加勒比地区的绝对情报优势，通过与拉美-加勒比诸多"伙伴"的合作，如美国哥伦比亚"区域安全行动计划（USCAP）"，建立了在拉美-加勒比地区压倒性军事优势。

2019年2月23日，美国主导的"国际人道主义救援物资"集结到哥伦比亚和巴西的边境城市时，美国武力干涉委内瑞拉政权的声音甚嚣尘上。而且，哥伦比亚和巴西这两个委内瑞拉最大的邻国，都与委内瑞拉现政权格格不入。在不考虑可能性的情况下，通过情景构建法可勾画外部势力干涉的发展情形，从而结合利益攸关方分析判定其可能性。

4. 局部战争的可能情景

发生局部战争将是军事政变或哗变、外部势力入侵或重大社会骚乱暴乱的结果。委内瑞拉没有宗教对立、没有种族矛盾引起的分裂、没有民族自治纷争和地域独立的争议，军队也被牢牢地控制在现政府管辖中，自身发生局部战争的可能性几乎不存在。

5. 生产无法持续的情景

情景分析法识别了导致生产无法继续的各类情形，如图3-4-9所示。

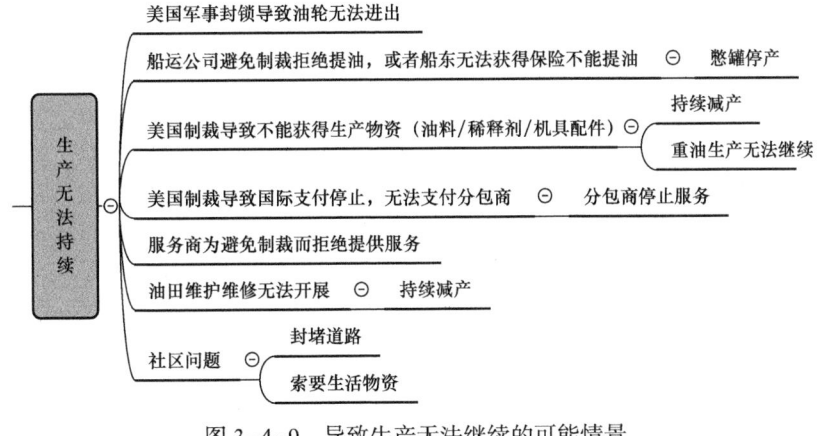

图3-4-9 导致生产无法继续的可能情景

（三）利益攸关方分析研判社会安全重大风险事件发生的可能性

1. 利益攸关方识别及其重要性排序

利益攸关方之间的强相关、弱相关、不相关关系，可以确定利益主体对委内瑞拉政治、经济、社会、军事等方面的影响程度和深度。在"推翻现政权"的统一目标下,国会、反对派和瓜伊多暂时形成了统一战线,因此本分析中将他们列为同一利益群体。随着利益的再次分配,反对派必将再次分裂。民众中反对现政府的,有一部分支持瓜伊多领导的反对派,一部分既不支持现政府也不支持瓜伊多的民众,定义为立场中立民众。其他如"利马集团"13国、欧盟、土耳其、伊朗等利益攸关方,因为其影响非常有限,因此未纳入利益攸关方分析。

通过分析,按重要性排序的利益攸关方为:总统、美国、国会+反对派+瓜伊多、支持政府的民众、国防部长、古巴、俄罗斯、军队、制宪大会、PDVSA、哥伦比亚、中国、执政党、最高法院、选举委员会、巴西、立场中立的民众。由此发现反对派和美国在委内瑞拉政治斗争中所扮演的重要角色。因此,对这些重要利益攸关方利益诉求的分析、实现这些利益诉求的手段和途径的研判,将揭示委内瑞拉政局走向和各种重大社会突发事件(政权更替、外部势力干涉、社会骚乱暴乱)的可能性(表3-4-2、图3-4-10)。

2. 主要利益攸关方的利益诉求分析及实现途径研判

各利益攸关方之间的强相关、弱相关主要是从相互之间的影响力来判断。而影响力主要来源于其诉求及实现诉求的资源、力量和成功预期的可能性。下面对重要的利益攸关方逐一进行分析,以研判其对委内瑞拉局势的影响力。

(1)总统:毫无疑问,总统是所有问题的焦点。美国对委的核心诉求是"举行公开、透明、民主的总统选举",不能容忍总统继续执政。现总统获得拉美强人总统查韦斯支持后,于2013年起担任总统,2018年通过遭受美国质疑的总统大选获得连任,任期到2024年结束。

委内瑞拉名义上实施五权分立(图3-4-11),但自2017年以来,立法权、司法权、公民权、选举权基本都为行政权(总统)所控制,因此总统成为国家政治、经济、社会的主要决策者和国家命运的掌管者。但因其经济政策错误,导致国家陷入政治、经济和民生危机,从而引发社会动荡,为美国等域外势力干涉内政提供了借口,一手造成了目前的乱局。

从中央政府和地方的关系来看,尽管委内瑞拉实现了典型的民主制——中央与地方的权利分散、非集中,如图3-4-12所示。

宪法赋予联邦管理委员会的职责就是中央与地方权利的"非集权",它因此控制了影响权力运行的中央对各级地方的预算。理论上它由行政副总统、各部部长、各州州长、各州的一名市长、每个地区社会组织推选的发言人组成,但常设秘书处由行政副总统、2名部长、3名州长和3名市长组成,由此通过国家预算办公室,经济财政部牢牢掌控了地方的"钱袋子"。大型公共设施建设,则通过"地方补偿基金"管理,削弱了地方的财政自主权。

表 3-4-2 利益攸关方分析（强相关、弱相关、不相关关系分析）

	总统	国防部长	军队	制宪大会 ANC	执政党 PSUV	最高法院 TSJ	选举委员会 CNE	国会、反对派、瓜伊多	PDVSA	支持政府民众	立场中立民众	古巴	俄罗斯	中国	美国	哥伦比亚	巴西	合计	百分比
总统	×	2	2	2	2	2	2	2	2	2	1	2	2	2	2	2	1	30	10.79
国防部长	2	×	2	1	1	1	0	2	2	1	0	2	2	0	2	1	1	20	7.19
军队	2	2	×	0	0	0	0	2	2	1	0	1	1	0	2	1	1	15	5.40
制宪大会 ANC	2	1	0	×	2	2	2	2	1	2	0	0	0	0	1	0	0	15	5.40
执政党 PSUV	1	1	0	2	×	1	0	0	2	2	0	2	0	0	1	0	0	12	4.32
最高法院 TSJ	2	1	0	2	1	×	2	2	1	0	0	0	0	0	1	0	0	12	4.32
选举委员会 CNE	2	0	0	2	1	1	×	2	0	0	0	1	0	0	1	0	0	10	3.60
国会、反对派、瓜伊多	2	1	2	2	0	2	2	×	0	2	1	1	1	1	2	2	1	22	7.91
PDVSA	2	1	1	0	0	1	0	1	×	0	0	2	2	1	2	0	0	14	5.04
支持政府民众	2	1	1	2	2	1	1	2	1	×	1	1	1	1	2	2	1	22	7.91
立场中立民众	1	0	0	0	0	0	0	1	0	1	×	1	1	0	1	0	0	6	2.16
古巴	2	1	1	1	1	0	0	1	2	2	1	×	2	2	2	0	0	19	6.83
俄罗斯	2	1	1	0	0	0	0	1	2	2	1	2	×	2	2	0	0	17	6.12
中国	2	0	0	0	1	0	1	1	2	2	0	0	2	×	2	0	0	13	4.68
美国	2	2	2	1	1	1	0	2	2	2	1	2	2	2	×	2	2	27	9.71
哥伦比亚	2	1	1	1	0	1	0	2	0	0	2	0	2	0	2	×	1	14	5.04
巴西	2	0	1	1	0	1	0	2	0	1	0	0	0	0	2	1	×	10	3.60

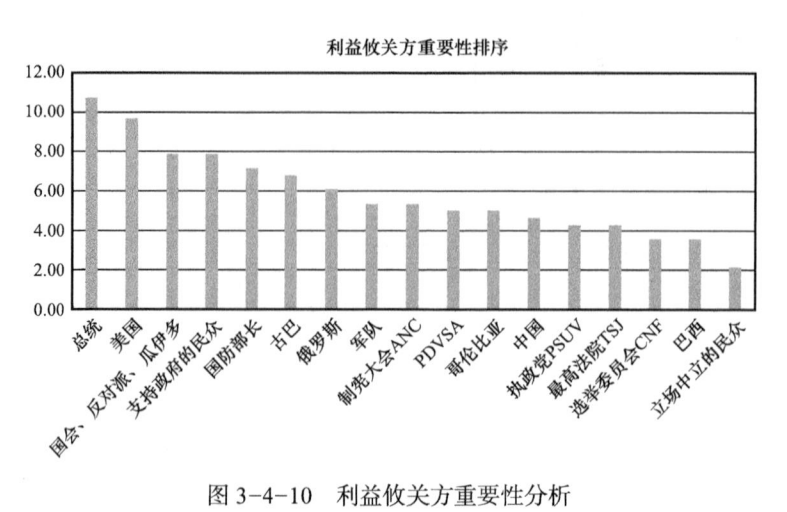

图 3-4-10 利益攸关方重要性分析

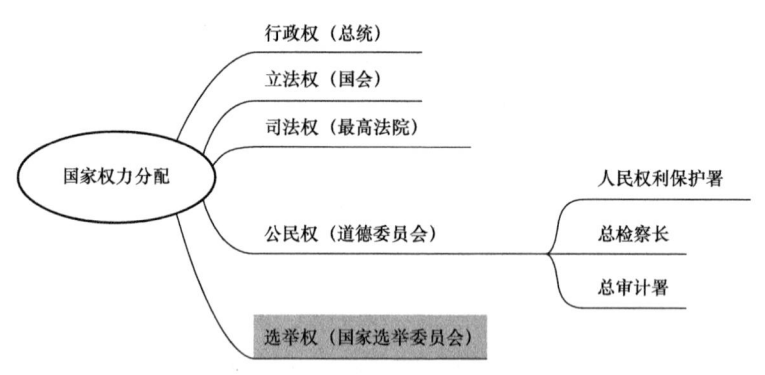

图 3-4-11 委内瑞拉五权分立政体

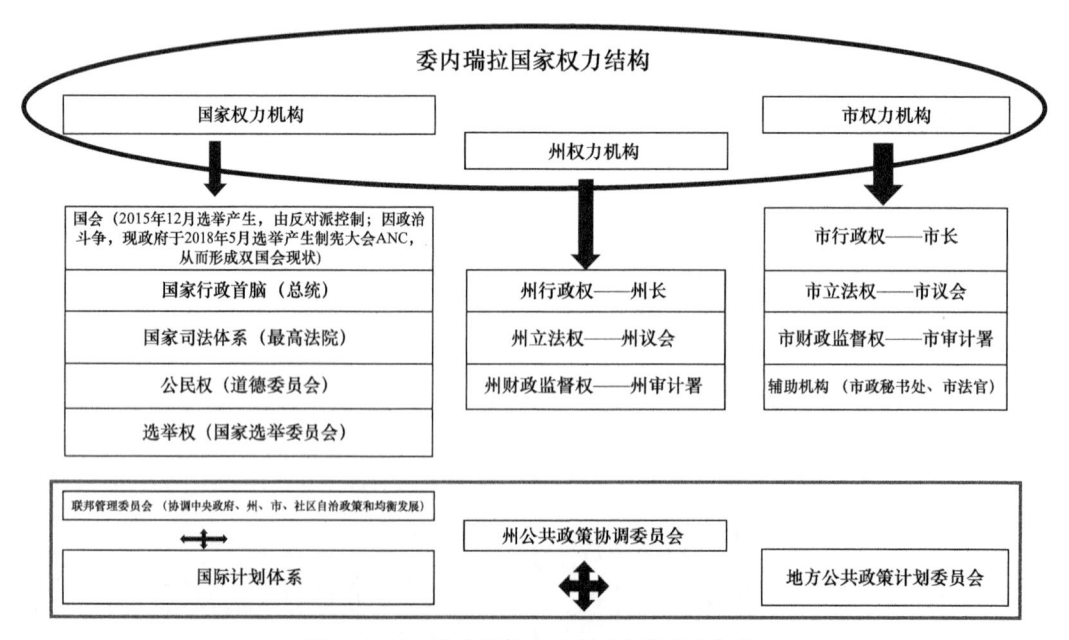

图 3-4-12 委内瑞拉中央与地方的权力结构

2017年12月举行的地方州长、市长、州议员、市议员选举，由于反对派对是否承认现政权（总统及制宪大会）立场上的分裂，加之部分反对党被剥夺了参选资格、民众对政治的失望，导致执政党获得了地方选举的压倒性胜利，23个州和首都区，执政党获得18个州长席位，反对派仅获得4席；335个市长席位，执政党获得306席、反对派29席。

由此可以发现，总统在行政上牢牢把控了国家的政治、经济权利。而拉美畸形的政治观，导致"左右之争"非常激烈，卸任总统几乎都遭到继任者的"清算"，牢狱之灾和无休止的法律起诉成为常态。秘鲁、厄瓜多尔、巴西、玻利维亚等国前车之鉴，让所有在任总统都会誓死捍卫宝座，绝不会拱手相让。

（2）美国：从美国高官的表态发言看，美国希望委内瑞拉实现"民主回归"，举行"自由、公开、透明"的、在国际观察员监督下的总统选举。但从历史上看，拉美最大的独裁者应该是智利前总统皮诺切特，美国恰恰与其保持了很好的关系。而且，为了实现委内瑞拉"民主"，美国可以以"非民主"方式让委内瑞拉经济更恶化、民生更跌落，从而实现委内瑞拉民众因"饥不择食"揭竿而起，推翻现政权。

从美国南方司令部司令海军上将科特·提德2018年在美国国会听证时的讲话可以判断，美国的最终目的，应该是推选一名能够与美国利益保持一致的总统，遏制俄罗斯在拉美的战略影响和中国"一带一路"在拉美-加勒比的推进。

美国为实现这个目的，军事入侵似乎不是选项，从不断升级的金融、经济制裁和讨论中的海禁，用经济手段掐死委内瑞拉经济来源，似乎是最经济的途径。

（3）国会、反对派、瓜伊多：国会、反对派、瓜伊多最大的软肋是没有斗争资源，缺乏灵魂人物和清晰的斗争路线、执政纲领，仅把希望寄托于军人自动转向支持反对派、寄希望美国能够给予更大的军事政治经济压力迫使现政权倒台，所能采取的手段就是无休止的街头抗议。反对派提出的三点政治诉求："停止篡权、成立过渡政府、举行自由选举"，对现政权来说没有接受的法律或现实基础。2019年1月23日以来所发起的街头抗议，从声势浩大到追随者寥寥无几，支持率由63%下降到39%，足见其政治能力和领导能力的欠缺。

委内瑞拉恶劣的经济形势在美国不断升级的制裁下必将不断恶化，民众生存条件不断突破所能忍耐的底线，这将激起更多的反政府情绪，反对派必将操纵这一情绪，不断升级街头抗争，制造大规模的社会骚乱暴乱，与美国所擅长的"舆论战"相辉映，站在道德制高点极力让军队屈服，实现政权更替。

（4）支持政府的民众：拉美政治强人查韦斯统治委内瑞拉15年，对委内瑞拉社会结构进行了深刻的变革。一系列国有化改革、福利房计划（政府宣称修建了超过262万套）、食品包供应等，使国有企业如PDVSA员工、军人、底层群众，超过人口20%的受益群体成为政府的忠实支持者。其中社会最基层的管理者得到政府的财政支持，负责发放基层食品包，在基层拥有广泛的行政权力和法外权利，拥有合法的武器，基本控制了整个社会基层,作为现政权的受益者,他们是打击反对派的中坚力量,只是声誉欠佳。

(5)国防部长:根据委内瑞拉宪法,总统是国家武装力量的统帅,国防部长是国家武装力量的最高行政管理者,由总统任命。现任国防部长自2014年上任以来,不断拓展军方在国家各个领域的管理权,内阁中超过30%的部长出自军方,国家石油公司(PDVSA)基本被军方将领所领导。

在查韦斯执政的15年中,他对军队进行了革命性的结构改革,使军队牢牢掌控在总统手里,国防部长更成为其执政团队的一部分,并无实际的军队调度权。

(6)古巴、俄罗斯:古巴是支持委内瑞拉现政权的中坚力量,是拉美抵制美国势力的"难兄难弟"。古巴向委内瑞拉提供了政治、军事参谋,西方传言古巴为现政权核心层提供安保护卫。从地缘政治角度考虑,古巴会竭力支持委内瑞拉现政权。古巴虽然国小、政治经济势力小,所能提供的支持有限,但却最坚定。俄罗斯则通过涉足委内瑞拉事务,对美国形成了牵制,并获得了自身地缘政治利益和经济利益。委内瑞拉现政权获得俄罗斯的支持力度有多大,取决于其支付给俄罗斯的利益有多大。这两个国家,将一定程度上对冲美国的干涉。

(7)军队:委内瑞拉武装力量主要由陆、海、空军和国民卫队组成,近年来,现政府不断修订《国家武装力量组织法》,将"玻利瓦尔国家民兵"也纳入军队序列。军队由玻利瓦尔国家武装力量作战战略司令部领导,设立8大区域战略联合防御指挥部、28个联合防御作战区、4个海岛联合防御作战区、99个联合防御区和6个联合空中防御旅。覆盖了国土的每个角落。

四、取得的效果

(一)将目标国的软要素纳入风险识别,使风险管理更加全面、措施更加科学

将资源禀赋、经济发展能力、政治形态等"软要素"纳入社会安全风险定性和量化评价,能够更客观地认知风险主体的风险危害程度。拉美社会安全典型的特点就是:"结构性暴力犯罪"导致的不确定性、突发性、随机性、常态性。因此,社会安全突发事件应急的核心是减少风险暴露、基于歹徒求财的认知不冒险保护财物,核心在于员工的安全意识,而不过于追求硬件安全。

(二)情景构建提供了全过程风险管理新方法

应用思维导图,将众多利益攸关方交织、利益诉求不可调和的复杂敏感问题及其发展轨迹图形化、清晰化,从而能够识别事件全过程中的重大潜在风险,从事物发展的逻辑关系上查找风险点,为应急预案的制订提供"问题导向"(图3-4-13)。

中油国际拉美公司构建了"1234+"模式的社会安全管理体系,其主导思想是掌握应

急资源的主动：通过合同约定和定期的核实锁定应急撤离飞机和武装护卫等重要的外部资源；增配卫星网络服务终端 BGAN、对讲机、太阳能电池板等必备内部资源。为避免令出多门、指挥混乱的现象，中油国际拉美公司尽可能地实施扁平化应急指挥体系，实现决策指挥、区域协调、现场执行的最短命令路径，即由地区协调组协调国别应急领导小组、区域应急协调小组和现场工作组三个层面。

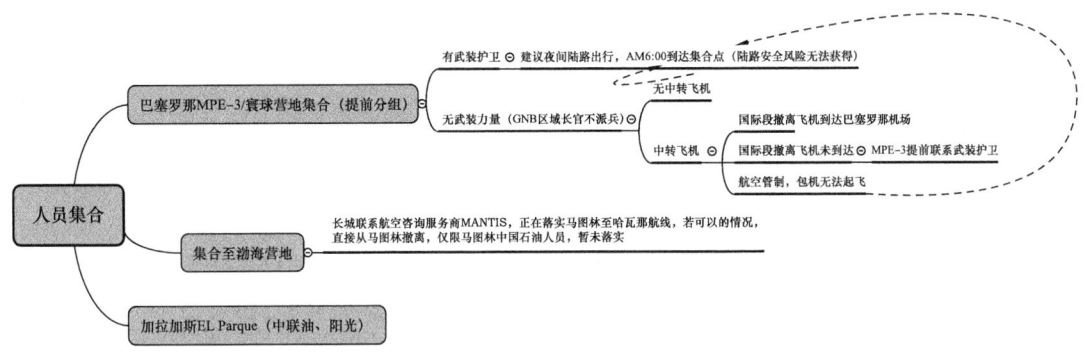

图 3-4-13　应急撤离时人员集合的情景构建

（三）利益攸关方分析，为社会安全重大事件发生的预判提供了新视角，从而为重大决策提供依据

中油国际拉美公司基于利益攸关方分析，做出了几个基本判断：委内瑞拉现政权将继续长期执政（2 年以上）；军事政变成功的可能性较小（30% 以下）；美国军事入侵委内瑞拉的可能性几乎不存在；美国的制裁将长期存在；委内瑞拉经济、政治、社会安全危机短时期不会消除，因此社会骚乱或暴乱事件会频发；反对派很难形成对现政权实质性的威胁。基于以上判断，公司制订了"参与基本管理"的方案，并于 3 月 16 日包机撤离部分中方员工，在检验应急能力的同时，降低风险暴露，稳定员工队伍。

为实现上述"四个提前"，还需要多个渠道获取信息。为此特别指定部门和属地管理单位，每天收集政治、经济、民生、外交、商务等方面的信息，并注意保持与合作伙伴、政府、当地员工、社区的联系，实现提前预警。

中油国际拉美公司成立的资源保障、法律支持、资产保全、通信保障、资金保障、后勤支持、人事支持、生产运行、巴拿马中转支撑多个保证体系，有效推动了体系高效运行。其功能如图 3-4-14 所示。

（四）经济效益

守住中国石油在委利益：公司制订了"撤得出、守得住、回得来、谋发展"的"坚守"决策和"参与合资公司基本管理"的方案。

避免"过度应急"。反对派领导人自命为临时总统后，在委国际油公司纷纷撤离，美国宣布撤侨，中国石油在委 550 名中方人员面临随时撤离的挑战。而基于对各利益攸关

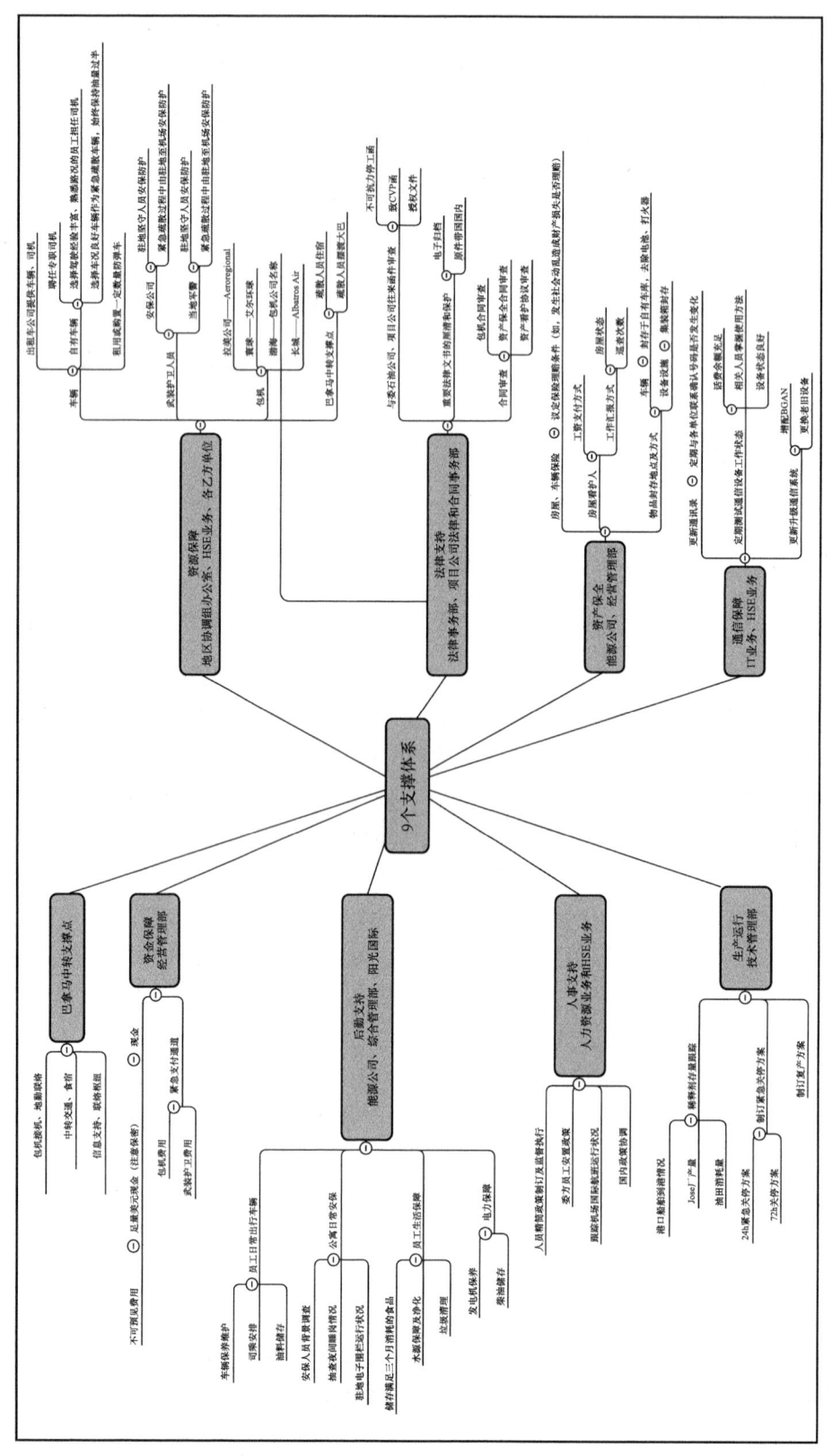

图 3-4-14 应急支撑体系

方诉求和各种可能情景的构建分析，中油国际认为现政权得到军方和底层社会的坚定支持，不会在1年内更迭，外部势力入侵的可能性不足20%。因此，选择了坚守观察。仅此一项，就可节省大量撤离资金。

该体系还成功指导了秘鲁多起自然灾害应急、政治冲突应急、社区冲突，以及厄瓜多尔社区占领油区事件与全国大骚乱等突发事件。相信该方法对于中国石油其他海外项目社会安全具有重要借鉴意义。

第五章

伊拉克哈法亚项目韧性健康卫生保障系统

本章将卫生系统韧性与恩格尔医学模式（生物－心理－社会医学模式）融合起来，将生理因素、心理因素和社会因素综合考虑，形成了符合现代主流医学思想的韧性健康卫生保障系统。国内目前对卫生系统韧性的研究主要限于探讨方面，没有实际具体的应用。韧性是一个抽象的概念，从直观上不好理解，而HSE风险管理的经典模型——领结图（Bow-tie），是分析、可视化和交流复杂的重大事故危害等风险管理关系的常用方法，该模型直观、易于理解且对具体操作有很好的指导作用。

本章创新使用领结图模型将韧性概念具象化，以中国石油在海外欠发达地区作业者项目——中油国际哈法亚项目为例，介绍该油田项目在构建韧性健康卫生保障系统过程中九年多的探索、创新和实践。

第一节 韧性健康卫生保障系统实施背景

哈法亚油田位于伊拉克东南部米桑省，油区内散布着以农耕、放牧、捕鱼为主要生活来源的部落原住民，生活极端贫穷，对油田开发所带来的利益期待过高，社区关系极端复杂，油区内部落武装冲突频发。当地自然环境恶劣，旱季干燥炎热，高温可达55℃，雨季阴冷多雨，洪涝灾害易发。受连年战乱的影响，人民生活水平很低，当地医疗基础设施及其他医疗资源严重受限，社会依托差。

从2010年3月开发生产合同（DPSC）正式生效到2019年3月实现DPSC承诺的高峰产能（日产原油 40×10^4 bbl），中油国际（伊拉克）哈法亚公司在日产原油4000bbl的初始产能基础上，将哈法亚油田的产能提升了整整100倍，实现了DPSC承诺的高峰产量。整个产能建设包括3座油气处理厂、80多个丛式井生产平台和20多条油田内部集输主干线、2座发电厂、2座水厂，1个机场等油田设施。高峰建设期间，油田各类生产作业人员超过7000人。这些人员来自40多个国家，各自的宗教信仰、生活习惯和所在国家的职业健康管理方式差异很大。

如果把镜头从油田产能建设的宏大场面切换到哈法亚油田的紧急医疗救助平台及相关支持性服务，后者实在是"微不足道"。但是，"微不足道"并不影响管理层和HSE团队对后者的高度重视。2010 年项目伊始，中国石油哈法亚项目需要召集高素质的国际化员工，需要引入国际知名的装备供应商，需要让国际知名的项目技术支持团队后顾无忧，这一切都指向哈法亚项目可以提供什么样的医疗保障。2010 年，国际知名医疗服务商对于向哈法亚油田派驻医务人员也存在诸多顾虑，如：安保措施、医疗设备配备、耗材供应、交通运输等。国际知名医疗服务商的集团安保总监通过电话会议、第三方访谈、实地考察等方式对哈法亚油田的安保措施进行了反复确认。经过反复研究、沟通、协商，安保和医疗的最低可行标准很快得以确立，并在中国石油哈法亚项目、伊拉克米桑石油公司、国际知名医疗服务公司等各相关方之间达成共识。经过公开招标，训练有素的高级急救医生于 2011 年 4 月正式进驻哈法亚油田。

在哈法亚项目的高速发展中，HSE 风险实现了精准和有效防控，甲乙方百万工时损工伤害事件率（LTIF）和总可记录事件率（TRIR）呈逐年下降趋势，从 2012 年起始终优于国际油气生产商协会（IOGP）发布的安全绩效数据。HSE 业绩得到了法国道达尔等国际投资伙伴和伊拉克政府的肯定和赞赏，为走出国门的国有企业在 HSE 风险管控方面赢得了良好国际声誉。在中国石油海外板块 2017 年度（首次开展）、2018 年度、2019 年度和 2020 年度 A 类项目 HSE 管理评价中，哈法亚项目连续 4 年蝉联第一。

哈法亚项目在健康卫生方面的 9 年实践和积淀，使其在 2019 年 6 月入围了全球企业"员工关照义务（Duty of Care）"系列奖项的"全球最佳偏远地区韧性奖（The World Best Remote Resilience Award）"短名单，并最终赢得了 10 月颁奖典礼上的压轴大奖"复杂环境杰出健康管理奖（Superior Health Management in Complex Environments）"。2020 年以来新冠疫情持续蔓延，防疫形势严峻复杂，该成果为哈法亚项目疫情防控提供了坚实的保障平台。作为中国石油海外代表性项目，其在健康卫生方面取得的成就得益于一系列的管理创新和实践探索，其成果可以概括为六大方案、三阶救助体系的"6+3 韧性健康卫生保障系统"。

第二节 韧性健康卫生保障系统操作模型

一、健康事件的简化领结图

领结图模型（图 3-5-1）是分析、可视化和交流复杂的重大事故危害风险管理关系的常用方法。

健康风险的主要管理对象是各类健康事件，将韧性作为健康事件管理的重要视角来构建健康卫生保障系统，创建了健康事件领结图（图 3-5-2），为健康事件风险管控提供了简洁、可视化的框架。

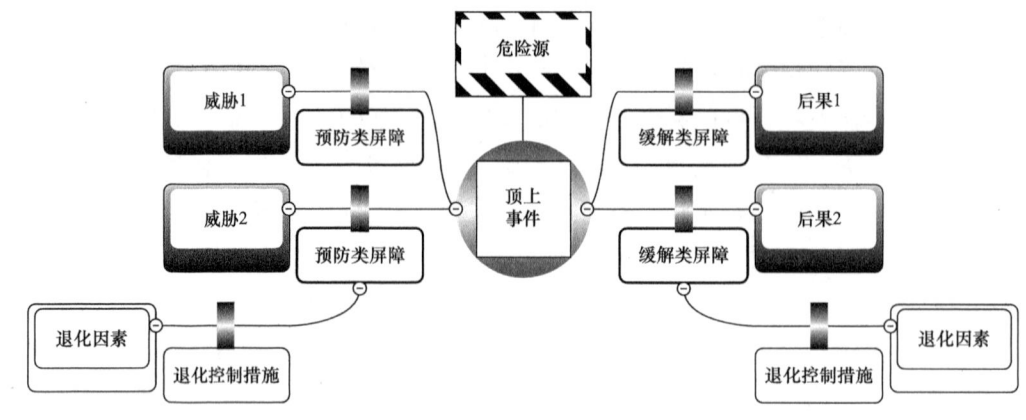

图 3-5-1 领结图模型

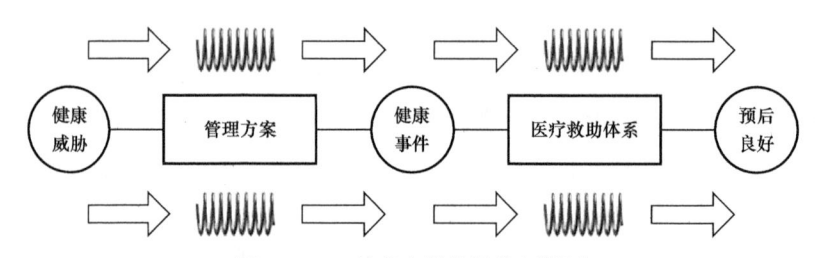

图 3-5-2 健康事件的简化领结图

二、从健康威胁到健康事件——领结图的左侧

根据实践经验,海外项目从健康威胁到健康事件通常有六大通道,分别为:职业禁忌证、心理状况、流行病和传染病、保洁服务、餐饮服务、慢性病和亚健康等。这六大通道逐步演变为务实的六大健康管理方案(图3-5-3)。健康威胁的全面识别和相关方案的有效实施,为油田项目的健康卫生保障系统提供了基本的抗冲击韧性。

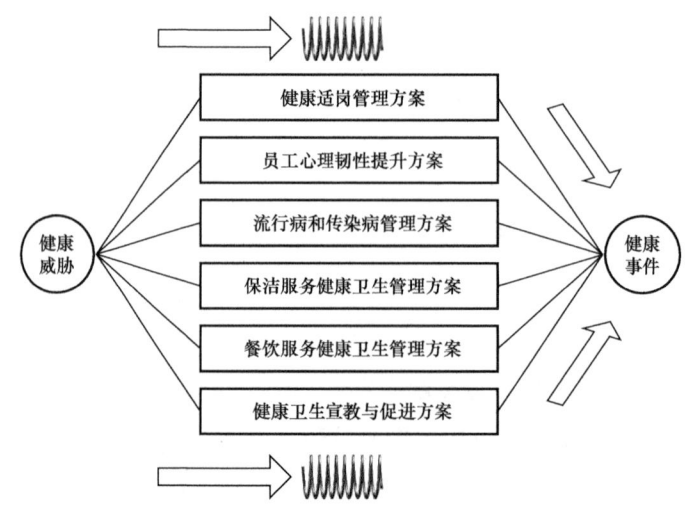

图 3-5-3 阻断健康威胁演变为健康事件的六大方案

三、从健康事件到预后良好——领结图的右侧

根据海外欠发达地区的特点,项目创造性地构建了网格化递阶医疗救助体系。体系中的微型急救站、急救站、健康医疗服务中心、规范化和全球化的医疗健康卫生资源共同作用,呈现出了三种类型的响应韧性。网格化递阶医疗救助体系作为健康卫生保障系统的一部分为该油田项目提供了面对突发冲击或慢性干扰时所要求的响应与恢复能力(图3-5-4)。

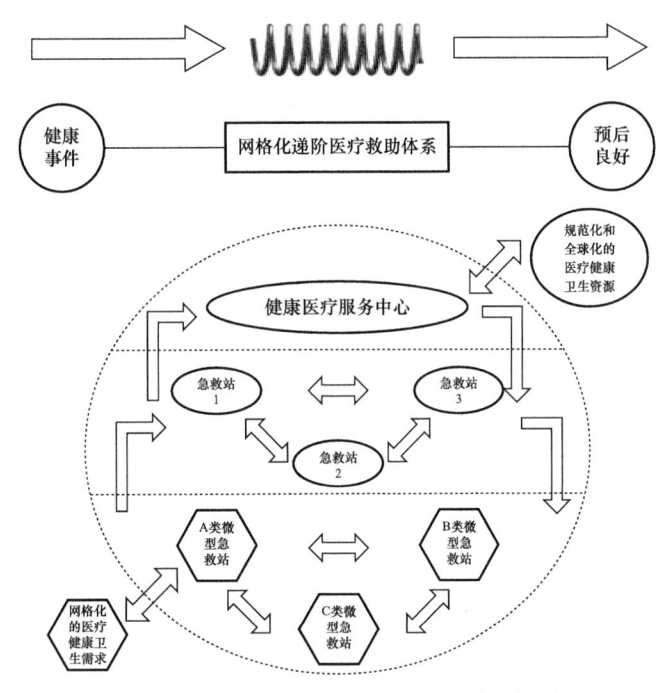

图3-5-4 网格化递阶医疗救助体系:从健康事件到预后良好

四、韧性健康卫生保障系统模型

基于领结图框架模型构建了韧性健康卫生保障系统模型(图3-5-5),由六大方案的"前摄性"和网格化递阶(三阶)医疗救助体系的"应答性"两方面组成。韧性健康卫生保障系统模型的三个阶段见表3-5-1。

表3-5-1 韧性健康卫生保障系统不同阶段的韧性特性及构建

阶段	韧性特性	韧性构建
冲击前	韧性能力	针对健康威胁六大通道的专项方案及其有效实施
冲击中	韧性过程	网格化递阶(三阶)医疗救助体系及其有效实施
冲击后	韧性结果	预后良好,因健康原因亡人为零

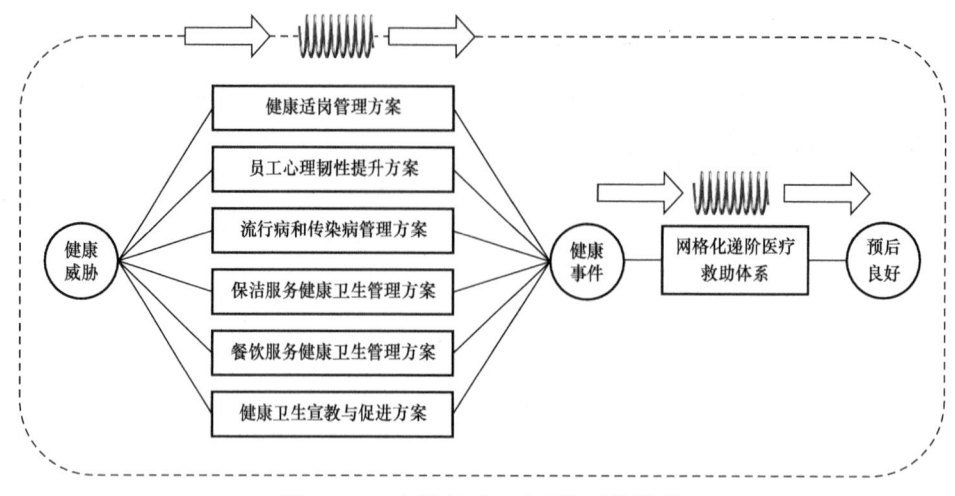

图 3-5-5　韧性健康卫生保障系统模型

第三节　网格化递阶医疗救助体系的创新及实践

一、背景及指导思想

由于社会安全形势和经济发展状况等原因，海外欠发达地区项目在医疗健康卫生方面面临着更多的压力与挑战。经过充分调研分析，哈法亚项目明确油区医疗资源配置和能力建设的核心是院前急救，即油区医疗服务需求和供给的核心均为院前急救。在上述核心的基础上进一步明确了"两个对接"的工作原则：一是对接个体医疗健康卫生需求；二是对接规范化和全球化的医疗健康卫生资源。"两个对接"之间的联结是一个定制的递阶医疗救助系统（体系），其整体指导思想参见图 3-5-6。

图 3-5-6　医疗救助体系创新与实践的指导思想

为了精准有效地识别医疗健康卫生需求和配置医疗健康卫生资源，油田项目将更有弹性的网格化管理应用于油田区域内递阶医疗救助体系，包括医疗健康卫生需求的网格化识别和医疗健康卫生资源的网格化配置两个方面。

二、对接核心需求的油区网格化方法

基于以上指导思想，该油田项目将整个油田分为一类、二类和三类区域，将主营地（人员活动最为密集）定义为一类区域，将油气处理厂（高风险活动最为频繁）定义为二类区域，将油田的其他区域定义为三类区域。同时，按照人员及其活动规律，在上述三类区域内识别了关键网格，如图3-5-7所示。这些关键网格均是相应区域内人员活动较为密集的地点，如一类区域中的办公楼、餐厅、体育馆等，二类区域中油气处理厂的中控室、检维修作业现场等，三类区域中的生产井场、行驶中的车辆等。参考黄金四分钟原则，该油田项目在整个油区内共识别出了一百二十多个关键网格，按照人员及其活动规律，进一步将关键网格分成了A、B、C三类。

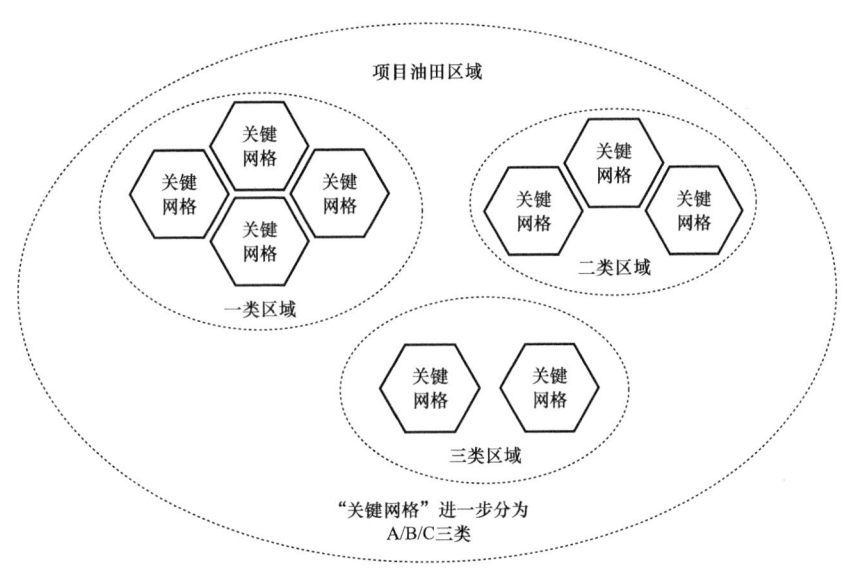

图 3-5-7 油区网格化方法示意图

三、医疗资源网格化配置

一类、二类和三类区域的医疗健康卫生资源完备程度由高到底，覆盖范围由大到小。在一类区域内设置了油田健康医疗服务中心，配置了高级急救医生、高级急救员、较为完备的医疗设备、救护车等。健康医疗服务中心对油田内的医疗健康卫生资源进行统一调配，服务中心的高级急救医生是油田现场医疗救助体系的总指挥；在二类区域内设置了急救站，配置了急救医生、必要的医疗设备、救护车等。在一类、二类、三类区域内的关键网格均设置微型急救站，作为油田健康医疗服务中心和急救站的补充，以充分和有效对接核心需求——院前急救。

按照场所特点、人员分布及其活动规律，该油田项目将一百二十多个关键网格进一步分成了A、B、C三类：A类关键网格（如办公楼、食堂、体育馆、维修车间、机场等）共计43个，在A类关键网格内的合适地点配置了自动除颤仪（AED）和急救箱；B类关键网格（在A类关键网格未覆盖区域，基于现场安全员的建议）共计12个，在B类关键网格内的合适地点配置急救箱。以上55个急救物资安放点与在该区域内工作的兼职急救员，构成了43个A类微型急救站和12个B类微型急救站。同时，每一辆车被定义为1

个 C 类关键网格，配备了车载急救包，车载急救包与该车司机（兼职急救员）构成 C 类微型急救站。

在整个油田区域内，员工兼职急救员的比例均达到 30% 以上，这是实施医疗健康资源网格化配置的人员基础。油区内的兼职急救员取得了由美国心脏协会认证的基础急救知识和技能培训证书，掌握了包含人工呼吸、胸外按压、使用自动除颤仪等基础生命支持技能。兼职急救员让医疗救助网络（体系）的触角真正深入油田现场的每一个角落，确保在每一个生命攸关的关键时刻，员工都能得到及时规范的应急医疗救助。同时，油田 100% 的专业消防队员取得了由英国爱丁堡皇家外科学院认证的救援人员培训证书。分布在不同网格内的兼职急救员与高级急救员和高级急救医生相互联结和配合，使得该油田项目网格化的医疗救助体系更加牢靠。以上举措是相当多的油田现场和其他工作场所缺失的。

四、递阶医疗救助体系

油田区域内精心设置的 A/B/C 类微型急救站（数量超过 120 个，随人员规模变化而变化）、3 个急救站和 1 个油田健康医疗服务中心，提供的医疗健康卫生资源越来越完备，同时由油田健康医疗服务中心可延伸至资源国境外规范化和全球化的医疗机构，构成了该油田项目完整的递阶医疗救助体系。递阶医疗救助体系的三阶层级结构如图 3-5-8 所示，其三阶运行机制如图 3-5-9 所示。

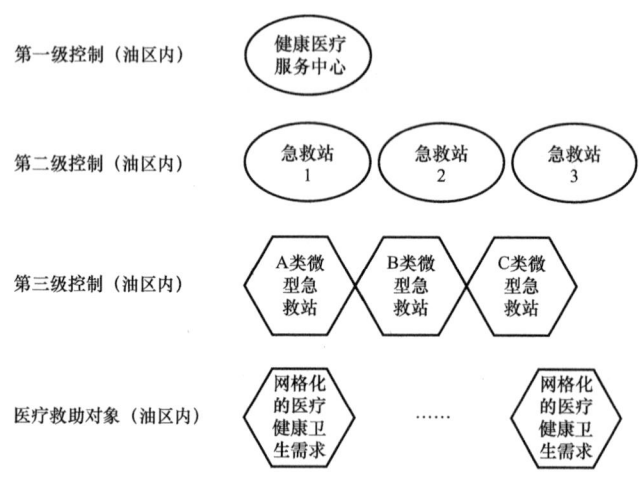

图 3-5-8 递阶医疗救助体系层级结构示意图

每一个微型急救站都张贴了 A3 纸大小的详细医疗救助流程图，可从具体的关键网格指向特定的急救站或油区健康医疗服务中心。通过油田内部机场，健康医疗服务中心对接规范化和全球化的医疗健康卫生资源。递阶医疗救助体系的高效运转，还得益于项目管理层和项目 HSE 团队的强力支持和配合。定期和不定期的实战演练以及基于演练和实战（图 3-5-10 和图 3-5-11）的优化，也使得该油田项目的递阶（三阶）医疗救助体系更加务实高效。

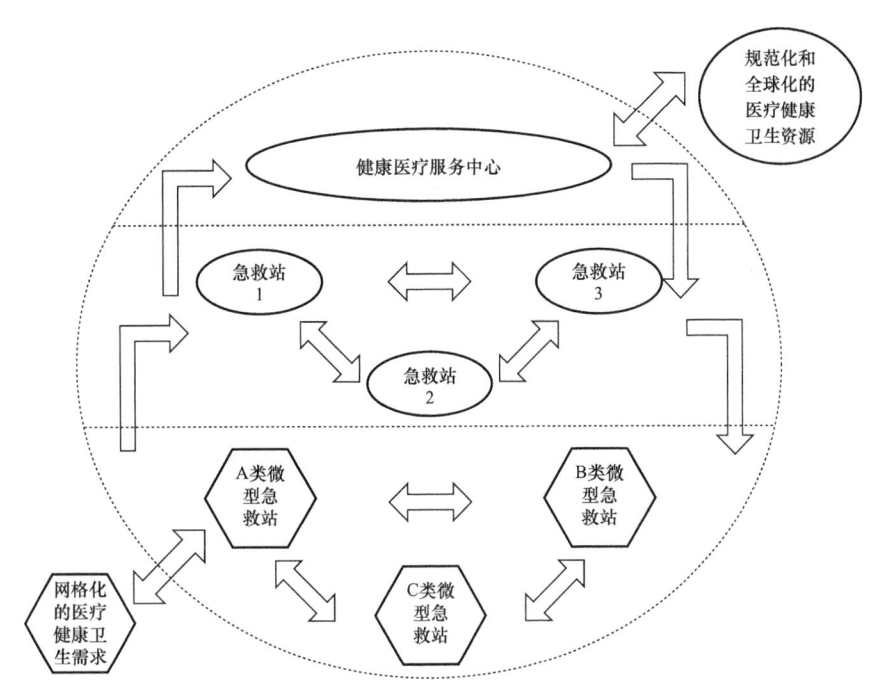

图 3-5-9 递阶医疗救助体系运行机制示意图

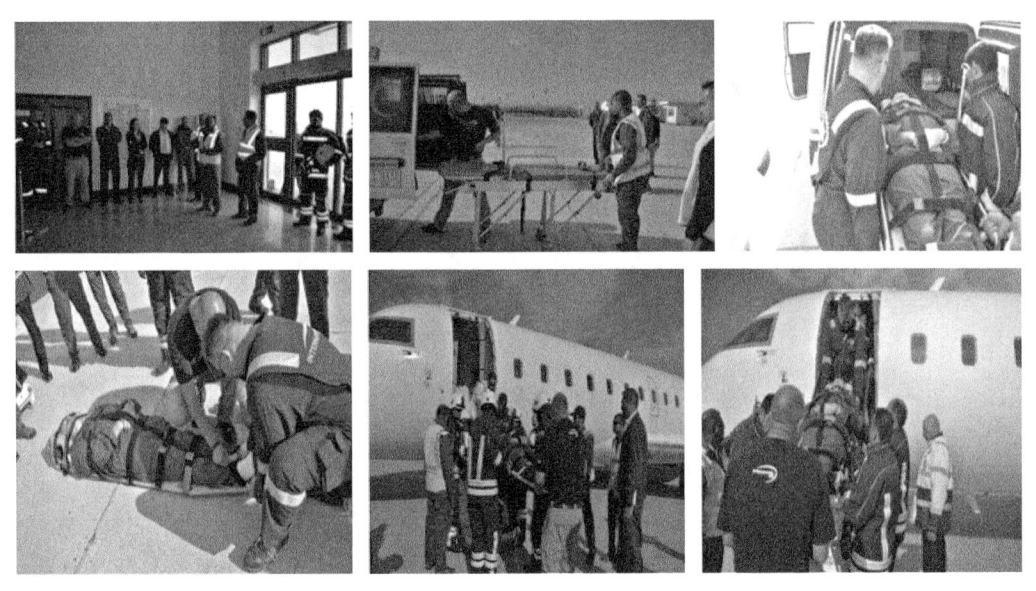

图 3-5-10 油田现场医疗转运应急实战演练

基于网格的递阶医疗救助体系，优化了急救半径，增强了医疗救助体系的韧性。网格化递阶（三阶）医疗救助体系在油田项目有效运行近十年来，为发生在油田现场的 28 例（甲乙方）突发急症提供了第一时间的医疗干预和救助，通过空中救护车或商务航班与境外技术规范和先进的医疗资源对接，成功挽救了员工（含承包商）生命或者为其预后良好打下了坚实基础，充分诠释了该油田项目作业者如何努力践行对员工的关照义务。

图 3-5-11　油田承包商员工空中救护车转运

第四节　员工健康适岗管理框架的探索及实践

一、工作区域和职业性有害因素

油田项目扩展了常规"工作区域"的概念（图 3-5-12），充分考虑了海外欠发达地区的自然环境条件、社会安全形势、医疗卫生基础设施等因素，如是否存在全科医疗，是否存在规范化的急诊服务，是否可以取得有保障的处方药品等。即在扩展的"工作区域"中，油田项目将所在地区自然环境和社会环境中的健康威胁、健康风险升级因素等也予以充分考虑。

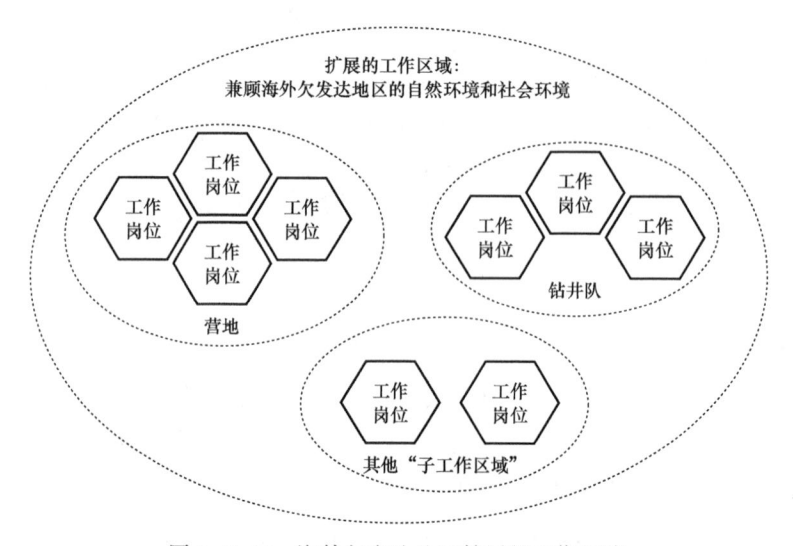

图 3-5-12　海外欠发达地区扩展的工作区域

油田项目将扩展的工作区域进一步划分为若干"子工作区域",包括医疗条件和后勤支持相对完善的营地、医疗条件和后勤支持相对薄弱的钻井队等,并列出每个"子工作区域"中的"工作岗位",如图 3-5-12 所示。针对特定"子工作区域"中的每个"工作岗位",识别出相应职业性有害因素,进而汇总出"子工作区域"以及整个"扩展的工作区域"中的职业性有害因素清单,形成海外项目职业性有害因素扩展清单,并进行相应的健康风险评估。

二、职业性有害因素的控制框架

(一)职业健康安全语境中的危险基本单元模型(一)

通常,职业性有害因素(能量和危险物质类)危险程度的高低或危险性的大小,需要结合"职业性有害因素的固有危险性及其数量(如特定有毒有害气体及其浓度)""控制措施(技术类和管理类)""保护对象(工作岗位)"和"情景或背景(外部影响因素)"等进行综合衡量。职业健康安全语境中的危险基本单元模型(一)如图 3-5-13 所示。

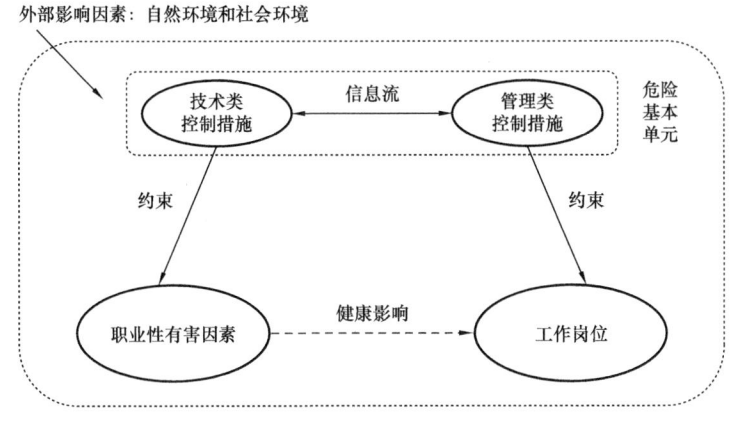

图 3-5-13 职业健康安全语境中的危险基本单元模型(一)

图 3-5-13 中的"健康影响"需要进行健康风险评估。健康风险评估需要首先进行每一种"职业性有害因素"和每一个"工作岗位"之间的配对,这是我们将图 3-5-13 命名为"危险基本单元"的重要原因。图 3-5-13 中"控制措施"的有效性决定了健康风险的最终水平(剩余风险)。

(二)职业健康安全语境中的危险基本单元模型(二)

同一工作岗位的人员,其健康状况可能差异(健康异质性)很大,可能有不同的职业禁忌证。因此,在危险基本单元模型中仅将"工作岗位"作为"保护对象"显然是不够的。

一个工作岗位可能既是需要受到保护的对象,也是"管理类控制措施"的执行者和"技术类控制措施"的操控者,需要满足实施"控制措施"的要求。因此,"具体工作岗位人员"的职业禁忌证需要同时考虑"职业性有害因素"和"控制措施"对特定"工作岗位"的要求,如图 3-5-14 所示。

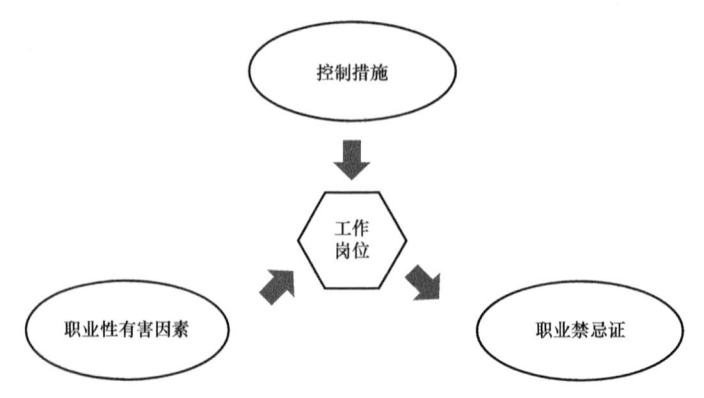

图 3-5-14 职业禁忌证的确定因素

因此,我们需要将"具体工作岗位人员"取代图 3-5-13 中的"工作岗位",并引入职业禁忌证的因素,建立如图 3-5-15 所示的修正模型——职业健康安全语境中的危险基本单元模型(二)。当作为保护对象的具体工作岗位人员有某种职业禁忌证时,职业性有害因素的健康影响会更严重。

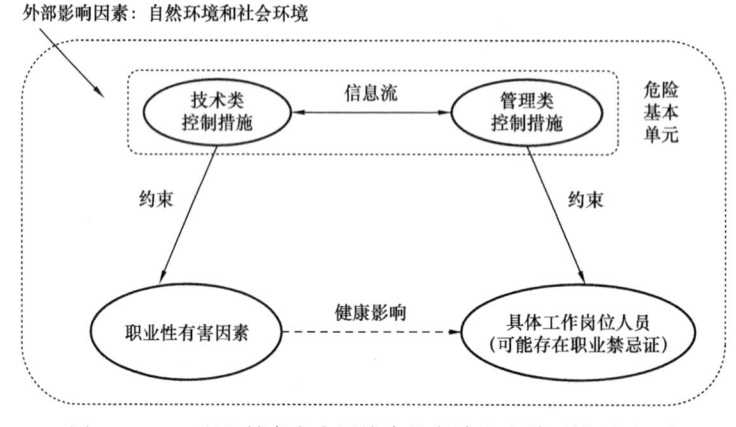

图 3-5-15 职业健康安全语境中的危险基本单元模型(二)

(三)职业禁忌证扩展清单

在常规职业禁忌证的基础上,该油田项目将工作人员的身体和心理状况不适合海外欠发达地区自然环境和社会环境中的相关因素予以充分考虑,并结合海外项目职业性有害因素扩展清单,形成欠发达地区海外项目职业禁忌证扩展清单。该清单将 42 类工作岗位的常规职业禁忌证清单扩展为包括 16 大类、82 小类身体状况的清单。例如 1 型糖尿病,由于该病往往发病较急,控制不好危及生命,且需要终身注射外来胰岛素治疗,胰岛素需冷链运输并冷藏保存。结合了自然环境和社会环境的职业禁忌证扩展清单适用于海外欠发达地区的企业或项目更全面地管控员工的健康风险。

三、健康适岗管理框架模型及其实践

（一）健康适岗管理框架模型

该油田项目应用危险基本单元模型，探索了一种基于职业性有害因素扩展清单和职业禁忌证扩展清单的健康适岗管理框架模型。该框架模型融合了上岗、转岗、返岗、在岗和离岗等健康适岗管理的关键节点（图3-5-16），并对员工健康适岗情况实施动态评估和管理。如前文所述，该油田项目健康适岗评估和管理充分考虑了工作岗位要求中对职业性有害因素控制措施的要求。

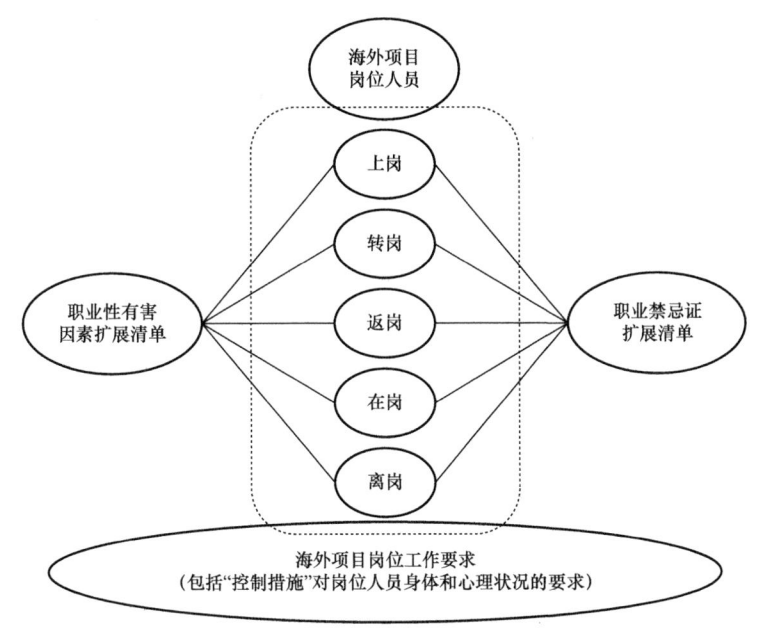

图 3-5-16　健康适岗管理框架模型

在上述框架模型下，该油田项目将职业禁忌证与健康适岗管理结合起来，赋予健康适岗三重含义：一是选聘的海外项目人员不能有法定的"职业禁忌证"；二是选聘的海外项目人员不能有扩展的职业禁忌证；三是在岗项目人员的身体和心理状况需要满足岗位工作要求（包括职业性有害因素控制措施的要求等）。

（二）健康适岗管理实践

该油田项目基于职业禁忌证扩展清单及动态评估管理方法，编制了健康适岗管理方案。自该方案实施以来，先后对两千多人在上岗、转岗、返岗、在岗（年度）、离岗等关键节点进行了健康适岗评估（图3-5-17），并依据评估结果采取了相应的健康风险应对措施。其中5名应聘人员因健康不适岗在招聘过程未被雇佣；2名在职人员因健康不适岗转任其他岗位；52名临时健康不适岗的在职人员在接受治疗后顺利返岗。该方案的实施还帮助超过200名在职人员发现自己未知或未控制的疾病，并得到及时干预和治疗。同时，该项目通过专业心理咨询人员成功干预了 7 个心理危机事件，相关员工均在心理状况满足岗位要求后返岗。

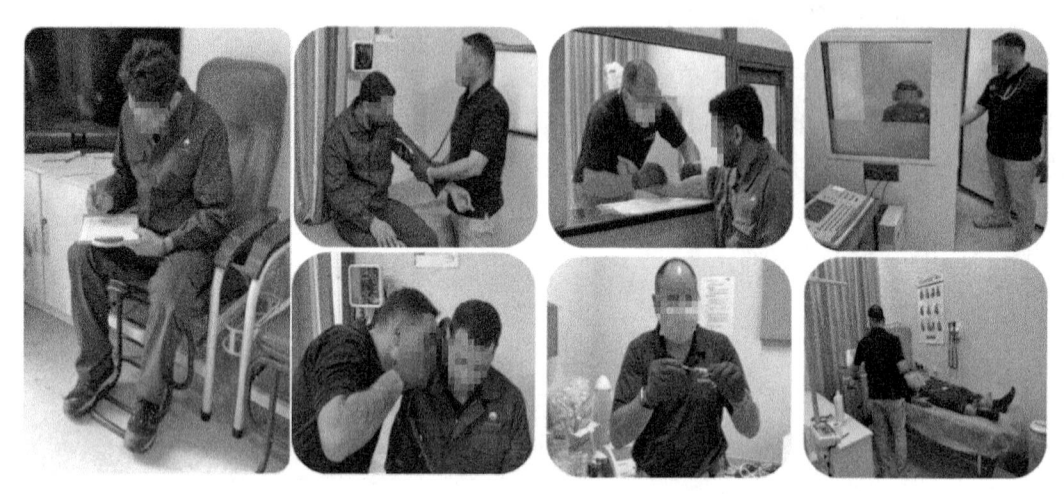

图 3-5-17　员工在油田健康与医疗服务中心接受健康适岗评估

健康适岗关注工作人员对于工作岗位和工作环境的健康适应性（身体适应性和心理适应性）。海外项目职业性有害因素扩展清单和职业禁忌证扩展清单是有效管控海外项目人员健康"脆弱性"和职业健康安全事件，进而保障海外项目人员职业健康安全的基础。危险基本单元模型是搭建基于两个扩展清单的健康适岗管理框架的有效工具。

第五节　员工心理韧性提升方案及实践

一、背景及指导思想

心理韧性的概念大致分为三类：一是个体应对压力、挫折、创伤等消极生活事件的能力或特质；二是个体经历困境后产生的积极适应的结果；三是压力、逆境等危险性因素与个体保护性因子的动态交互作用过程。

心理韧性因素——过程整合模型如图 3-5-18 所示。

目前海外项目大部分在欠发达或发展中地区，这些国家普遍工作、生活条件艰苦，多发自然灾害、政局不稳定。外派人员的心理健康与否会严重影响个人的正常生活和项目目标的实现。人身安全、文化冲突、工作压力、社会支持这四个方面是影响外派人员心理健康的主要因素。心理韧性指人们在面对丧失、困难或逆境时的有效应对和适应。

哈法亚项目在构建韧性健康卫生保障系统时，将心理健康问题识别为项目主要的健康威胁之一，遵循"三级预防实现心理健康服务全覆盖（心理健康人群、有心理行为问题困扰和心理疾病的人群、心理危机中的人群和精神疾病患者）"的原则，探索建立了一套项目特有的心理韧性提升方案。

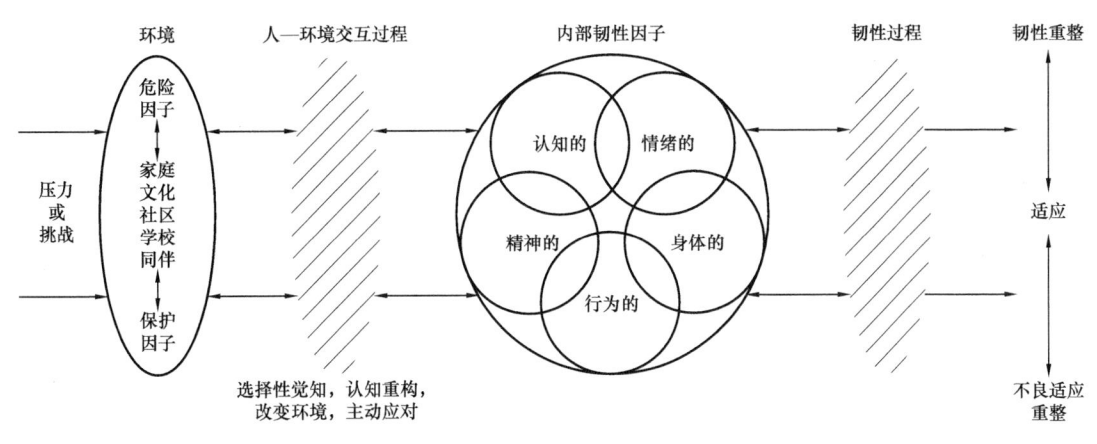

图 3-5-18 心理韧性因素——过程整合模型

二、心理韧性提升方案一

方案采用国际最新量表，通过主动调研测评识别心理健康问题，制订针对性强的心理健康问题防控方案。

（一）心理健康与"工作-家庭增益"调研

近些年，国外关于"工作-家庭增益"的研究呈指数型增长，国内相关研究基本处于起始阶段。对于海外派驻员工则没有任何相关研究。结合国际前端研究成果和海外派驻员工特点，哈法亚项目与国际 SOS、中科院、华中师范大学等机构和高校共同探讨相关研究方向，确定工作-家庭增益量表，发放问卷 382 份，有效问卷 300 份，需追踪访谈 70 人次，占比 23%，高于平均水平。使用 SPSS 数据分析软件进行相关分析及归因分析，工作-家庭增益与心理健康之间有着非常紧密的联系，这与员工海外派驻的工作性质有很大关系，增进工作-家庭增益将是后期工作开展的重点，关注员工在亲密关系、亲子教育、家庭问题等方面的问题，帮助员工提升关系敏感度与家庭参与度，增加员工幸福感。

（二）职业疲劳调研

职业疲倦是指对工作内容本身和工作环境失去激情、兴趣，产生无法克服的心理倦怠，强烈地希望逃避工作现状。据美国研究机构调查：每年因员工心理压抑给美国公司造成的经济损失高达 3050 亿美元，超过 500 家大公司税后利润的 5 倍。而在中国，据业内人士估计：职业压力带给企业的损失每年至少在亿元人民币以上。职业疲劳调研采用了两套目前国际上最新的疲劳量表"疲劳蓄积量表"与"三维工作疲劳量表"，开展职业疲劳调研。共回收有效问卷 353 份，全员疲劳蓄积占比 35.69%，处于国际平均水平。经过数据对比，两套量表相关性高度一致，两套量表在翻译与施测中的信度效度较高。与医疗部门数据（同年度员工就诊人次占全员的 38.83%）对比，两组数据相关度非常高，职业疲劳与身体健康存在高度相关性。哈法亚员工职业疲劳处于中等水平，但在各部门中存在一定差异性，这是对一些重点部门进行针对性职业疲劳缓解推广工作的依据。

三、心理韧性提升方案二

在油田二、三期产能建设的攻坚阶段，分别向施工现场派驻了心理咨询师，通过讲座、咨询、帮辅等形式对现场员工进行情绪疏导，并通过心理学方法增强了员工的安全意识、推动了现场安全管理提升。具体内容包含 7×24h 预约/紧急事件干预热线；电话/面对面咨询；个案管理与跟踪；心理咨询项目宣讲与推广；心理培训工作坊；心理测评及追踪等。以哈法亚油田三期产能建设为例，心理服务覆盖了两千多名员工及其直系亲属，组织的活动包括：危机事件跟踪处理 5 件、8 人次，其中应激事件 5 人次，心理异常 3 人次，均已结案；共发放两千余张联络卡、发送 6 期电子快报并印制 300 份进行宣传普及；开展 4 场《心灵工作坊》专题心理讲座，参与员工 510 人次，涉及现场 25.5% 的员工；针对现场 HSE 人员开展心理急救培训，共 22 人参加；共有 1001 名员工使用了心理测评，测评后追踪 51 人次，均无严重心理问题；员工共使用 165.5h、145 人次的心理咨询服务，推算咨询年度使用率为 14.5%，处于国际标准水平（5%~15%）；现场走访员工 116 人次。

第六节 公共卫生和环境卫生类健康威胁的管理方案及实践

一、流行病和传染病管理方案及实施

在可依托医疗资源匮乏的欠发达地区，如何应对突发流行病挑战巨大。为此油田项目与全球领先的医疗服务机构合作，及时获取最新流行病预警信息，同时结合项目实际，编制了流行病应对预案，对流行病危机管理团队、信息交流、筛查隔离、减少流行病在员工中传播、保障员工健康、管理已感染员工、防护服配备、旅行管理等方面进行了明确；同时编制了简单明了的宣传挂图以便员工快速掌握。除了流行病，传染病也是欠发达地区员工健康的严重威胁。油田项目识别出季节性流感、麻疹、流行性腮腺炎等 13 种可能出现的传染病，依托专业机构梳理出了这 13 种传染病的资料包，包含了每种传染病的预防措施、应对方案、检查清单及各种宣传挂图等。

二、保洁服务健康卫生管理方案及实施

欠发达地区保洁服务健康卫生管理对项目来说是巨大挑战。油田项目结合现场实际，发布了"保洁服务健康与卫生管理规范"，对保洁服务承包商开展一对一的持续帮扶，同时也建立了高效务实的监督检查机制。坚持每 1~2 周对所有住宿区及办公场所开展系统

的保洁服务量化检查，对于检查发现的问题，逐一与承包商确认并制订整改计划，有效保证了员工生活与办公场所的清洁卫生，保证了员工健康。

三、餐饮服务健康卫生管理方案及实施

欠发达地区由于经济落后，餐饮服务从业人员文化水平较低，规范化培训缺失。餐饮服务健康卫生管理对项目来说同样存在巨大挑战。项目伊始，便将餐饮服务识别为健康威胁之一。为保障员工健康，该油田项目结合现场实际，发布了"餐饮服务健康与卫生管理规范"，对餐饮服务承包商开展一对一的持续帮扶，培训内容包含了食品烹饪控制、食品解冻安全、食品冷藏安全、清洁与消毒、食品加工人员个人卫生控制、害虫控制、厨余垃圾管理与处置、饮用水水质要求及监测等，同时也建立了高效务实的监督检查机制。坚持每1~2周对所有餐饮服务活动和场所开展系统的卫生量化检查，对于检查发现的问题，逐一与承包商确认并制订整改计划。与此同时，还聘请第三方专业人员，依据国际上认可和接受的食品安全保证体系（HACCP）开展专业食品安全审核，审核将餐饮安全管理细化为18大类、649项具体要求，细致而具体地向餐饮承包商提出了需要整改的问题。

四、健康卫生宣教与促进方案及实施

哈法亚项目在健康卫生宣教与促进方面的努力主要包括：

（1）编制了"现场医疗与健康服务指南"，并印刷成册发放到现场员工及来访者手中。

（2）通过公司内部邮件系统发布健康卫生提示，在员工宿舍、办公室、餐厅等公共场所张贴健康知识海报。

（3）自2016年10月开始，固定于每周五针对中外方员工分别开展中英文健康讲座。

截至2020年年底，通过电子邮件形式面向公司全体员工，发送健康卫生宣传资料共计227次，分别对中方和外籍员工，举行中英文健康讲座共计187次，累计2186人次参加。此外，2020年，针对突如其来的新冠疫情，组织编写各类疫情防控相关宣传、培训材料30余类，面向全体项目中外方员工、承包商员工和油田附近社区民众组织相关培训107次，3025人次参加。

哈法亚项目健康教育的主题选择来自3个方面：

（1）通过员工的年度健康体检，根据发现较多的健康问题，有针对性地对这些问题进行讲解。如血压异常、幽门螺旋杆菌感染、心电图异常等。

（2）通过健康教育主题问卷调查，由员工选择出感兴趣和关心的主题进行健康教育。如合理运动、肩颈痛、体检报告解读、睡眠呼吸暂停综合征等。

（3）医疗人员根据世界卫生组织推荐的健康主题和当前流行或出现的健康问题进行健康教育。如世界无烟日、世界心脏日、世界手卫生日等。

持续开展的健康卫生宣传教育，及时普及了全员医疗卫生基本知识，有效提升员工健康卫生意识。

第七节　韧性健康卫生保障系统的实施效果

健康威胁的全面识别，相关专项方案的有效实施，以及务实高效的网格化递阶（三阶）医疗救助体系，为该油田项目的健康卫生保障系统提供了牢靠的抗冲击韧性。韧性健康卫生保障系统的构建，实现了在项目高速发展中对健康风险的精准和有效防控，项目在高速发展过程中未发生因健康原因导致的亡人事件和预后不良情况，充分诠释了中国石油作为油田项目作业者努力践行对员工的关照义务。

在中油国际 2017 年度（首次开展）、2018 年度、2019 年度和 2020 年度 22 个 A 类项目 HSE 管理评价中，哈法亚项目连续 4 年蝉联第一。2017 年 12 月，哈法亚项目的健康安全管理体系获得了由法国船级社颁发并由英国皇家认可委员会（UKAS）认可的 OHSAS 18001：2007 认证证书，2020 年 12 月证书更新为 ISO 45001：2018。

同时，哈法亚项目良好的 HSE 业绩得到了法国道达尔（TOTAL）等国际投资伙伴和伊拉克政府的肯定和赞赏，为走出国门的国有企业在 HSE 风险管控方面赢得了良好国际声誉。

2019 年，该油田项目在健康医疗卫生方面的多年实践和积淀使其在 6 月入围 2019 年度全球企业"员工关照义务（Duty of Care）"系列奖项的"全球最佳偏远地区韧性奖（The World Best Remote Resilience Award）"短名单，并赢得 10 月颁奖典礼上的压轴大奖"复杂环境杰出健康管理奖（Superior Health Management in Complex Environments）"。

2020 年以来新冠疫情持续蔓延，防疫形势严峻复杂，该成果为哈法亚项目疫情防控提供了坚实的保障平台，实现了油田现场上千名中方人员零感染。

经过 9 年多的探索，构建海外项目韧性健康卫生保障系统的创新成果，获得了实践验证，取得了良好的实施效果，值得向其他海外项目推广。但是，探索和实践无止境，海外项目健康卫生保障系统是个永恒的话题。未来将结合生产实践和理论发展，继续将人们对上述问题的认知推向更深层次。

第六章

尼贝管道项目安全管理创新实践

第一节 执法记录仪对不安全行为规避的实证研究

海因里希在对55万件事故统计分析中得出，人的不安全行为引起了88%的事故；美国杜邦公司的统计结果表明，96%的事故是由于人的不安全行为引起的；美国安全理事会的统计结果是90%的安全事故是由于人的不安全行为引起的结论；日本厚生劳动省的统计结果是94%的事故与不安全行为有关；我国的研究结果表明85%的事故由于人的不安全行为引起。

这些数字表明，人的不安全行为至关重要，必须使安全的行为变成日常习惯，才能享受安全。HSE工作者深刻认识到目前的安全环保管理总体上还处于严格监管阶段的实际，应重点从消除员工不安全行为的角度强化员工HSE管理。

执法记录仪多用于国家执法人员的执法过程监控或行车过程中司机的自我安全保护。本节重点讨论执法记录仪对施工现场员工作业活动的安全监管作用。

一、行为安全方法（BBS，Behavior-Based Safety）

海因里希统计了55万件机械事故，其中死亡、重伤事故1666件，轻伤48334件，其余则为无伤害事故。从而得出一个重要结论，即在机械事故中，死亡、重伤、轻伤和无伤害事故的比例为1∶29∶300，国际上把这一法则叫事故法则（安全金字塔法则）。这个法则说明，在机械生产过程中，每发生330起意外事件，有300件未产生人员伤害，29件造成人员轻伤，1件导致重伤或死亡。对于不同的生产过程，不同类型的事故，上述比例关系不一定完全相同。但这个统计规律说明了，在进行同一项活动中，无数次意外事件，必然导致重大伤亡事故的发生。而要防止重大事故的发生则必须减少和消除无伤害事故，要重视事故的苗头和未遂事故，否则终会酿成大祸。

对于以动作原因为研究对象的行为安全科学而言，国外的研究起步较早，而在国际上普遍研究和使用的是行为安全方法（Behavior-Based Safety，BBS）。此方法可以简单描述为，在优秀的安全文化支撑之下，由安全检查人员或者作业人员轮流作为行为观察者，观察其他作业人员的操作方式，统计分析作业行为总数、安全行为的次数、不安全行为的次数，计算安全行为占比（安全指数），鼓励、表彰安全行为指数高的作业人员，带动安全行为指数低的作业人员，提高行为安全指数，逐步减少不安全动作，达到预防事故的目的。BBS 最初在欧美于 1979 年由英国 Gene Earnest 和 Jim Palmer 正式提出并得到推广应用。自从 19 世纪 70 年代日本 Komaki 第一次使用 BBS 以来，无论是在行为安全学术界，还是在企业管理应用层面，都引起了很大反响并掀起科研热潮。目前，以美国为首的世界各国对行为安全均有比较深入的研究，美国的剑桥行为研究中心（The Cambridge Center for Behavioral Studies）属于 BBS 管理方向研究比较权威而且深入的组织机构。

二、研究所用执法记录仪简介

本研究所用的执法记录仪性能为：商品毛重 150.00g，商品产地中国，拍摄角度 150°～169°，操作方式为按键，屏幕尺寸 2.0in，分辨率 1440P，功能为夜视加强，安装方式为通用单镜头。

该记录仪还拥有高清红外夜视，在全黑的夜晚条件下，通过照片合成处理，可以得到与白天相同的 4000 万高清像素，捕捉有价值的信息。155°大广角，可以得到更多的画面内容。持续供电 8h，IP67 防尘、防水等级，具有防摔功能。

三、执法记录仪应用研究

（一）实验对象介绍

该研究选择某施工现场 44 名员工为研究对象，每 22 名员工为一个工作班组，分为两个班组（A 组和 B 组）。两个班组 22 名员工的工作岗位完全相同，白天和夜间工作时间完全一样，年龄、受教育程度、本岗位工作年限及国籍分布基本一致，实验期限为 285d。

（二）执法记录仪监测范围

通过作业条件危险性评价法（LEC）安全风险评估，管道 3 号泵站高风险作业主要有 20 项（表 3-6-1），根据中国石油安全管理规定，A、B 组员工在进行这 20 项工作时，使用工作安全分析（JSA）和作业许可（PTW）管理工具，选取 300d 内 A、B 两组员工在这 20 项相同的工作内容和工作量的检测作为研究和分析对象。

（三）实验方法介绍

在 2021 年 5 月 1 日到 2022 年 3 月 16 日期间，为上述施工现场的 A 组员工在从事上述 20 项工作时佩戴执法记录仪，同时根据业务实际使用安全工作分析（JSA）和作业许可（PTW）；B 组员工在从事上述 20 项目工作时仅使用安全工作分析（JSA）和作业许可

（PTW），不使用执法记录仪。然后在285d的时间范围内，在从两组中选取每天相同时间内相同时间跨度的同一工作内容作为两组行为安全监测的研究对象（表3-6-2）。

表3-6-1 甲场所高风险工作列表

序号	1	2	3	4	5	6	7	8	9	10
工作类型	装卸柴油罐操作	施工挖掘作业	焊接作业	试压作业	放射性测试操作	回填掩埋作业	高空作业	受限空间作业	吊装作业	化学品操作作业
序号	11	12	13	14	15	16	17	18	19	20
工作类型	低压带电设施维护	临时用电	在线设施维护	高压带电设施的检查与维护	主要设备设施功能检测	夜间或危险场所作业	其他非日常工作	工具及计量系统检测	第三方作业	流量设施标定

表3-6-2 285d内AB两组高的风险工作执法记录仪监测研究对象频次统计

序号	1	2	3	4	5	6	7	8	9	10
工作类型	装卸柴油罐操作	施工挖掘作业	焊接作业	试压作业	放射性测试操作	回填掩埋作业	高空作业	受限空间作业	吊装作业	化学品操作作业
频次，次	35	46	53	78	25	46	35	37	56	78
序号	11	12	13	14	15	16	17	18	19	20
工作类型	低压带电设施维护	临时用电	在线设施维护	高压带电设施的检查与维护	主要设备设施功能检测	夜间或危险场所作业	其他非日常工作	工具及计量系统检测	第三方作业	流量设施标定
频次，次	53	31	20	18	80	75	29	47	68	12

四、实证结果输出

（一）概念介绍

1. 不安全行为

不安全行为是人表现出来的，与人的心理特征相违背的非正常行为，其中包括：

（1）有意识不安全行为。

有意识不安全行为指有目的、有意识、明知故犯的不安全行为，其特点是不按客观规律办事，不尊重科学，不重视安全。有意识不安全行为的动机是两方面原因共同结合的产物：对行为后果价值过分追求的动力和对自己行为能力的盲目自信，造成行为风险估量的错误；由于个人安全文化素质较低（即行为者缺乏安全行为的自觉性），再加之企业没有建设起较强的安全文化（即企业群体缺乏对不安全行为的约束力），使行为者的不安全行为动机不能得到有力的校正。

（2）无意识不安全行为。

无意识不安全行为是指行为者在行为时不知道行为的危险性；或者没有掌握该项作业的安全技术，不能正确地进行安全操作；或者行为者由于外界的干扰而采用错误的违章违纪作业；或者由于行为者出现生理及心理的偶然波动破坏了其正常行为的能力而出现危险性操作等。显然，无意识不安全行为属于人的失误，按产生失误的根源可以将其分为两种：一种是随机失误，另一种是系统失误。

2. 违章行为与违法行为

违章行为一般指超出规定范围的，具有影响或潜在影响正常秩序的行为。违法行为是指违反国家现行法律规定，危害法律所保护的社会关系的行为。

3. 未遂事故（险兆事件）

未遂事故（Near Accidents）是指由设备和人为差错等诱发产生的有可能造成事故，但由于人或其他保护装置等原因，未造成职工伤亡或财物损失的事件。未遂事故一般又称为准事故或险兆事件。

4. 事故

事故一般是指生产生活中造成死亡、疾病、伤害、损坏或者其他损失的意外情况。

（二）执法记录监测结果输出

通过执法记录仪监测，在监测的285d内，A、B组两组员工都存在不安全行为，其中A组员工累计发现不安全行为163起，B组员工累计发现不安全行为205起；随着监测时间的推进和泵站HSE管理工作的不断提升，A、B两组员工的不安全行为均呈下降趋势（表3-6-3）。

表3-6-3 A组与B组不安全行为结果输出

月份	A组（使用执法记录仪）	B组（不使用执法记录仪）
2021年5月	22	31
2021年6月	19	23
2021年7月	19	24
2021年8月	20	20
2021年9月	18	19
2021年10月	16	18
2021年11月	16	19
2021年12月	15	13

续表

月份	A组（使用执法记录仪）	B组（不使用执法记录仪）
2022年1月	8	12
2022年2月	5	13
2022年3月	5	13

虽然A组和B组在监测期内均没有发生HSE事故，但是B组员工的未遂事件和违章次数明显高于A组员工，这也从侧面证明了海因里希"安全金字塔法则"。海因里希认为，预防一切事故，从本质安全中人的因素考虑，就是要消除直接作业环节的各种违章行为。

五、执法记录仪在员工行为安全监测中的作用

（一）实时监督功能

24h全天候实时监督泵站白班和夜班员工在上述20项高风险作业过程中安全措施的落实情况，避免了因为现场HSE监督不到位而导致员工不安全行为的发生。施工场站的安全总监及HSE人员可以通过执法记录仪随时在电脑中查看任何时段的员工作业行为。

（二）安全警示功能

高风险作业时佩戴执法记录仪，可以起到安全警示的作用。通过佩戴执法记录仪，可以激发员工自主安全意识，提高自我安全监控能力，时刻保持高度集中的注意力，避免不安全行为、违章行为及HSE事故。

（三）HSE管理程序PDCA循环升级功能

PDCA循环是美国质量管理专家休哈特博士首先提出的，由戴明采纳、宣传，获得普及，所以又称戴明环。全面质量管理的思想基础和方法依据就是PDCA循环。PDCA循环的含义是将质量管理分为四个阶段，即计划（Plan）、执行（Do）、检查（Check）、处理（Act）。在质量管理活动中，要求把各项工作按照做出计划、计划实施、检查实施效果，然后将成功的纳入标准，不成功的留待下一循环去解决。这一工作方法是质量管理的基本方法，也是企业管理各项工作的一般规律。

执法记录仪通过记录员工在高风险作业中的不安全行为，可使安全总监和HSE监督通过执法记录仪获得记录信息，通过对不安全行为、未遂事件、违章及HSE事故深入分析，发现企业在HSE管理体系上的薄弱环节，进而不断、持续、有效完善企业整体HSE管理水平。

六、结论

雇员行为安全管理是企业HSE管理的重点内容，执法记录仪不仅能记录员工在高风险作业时的不安全行为、未遂事件、违章行为及HSE事故，据此得出本单位上述HSE关

键指标（KPI）统计的准确数据，而且，执法记录仪深层次的作用还体现在员工安全意识提升及企业 HSE 体系完善方面。所以，对于高风险、劳动密集型行业，执法记录仪的使用会有一定的效果。但是，执法记录仪的使用也可能涉及员工的隐私或遭反对，这有待于深入的研究和探讨。

第二节　中资企业境外项目新冠病毒防疫衍生安保风险分析与规避

世界银行 2020 年 6 月期《全球经济展望》报道：2020 年冠状病毒大流行产生的快速而巨大的冲击，以及防控措施造成的经济停摆使世界经济陷入严重收缩。根据世界银行估算，全球经济 2020 年将收缩 5.2%，人均产出出现下降的经济体的数量不断攀升，这将是第二次世界大战以来程度最深的经济衰退。

受新冠疫情影响，全球多国经济持续下行，部分企业倒闭，另有大量企业处于破产边缘。尽管部分国家推出相关经济刺激政策，但未能有效改善企业的困境。经济衰退、失业加剧，多国频繁爆发抗议政府封闭管理的示威游行、社会冲突等安保事件；一些国家对中国恶意抹黑，导致其民众对中方人员持有偏见或敌意，甚至引发针对中方人员的武装抢劫、人身攻击、无理由劫持、物资盗窃、故意纵火等安保事件，2020 年疫情期间，境外中方人员因疫情引发或加剧的安保风险不容忽视。

一、案例收集与分析

本节以 2020 年 2 月至 2020 年 8 月间收集到的与新冠疫情相关 100 起涉外中方人员安保事件，对其中明确报道的事件类型、袭击目标、发生场所、事件时段"四个维度"进行定量分析。笔者认为，2020 年防疫期间，境外中方员工面临的安保风险构成要素应为目标吸引力、被袭击者暴露频率及脆弱性。目前境外中方人员可通过重点实施员工工作生活场所物理安防措施，强化驻地安保力量管理，完善出行审批和加强旅程安全管理，保持低调行事，以及融洽周边社区友好关系等措施，来规避涉及中方人员的安保风险。

二、数据分析与风险规避

（一）疫情相关中方安保事件类型分析

本节分析的 100 起涉及中方人员的安保事件中物资失窃事件 28 起，占 28%，中方相关关键设备设施破坏 25 起，占 25%，非武装抢劫 19 起，占 19%，言语攻击 9 起，占 9%，武装抢劫事件 8 起，占 8%，网络媒体恶意抹黑 5 起，占 5%，武装袭击 2 起，占 2% 及人质劫持 2 起，占 2%（图 3-6-1）。

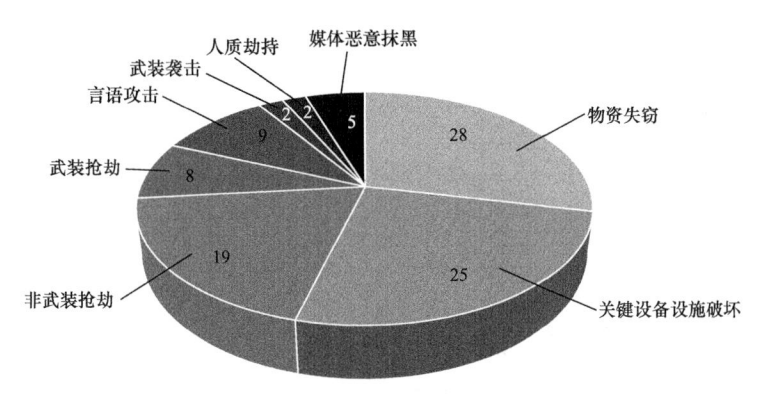

图 3-6-1 安保事件类型分析

通过事故事件类型统计发现：抢劫事件、武装抢劫、武装袭击及人质劫持是涉及中方人员安全的重点安保事件，物资失窃和涉及中方相关关键设备设施破坏的安保事件则影响相关业务的平稳运行。

（二）疫情相关中方安保事件目标分析

将 100 起涉及中方人员安保事件案报道中明确报道的主要袭击目标进行统计分析，其中个体商贩 31 起，占比 31%、中方游客 23 起，占比 23%、中方留学人员 18 起，占比 18%、金矿、铁矿或其他矿场企业主及中方工作人员 8 起，占比 8%、国际货轮船员 5 起，占比 5%、其他企业或组织中方人员 15 起，占比 15% 如图 3-6-2 所示。

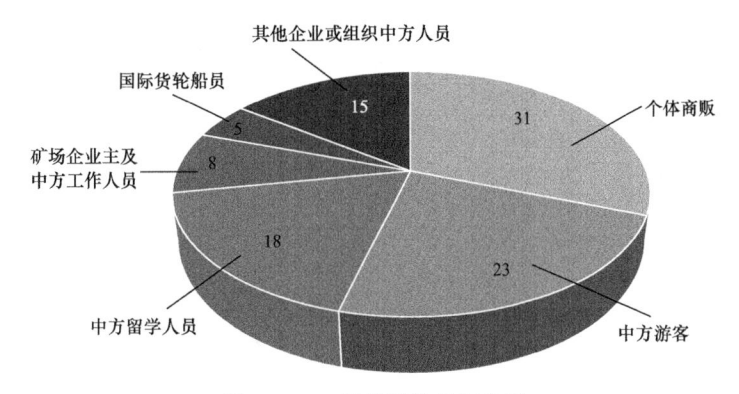

图 3-6-2 安保事件目标分析

通过涉外中方安保事件目标统计发现，目标吸引力强的中方个体商贩、矿场企业主及中方工作人员，以及中方游客成为疫情相关的安保事件攻击对象。

（三）疫情相关中方安保事件场所分析

100 起涉及中方人员的安保事件中，首先多发在境外旅游景点 25 起，占比 25%、中方人员频繁出入的市场 15 起，占比 15%、银行 13 起，占比 13%、医院 10 起，占比 10%、学校 9 起，占比 9%、中方人员偏远的厂矿和驻地 7 起，占比 7% 及其他公共场所 21 起，占比 21%。从 100 起涉及中方人员安保事件分析，疫情相关的安保事件发生场所主要分为两种类型：一是偏远区域的中方厂矿驻地，二是中方人员频繁出现的人员集中场所（图3-6-3）。

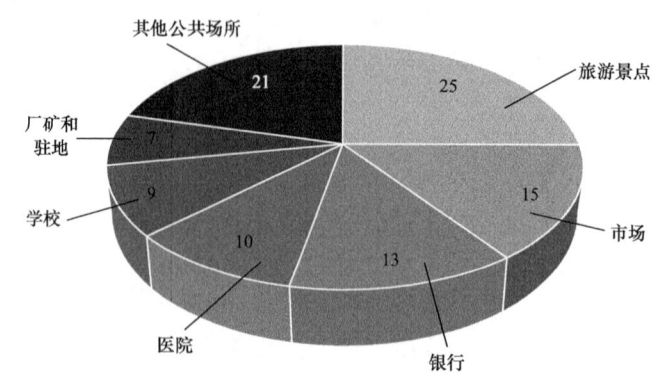

图 3-6-3 安保事件场所分析

（四）疫情相关中方安保事件时段分析

100起疫情相关中方安保事件时段分析，本文对明确报道的相关安保事件发生大致时段统计如下：深夜32起，占比32%、凌晨19起，占比19%、上下班高峰时段15起，占比15%、商业活动高峰时段13起，占比13%、资源国重大集会9起，占比9%及其他时段12起，占比12%等（图3-6-4）。

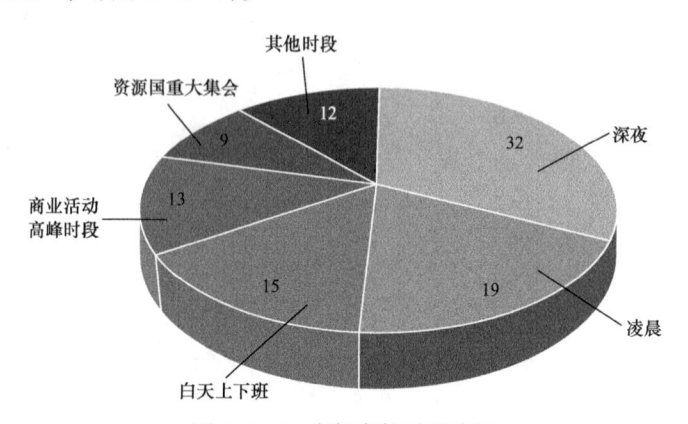

图 3-6-4 安保事件时段分析

在深夜或凌晨，人员和安保人员体力和防范意识薄弱的时候，安保事件的肇事者往往集中该时段进行抢劫或攻击。另外，人员高峰时段进行肇事，军警人员不易发现、抓捕肇事者，所以人员集中时段也是疫情期间涉及中方人员安保事件的多发期。

三、疫情相关中方安保事件风险规避

（一）安保风险管理与行为安全方法（BBS）

风险指某特定危害事件发生的可能性与后果严重性的组合。在安保风险管理中，它是以威胁事件发生的可能性及其后果的严重性来衡量的，可能性的子因素分为目标吸引力、袭击者威胁动机及威胁能力，以及被袭击目标的脆弱性（图3-6-5）。

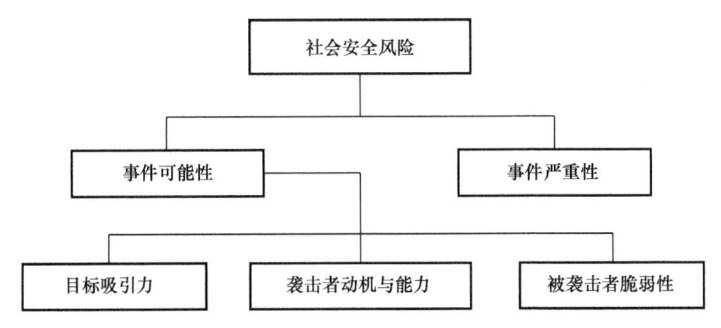

```
                    社会安全风险
                   ┌──────┴──────┐
              事件可能性        事件严重性
         ┌────────┼────────┐
     目标吸引力  袭击者动机与能力  被袭击者脆弱性
```

图3-6-5　社会安全风险管理框架（一）

在安保风险管理中，事件的严重性是指袭击发生后，对人员、设施、当地社区，以及（或）所在国可能产生的不利影响和后果；目标吸引力用于评估相关人员被卷入社会安全事件中的可能性（即威胁方对袭击目标的关注程度），人员目标吸引力根据威胁方的动机、意图和能力的变化而变化；脆弱性是指被袭击目标抵御外部袭击及从不利的影响中恢复的能力。

案例分析：2020年5月30日晚24：00左右，某国M郡附近一中方金矿企业主遭入室抢劫并被打伤，6名当地人持自动步枪、木棒、撬棍闯入其住所抢劫，并对其进行殴打，导致其头部受伤，左臂骨折，部分现金和财物被抢走。

在该案例中的威胁动机为武装人员财物抢劫。对于武装抢劫的肇事者而言，金矿企业为首选袭击目标；6名当地人持一把自动步枪，对中方金矿企业而言，具有极强的杀伤力和袭击能力。

在社会安全管理中，上述风险框架中袭击者的威胁动机和威胁能力是企业和安全工作者无法准确预测和控制的。企业和安全工作者很难改变威胁者的威胁动机，也不能影响威胁者的威胁能力。因此，在风险框架中用"人员危险环境暴露频率"代替"袭击者的动机与能力"也许更贴近社会安全风险管理实际。因此其风险管理框架图构成如图3-6-6所示。

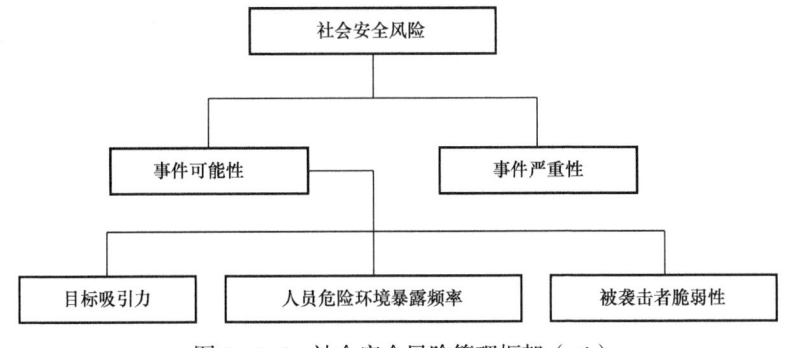

```
                    社会安全风险
                   ┌──────┴──────┐
              事件可能性        事件严重性
         ┌────────┼────────┐
     目标吸引力  人员危险环境暴露频率  被袭击者脆弱性
```

图3-6-6　社会安全风险管理框架（二）

行为安全方法（Behavior-Based Safety，BBS）重点在于培养雇员的安全习惯，提高安全意识，增长安全知识与安全能力，通过减少不安全习惯来减少不安全动作。在中国，对行为安全方法的理解是解决事故的直接原因，即纠正员工的不安全动作；而西方国家对行为安全的理解是解决事故的间接原因之一，即规范员工的不安全习惯。在具体的实施过程中，西方国家从企业文化、管理体系及员工行为习惯方面落实相关要求。目前国内学者认为，行为安全方法是一套科学的方法体系，它应该包括组织行为、个人习惯、个人不安全动作的整套内容。所以，图3-6-6论述的中方人员远离疫情相关安保事件的危险环境仅为规范员工的安全行为，根据目前中国学者对BBS的理解，疫情引发安保事件风险的规避应该包括组织行为、个人习惯及个人安全行为，所以演变为图3-6-7。

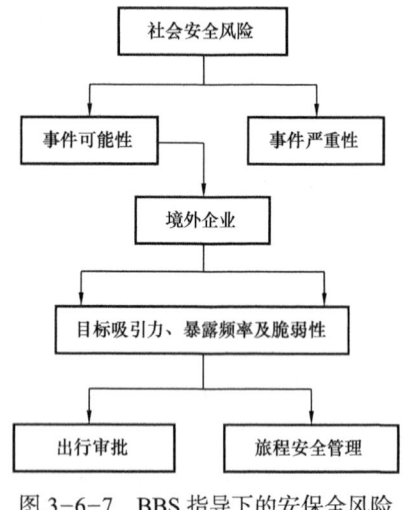

图3-6-7 BBS指导下的安保全风险管理框架

（二）中方人员行为安全

中方人员行为安全主要包括员工安保风险的应对技能和常识，日常不露富且保持低调行事，防疫期间坚持网格化封闭管理，尽量减少外出或规避高峰、敏感、凌晨、夜间等时段外出。一旦在境外遭遇不同类型的安保事件，中方人员熟知具体、有效、可行的防范措施。

中方人员生活或工作驻地的物理安防措施对防范安保事件具有重要作用，主要包括：围栏、围墙、围栏围墙上的蛇腹铁丝网、CCTV监控、门、窗等。驻地围墙围栏应坚固，设置必要的应急避难所及应急物资，且具有系统的信息收集和报警渠道。

平时应与各驻地安保人员及周边其他人士的建立并保持友好关系，争取在危机困难时刻获得安保人员和周围社区人员的最大支持或帮助。

（三）中方人员旅程安全管理

作为规范员工安全行为的前提，安全知识的培训和安全意识的培养至关重要。在规避境外中方人员因疫情引发安保风险方面，应在员工在赴境外工作、生活或旅游前做好相关培训，了解所在国当地疫情动态、法律法规、宗教文化及当地社会安全形势等。同时，做好防疫期间驻地网格化封闭管理，阻断与外部人员的接触。在做好疫情防护的情况下，中方人员应保持低调行事；增设驻地安保人员设置并融洽与当地安保人员的关系；必须外出时，规范旅程中的安全行为，避免夜间、凌晨或高峰时段出行或暴露；不围观或不谈论资源国疫情管控信息及当地敏感事件等。

执行力是指企业内部员工贯彻经营者战略思路、方针政策和方案计划的操作能力和实践能力。如果不能被付诸实施的话，再周密的计划也不能起到相应作用。中方人员行为安全、驻地安保人员设置、驻地物理安防设施配备及驻地周围良好社区关系的培养，构成了因疫情相关境外中方安保事件规避的主要防范措施（图3-6-8）。

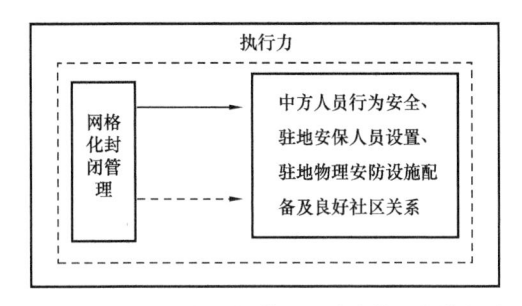

图3-6-8 网格化封闭管理、防范措施与执行力

四、结论

通过对100起2020年境外防疫期间涉及中方人员的典型安保事件的主要袭击目标、发生地点、大致时段及事件方式进行定量分析并结合风险管理相关理论，得出如下主要结论：

（1）2020年境外防疫期间，全球经济发展严重受阻，因经济或政治偏见引发对境外中方人员的安保风险应引起涉外中方人员的关注。相关安保事件包括：非武装抢劫、武装抢劫、物资失窃、言语攻击、中方相关关键设备设施破坏、武装袭击、人质劫持及网络媒体恶意抹黑等。

（2）通过对防疫期间涉及中方人员典型安保事件统计分析，认为防疫期间中方人员面临的安保风险构成要素为目标吸引力、危险环境暴露频率及被袭击者的脆弱性。

（3）在坚持网格化封闭管理的基础上，中方人员行为安全、驻地安保人员设置、驻地物理安防设施配备及良好社区关系，对于规避或消减中方人员安保风险具有积极作用。

第三节　海洋石油工程平台安全管理策略分析

"海洋石油平台"是海洋石油集成从事石油天然气钻井开采、处理、外输（SPM单点系泊）等一系列工作的主要生产场所。它具有高投入、高风险的特点，其系统构成复杂、设备选型多样、工艺技术要求高、自动化程度高。平台长期在环境相对恶劣的海洋环境作业，其设备常年受到使用磨损、环境侵袭、介质侵袭，导致安全性降低，极易发生风险。

一、海上石油作业平台设备风险维护的必要性

海上作业现场大气环境比较差，各种安全保障作业设施与陆地作业相比明显不足，油气作业现场风险也比较高。支撑海上石油作业的只有一个海上作业平台，而支撑整个海上作业平台的是平台机械设备，为平台重要的部分。保证海上平台机械设备的安全可

靠、正常运行是保障平台工作人员人身安全的重要措施。在海洋石油平台日常运营管理过程中，要严格控制好设备的运行、保养和日常维护，一旦设备出现安全风险，要沉着冷静，排查清楚，快速排除故障。应重视和加强海上平台设备的设施完整性管理，保持海上平台的正常运行。

二、海洋石油工程建设项目现场安全管理策略

（一）海洋石油工程项目的安全目标和责任

遵守并实施中国石油"中国石油天然气集团有限公司海洋石油安全生产与环境保护管理办法"。在安全检查发现异常的情况下，应与承包方合作，用包含"安全工作环境"的合同条款和条件进行解决。在装配粗切削前进行HSE预评价。承包方提出的安全管理计划应通过项目公司审批；公司代表对工作场地进行持续检查，与承包商共同合作监管并鼓励特定的达标活动；安装前开展HAZOP分析，确保作业活动遵守项目目标规定的相关安全管理计划；现场工作应遵守项目HSE管理小组批准通过的项目具体安全管理计划和程序，包括合同条款项目安全监督，项目经理和现场代表负责执行各个工地的安全检查。

（二）"井喷泄漏"的风险管控

"井喷泄漏"是海洋石油平台在工作中较为常见的安全事故。引发井喷的主要原因是在钻井过程中，进行开采的地层的压力高于钻井平台内的压力使得天然气喷涌进入井筒；外输过程中如没有对这些气、液体进行压力控制导致直接喷出称之为泄漏。"井喷泄漏"常常会引发海上石油平台的严重事故，生命、财产损失，以及海洋环境严重破坏。为了避免问题发生，就需要在平台作业时对外输压力进行详细而持续的监控。但仅仅通过监控仍然不足以保证压力的绝对安全，因此需要对相邻生产工艺系统单元已经生成的相关信息资料进行分析研究，在日常生产中应当严格执行海洋石油专业相关技术规范，严格遵守工作人员持证上岗制度，切实保证设备的正常运行。

（三）根据空间、时间特性，实施设备运营和维护计划

海上综合石油运输平台设备运营管理过程系统复杂，海上综合石油设备运营管理平台也就需要根据运营地区与时间段特点，加强运营目标石油设备的综合运营和设备维护。由于长期接触含有硝酸盐的海水、湿度高的新鲜空气，平台设备都有长期性的腐蚀，因此在设备生产使用管理过程中，必须以设备安全防腐蚀为首要目标，高标准地保证工作质量。例如，在高温、高湿的情况下，特别是热带地区，O形主体密封橡胶圈、各种材质橡胶圆形密封圈等各精密设备的主体密封部件变形受热量较大，容易导致材料泄漏、油串等异常现象。因此，在定期例行巡逻检修过程中，要特别注意不要让电器泄漏废气影

响电器设备的正常工作运行。员工应加强对重要设备及其零部件的日常维护，及时彻底地解决问题；且要做到多次检查，防止因一类设备故障而扩散到其他设备。

（四）海洋石油平台需要建立健全防爆电气设备管控体系

结合国家设施维护标准和规章制度，进行定期测试和检查，对于发现的故障和损坏等问题进行及时处理，制订合理的解决方案，保障防爆电气设备功能的正常运作。其中，出现外壳损坏、部件老化松动、部件缺失等问题，要及时进行部件的更换和维修，并且进行加固、增添处理。另外，还需要依照国家标准的要求，利用合理的技术手段进行防爆电气设备的保养，这样才能提高防爆电气设备的使用寿命。在防爆电气设备的使用过程中，最主要的就是通过隔爆接合面之间较小的配合间隙和一定的配合长度来阻止、冷却火焰的传播，进而阻断爆炸的传播，其中隔爆外壳是关键，必须保证间隙在规定的标准范围内。

（五）做好现场安全管理工作

为了保证海洋石油现场作业安全，需要建立健全检验机构、作业单位和政府部门的三方合作管理模式。在油田开发作业现场管理过程中，三方人员要明确管理职责并参与管理工作，分工协作进行安全管理。政府部门需要监督作业现场，利用行政手段保证作业安全；作业单位和人员要意识到自己对于安全管理的作用，提高安全管理意识，严格遵循流程进行作业；第三方检验机构需要客观评价和监督各类作业，检查机构要依法评价作业工艺和过程，发现问题需要限期整改，确保作业符合标准。

（六）作业中油气泄漏的风险管控

首先需要在平台相关设备的采购过程当中，对相关设备的质量进行严格把控，应当保证海上石油平台所有相关设备都经过完全质量检测才能使用，这是保证相关设备质量及安全生产的重要前提。除此之外应该在海洋石油平台的生产中创建完善的巡检制度，扫除在日常生产过程中存在的安全隐患，对可能引发安全事故的各种情况及时处理，防止引发安全事故。为了保证安全生产，可以实行24h轮班的监控及巡检的工作制度。在海洋石油平台的生产过程中，需要完善安全监督系统，以保证在日常生产过程中能够随时随地进行安全监控，一旦出现可能诱发安全事故的苗头，就应当及时进行处理，提高控制石油平台的综合风险水平。

三、结语

海洋石油工程建设项目现场安全管理工作，必须从项目实施之前就开始关注并制订详细的安全管理措施，进行主动的、综合的安全管控，并且深入探析现场的各项危险有害因素，有针对性地选择合适的安全管理方式，并且持续改进。

第四节　非洲工程施工安全管理

目前非洲市场逐步在开放，国内有相当多企业在非洲投资、建设工程。而非洲大部分地区处于赤道附近，气候条件与国内相差较大，部分人员因地区气候差异、自然环境恶劣而出现身体不适状况。非洲大部分国家比较贫穷，社会依托条件较差，加之当地文化教育缺乏、政治不稳定等因素，给工程施工安全管理带来了很大的困难。同时，建筑施工行业存在劳动强度大、高风险集中、野外施工点多面广的特点，安全风险尤显突出，这给初入非洲的工程建设企业及其人员在健康安全方面带来很大挑战。

一、非洲概况

（一）自然条件

高温是非洲气候的首要特点。赤道横贯非洲的中部，非洲四分之三的土地受到太阳的垂直照射，几乎整个非洲均为热带气候。从气温分布看，平均气温20℃以上的地区占全洲面积的95%，其中一半以上的地区终年炎热。非洲热带干旱、半干旱气候面积之大，干旱程度之深，也属世界之冠。全洲有二分之一的地区年降水量在500mm以下，三分之一的地区年降水量低于250mm，荒漠、半荒漠地区占多数。

（二）社会条件

非洲是世界交通运输业比较落后的一个洲，还没有形成完整的交通运输体系。大多数交通线路从沿海港口伸向内地，彼此互相孤立。内陆国家交通运输以公路为主，且大部分公路为土路，临海国家有海运，个别经济状况较好国家有铁路运输。

因经济落后，人民受教育程度非常低，绝大多数人未上过学。非洲90%以上的人都有宗教信仰，多数居民信奉原始宗教和伊斯兰教，少数人信奉天主教和基督教。

二、工程施工安全管理面临的问题及对策

（一）应对恶劣环境对策

1. 高温天气带来的风险与措施

因气候特征，造就非洲大部分地区一年中只有两个季节，即旱季和雨季，且季节变换非常明显。在旱季最高气温可达50℃左右，有限空间内的气温则更高，在如此高温的环境下很容易出现员工群体中暑事件。中暑是指在高温环境下人体体温调节功能紊乱而引起的中枢神经系统和循环系统障碍为主要表现的急性疾病，主要表现为发热、乏力、皮肤灼热、头晕、恶心、呕吐、胸闷、激烈头痛、昏厥、昏迷、痉挛等症状。

预防是解决中暑发生的重要措施。施工单位应高度重视中暑对安全管理的重要性，通过优化施工方案，精心组织施工，合理调整工作时间，躲避烈日，减少高温天气外出作业，并尽可能减少高温天气高空作业、有限空间作业等高风险作业，尽量在地面完成施工作业。并应根据一天当中气温变化情况，通过打遮阳伞、涂抹防晒霜等措施做好现场遮阳措施，避免被阳光直射。在饮水方面应在晨起后、作业期间及就寝前补充水分，并适量补充一些盐分。在饮食方面要多吃新鲜蔬菜和水果，并应摄入高蛋白、高维生素A、维生素B1、维生素B2和维生素C的食物，多吃番茄汤、绿豆汤。每天应保持充足睡眠，使身体各系统得到放松、休息。储备防暑药物，发放给员工随身携带，如人丹、十滴水、藿香正气水、清凉油等，一旦出现中暑症状立即服用所带药品缓解病情。

做好中暑急救是防止中暑病症加重的有效措施之一，一旦发现有人出现中暑症状，首先将患者迅速移动到通风、阴凉、干爽的地方，使其平卧并解开衣扣，松开或脱去衣服，若衣服被汗水湿透应更换衣服。通过物理降温的方法，在患者头部敷冷毛巾，也可用50%酒精、白酒、冰水或冷水进行全身擦浴，然后用扇或电扇吹风，加速散热，快速降低患者体温，但当体温降至38℃以下时，要停止一切冷敷等强降温措施。若患者有意识时，此时可适当引用一些清凉饮料，在补充水分时，可加入少量盐或小苏打水，不可急于补充大量水分，应少量多次，否则会引起呕吐、腹痛、恶心等症状。患者若已失去知觉，可指掐人中、合谷等穴，使其苏醒。在额部、人中涂抹清凉油、风油精等，或服用人丹、十滴水、藿香正气水等中药。若呼吸停止，应立即实施人工呼吸。对于重症中暑病人，必须立即送医务室诊治，避免病情加重。上述急救措施可归纳为：搬移、降温、补水、促醒、转送。

2. 大风、沙尘暴天气风险及措施

在非洲大部分地区都存在风季，在风季经常会出现飓风和沙尘暴，沙尘暴来临时天空非常昏暗，并呈土黄色，有时伴有龙卷风，能见度也非常低，不足10m，在高空20m处风级达到8级及以上，给野外施工安全带来很大风险。施工单位应根据现场实际情况设置紧急避险点，如在现场设置集装箱、临时办公室作为避险点，也可使用现场已修建好的房屋、车间避险。在风季作业过程中应安排专人负责观察天气状况，发现天边呈土黄色，且作业点已起风或其他异常时应及时通知相关责任部门，立即组织作业人员迅速撤到紧急避险点，撤离作业点时应关闭所使用的电源，并将高空放置的物料固定稳固，避免发生高空坠物事件。但是在紧急撤离过程中也存在人员慌乱而发生碰撞、绊倒等伤害风险，因此要平时通过员工培训、应急演练等方式来增强紧急撤离效率，避免发生人员伤害和财产损失，并应成立紧急救援队伍负责应对撤离过程中发生的意外事件。

3. 雨季安全风险及措施

非洲大部分地区都存在雨季，在雨季平均每2～3d就有一场暴风骤雨，部分地区每日都会有雨。非洲地区降雨瞬时流量较大较急，且时常伴有大风、闪电。有些地区地势平坦，且还存在雨水不容易渗透的土壤，会造成现场多处积水，给项目尤其是在文明施工、临时用电、脚手架、基坑及交通安全管理方面带来了很大压力。因此在雨季来临前应充分做好相应的准备，如安排有经验人员负责天气观测，发现异常天气迹象应及时报告相关部门及人员，接到报告后应做好相应的防范措施，并建立良好的信息联络方式，保持信息畅通；做好施工现场及生活营区的排水设施，避免生产、生活区域存在积水点而给施工、生活带来不便；将配电箱、电焊机等电气设备安置在地势较高位置或将设备架高，并定期检查用电线路及电气设备的绝缘性能，以及漏保、接地措施；在基坑周边做小围堰，避免雨水灌入基坑，浸泡基坑而发生坍塌事件；做好现场建筑物、集装箱、临时办公室、生活营区、仓库、信号塔等接地措施，避免被雷击；做好现场道路维护，夯实道路路面，在危险路段设置警示标识和围护，外出车辆配备陷车自救工具及材料；开展安全专项检查，做好防坍塌、防触电、防雷电、防汛等措施的落实；在现场设置突发天气作业人员避险措施，如设置集装箱、防护棚等。不同地区雨季状况有所差异，但做好预防措施是安全管理的主要工作。

4. 传染性疾病风险与防范

非洲大部分国家经济发展较慢，部分人群还处于饥饿和半饥饿状态，社会医疗条件比较落后，医疗药品也相当短缺。乍得尤其是传染性疾病最多、种类最全的一个国家，90%以上的人群为传染性疾病患者或携带者。在非洲常见的传染性疾病有疟疾、伤寒、霍乱、艾滋病、脑膜炎等，常年多种传染性疾病盛行，随时都有可能爆发群体感染事件。传染途径包括蚊虫、水源、体液、汗液、食物等方面，尤其在雨季，四处积水，杂草丛生，给蚊虫滋生创造了良好的环境。项目建设过程中部分员工进行夜间作业，部分工程属于野外作业，施工环境差，人员不可避免被蚊虫叮咬，大大提高了传染性疾病的发病概率；由于地区气候差异，有些地方存在地方病；还有部分出国人员健康体检时隐瞒身体疾病，在国外工作过程中疾病发作而发生健康事件；上述安全隐患都给员工的身体健康及工程正常进展带来了巨大的挑战。

面对恶劣环境状况，工程施工单位应高度认识传染性疾病的危害性和重要性，坚持"以人为本，预防为主，健康平安"的理念，认真分析疾病传播的途径、危害，做好疾病预防和治疗工作。

（1）严格做好出国人员身体健康体检工作，禁止患有突发性疾病（如心脏病、高血压、癫痫等）、传染性疾病及身体素质较差者出国工作。

（2）建立医务室，配置有非洲工作经验的医护人员，医生和护士人数应满足现场需求，配备充足的预防、治疗各种疾病的药物和器材。

（3）开展疾病预防专题培训、讲座、咨询、宣传等活动，深入开展预防宣传工作，使员工了解疾病病理、传播途径、预防措施、疾病症状、治疗方法等知识，并且要进行正面宣传，方式、方法及内容得当，消除员工对疾病的恐惧感和心理负担，便于更好地预防和治疗。

（4）加强营区卫生检查工作，搞好生活营地卫生管理，及时清除营区内积水，定期消毒、清洁，消除蚊虫赖以孳生的环境，对门窗架装纱网，防止蚊虫进入。

（5）做好员工个人卫生工作，保持宿舍、办公室清洁、整齐，给员工发放灭蚊虫药物，要求所有床铺必须挂设蚊帐。

（6）尽量减少夜间外出，必须外出时应穿长袖、长裤，不得穿拖鞋。

（7）做好食堂卫生管理工作，包括食品采购、存放、加工、废弃物处理、餐具，以及加工设施的清洁、消毒工作，禁止饮用生水、食用生冷食物，保障食品安全卫生。

（8）与当地医院、中国医疗队及SOS救援队伍建立好良好的沟通和协作关系，做好各项重大疾病的应急准备工作。

（二）交通运输风险与安全对策

非洲交通条件非常恶劣，几乎全部工程建设所需材料、机具以及生活物资均需从国内或第三国采购，经过海运再横跨多个国家陆运才能到达施工现场，一般运输周期为3个月，雨季运输非常困难，运输周期更长。而且由于路况和当地运输公司的车况都很差，导致运输事故率和货物损失率很高（约20%）。施工现场车辆外出基本是由当地雇员驾驶，当地雇员驾驶技能低、安全意识差，且通行路况也非常差，导致交通运输安全成为工程施工安全的重要风险来源之一。建议采取以下对策加强管理：

（1）通过实地考察和竞标方式选择优秀运输承包商，并对所有运输车辆实施统一编队、统一管理、全程押运和路途接应等方式，确保运输过程安全。

（2）招聘优秀驾驶员，可通过培训考试、技能考核、健康体检、设定试用期等方式选拔优秀驾驶员，并开展定期交通安全培训和出车前安全提示，提高驾驶员安全意识、操作技能及紧急情况应变能力。

（3）对中方员工驾车实施内部准驾证，在驾龄、考核、审批等方面把关，并禁止中方驾驶员驾车外出。

（4）对所有车辆安装GPS定位仪或行车记录仪，监控车辆安全行驶；并对所有座位安装安全带，禁止超速、超载、疲劳驾驶及违规载人现象。

（5）组建修理队，负责对车辆进行检查、维修、保养，确保车辆性能良好、安全装置齐全，禁止车辆带病出行。

（6）外出车辆需携带车辆维修工具、备胎，以及食物、饮用水，在雨季还需携带绳索、刚性防滑板等防陷车工具。

（7）对外出车辆设置安全责任人，负责路途行车安全，监督驾驶员安全驾驶，监督车内乘车人员均系挂好安全带，并携带良好的通信工具，以便发生意外时联络畅通。

（8）对社会治安较差国家还需派武装保安护送，避免出现抢劫、袭击事件。

（三）当地雇员风险及安全管理对策

在国外工程施工过程中，会有大量的当地雇员参与工程建设，多数雇员文化程度较低，没有工作经历，更缺乏工作经验，且长期处于饥饿和半饥饿状态，在作业过程中存在安全意识薄弱、劳动技能低下、劳动纪律松散、好奇心强等问题，给工程施工带来很大安全隐患。海外雇员发生伤亡事故将会给现场施工管理带来很大被动，也会给企业声誉及海外市场拓展带来很大影响。

如何管理好雇员是海外工程安全管理的重点工作之一，建议做好以下工作加强雇员管理：

（1）在招聘雇员前应先在当地选择在管理、培训方面综合能力较强的劳务公司承担工施工期间雇员招聘、管理等工作，并制订适合当地、符合企业管理要求的培训材料，由劳务公司负责对雇员进行一级安全培训教育。

（2）工程施工单位应对新招聘的雇员进行二级、三级安全培训教育，培训方式以视频、PPT、图片为主，使其了解现场危害因素、管理规定，并以直观的方式告知其什么可以做，什么不可以做，且每月应定期对雇员进行安全培训。

（3）对雇员实施试用期制度，试用期为一周，若当地法律有其他明确要求，则按法律执行。通过试用期充分观察、考核雇员的工作能力，对不符合要求的雇员应及时按规定辞退。

（4）在雇员作业过程中安排中方人员带队作业，负责施工、安全管理。中方人员应选择责任心强、安全意识到位的人员担任，在作业过程中采取"面对面交流、手把手培训"方式，对雇员讲解作业方法、作业内容及注意事项，并监督作业行为，及时制止不安全行为。

（5）考虑到雇员的身体素质、操作技能及安全意识，不得安排其从事吊装、高空、脚手架、电气等高风险作业，禁止雇员在现场使用手机，防止其在现场违规充电造成伤害。大部分雇员都有宗教信仰，应在现场规划雇员集中祷告区，并遵守当地规定的祷告时间，安排雇员集中祷告，避免雇员随时、随地祷告而发生意外。

（6）如施工现场存在污水、有毒有害水源，应防止雇员误饮而引发疾病。必须在现场设置雇员饮水点，并对其他水源挂设警示牌。因当地居民比较贫穷，会在作业过程中或下班后在施工现场实施偷盗行为，偷盗的物资将可能影响到工程正常进展。因此必要时需安排中方人员在进出口上下班接送，避免雇员下班后滞留在现场实施偷盗等不安全行为。

（7）在管理雇员过程中严禁使用歧视性手势及侮辱性语言，要善待雇员，避免引起冲突。

（8）严格实施当地劳动法，尽量减少雇员加班，对违规违纪雇员采取发警告信为主，不得罚款和随意开除雇员，发三次及以上警告信后方可解除与雇员的劳动关系。对因经常违规、偷盗等行为而开除的雇员可列入黑名单，避免再次雇佣而给施工安全带来更大风险。

（四）当地安保风险及安全管理对策

非洲大部分地区国家比较贫穷、人民生活条件差，但由于石油等矿产资源丰富，且受国外发达国家势力的影响，国内基本都存在反政府武装，导致局部或大面积武装冲突经常发生，防恐形势非常严峻。同时，由于经济贫穷，政府的管理能力和区域有限，经常发生外国工作人员遭绑架和抢劫的事件，项目周边当地居民的偷盗行为也十分猖獗。因此，为了确保员工的生命安全和工程项目的顺利进行，必须高度重视安保安全，采取措施对风险进行控制。

（1）硬件防护措施要到位。生活营区和施工区域都要设置防护网，防护网上方最好带有倒钩刺，防止偷盗分子的攀爬，同时，围栏1m外开挖一定深度的壕沟[通常宽×深（2m×2m）]。

（2）应急设备要准备充足。根据施工现场的分布合理配置卫星电话，野外施工作业点必须配备有卫星电话，同时要对现场的车辆和人员的配置进行统计，以保证在发生安保事件紧急撤离时人员能够乘车一次性全部撤离成功。

（3）招聘专业的当地保安公司负责对生活营区和施工现场的保卫。在挑选保安公司时，要综合考虑公司的规模、设备的配备、保安的素质、管理及费用。

（4）应急物资的储备。按照人员的比例，并根据当地的社会资源合理优化应急物资的采购和储备，做好应急物资储备的台账，并根据有效期进行更新。应急物资应至少储备一个月的用量。

（5）举行防恐应急演练。选择切实可行的应急撤离路线，对应急情况下的撤离路线要提前进行考察，并组织防恐应急演练，提高各部门的协作能力和员工的应急反应能力。

（6）加强与当地政府的沟通。及时掌握当地的安保局势并制定对策，同当地的警察或军队处理好关系，以及时追回被盗物资。

（7）做好出国前防恐培训的管理工作。员工出国前必须参加防恐培训，没有参加防恐培训的员工不允许出国。做好参加防恐培训员工信息的统计工作。

（8）警惕当地雇员内盗情况的发生。有些当地雇员素质较差，加上经济贫困，在进入生活营区和施工区域时，经常会顺手偷盗物资。这就需加强门卫的管理，对当地的雇员的进出进行严格检查，同时，做好对当地雇员的教育和管理。

（9）在野外施工作业点配置通信设备、巡逻车和武装保安人员，加强保卫力量，避免偷盗、抢劫等事件发生。

（10）及时统计和更新现场的人员信息，并与上级单位保持密切联系，及时传达社会安全信息，落实安保管理措施。

三、结论

安全管理不仅是现场施工过程中的安全管理，还包括自然环境、气候因素、经济条件、民族文化、社会环境等方面因素带来的风险管理。知己知彼，百战不殆，安全管理工作应坚持"以人为本、安全第一、预防为主"的方针，将安全工作重心前移，超前管理，并在工程施工前期充分考虑各方面风险因素，运用科学手段，充分识别危害因素，分析风险成因，结合所处环境及工程施工实际情况，有针对性地采取相应的防范措施降低和规避风险。

第五节 海因里希因果连锁理论与 HSE 执行力

不可否认，许多组织的成功离不开其战略的创新或经营模式的新颖，但如果其执行力不强，也一定会被模仿者追上，因为它们和竞争者的差距就在于执行力的强弱（表 3-6-4）。

表 3-6-4 执行力名言警句

序号	执行力名言警句	引用出处
1	没有执行力，哪有竞争力	杰克·韦尔奇
2	管理是一种实践，本质不在于知，而在于行	彼得·德鲁克
3	在未来的十年内，我们所面临的挑战就是执行力	比尔·盖茨
4	执行力就是在每一阶段、每一环节都力求完美，切实执行	迈克尔·戴尔
5	员工知道他们应该干什么？员工知道他们实际正在干什么？员工有必要的责任、权利、技能、工具纠正错误。以上三条中缺少任何一条，都是管理责任（员工＝监督）	约瑟夫·M·朱兰

海因里希因果连锁理论，也被称为多米诺事故理论，近年来，国内外政策制定者将其作为关注的重点，出台了一系列安全生产管理政策，世界各国学者也针对多米诺事故分析与风险评估开展了研究。而执行力作为落实、靠实中国石油安全生产各项要求的重要推手之一，切实加强执行力成为 HSE 管理的一项重要措施。在世界范围内，基业长青公司的一项重要特征就是，公司在执行相关事项时具有较强的执行力。本节介绍了海因里希因果连锁理论，并对 HSE 执行力进行分析和研究，结合中国石油 QHSE 相关管理要求与标准，以及海外项目实际管理经验，得出影响 HSE 执行力的几大要素，为项目及其他各地区公司在切实强化 HSE 执行力，提高 HSE 管理效果方面提供经验。

一、海因里希因果连锁理论介绍

事故发生有其自身的发展规律和特点，只有掌握事故发生的规律，才能保证安全生产系统处于安全状态。前人站在不同的角度，对事故进行了研究，给出了很多事故致因理论，下面简要介绍海因里希因果连锁理论。

海因里希是最早提出事故因果连锁理论的，他用该理论阐明导致伤亡事故的各种因素之间，以及这些因素与伤害之间的关系。该理论的核心思想是：伤亡事故的发生不是一个孤立的事件，而是一系列原因事件相继发生的结果，即伤害与各原因相互之间具有连锁关系。

海因里希提出的事故因果连锁过程包括如下五种因素：

（1）遗传及社会环境（M）。遗传及社会环境是造成人的缺点的原因。遗传因素可能使人具有鲁莽、固执、粗心等对于安全来说属于不良的性格；社会环境可能妨碍人的安全素质培养，助长不良性格的发展。这种因素是因果链上最基本的因素。

（2）人的缺点（P）。即由于遗传和社会环境因素所造成的人的缺点。人的缺点是使人产生不安全行为或造成物的不安全状态的原因。这些缺点既包括诸如鲁莽、固执、易过激、神经质、轻率等性格上的先天缺陷，也包括诸如缺乏安全生产知识和技能等的后天不足。

（3）人的不安全行为或物的不安全状态（H）。这二者是造成事故的直接原因。海因里希认为，人的不安全行为是由于人的缺点而产生的，是造成事故的主要原因。

（4）事故（D）。事故是一种由于物体、物质或放射线等对人体发生作用，使人员受到或可能受到伤害的、出乎意料的、失去控制的事件。

（5）伤害（A）。即直接由事故产生的人身伤害。

上述事故因果连锁关系，也可以用五块多米诺骨牌来形象地加以描述。如果第一块骨牌倒下（即第一个原因出现），则发生连锁反应，后面的骨牌相继被碰倒（相继发生）。

该理论的积极意义在于，如果移去因果连锁中的任一块骨牌，则连锁被破坏，事故过程被中止。海因里希认为，企业安全工作的中心就是要移去中间的骨牌——防止人的不安全行为或消除物的不安全状态，从而中断事故连锁的进程，避免伤害的发生。

海因里希的理论有明显的不足，如它对事故致因连锁关系的描述过于绝对化、简单化。事实上，各个骨牌（因素）之间的连锁关系是复杂的、随机的，前面的牌倒下，后面的牌可能倒下，也可能不倒下；事故并不是全都造成伤害，不安全行为或不安全状态也并不是必然造成事故等。尽管如此，海因里希的事故因果连锁理论促进了事故致因理论的发展，成为事故研究科学化的先导，具有重要的历史地位。

二、HSE 事故案例致因统计分析

下文收集了中国安全网 2010—2015 年度典型 HSE 事故案例（累计达 600 起），从安全制度缺失、设备本质安不足、安全执行力缺、承包商管理缺失、外界不可抗力及其他原因 6 个角度对每起事故案例的根本原因进行分类统计，结果见表 3-6-5。

（1）2010—2015 年间 600 起事故案例中"安全制度缺失"和"设备本质安全不足"两个事故致因有年度递减的趋势，主要原因为企事业单位加大对 HSE 工作的认识，强化了 HSE 制度建设，增加了设备本质安全资金投入。

（2）安全执行力缺乏往往导致 HSE 事故的发生，根本体现为雇员不能严格落实企事业单位各项 HSE 管理规定，在作业过程中更多地体现为不安全行为的发生。在收集的

2010—2015年600起事故案例中，伴随着HSE制度的完善和HSE设备设施投入的增加，执行力问题导致事故案例发生的比例却有逐年上升的趋势（表3-6-6）。

表3-6-5 事故案例致因分析

事故根本原因	2010年	2011年	2012年	2013年	2014年	2015年
安全制度缺失	37%	31%	25%	23%	20%	19%
设备本质安全不足	31%	30%	31%	25%	26%	23%
安全执行力缺乏	15%	19%	21%	28%	37%	35%
承包商管理缺失	11%	12%	13%	17%	9%	14%
外界不可抗力	5%	4%	5%	5%	5%	8%
其他原因	1%	4%	5%	2%	3%	1%

表3-6-6 执行力欠缺表述

序号	执行力不佳描述
1	文化理念在天上飘，但员工的行为在地上爬
2	好的战略构想难以落地，正确的决策难以达到预期效果
3	企业不是没有制度，而是制度形同虚设
4	组织变革和流程再造中，员工迟疑而不愿跟进，变革虎头蛇尾，雷声大，雨点小，变革效果不佳
5	强力的利益激励不仅没有起到激励作用，反而使员工创业激情衰减
6	计划落实不到具体行动上；执行任务拖沓、走样缺乏紧迫感；实施过程中敷衍了事，草率应付等

（3）企事业单位因疏忽对承包商的监管，导致的HSE事故案例也是该项统计分析的重要组成部分。目前，企事业单位逐渐加大了对承包商的"五关"管理，以此来减少或杜绝HSE事故案例的发生。承包商"五关"管理即为：承包商的资质关、HSE业绩关、队伍素质关、施工监督关、现场管理关。

（4）600起事故案例的不可抗力包括山体滑坡、地震、海啸、热带病、极端恶劣天气等。

三、提高执行力的四项法则

目前对于执行力的意义，以及提高执行力的着眼点，已经有比较全面而普遍的认识。目前受到较多关注的是"提高执行力"本身的执行问题。执行力不是一个表象问题，要达成"提高执行力"的目标，首先要找出执行力管理的根源——那些起到基因作用的要素，才能保证执行力的健康发育。

（一）沟通是前提

沟通的前提是需要遵守 SMART 原则。所谓 SMART 原则是：目标必须是具体的（Specific）；目标必须是可以衡量的（Measurable）；目标必须是可以达到的（Attainable）；目标必须和其他目标具有相关性（Relevant）目标必须具有明确的截止期限（Time-based）。同时，处理好沟通中的"三没"现象即："向上沟通没胆、水平沟通没肺、向下沟通没心"（表 3-6-7）。

表 3-6-7　沟通障碍与应对

序号	形式分类	表现	应对
1	向上沟通没胆	有好的建议或方案时不敢或不愿与领导沟通；执行发现问题时不及时向领导汇报	站在企业的角度去考虑问题，以"对企业负责"的高度，敢于向领导陈述好的建议或执行中的问题
2	水平沟通没肺	平级之间沟通没有真心，部门之间没有服务或积极配合的意识	主动培养部门之间的服务意识，真心诚意地进行协助，为共同实现企业的目标而努力
3	向下沟通没心	缺乏主动与部属沟通的意识和技巧	与部属之间建立适当的沟通平衡点，克服本位主义倾向

好的沟通是成功的一半。通过沟通，群策群力集思广益可以在执行中分清战略的条条框框，适合的才是最好的。通过自上而下的合力达使企业执行更顺畅！

（二）协调是手段

好的执行往往需要一个公司至少 80% 的资源投入；而那些执行效率不高的公司资源投入甚至不到 20%，中间的 60% 就是差距。一块石头在平地上只是一个死物，而从悬崖上掉下时，可以爆发强大的能量，这就是集势。把资源协调调动到主要战略方向上，集中使用，能达到事半功倍的效果。

去过庙的人都知道，一进庙门，首先是弥勒佛，笑脸迎客，而在他的北面，则是黑口黑脸的韦陀。但相传在很久以前，他们并不在同一个庙里，而是分别掌管不同的庙。弥勒佛热情快乐，所以来的人非常多，但他什么都不在乎，丢三落四，没有好好的管理账务，所以依然入不敷出。而韦陀虽然管账是一把好手，但成天阴着个脸，太过严肃，搞得人越来越少，最后香火断绝。佛祖在查香火的时候发现了这个问题，就将他们俩放在同一个庙里，由弥勒佛负责公关，笑迎八方客，于是香火大旺。而韦陀铁面无私，锱铢必较，则让他负责财务，严格把关。在两人的分工合作中，庙里一派欣欣向荣景象。其实在用人大师的眼里，没有废人，正如武功高手，不需名贵宝剑，摘花飞叶即可伤人，关键看如何运用。

（三）责任是关键

企业的战略应该通过绩效考核来实现。而不仅仅只是从单纯的道德上来约束。从客观上形成一种阳光下进行的奖惩制度,才能不会使执行作无用功。执行力的三大要素为责任心、知识和技能(图3-6-9)。

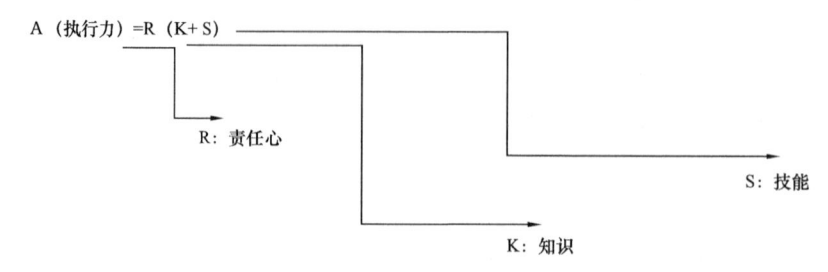

$$A(执行力)=R(K+S)$$

R: 责任心
K: 知识
S: 技能

图 3-6-9 事故案例致因分析曲线

在20世纪70年代的电影《创业》中,我们头脑中印象最深的就是主角周挺杉在发生井喷的关键时刻,不顾大庆冬季零下30~40℃的严寒毅然奋不顾身地跳下结着薄冰的钻井液池,用自己的身体搅拌钻井液的感人场面。这是王进喜真实事迹的再现。有人要问,为什么王进喜在井喷的时候要跳进钻井液池呢?那是为了制服突发性的井喷事故。井喷是由于钻井井筒内钻井液柱的压力低于地层流体压力所造成的。这时,地层内大量的流体侵入井筒,并逐步上窜至井口造成钻井的溢流、井涌,最后发生井喷。在钻井过程中,当井喷发生时,为制服井喷就要将密度较高的钻井液打入井内,使井筒内的压力大于地层流体的孔隙压力,压住地层流体并使其不再向井筒内侵入,通过钻井液的多个循环周期,使钻杆内外的钻井液密度均匀后,井喷压井工作即可结束。

在电影《创业》中,当时的情节是:井喷已经发生,大量的油气夹带着泥沙从井中喷出,喷出高度达到30m左右的井架二层平台,钻井队的工人们为了压井正在配制加重钻井液,现场没有加重的设备和重晶石粉,工人们只能将一袋袋水泥代替重晶石粉倒入钻井液池内,大量的水泥粉漂浮在结冰的池面上,起不到提高池内钻井液密度的作用,为了将水泥尽快混入钻井液并搅拌均匀,在这万分紧急的关键时刻,周挺杉不顾大庆冬季的严寒,奋不顾身地跳进钻井液池用身体搅拌钻井液。在他的带领下,其他工人也相继跳进池内,加重后的钻井液打入井内后,强烈的井喷被制服了,油井和钻井设备保住了,一场灾难性的钻井事故避免了。

(四)决心是基石

古希腊著名演说家德摩斯梯尼生下来就口吃。由于口吃,吐字发音不清,虽然有满腹的见解,却表达不出来。为了克服这个生理缺陷,德摩斯梯尼常把石子放在嘴里,跑到海边,面对大海练习讲话,天天如此,居然把口吃矫正了。为了专心练习演说,德摩斯梯尼一边登山,一边吟诗,有时站在镜子前比画着练习手势。为了一心一意练口才,他在家里建了一个地下室,整天在那里练习,一连两三个月不出来,他还狠下心,把自己的头发剃去一半,这样一来,想出去玩的念头就彻底打消。尽管当众演说遭到过无数次失败,但他从不灰心。经过顽强的努力,德摩斯梯尼终于成为著名的大演说家。天生口吃也能成为著名演说家，由此可见，困难和挫折也怕一个人的坚强毅力。

苏格拉底是古希腊著名的哲学家，对后世的西方哲学产生了极大的影响。曾经有学生问苏格拉底，怎样才能拥有像他那样博大精深的学问？苏格拉底听了就跟学生们说："今天我们只学一件最简单也是最容易的事，每个人把胳膊尽量往前甩，然后再尽量往后甩。"苏格拉底示范了一遍说："从今天起，每个人每天做300下，大家能做到吗？"学生们都笑着说，这么简单的事谁都会。一个月后，苏格拉底问学生们："上次我要求同学们每人每天做300下最简单的动作，哪些同学坚持做了，请举手。"这一次，有90%的同学骄傲地举起了手。不知不觉间，一年过去了，苏格拉底又问学生们："哪些同学坚持了甩手运动？"这时，整个教室里只有一个人举起了手，这个人就是后来成为另一位哲学大师的柏拉图。

四、结语

在全面介绍海因里希因果连锁理论的前提下，选取其中HSE制度与体系、设备本质安全、HSE执行力、承包商管理、不可抗力和其他原因，作为2010年至2015年600起HSE事故案例统计分析的基准，得出事故案例样本中HSE执行力落实的重要性，近而得出沟通、协调、责任心和决心在落实HSE执行力方面的相关要求。本节仅阐述HSE执行力落实的个体要求，现场HSE执行力落实是一个系统工程，需要从多方位进行探讨和研究。

第六节 海外石油化工行业污水处理技术

在油气生产环节，如何提高油田污水、产出水和化工污水的处理能力成为企业面临的一个重要难题。目前中国石油海外企业石油化工污水大多来源于炼厂、油田开发生产及管道外输等生产工艺，简单工艺无法彻底净化产生的污水，需要采取多措施多级处理。特别是中国石油相当一部分海外企业布局在水资源相对缺乏的非洲地区，供水不足及环境污染问题成为公司保护当地环境，履行责任义务的巨大挑战。因此石油化工污水的处理技术是需要管理及科研人员长期研究的课题。

一、海外石油石化行业污水处理现状

随着石油石化行业逐步向集成化、规模化发展，海外比较大的企业都已经建设了污水处理厂，以达到节约能源和环保的目的。在污水处理方面一般会建设一级污水处理装置，场内污水通过管道输送至处理厂进行深度处理，此类处理装置处理效果较好。但是目前在海外石油企业，存在污水处理能力不均衡的情况。规模较小、地域偏远、经济效益差的化工企业，主要受制于处理技术价格昂贵、处理流程复杂、建设规模大等因素，导致污水处理难以满足标准要求。因此，海外石油石化行业污水处理技术应向着小型化、集成化、经济化发展。

污水的处理工艺概括来说主要分为分离处理和转化处理两类。分离处理是一系列物理方法，主要借助重力或者离心力沉降原理，将污水中的污物去除，比较常用的方法有气浮法、吸附法、吹脱法。气浮法利用密度较小的空气气泡来携带污水中的杂质，主要优点是节省除污原料。国内比较成熟的技术是将气浮与旋流分离集成，实现减少占地、减少设备维护费用、提高处理能力及效率、增加效益的目的。吸附法通过活性炭等吸附剂的吸附能力，将污水中的污物吸附到表面。该技术只能实现污物转移而无法彻底消除。吹脱法是使强制空气与污水充分接触混合，使水中溶解的易挥发物质从液相转移至气相，从而达到脱除污染物的目的。

转化处理主要的方法是化学法和生物法。化学法是通过化学物质分解、氧化、还原、中和等特性降解污物。生物法是通过好氧生物或厌氧生物分解污染物。

二、污水处理存在问题

石油石化行业产品加工过程中水资源耗费巨大，工艺生产过程中，多数水可以循环利用。但根据各国生产实际数据显示，污染水量仍可以达到总使用污水量的1.4倍。在用的污水处理设备虽然已经融合了多种措施，但仍然存在以下普遍问题：

（1）处理过程中污水复杂成分增加。石油石化生产过程中产生的污水，并不是只有一种污染成分，而是受多过程因素影响，含有多种成分，这给污水的彻底清除提出了更高要求。随着油田开采时间的推移，油品质量会逐渐下降，劣质油品要经过更深层加工，同时也伴随着更深层次污染。在环保的高要求下，石化企业也注重常规水源循环利用，以及废气污水处理利用。同时石化生产的流程、工艺在递增，分解产生的新型污水也会带来新的问题。

（2）污水硫含量不断升高。海外原油具有高黏稠、高含蜡、高含硫等特质，在处理工程中需要多重脱硫手段。数据分析表明，高含硫原油处理产生的污水，大多来自塔顶布设的分离罐、分馏塔等设备，且原油质量越差，排出的废水含硫越高，水质变化越快。

（3）污水排放监管落实存在盲区。随着东道主国对环保问题越来越重视，各国已经将环境保护工作提到了新的高度，这对提升污染物排放及治理工作提供了良好的法制基础。但在实际执行过程中，仍有一些国家因经济因素或地方监管因素治理不严格，在污水达标治理方面存在盲区，无法实现"有污必治，治必治好"的目标。

三、各类化工废水处理技术

不同的化工生产单位，污水中的主要污染物不尽相同。油气田内的污水主要含有难降解的硫化物、有机污染物和溶解盐等；炼油厂中产生的污水主要来自于催化裂化、焦化等二次加工装置中，主要污染物为硫化物。各类化工废水主要可分为含油污水、含硫污水、含环烷酸污水和含酚污水。针对上述污水,现简单介绍各种污水的常用处理方法。

(一)含油污水

海外油企的含油污水来源十分广泛,常见的来源有化工生产、石油开采、石油管输等,这类污水主要的存在形式为溶解油、分散油、浮油以及乳化油,其危险性较大。含油污水一旦污染水源,可以导致人畜中毒,甚至有些含油污水含有致癌物质,可提高污染区癌症的发病率;含油污水进入河流,会漂浮在水面之上,造成大气与水体无法交换氧气,导致水生植物无法生长,严重影响水资源。含油污水最主要的问题是对土壤的污染,污水的油渍会沉积在土壤中,阻止农作物正常生长,甚至导致作物死亡。

含油污水的处理工艺是:首先对污水进行油水预分离,再通过混凝或者上浮技术将油水进一步分离,避免污油堵塞装置。使用的关键技术有以下四种:

(1)混凝法,这种方法主要适用于处理污水中微小的悬浮油粒和胶状油粒。通过三氯化铁、碱式氧化铝、硫酸铝及硫酸亚铁等混凝剂与污油发生化学反应,形成一种稳定混合体并沉降下来。

(2)气浮法,这种方法主要适用于去除乳化油和较小直径的油粒。基本原理是将空气灌入含油污水,在污水中形成的气泡自下向上浮动,形成由气泡、水和油共同组成的不均匀体系,从而达到分离的目的。按照气泡产生的方式不同,有溶气气浮法、布气气浮法、电气浮法。

(3)过滤法,主要是通过滤膜过滤作用将含油污水中的颗粒物拦截,从而将油水分离。正常情况下,过滤法是混凝法和上浮法的后续工艺,在形成聚合物或是稳定的混合体后,利用过滤法提取污水中的胶状油渍。

(4)生物降解,针对油田污水、产出水处理能力,在油田中央处理厂建设产出水处理池,采用生物降解技术处理工业污水。油田合理利用处理后的产出水,实施回注再利用,不仅保护了油田环境,而且节约了水资源。

在苏丹124区,6区项目中,中国石油作业公司持续推进环保工程建设,累计投资1亿多美元建成了世界上最大的生物降解工程,产出水日处理能力 30×10^4 bbl,实现了生产污水零排放。

(二)含硫污水

含硫污水主要来自炼油厂的分离罐排水、富气洗涤水等。污水中的硫化物具有腐蚀性、毒性且具有刺激性气味,会对环境造成比较大的污染,是必须处理的一类污水。其处理技术也比较多,国内外常用的技术为加氯法、氧化法、汽提法等。

(1)加氯法,在废水中加入液氯、漂白粉、次氯酸钠和二氧化氯等氧化剂,使其与污水中的硫化物发生化学反应,生成 S^{2-},最终实现处理硫的目的。该技术在使用过程中,对硫含量低于 20mg/L 的污水效果最高,如果含量较大,该方法处理费用增长较快,且处理后的污水比较浑浊,不利于后期使用。

（2）氧化法，该技术是将空气和水蒸气一起注入含硫污水，在填料塔、泡罩塔、筛板塔等脱硫塔中氧化，生成 $S_2O_3^{2-}$ 和 SO_4^{2-}。其优点是脱硫的效果比较好，脱硫率可以达到 90% 以上；缺点是处理的时间比较长，需要的设备较大，在大型化工及炼油厂比较适合，小型工厂或者污水量较少的地方不适合。

（3）气提法，该技术是利用 H_2S 在水中溶解度比较小的特点，采用内燃机中的废气、空气来降低污水上部空间的 H_2S 分压，达到将 H_2S 与水分离的目的。因为燃烧的废气中含有大量的 CO_2，可以将水中的 pH 值保持在一个较低的范围内，所以气提效率比较高，并且燃烧的废气一般温度都很高，可以加快脱出效率。目前主要用来预处理石油炼制废水，其他废水的处理应用还不成熟。

（三）含环烷酸污水

重质原油中含有比较多的环烷酸，该类污水主要来自环烷酸回收装置，主要危害是环烷酸具有很强的乳化性和表面活性，会使曝气池产生大量的泡沫，造成水质恶化，微生物死亡等。目前比较成熟的处理技术是工艺萃取、气相催化氧化、活性炭吸附等。产生该类废水的工艺比较少，且污水量不大。

（四）含酚污水

含酚污水对生态的破坏非常严重，且具有致癌作用，属于各国严格控制排放量的污水类型，当酚含量超过 1000mg/L 时，需要先在装置内回收或形成预处理。常用的处理技术有水蒸气脱酚、化学氧化、生物处理等方法。这些技术主要适用于含酚量较小的污水，较高浓度的含酚污水还没有比较完善的工艺。含酚污水处理的主要受制因素是污水量小、处理工艺能耗高、成本高。随着环保等要求的越来越严格，该类污水的处理技术研究需要进一步加快。

四、结语

随着中国石油海外业务的迅速发展，环境污染问题日趋受到关注。石油石化行业是产生污水的主体，该类污水具有排量大、污物多、危害强等特点，简单的处理技术无法达到环保要求，较高的技术又存在价格高、工艺复杂等缺点，所以限制了污水处理技术的使用。如何根据实际情况，分析各类污水的特点及环保的要求，研发性价比较高的技术，是国家相关行业技术及研发人员面临的主要任务。

第七节　防御性驾驶技术在丘陵丛林作业中的应用

防御性驾驶的核心是"预防措施"。无论你在哪里驾驶，也无论你驾驶何种车辆，这些因素都将永远存在。当驾驶员掌握了如何有效、及时地观察、预测和行动，并逐渐形成良好的驾驶习惯和安全理念时，就可以防止在复杂多变的驾驶环境中发生交通事故。训练驾驶员"更加集中注意力，尽量早地识别并进行有意识地决策，准确而又迅速的动作"是防御性驾驶培训的目标。本文以事故开篇，分析事故发生的根本原因，针对丘陵、丛林作业中的特殊地形、地表松软附着力小的特点，以及突出的行车风险，讲述防御性驾驶技术的应用。

一、两次严重的交通事故

（1）2011年3月9日，某队一台皮卡在从主营地前往黑格里前指的路途中（油田红土路），为了躲避一台失控的当地水罐车，突然失控，造成翻车事故，当地水罐车逃逸，车辆受损无人员受伤，当时天气和路况良好。

（2）2013年，某队在4区AZRAQ地区执行三维地震采集作业，4月14日该队一台载人卡车（空载）在刚刚由测线路驶入油田主路（T字路口）后，与一台占用我方车道的军车相撞，我方车辆严重受损，军车报废。

二、防御性驾驶技术

防御性驾驶技术是将相关的驾驶技能和驾驶习惯进行系统的总结和归纳，形成一套简单明了、科学系统的安全驾驶体系，它能帮助驾驶员更清楚地了解人类的"生理缺陷"、更全面地观察并了解驾驶环境、更准确地预测不确定的潜在的危险因素、更及时地采取预防措施避免交通事故。它是针对合格驾驶员进行道路观察、驾驶技能和技巧、风险预判、驾驶规划的强化训练。预防性驾驶的核心是"预防措施"。无论你在哪里驾驶，也无论你驾驶何种车辆，各种各样的危害因素和道路交通风险都将无处不在。当驾驶员掌握了如何有效、及时地观察、预测和行动，并逐渐形成良好的驾驶习惯和安全理念时，就可以防止在复杂多变的驾驶环境中发生交通事故。训练驾驶员"更加集中注意力，尽量早地识别并有意识地进行决策，准确而又迅速的动作"是防御性驾驶培训的目标。从而降低卷入交通事故的概率和减少驾驶带来的焦虑和疲劳。

三、防御性驾驶技术在苏丹项目的推广和效果

随着防御性驾驶技术（DDC）在中国石油集团东方地球物理勘探有限责任公司（BGP）海外推广，海外项目于2012—2013年、2013—2014年旱季施工前，向BGP申请专职DDC培训师陈刚对苏丹项目所有的当地专职司机和中方授权驾驶的兼职司机进行了防御性驾驶培训，并按要求发放了DDC培训合格证。2014年苏丹项目部领导安排了HSSE总监参加了BGP在巴基斯坦组织的DDC培训师培训，并取得了培训师资格。HSSE总监每次项目启动，会亲自到作业队对司机进行评估和培训，并颁发证书；项目作业过程中会不定时地对司机进行抽查和监测。自2014年以来苏丹项目各作业队未发生道路交通伤害事故。并受邀到尼罗河公司、联合公司、中国驻苏丹大使馆、各乙方兄弟

单位、苏丹石油公司进行防御性驾驶培训，参加培训人员总计达到1980人次，取得了较好的效果，得到了受培训者的一致好评，也与兄弟单位沟通了感情，与当地人员增加了友谊。

项目作业队司机主管部门为设备监督。首先队医对应聘司机进行相关的身体检查；合格后设备监督组人员对其进行验证（检查驾驶证的有效性），开展驾驶知识测评、实地驾驶技能测试，填写测试表，对测试合格的司机进行分级；DDC培训师与设备监督对测试报告和分级进行沟通；DDC培训师对准备聘用的司机组织防御性驾驶技术的理论培训，了解司机的沟通能力与注意力；有针对性地对司机进行实地评估、培训和再评测，合格后发放DDC培训证书；人事部门根据需要进行聘用。

四、防御性驾驶技术培训心得体会

防御性驾驶主要是做好"两多一早一少"即"多看、多想、早应对、少做分散注意力的事情"。也就是说在驾驶过程中要尽量把视野放远、放宽，尽量发现你周边的所有可能的"危险因素"；根据所发现的危险因素想象有可能发生的情况，提早做好应对方案；驾驶过程中要注意力集中，少做影响集中注意力的事情，保持精力充沛。比如看到路边的小孩就要考虑他突然窜到路中间的可能性；看到老人就考虑他突发疾病倒地的可能性；看到醉鬼就考虑他故意碰瓷的可能性；看到皮球滚到路中间就一定要知道，后面可能跟着一个追球的小孩。再比如看到刚停下的车，要考虑到他不看后面就开门的可能性；看到破破烂烂的自行车、电动车，就要考虑到它突然散架的可能性；看到公交站附近人们胡乱穿行就要考虑造成鬼探头的可能性；看到大车就要考虑到渣土、石块或者挂着的工具掉落的可能性以及突然爆胎的可能性等。另外，驾驶过程中要保持平和的心态，不要较劲，切忌开斗气车。近年来网络上、朋友圈会经常爆出一些"路怒"的视频或事件。"路怒"不解决问题，反而会使事件升级、激化矛盾。

五、结论

（1）防御性驾驶技术、良好的驾驶习惯是避免交通事故的重要途径。

（2）各作业项目要严格按照DDC培训的要求和标准，选拔、聘用司机。

（3）防御性驾驶技术的关键是做到"两多一早一少"，保持平和的心态。

第八节　长输管道线路焊接一个平台两项支点管理实践

质量是安全的基础，焊接质量是长输管道建设得以稳定安全投产和运行的重要保障，是长输管道工程建设质量管理的关键所在。一道焊口、一处泄漏就有可能造成整条管道的停产、停输，甚至是严重的安全事故和环境破坏。为确保长输管道焊接质量，无损检测（NDT）是管道建设过程中的重要质量管理环节和措施。由于在以往的管道建设项目中施工、检测、监理单位均独立建立无损检测台账，各单位不仅都需要投入大量的人力、物力，大量的重复性工作更是增加了出错的概率。同时，以往的无损检测文件都是线下流转，编制和流转过程中很容易出现黑口、错漏口、重复口、不一致口、底片和焊口不对应等问题，焊接 NDT 管理效果差。

尼贝管道陆上段全长 1950km，项目所在国尼日尔、贝宁地处非洲，均属于世界最不发达的国家，且尼日尔深处撒哈拉沙漠腹地，交通不便、资源匮乏。在该项目中，传统的长输管道工程焊接质量管理和 NDT 检测管理方式存在以下问题：

（1）传统的利用纸质版文档管理焊口无损检测的方法难以杜绝问题的发生，更难适合尼贝管道距离长、焊口数量巨大，以及所在国交通不便、资源匮乏的现状。采用纸质版文档进行焊口 NDT 检测的管理，往往牵涉纸质版的申请、指令、报告等流程，每天焊接、检测焊口数量很大，文档较多，各方参与人员多，文档在编辑、转发、交接和作业过程中，极易出现焊口编号错误、焊口编号符号不一致、漏检或重复检测某个焊口等问题。

（2）尼贝管道将近 2000km，焊口约 170000 道，数量巨大，形成的焊口数据和无损检测底片量非常大。加之工期短、施工队伍繁多，施工过程中避免不了人员流动、作业队伍跨区调遣。由于文件编制人员更替，到管道建设后期，工程文档的整理、核对工作量大且工作难度高。

（3）尼贝管道地域跨度广且交通不便，若申请、指令、报告等流程采用传统的纸质版文件，有可能因为机组营地、检测营地、监理营地不在同一地点，文档审核、转签的流程需要文档在多个地点来回传递，往往因工作时间问题、安保问题，导致实际工作时间大多花费在文件传递上，造成工作效率低下。

（4）在传统长输管道工程的竣工资料表格中，只有管道安装记录一张表格，而且是 Word 版本，该表格每页底部都需要签字，编制完成后修改调整起来非常不方便，尤其是在施工后期，累计的数据量非常大，表格调整、核对、重新签字给竣工资料编制带来很大困难，导致"工程干一年，资料干两年"现象的发生。

因此，在长输管道 NDT 检测中运用"网络数字化技术、信息管理平台"等行之有效的管理手段，控制检测过程，对确保 NDT 检测工作质量及焊接质量控制是十分必要的。

一、制订对策

（一）"一个平台"确定尼贝管道信息管理系统模式

尼贝管道考察了正在运行的国内长输管道信息管理系统在"中俄东线工程""天津 LNG 工程""北京新机场输油管道工程"等项目中的应用情况，并充分考虑尼贝管道项目所处非洲的现实情况，对需要开发的尼贝管道 PMIS 信息管理系统进行优化、升级。具体工作如下：

（1）第一阶段，对中俄东线工程、天津 LNG 工程、北京新机场输油工程的信息系统进行研究分析。

（2）第二阶段，组织相关专业人员讨论，结合尼贝管道地处非洲大陆、交通不便、通信不畅等特点，从现有的项目管理信息系统中选定所需求的模块。

（3）第三阶段，尼贝管道项目公司从宏观上提出平台功能和流程需求，后台技术人员不断滚动优化、升级，按照要求修改后台。

（4）第四阶段，搭建完成信息管理系统平台，进行使用前测试。

（5）第五阶段，为了使信息管理系统正常使用，设置相关人员权限，制定相应管理制度与程序文件，并对使用人员进行宣贯、培训。

（6）第六阶段，信息管理系统正式投入使用，发现问题，及时反馈和处理。本阶段是最主要的数据产生与维护阶段，是真正验证效果的阶段。

（7）第七阶段，工程完工，对信息平台数据及资料进行归档，对信息平台使用情况进行最终总结。

（二）"两项支点"施工、监理、检测一本账

具体做法是：

（1）第一阶段，编制优化表格。

（2）第二阶段，确立该表格使其成为尼贝管道竣工资料正式文件组成部分。

（3）第三阶段，组织承包商、监理、NDT 承包商进行宣贯。

（4）第四阶段，工程建设过程中进行检查，落实执行情况及施工单位反馈的效果。

（5）第五阶段，竣工时，对表格使用效果和产生的效益进行总结。

二、运行实施

（一）尼贝管道 NDT 检测控制流转方案

传统 NDT 检测控制方案采用纸质版流转，来回签字，编制过程中容易造成信息错误、传递不及时等问题。

尼贝管道 NDT 检测控制信息平台流转方案采用全程线上流传的模式，既节省来回签字的时间成本，提高流转效率；又能保证检测结果上报的及时性，提高检测结果的准确性。该方案增加了焊口 NDT 检测结果的透明度，使管理人员和焊接机组能够及时掌握焊接质量信息，达到控制焊接质量的目的。

（二）前期测试

"尼日尔—贝宁原油外输管道工程信息管理系统（PMIS）" NDT 模块，前期在国内服务器上进行开发、编程。尼贝管道在开发阶段就提出要求、优化流程、参与测试，在

测试中发现问题，不断地纠正、迭代。因为尼贝管道工程参建人员有可能来自世界各地，因此该系统从开始就采用中英文双语系统，这在整个行业中也属于首例。经过尼贝管道和开发人员的不懈努力，PMIS 如期上线，顺利在尼贝管道工程建设中投入使用。

（三）制度编制

为了保障尼贝管道工程焊接 NDT 检测电子版信息平台流转方案的顺利实施，WAPCO 编制了四份文件，并在开工前组织培训交流，为方案实施落地奠定了坚实的基础。四个文件分别是：线路焊口编码规则、尼贝管道项目划分手册、尼贝管道 PMIS 系统 NDT 模块使用手册和无损检测管理程序。

1. 线路焊口编码规则

为了保证"尼贝管道工程"线路焊口编号的统一性，便于施工期的焊接质量和焊口 NDT 检测质量控制，尼贝管道以简洁、方便、易识别为出发点，结合施工承包商的意见，编制了尼贝管道线路工程焊口编码规则，要求相关方在统一的规则下进行焊口编号。

2. 尼贝管道项目划分手册

尼贝管道项目划分手册是竣工验收及资料整理组卷的重要依据。尼贝管道工程距离长、焊口数量巨大，为了便于管理和资料整理，遵循系统化、规范化、有序合理的原则进行项目划分。在参照了以往管道工程经验的基础上，经内部讨论及与承包商多次交流沟通后确定了项目划分手册。尼贝管道陆上管道部分划分成了 9 个单位工程（表 3-6-8），为编制 NDT 检测申请、检测报告提供了必要条件。

表 3-6-8 管道线路单位工程项目划分及编号

序号	单位工程名称	单位工程编号	备注
1	PL01 标段线路工程	NBEP-1-01	尼日尔第 1 标段线路工程
2	PL02 标段线路工程	NBEP-1-02	尼日尔第 2 标段线路工程
3	PL03 标段线路工程	NBEP-1-03	尼日尔第 3 标段线路工程
4	PL04 标段线路工程	NBEP-1-04	贝宁标段线路工程
5	尼日尔河穿越工程（HDD）	NBEP-1-05	
6	OKPARA 河穿越工程（大开挖）	NBEP-1-06	
7	Djivi Dodoma 河穿越工程（HDD）	NBEP-1-07	
8	YEWA 河穿越工程（HDD）	NBEP-1-08	
9	诺奎湖湿地穿越工程（HDD）	NBEP-1-09	

3. 尼贝管道 PMIS 系统 NDT 模块使用手册

尼贝管道 PMIS 系统搭建完毕后，为了使相关操作人员准确操作使用，完成相应流程的规定动作，避免在操作中出现问题，编制了尼贝管道 PMIS 系统 NDT 模块使用手册，并组织了多次视频培训，组织使用人员模拟操作。

4. 无损检测管理程序

无损检测管理程序明确了 NDT 承包商的职责，无损检测设备、材料、人员的要求，检测方法和检测执行标准，尤其是规定了"采用网络数字化、信息平台"技术进行管理，除了焊口检测报告提交签字盖章的纸质版竣工资料，其他过程数据全部采用平台数据，大大减少了不必要的工作和参建人员的工作量，提高了效率。

（四）竣工资料两个表格的修订

在以往的长输管道工程中，管道安装记录采用 Word 格式，而本次尼贝管道工程采用 Excel 表格 PE-17 "线路管道安装记录"进行记录，并且增加了一个 PE-18 "焊口移除记录"。两个表格相互配合、补充，把所有焊口都包含在里面，确保焊口数据的完整性、准确性，为竣工资料核对、后期运行维护奠定了坚实的基础。

1. 管道安装施工记录的优化

以往工程的管道安装施工记录的缺点有三：第一，未包含三维坐标信息；第二，焊口编号与管号错半行，占用电脑内存太大，编辑速度慢；第三，编制完成一页后增加或删除数据后，给后续数据调整带来非常大的工作量。将记录表格优化为 Excel 表格后，包含了管道线路安装后几乎所有的必要信息，数据插入、编辑、修改方便，优点非常明显（表 3-6-9）。

表格编制要求以首站为上方，顺油流往下编制焊口，焊口在前管号在后，现场焊口留断点，Excel 表留断点，不能填充的数据在完成作业后填写，NDT 人员只负责核对焊口的准确性，线路阀室的 D508 焊口编入此表，支管焊口不编入，每一个线路分部工程编制一个 Sheet，该表格各签字单位每周核对一次，各单位保存电子版，分部工程完成时签字。

2. 增加焊口移除记录（PE-18）

PE-18 "焊口移除记录"与 PE-17 "线路管道安装记录"配套使用，各单位每周核对一次，各单位保存电子版，分部工程完成时与 PE-17 同时签字（表 3-6-10）。

三、实施效果

（一）"一个平台"的使用效果

1. 直观地反映工程现状

"尼日尔—贝宁原油外输管道工程信息管理系统（PMIS）"可方便、直观地反映目前各施工单位的焊接口数和焊接质量。在平台的首页，可很直观地可以看到各区段施工单位的焊口检测数据和焊接质量情况。

表 3-6-9 线路管道安装记录

Records of pipeline construction installation

Name of unit project :
Pipeline project of section PL01
Project number :

PE-17									Weld coordinate information		
No.	Stake No.	Joint No.	Pipe number	Length m	Pipe specification/ roasted bend specification	Anti-corrosion grading	Location (staking number+miles)	Welding group	construction date	X	Y	Elevation
		留断点										
1	N-001	NBEP-B001-003+1	609456	11.56	D508×7.1	general		CPP-01	2020.03.30			
2	N-001	NBEP-B001-003+2	603455	12.17	D508×7.1	general		CPP-01	2020.03.30			
3	N-001	NBEP-B001-003+3-GT001	602300	12.1	D508×7.1	general	B001+1090.5m	CPP-01	2020.03.30			
4	N-001	NBEP-B001-003+4	600888	11.9	D508×8.6 6°00″	general		CPP-01	2020.03.30			
5	N-001	NBEP-B001-003+5	HY650636-A	11.87	D508×10.2 30°	general		CPP-01	2020.03.30			
6	N-001	NBEP-B001-003+6	JL-0038-WT	6.4		general		CPP-01	2020.03.30			
7	N-001	NBEP-B001-003+7				general		CPP-01	2020.03.30			
8	N-001	NBEP-B001-003+8				general		CPP-01	2020.03.30			
9	N-001	NBEP-B001-003+9				reinforce		CPP-01	2020.03.30			
10	N-001	NBEP-B001-003+10				reinforce		CPP-01	2020.03.30			
11	N-001	NBEP-B001-003+11				reinforce		CPP-01	2020.03.30			

The technician of contractor :   The technician of NDT :   TPI superintendent :

Date :   Date :   Date :

表 3-6-10 焊口移除记录

Records of pipeline construction installation joint delete

Name of unit project:
Pipeline project of section PL01
Project number: NBXP-1-PL01

PE-18									
No.	Stake No.	Joint No.	Pipe number of before	Pipe number of after	Length of delete, m	Pipe specification	Location (staking number+miles)	construction date of original	Delete date	Delete reason	remark
1	N-001	NBEP-N001-003+15	600846	600858	0.8	D508×7.1	N001+1092m	2020.03.30	2020.04.15	机械性能试验取样	
2	N-024	NBEP-N024+009	607803	602601	2.4	D508×7.1	N024+46m	2020.04.11	2021.03.11	线路连头	
3	N-024	NBEP-N024+103-R2	607808	602628	0.6	D508×7.1	N024+599m	2020.06.17	2020.06.23	二次返修不合格	
										裂纹	

The technician of contractor:

The technician of NDT:

TPI Principal:

Date:

Date:

Date:

2.详细的数据统计和分析能力

充分利用信息系统的统计分析能力，在PMIS平台上无损检测模块设置了"RT信息统计"和"UT信息统计"功能，可以一键导出全部线路焊口检测信息，可以进一步通过筛选对焊接进行分析、统计、管理。

通过下载的"RT信息统计"和"UT信息统计"及筛选等功能，可以根据需要对焊口信息进行检索，查找想要的内容，为尼贝管道线路工程焊接管理带来非常大的便利，受到了施工、检测等各方的极大欢迎。

3.有效避免了编制焊口检测申请发生错误的概率

PMIS平台上，焊口无损检测申请由焊接机组质量员编制，平台上设置了编制数据记忆功能，使编制人员不用重复不必要的数据，大大减轻了工作人员的劳动强度。平台上还设置了NDT检测申请单编号重复提醒与焊口编号重复提醒功能，大大减少了编制出错的概率。

4.有效避免编制检测报告时发生错误

以往的NDT检测报告是由NDT承包商根据监理下达的指令和施工单位提交的检测申请，自己编制焊口编号，在编制中难免出现数字错误、符号错误、后缀错误，这些错误给后期焊口核对带来非常大的麻烦。在进行平台策划的时候，要求编程人员增加下载、导出功能，NDT检测人员在编辑检测报告时，可将施工单位提交的检测申请中的焊口编号原封不动地导出，检测单位直接在导出的表格中编写相应的评片数据，最后再将该表格上传到系统中即可。完全避免了因手动抄写出现传抄错误的问题。该平台系统的方便性，大大减少了工作人员的时间，受到了使用各方的一致好评。

5.发挥平台优势，参建各方及时获得焊接质量信息

在平台规划期，从信息的及时性出发，要求开发人员将焊口评片结果及时通知到相关各方。为此，在系统设置上，当NDT检测单位的检测报告上传到平台上时，监理、EPC承包商项目、焊接机组、尼贝管道项目部都可以第一时间看到检测报告。当然，在监理单位的NDT审核人员未确认前，检测报告还是可以修改的。

6.信息提示功能和手机应用功能

为了更好地应用，要求开发人员在平台上增加了"信息提示"功能，如有检测申请、检测指令等任务，一旦使用者登录系统，"信息提示"就会提醒使用者处理任务。

另外，还要求开发人员增加了手机应用功能，只要有网络，使用者就可以使用手机登录平台，即使在现场，焊接机组人员都可以编辑焊口检测申请。

（二）"两项支点"的使用效果

1.PE-17"线路管道安装记录"的使用

截至2022年2月14日，尼贝管道线路工程已经焊接完成144km，施工单位采用

PE-17"线路管道安装记录"对已经完成的焊口进行记录，记录表格包含桩号、焊口编号、前后钢管号、管长、管材规格、防腐等级、焊口距离桩号的距离、焊接机组、焊接日期的详细信息。现场焊口的三维坐标信息将在管道下沟后经 RTK 实际测量采集数据后填入，该表格几乎包含了管道运营期所需要的全部数字化信息。做好 PE-17"线路管道安装记录"将为长输管道的安全平稳运行提供坚持的基础。

与现场实际情况进行配合，在编制 PE-17"线路管道安装记录"时，要求施工单位：如果现场有留头，则在记录表中也要相应地留出空格，将来在现场连头时再补充填入相应的内容。这大大方便了编制人员的可操作性，焊接留头一目了然。PE-17"线路管道安装记录"的分篇按照线路管道试压的分段来进行，试压前完成所有的焊口数据，需经监理、施工单位、NDT 检测单位三家平时每周核对，最终核对无误后签字，完全避免了焊口检测数据问题的发生。

2. PE-18"焊口移除记录"的使用

在实际工作中，根部缺陷一次返修不合格、层间缺陷二次返修不合格焊口、裂纹焊口和在连头或其他条件下根据需要现场进行了割除的焊口，以往工程中 NDT 检测单位并未完全获取到信息，造成后期焊口数据对不上。因此增加了 PE-18"焊口移除记录"，对线路上割口进行登记。PE-18"焊口移除记录"包括移除的焊口编号、前后钢管号、移除长度、位置、移除日期、移除原因等重要信息，完善了焊口的记录管理。

四、总结和下一步计划

目前 PMIS 平台 NDT 模块的使用基本达到了当初设定的目的和效果。焊接机组、EPC 项目部、NDT 检测承包商、监理都在一个系统平台上处理焊口检测工作，而且系统平台占用网络资源小、工作效率非常高，参建各方反映良好。参建各方项目管理人员每天登陆平台可即时了解焊接质量，非常方便。采用电子表格格式的 PE-17"线路管道安装记录"和 PE-18"焊口移除记录"，对焊接数量、留头情况分类统计汇总，方便现场监理、焊接机组、NDT 检测单位三家定期核对信息。

通过"一个平台，两项支点"的成功实践，使尼贝管道全线焊接和 NDT 管理将得到高效、有序、准确的管理。焊口 NDT 检测将实现杜绝黑口，解决了错漏口、重复口、编号不一致口、底片与实体不对应的问题，实现了线路焊接施工与资料的同步，为尼贝管道正式运行期间的维护、抢修提供真实、准确的资料。

第七章

多元安全文化的创建与实践

中国石油海外油气业务始终坚持"员工生命高于一切"和"以人为本"的社会安全和HSE管理理念，坚持"零事故、零污染、零伤亡"的安全目标，完善HSE和社会安全管理。

海外项目绝大多数是合资公司，外方员工占90%以上。面对不同文化、不同信仰和不同价值观的当地雇员和国际雇员，坚持尊重与融合的理念，坚持安全是企业的核心价值，培育具有特色的社会安全和健康安全环保（以下简称"HSSE"）文化。尤其是对不同文化背景、不同合作模式的各类承包商，推广实施"四个一样"的管理模式。针对中国石油90%以上的海外油气作业产量来自社会安全高风险国家，研究制订出高危国家社会安全管理程序和现场操作规程。在伊拉克动乱、南苏丹内战、叙利亚动乱和内战、两苏战争、委内瑞拉学生大规模长时间游行示威等多次重大突发社会安全事件应急管理中，应急处置有序有效，确保了人员安全和资产安全。开展海外油气业务二十多年来，海外油气业务杜绝了较大及以上工业生产安全事故，杜绝了较大及以上环境污染和生态破坏事件；杜绝了职业性、群发性疾病导致员工死亡事件，得到资源国政府的一致好评。

第一节 社会安全管理体系的持续推进与有效运行

针对中国石油90%以上的海外油气作业产量来自社会安全高风险国家，研究制定出高危国家社会安全管理程序和现场操作规程，并广泛实施。在伊拉克动乱等11次重大突发社会安全事件应急管理中，应急处置有序有效，确保了人员安全和资产安全。

一、研究制定并实施社会安全管理规范

多年来，海外油气业务全面推进实施社会安全体系化管理，大力推广"三大一统一"安全管理模式，有效应对各类突发事件，有力保障了油气业务安全发展。坚持抓好北非中东安全局势应对工作，保障海外人员安全和项目发展；坚持完善管理机制，有效落实社会安全责任；坚持推进社会安全体系化建设，提升风险综合管理能力。

组织对应急管理工作职责、程序和流程进行了梳理和完善，明确了各级应急事件管理流程，以及事件进展跟踪反馈程序。24h持续跟踪关注全球焦点、热点问题的动态和发

展趋势，关注全球社会安全重大事项，关注跟踪海外项目重大事项。每天 8:00 前，通过短信向公司管理层发布重要信息；遇重大紧急事情随时发布。短信已成为管理层了解最新情况的最有效手段。通过邮件，每天向公司机关部门副职及以上人员、海外项目 HSE 专职人员和有关领导发布应急及社会安全信息日报。每周周日，向公司有关领导发布社会安全形势周报。每周一向海外项目发送社会安全及 HSE 周报。据不完全统计，每年平均发布要情简报 18 期，专题报告 12 份；对海外项目发送提示、提醒、预警 50 次。

组织社会安全管理体系在海外项目的推广工作。指导伊朗公司、尼日尔项目和乍得项目等完成了社会安全计划、保安资质评估程序、保安日常工作规范、社会安全信息和预警管理、人防物防技防检查表等三级文件的编制和推广实施，并取得显著效果。

二、完善应急响应机制

在已建成的应急信息共享系统的基础上，按照中国石油应急管理和社会安全管理要求，完善并建成应急信息管理系统。通过强化应急资源落实、预案完善和演练提高了应急管理水平。有效应对了南北苏丹边界争端、叙利亚人员撤离等突发事件。

在 2012 年的南北苏丹边境冲突期间，快速启动应急响应机制，动用各类飞机 48 架次、三条空中航线、近四百台次车辆，组织实施了三次大规模的人员紧急撤离，共撤离 4510 名中外方员工。在 2013 年底至 2014 年初的南苏丹内战期间，先后通过肯尼亚、苏丹等国组织包机 26 架次，安全转运 1280 人，其中中方人员 891 人。在 2014 年 6 月以来的伊拉克动乱中，有序安全撤离中方员工 1500 人。叙利亚项目在内战愈演愈烈的局势下，多渠道收集信息，准确研判，畅通联系，强化防范，成功实现了 99 人次的安全撤离，并完成生产平稳交接。

第二节　多元文化环境中的 HSE 管理创新

中油国际坚持以推动安全环保责任归位为抓手，以推进 HSE 管理体系建设为核心，以建设公正定责文化为基础，以强化 HSE 培训为前提，持续推进健康、安全、环保管理规范化、专业化、国际化，积极培育公开、公正、尊重、关爱、干预的 HSE 文化，创造并保持了优良的 HSE 业绩，在国际石油市场上树立了对健康、安全和环境负责任的形象。

一、推进有感领导、直线责任、属地管理

中油国际从国际油公司和自身的 HSE 实践中发现，安全环保关键在领导，从上至下的支持是良好的 HSE 业绩的关键驱动力，高层管理者对于本单位的 HSE 工作具有至关重要的影响，他们的决策、言行和习惯影响着下属管理人员和员工对安全的态度、行为和对工作优先级的把握。同时，因为岗位责任是点，直线责任是线，属地管理是面，点、线、面相结合才能确保安全环保管理不留死角，不挂空档。因此，强化直线责任、推进属地管理

既是健全和落实安全环保责任制的必然要求，也是形成 HSE 齐抓共管格局的有效方法。公司逐步促使 HSE 管理从 HSE 部门向高层管理者、业务部门、岗位员工推动转变。

二、风险管控向系统化运行转变

2004 年之前海外业务没有统一的 HSE 管理体系，主要依靠各项目自治，联合作业公司借鉴合作伙伴母公司的体系建设自己的体系，中方享有作业控制权或独立作业权的公司在守法运行的同时执行中国石油的 HSE 管理制度、标准和规范。

为实现对海外油气业务安全环保风险的系统化管理，公司在 2003 年成立了独立的 HSE 部，并立即集中资源加速建设 HSE 管理体系。2004 年发布了中文版体系，2006 年初发布了与国际接轨的英文版体系，2011 年以"2011—2015 年 HSE 管理体系建设推进计划"的发布为标志进入了 HSE 体系建设的新阶段。截至 2014 年初，公司已经发布试运行 54 项管理程序。

二十年来，通过不断学习、借鉴国际一流能源公司 HSE 管理的先进经验、HSE 管理体系的新发展、新变化，创造性地吸收中国石油 HSE 管理的成功经验，与伙伴公司协作、融合，海外业务已形成大量行之有效的 HSE 管理制度，积累了丰富的体系建设和运行经验及有效做法，HSE 管理逐渐向系统化方向转变，安全环保风险可控、受控水平显著提高。

三、以事故分享为手段，强化预防措施，系统化防范风险

事故是一种宝贵的资源，未遂事件是赐予我们宝贵的财富。事故案例提供了改进 HSE 管理的重要机会，对正确评价安全现状和发现管理漏洞具有重要意义。而要让这些资源发挥应有的作用，就必须彻底改变目前的问责文化，借鉴国际油公司的做法，培育鼓励报告、公正定责、共享教训的文化。海外项目结合实际从完善隐患、事故事件管理机制着手挖掘事故事件的价值，增强了 HSE 管理的主动性。例如，哈萨克斯坦 PK 项目给承包商制定了百分制的考核标准，承包商发生一起损工伤害事件会被扣 10 分，报告一起未遂事件则可加 5 分，以此鼓励其通过整改未遂事件暴露出来的问题减少事故的发生。厄瓜多尔安第斯项目在推行 STOP 卡的同时，建立了不安全行为/状态与险兆事件报告、分析系统，任何部门、任何员工都可非常方便地通过该系统报告身边的不安全行为/状态与险兆事件，系统会自动生成不安全行为、状态及不合规环境破坏行为图表，还建立了事故跟踪系统，用户可按区块、时间段、事件类型查询安全环保统计信息，系统可自动显示数据表和图表，管理层可根据系统中的报告和统计信息评审和完善安全环保政策、程序和培训计划，找到事故事件发生的根本原因，采取措施填补管理漏洞。

四、强化 HSE 培训，提升安全意识和技能

根据不同层面人员的岗位需求，公司组织编制了健康、安全、环境三个模块的培训

矩阵，明确了从最高管理层直至基层员工共十五类人员的必修课和选修课，列出了各门课的培训大纲；编制了《中国石油员工海外旅行安全指南》《HSE警示录（二）》《HSE Alert》和《HSE基础知识题集》等教材和题库。目前，海外油气业务已经培养中外籍HSE专业人才队伍超过700人。

为了与资源国建立和谐共赢关系，为公司经营储备人才，很多海外单位在自行组织各种培训的同时，还安排表现突出的当地员工到中国或第三国的著名大学、培训机构、石油企业学习、观摩。哈萨克斯坦PK项目每年选拔几十名当地优秀高中生送到中国石油大学学习石油工程等专业，中亚天然气管道公司选派大学毕业生到中国石油大学接受管道运营管理知识和能力的继续教育，伊拉克公司鲁迈拉项目组织负责安全管理的伊拉克员工分期分批到中国石油大学接受HSE业务培训。

中油国际在二十年的海外油气业务发展过程中，创造性地探索了一些社会安全和HSE管理做法，围绕"三零"（零事故、零伤亡、零污染）目标，坚定不移地落实"员工生命高于一切"和"安全第一、环保优先、以人为本"的管理理念，扎实构建海外安全环保和社会安全长效机制，持续改进了社会安全和HSE管理绩效。

第八章

环境管理信息化国际良好实践

结合海外油气项目环境管理现状，对标借鉴国际石油公司优良做法，中油国际计划进一步完善现有的海外油气项目环境绩效指标体系，并获得环境管理信息系统的优化思路。结合全球环保要求新趋势和公司环境管理的新需求，公司环境信息系统需要进一步优化的方面主要包括：

（1）环境绩效指标体系优化，结合国际环保管理最新发展趋势，进一步优化环境绩效指标体系，通过科学、精简的月报、年报指标设置，实现海外项目环境管理状况的及时、全面跟踪。

（2）兼顾不同海外项目类型，公司所辖海外项目分布于全球不同国家与地区，海外项目合同模式有矿税制、产品分成、服务合同、回购合同等多种模式，根据股权占比又分为作业者（控股）项目、等权联合管理项目、小股东项目，通过对信息管理系统的多语种、多模式兼容优化，实现各种类型海外项目环境管理状况的有效管理。

（3）实现环境管理文档存储，公司海外油气业务分布于全球，点多面广，涉及的环境要素类型多、属性多，产生的环境信息庞杂、多样，各海外项目目前的环境信息存储模式各不相同，通过信息管理系统的存档功能优化，实现各海外项目统一、有序的环境信息存档管理。

（4）优化现有环境管理信息系统管理模块，结合知名国际油气公司总部在环境管理信息系统方面的具体做法，对公司现有 HSE 管理系统的环境模块、信息的收集和处理等提出优化建议，实现对不同类型海外项目的精准环境管理。

第一节 环境绩效指标体系的建立方法

通过专家访谈和资料调研，国际石油公司主要针对自身作为作业者的项目，要求项目公司严格遵守总部制定的全球通用的一套管理标准，并对项目公司的运营情况进行环境绩效表现追踪管理。根据对国际石油公司 A、国际石油公司 B、国际石油公司 C 的专家访谈、内部资料审阅及公开资料收集，国际石油公司建立环境绩效指标体系的整体策略为：首先设立自身的发展愿景和长期目标，其次设置不同环境关注方面的分解目标和短期目标，最后针对具体目标设置相应的指标体系。该指标体系通常用于环境表现的内部汇报和评估，同时也用于可持续发展信息对外公开，并随着发展趋势不断进行调整、优化。

根据对多位专家访谈了解到，国际石油公司总部对于项目公司进行系统性环境绩效管理，进行数据收集和汇总，完成公司可持续发展目标要求并编制可持续发展报告。由于油气行业发布报告内容涉猎广泛，可能延伸到与石油天然气行业相关联的二级商业活动中，如采矿、发电、天然气输送、可再生能源系统、特种化工和金属制造等，如果没有一个统一的标准，可持续发展报告在发布和应用方面会出现很多问题。

为了解决这一问题并提高报告的质量和一致性，国际石油工业环境保护协会（IPIECA）❶和美国石油协会（API）在高度契合全球报告倡议组织（GRI）《可持续发展报告指南》的一般性报告框架的前提下，结合石油公司独特的经营特点，于2005年4月共同推出了《石油与天然气行业可持续发展报告指南》（*Oil and Gas Industry Guidance on Voluntary Sustainability Reporting*，简称《指南》）。

《指南》的"联合企业报告特别工作组"的成员组成主要来自本章对标的国际石油公司A、B和C。各国际石油公司均主要参考该指南收集和发布可持续发展报告（包括环境绩效表现、碳排放管理等相关内容）。该指南内容也印证了专家访谈获得的信息，即国际公司正是按照这种做法，首先设立自身的发展愿景和长期目标，其次设置分解目标，最后建立指标体系，并收集定量数据和定性信息。

由于该《指南》具有以下特点，因此被国际石油公司广泛用于确立自身环境绩效指标体系的重要参考依据：

（1）提供可持续发展报告中绩效指标的衡量、定义和选择方法。同时，提供一套完整统一的绩效指标。

（2）由世界最领先跨国石油公司的专家主持编制，选择的指标对石油公司有很强的针对性。

（3）可以部分或全部适用在企业可持续发展报告过程中，可以用于成熟企业的环境绩效指标体系完善、深化指标内涵，提升责任管理实践的水平。

本节主要对IPIECA在2020年4月发布的最新版（第四版）《指南》进行详细梳理和具体分析。

一、指标确定原则

不论是用于日常运营管理或是环境绩效报告，环境绩效指标确定的过程中都需要考虑具体指标的设置目的和每个指标应考虑的基本内容。

---

❶ IPIECA是全球油气工业的环境与社会问题协会。IPIECA通过制订指导文件促进良好实践，以帮助行业提高其环境和社会绩效。这些文件是反映行业趋势和用于行业参考的重要资料。IPIECA已为油气行业制定了五十余份良好实践指导文件和报告。

确定环境绩效指标的首要步骤是确定公司关注的重要环境问题（或环境因素）。重要环境问题即对于公司管理者和利益相关方来说，会显著影响公司表现和影响外部决策的问题，通常这些问题会对公司的价值创造、市场估值及品牌声誉产生显著的正面或负面影响（表3-8-1）。

表3-8-1 环境绩效指标确定的注意事项

序号	事项	具体内容
1	主要关注问题	公司主要关注的环境问题，以及相应的管理方式和策略
2	绩效指标	选择每个关注的环境问题最直接相关的绩效指标
3	指标重要性	确认每个选择的指标对公司的重要性和内在原因，确认该指标的内涵和反映的绩效
4	涵盖范围	指标涵盖的内容的适用性和相关性，确认指标不涵盖的范围
5	数据基础	指标的统计单位、整合方式和统计边界
6	指标定义	指标所涉及的内容或术语的明确定义
7	指标（统计/汇报）要素	统计该指标所需要的基础数据或要素

国际石油公司根据其确认的重要环境问题来制定自身的环境绩效指标体系并进行公开。以下步骤简述了识别和报告重要环境问题的流程（表3-8-2和表3-8-3）：

（1）识别：详细列出所有潜在关注问题（包括已存在的问题和正逐渐显现的问题）。
（2）排序：判断重要环境问题。
（3）复核：检查合适性、数据完整性。
（4）报告：列明报告流程，报告重要环境问题。
（5）完善：获得反馈，进一步完善指标。

表3-8-2 公司内部关注的重要环境问题判断表

重要性	对持续运营的影响	媒体、公众、政治影响	对商业策略的影响
高	在全球范围或区域范围可能造成不可逆的损失	国际舆论的强烈指责或愤怒	根本性的业务改变，包括新的机遇
中	实质性的处罚或惩处	长期影响或局部的批评（例如某个国家的）	改变既定策略目标
低	轻微违法，没有处罚	短期影响或局部的投诉	改变地位或系统

确定重要环境问题后，根据问题确定能够反映公司表现的绩效指标。为更好地量化指标，用于汇报和比较，需要确定每个指标的指标（或汇报）要素，即每个指标需要收集和记录的信息和数据。通常指标要素应具备以下特征：

（1）能够以清晰和可信的方式呈现公司的绩效表现和进步。

表 3-8-3　公司外部关注的重要环境问题判断表

重要性	对环境的影响	公司外部的关注水平	对可持续发展的贡献
高	会直接造成大规模或严重破坏	普遍认为是重大问题或不可接受的问题	可能或有潜在的长远影响
中	会导致生态系统质量下降	仅部分地区或部分群体认为重要	可能有局部影响
低	有影响但很小	不关注或间接关注	影响较小

（2）基于业内普遍通行的信息收集方式，方便行业内不同的公司进行横向比较。

（3）基于可以被证明或验证真实性的信息。

（4）以普遍承认的计算方式得出。

（5）符合公开的行业标准和国际规范。

二、具体指标

《指南》总体包括 21 个可持续发展事项（包括公司治理、气候变化与能源、环境、健康安全、社会五大方面），具体分为 42 个绩效指标。通常情况下国际石油公司分别设置气候变化与能源绩效指标体系和环境绩效指标体系，但考虑到中油国际将能源指标纳入环境绩效指标体系管理，因此本节主要分析《指南》中的五大方面中的以下两大方面：

（1）气候变化与能源。

（2）环境。

每个方面的具体指标见表 3-8-4。

表 3-8-4　石油公司通常适用的环境绩效指标

序号	类别	具体事项	对应指标	指标要素性质
1	气候变化与能源	气候策略和风险	气候治理与策略	定性
2		气候策略和风险	气候风险与机会	定性
3		技术	低碳技术	定性
4		排放	温室气体排放	定量
5		排放	甲烷排放	定性、定量
6		能源消耗	能源消耗	定性、定量
7		放空燃烧	放空废气	定性、定量
8	环境	水	新鲜水	定量
9		水	废水排放	定性、定量

续表

序号	类别	具体事项	对应指标	指标要素性质
10	环境	生物多样性	生物多样性政策与策略	定性
11			生物多样性保护的保护区和优先区	定性、定量
12		废气	废气排放	定性、定量
13		泄漏	环境泄漏	定性、定量
14		物料管理	物料管理	定性、定量
15		退役	退役	定性、定量

三、数据收集

本节主要是关于数据收集的原则和注意事项。本章第二节将具体介绍数据收集的实操性内容，并通过专家访谈和资料审阅，进行具体的流程和案例分析。

确定指标和指标要素后，需进行数据/信息收集，内部的信息收集应根据统一的指南和定义进行。数据收集应重点厘清以下事项：

（1）统计边界：绩效统计的关键在于确保数据的一致性。一个指标涉及的数据可能来自不同类型商业合作模式[例如合资公司（JV）等]下作业的多个组织实体，因此应明确数据收集填报的边界（明确什么是范围内和范围以外的数据）。

（2）确立基线：选取一个参考年作为基准来衡量取得的进展或成效。

（3）统一区间：石油公司绩效通常以年度为区间。

（4）信息质量：应设置数据审核流程（包括量化或非量化的数据）。

（5）数据整合：公司绩效表现的数据可能来自一个单独的项目、国家范围或全球范围，应确定所选取数据的层级，而且数据应该能够根据业务模式标准化[为保证数据一致性，上游业务的数据收集可以参考国际油气生产者协会（IOGP）的安全和环境数据收集指南进行]。

四、统计边界

进行指标的设定和数据/信息收集首先需界定指标的统计边界。统计边界的确定可以参考 IPIECA 和 GRI 的温室气体排放的统计原则，也可以参考 IOGP 的安全和环境数据收集指南。不同指标可能有不同的统计边界，但同一指标的统计边界应该每年一致，并且在公司的不同项目上也有一致性，以便纵向和横向比较。

确定统计边界，首先应明确所有的环境信息收集填报单位，收集填报单位通常是可以实现数据统计的某地区或国家的一个独立的业务板块，或一个项目的独立公司。

在数据收集填报上，石油公司可能涉及作为作业者的 JV 或非作业者 JV（OBO）。环境绩效指标通常涉及以下三个统计边界（表3-8-5）：

（1）运营边界：运营边界的统计方式只考虑公司作为作业者的JV对于环境的影响，因此不论所占股比大或小，所有的环境影响都被计入绩效指标中。满足以下条件的资产会纳入运营边界的统计范畴：

——公司是作业者，包括独立作业者、其他公司的承包作业者或合资公司的作业者。

——项目为等权联合管理项目，由合资伙伴进行作业，但公司可以做合资公司的管理/作业决策。

（2）资产边界（或股权边界）：资产边界的统计方式会涵盖作业者或非作业者JV的环境影响，但会根据所占股比进行折算。一般温室气体排放相关的数据会涉及资产边界的统计方式。

（3）总部层面：一般涉及体系、政策、程序方面的指标。

表3-8-5 环境绩效指标及通常对应的统计边界

序号	类别	对应指标	运营边界	资产边界	总部层面
1	气候变化与能源	气候治理与策略			√
2		气候风险与机会			√
3		低碳技术			√
4		温室气体排放	√	√	
5		甲烷排放	√	√	
6		能源消耗	√		
7		放空废气	√		
8	环境	新鲜水	√		
9		废水排放	√		
10		生物多样性政策与策略			√
11		生物多样性保护的保护区和优先区	√		
12		废气排放	√		
13		环境泄漏	√		
14		物料管理	√		
15		退役	√		

五、指标分析

指标分析见表3-8-6。

表 3-8-6　环境绩效指标体系分析及指标要素汇总

序号	类别	对应指标	指标重要性	涵盖范围	统计要素	
1	气候变化与能源	气候治理与策略	显示公司作为全球能源转型中的一员的能力，以及应对气候变化挑战的能力	在气候变化风险和机遇方面的原则立场、政策、策略；满足区域/某国家应对气候变化法规政策的方法和路径；市场参与（碳交易）情况和碳减排项目	核心要素	1）制定气候相关风险和机遇的治理和管理方法，包括董事会级别的问责制和流程，以便将气候变化纳入公司战略决策 2）公司负责应对气候相关风险和机遇的政策和战略的最高职位 3）公司的立场和任何相关政策，以解决生态系统的气候相关风险和机遇 4）未来能源供需平衡与公司的气候政策和战略之间的关系，包括向低碳能源转型的风险如何影响公司的资产基础、业务绩效和价值
					补充要素	1）公司对公共气候变化政策与气候变化情景预测之间关系的看法（包括未来能源供需平衡） 2）公司对政府、私营部门和民间社会为减少温室气体排放和适应气候相关风险而采取的方法的看法和回应 3）公司如何应对温室气体排放法规，包括参与市场交易，以及将内部碳定价机制应用于投资决策 4）公司在温室气体抵消计划方面的立场和举措，包括当前和计划抵消项目的具体示例或案例研究
2	气候变化与能源	气候风险与机会	显示公司在应对气候相关的风险和机遇的信心、规划	与应对气候相关风险和机遇管理措施相关的所有重要战略和计划，包括： • 如何在公司和运营层面评估、优先考虑和应对与气候相关的风险和机遇； • 历史排放管理和减排绩效的背景； • 如何将与气候相关的风险和机会管理纳入公司的长期战略和年度计划； • 如何描述气候相关风险的影响，包括对财务影响的评估； • 与气候相关的目标和/或承诺； • 与气候相关的绩效目标、激励和奖励之间的关系，以及计划活动和预计成本	核心要素	1）公司管理气候相关风险和机遇的一般方法，包括： • 风险和机遇的识别和评估； • 将风险和机遇纳入现有业务和新项目的业务战略和规划中； • 与能源转型相关的风险和机遇； • 通过基于自然的解决方案降低风险的机会；和 • 与气候相关的风险，例如海平面上升或洪水风险 2）公司温室气体排放管理战略，包括在运营中减少温室气体排放的计划、承诺、投资和活动 3）作为整体温室气体排放管理战略的一部分，公司如何评估和管理甲烷风险和影响 4）定量的 GHG 排放或与能源相关的目标： • 目标范围——总温室气体、二氧化碳、甲烷、其他温室气体、能源使用和/或燃烧； • 目标类型（绝对值或强度）； • 已经开始或计划的目标； • 用于衡量实现这些目标的进展的方法；和 • 基准年和时间表，以及实现目标的进展
					补充要素	1）公司用于管理与气候相关的金融风险和机会的工具和方法 2）气候风险和机会管理方面的激励措施，如何将与气候相关的绩效目标纳入高级管理层和员工的薪酬中

续表

序号	类别	对应指标	指标重要性	涵盖范围	统计要素	
3		低碳技术	为了满足未来的全球能源需求，世界需要各种商业可行的新能源。利益相关方在寻求能够更好地了解能源转型所需技术进步的信息	该指标用于呈现公司的活动和计划，以应用旨在减少运营和产品的碳足迹的技术的研究计划或项目，包括使用和/或供应低碳能源，例如替代能源	核心要素	1）引入和应用减少二氧化碳排放的技术，这些技术涉及： • 运营（范围1）； • 进口电力和蒸汽（范围2）；和 • 消费者对产品的使用（范围3）
						2）在适用的情况下，提供低碳和/或替代能源的方法，包括相关运营活动、计划或项目的描述。 • 提供的能源数量和类型的数据；和 • 管理任何相关的社会或环境影响
					补充要素	对低碳和可再生能源解决方案过渡的技术前景，包括任何技术投资计划及技术对能源供需的影响
4	气候变化与能源	温室气体排放	大多数石油和天然气行业的运营活动都会排放温室气体（GHG），导致全球大气温室气体浓度升高。温室气体排放也由客户使用出售的燃料和其他产品产生	该指标包括公司如何测量和监测来自燃烧和其他过程的温室气体排放，包括二氧化碳和甲烷石油和天然气公司应考虑包括IPCC列出的七种温室气体（如适用）： • 二氧化碳（CO_2）； • 甲烷（CH_4）； • 一氧化二氮（N_2O）； • 氢氟烃（HFC）； • 全氟化碳（PFC）； • 六氟化硫（SF_6）；和 • 三氟化氮（NF_3）	核心要素	1）使用选定的报告边界（运营、股权或其他）报告公司范围内的直接温室气体排放（范围1），包括： • 直接二氧化碳； • 直接CH_4；和 • 直接排放的其他温室气体
						2）报告与进口能源（范围2）相关的全公司间接温室气体排放，与直接排放区分
						3）温室气体总排放量，按业务活动分类（如油气开采、精炼等）
						4）公司范围内的温室气体排放强度，并在适当情况下按业务活动进行分类
					补充要素	1）用运营和股权边界报告公司范围内的直接温室气体排放
						2）报告与消费者使用石油和天然气产品相关的全公司间接温室气体排放
						3）提供CO_2和CH_4排放的主要来源类别的细目分类。例如，燃烧（固定和移动设备）、燃烧、排气、过程/逃逸泄漏和产品运输
						4）与利益相关者特别感兴趣的活动（例如油砂）相关的排放
						5）单独报告与热电联产相关的大量直接温室气体排放
						6）单独报告与能源输出相关的大量直接温室气体排放
						7）报告温室气体议定书中列出的其他范围3间接温室气体排放类别

续表

序号	类别	对应指标	指标重要性	涵盖范围	统计要素	
5	气候变化与能源	甲烷排放	甲烷是一种短期气候强迫因子（SLCF），其全球变暖潜能值（GWP）明显高于二氧化碳	甲烷战略管理，应包括以下信息： • 测量和监测：如何识别甲烷来源并估算或量化其排放量； • 风险评估和缓解计划：如何评估与甲烷相关的风险，并解释如何将缓解计划（包括培训）纳入设施设计和建造、运营、维护、改造和退役 • 无组织排放：为识别、量化和消除无组织排放所采取的方法。说明应用的范围和频率，例如连续监测、泄漏检测和修复（LDAR）或空中／大气调查技术。 • 科学和技术：描述旨在更有效或更高效地测量和减少所有运营活动中的甲烷排放的创新科研	核心要素	1）公司管理甲烷排放的方法，包括： • 管理甲烷相关气候问题的责任； • 风险评估和缓解计划；和 • 直接或估计的测量和监测方法
						2）根据不同甲烷来源和活动总结公司在管理甲烷排放方面的表现（总绝对排放量和排放强度）
					补充要素	1）公司甲烷减排目标（绝对或强度）的范围、时间表和进度
						2）公司在有助于评估或减少甲烷排放的技术创新方面的贡献
						3）公司参与和采用协作性行业计划以促进科学理解或技术开发以解决甲烷排放问题
						4）甲烷、测量、减少／回收及节约成本方面的案例
6		能源消耗	能源效率是一个关键的可持续发展目标。展示对能源消耗和资源效率的清晰理解，也能帮助减少二氧化碳排放	公司运营所消耗的能源总量，以及有关石油和天然气运营及其他业务活动的相关能源效率措施的信息	核心要素	1）公司的能源消耗总量
						2）在提高能源效率和减少能源消耗方面的举措和进展。例如，许多公司在现场生产能源并使用热电联产工厂以提高能源效率
					补充要素	1）公司输出的能源（出口能源）
						2）不同业务活动的能源强度，如石油和天然气生产、石油精炼等
						3）单位产品的能源消耗
						4）促进客户高效使用能源的举措
7		放空燃烧	全球每年有数十亿立方米天然气在油气开采基地燃烧，这减少了甲烷的直接排放，但也向大气中释放了二氧化碳，导致能源资源的损失	公司运营中燃烧到大气中的碳氢化合物气体的数量以及采取的减排措施 数据应包括排到设施中运行的火炬系统的碳氢化合物气体总量，包括常规的燃烧操作，以及任何非常规／安全燃烧事件。报告的燃烧气体应包括吹扫气体、引燃燃料和辅助气体	核心要素	1）运营过程中燃烧的碳氢化合物气体的总量
						2）有明显放空燃烧项目的地理位置
						3）设定的与燃烧相关的任何承诺或目标，包括与跨行业计划的合作
						4）放空燃烧占温室气体排放总量的贡献百分比
						5）当前和未来的减少火炬行动，包括长期减少与短期运营波动
					补充要素	按燃烧废气的类型分类统计，例如常规和非常规燃烧，以便明确燃烧废气的原因和需要改进的地方

续表

序号	类别	对应指标	指标重要性	涵盖范围	统计要素	
8	环境	新鲜水	水资源管理可以影响当地环境、社会经济发展和未来需求相关的水资源可获得性	主要包括直接从新鲜水（淡水）资源或从市政淡水供应和其他供水设施中提取的新鲜水总量及消耗的新鲜水量	核心要素	1）抽取的新鲜水总量
						2）消耗的新鲜水总量
						3）在缺水或贫水地区的项目和运营的清单和/或百分比
						4）在缺水或贫水地区抽取或消耗的新鲜水百分比
						5）由于采用节水措施而减少提取/消耗的淡水总量，包括回收/再利用的水
					补充要素	1）不同业务活动下单位产量的水消耗量、水消耗强度
						2）不同业务活动下单位产量的水提取量、水提取强度
						3）与直流冷却水相关的淡水提取
						4）运营涉及的非淡水量，作为从地表或地下水源提取或作为饮用水购买的淡水的替代品
						5）第三方回收/再利用的水
						6）为维持/改善缺水或贫水地区的淡水供应采取的行动
						7）定量和定性信息或案例，说明在缺水或贫水地区或已确定潜在水资源管理风险的其他地点的运营项目
						8）淡水取水量占总取水量的百分比
						9）返回淡水环境的淡水总量
						10）管理（和处理）其他类型的水的方式，可能包括采出水、工艺废水、雨水或淡化水
						11）使用新鲜地下水进行修复或控制受污染地下水迁移的情况
9		废水排放	石油和天然气行业处理大量采出水、工艺废水和雨水。这些通常应该在排放前经过处理以去除污染物，符合监管要求	包括从作业活动排放到地表水（包括海洋、河流、湖泊和其他水道）的碳氢化合物和其他物质数量的具体定量和定性信息：主要包括排放到环境的水中的油、油脂和其他碳氢化合物的浓度水平。通常，地方和国家法规将规定允许的浓度	核心要素	排放到地表水中的采出水和工艺废水中的碳氢化合物数量（吨）和/或年平均浓度（mg/L 或 ppm）
					补充要素	1）单独报告其他成分，可能包括化学需氧量（COD）、硫化物、氨、酚类、总悬浮物（TSS）等
						2）在有更高环境风险或收益的地区，在废水排放管理方面所做的工作
						3）在废水排放管理方面的社区和利益相关方参与行动
						4）与运营条件（例如油田成熟度）相关的废水排放量趋势
						5）以下产出水和工艺水的体积： • 在运营中或向第三方重复使用/回收； • 排放到地表水中；和/或 • 通过地下注入井处置
						6）按受纳水体类型分别统计废水排放量
						7）严重缺水地区的废水排放量

续表

序号	类别	对应指标	指标重要性	涵盖范围	统计要素	
10	环境	生物多样性政策与策略	公众普遍期望企业采取措施管理其对生物多样性的直接、间接和累积影响	识别和管理生物多样性风险的总体方法，以及按照层级缓解结构的框架管理相关影响。由于生物多样性的影响取决于地理位置和业务类型，因此该指标的重要性可能因公司而异	核心要素	1）生物多样性管理方法，包括政策、立场、目标、战略、风险/影响评估、缓解计划和结果。包括如何从早期投资计划到退役全过程中应用缓解层级和国际生物多样性标准 2）实施生物多样性管理活动和适应性管理的运营项目的案例 3）制订识别和管理敏感区域项目活动的流程，例如生物多样性行动计划，包括用于确定敏感度和任何适用指标的标准
					补充要素	1）将生物多样性问题纳入业务策略，包括投资具有保护和/或增强生物多样性和/或生态系统服务潜力的举措和技术的计划、承诺或目标 2）识别、评估和管理供应链中的生物多样性影响 3）考虑产品对生物多样性的影响，同时考虑其销售、使用和处置 4）任何计划中或当前的生物多样性影响补偿项目
11	环境	生物多样性保护的保护区和优先区	该指标主要提供有关公司重要资产和项目的位置和规模的信息。这些资产和项目位于或邻近生物多样性指定保护区	生物多样性保护区是一个明确定义的地理空间，通过法律或其他有效手段得到认可和管理，以实现对自然及其相关生态系统服务和文化价值的长期保护。为保持一致性，建议参考 IUCN 国家保护区分类进行信息收集	核心要素	1）在生物多样性保护区和优先保护地内或附近的项目/运营活动的清单和/或百分比 2）公司承诺，包括避免和缓解措施，这些措施与生物多样性保护区和优先保护地内或附近的项目和运营有关
					补充要素	1）项目/运营在以下方面的进展： • 正在进行或计划进行的生物多样性/生态系统服务活动； • 生物多样性影响缓解措施； • 生物多样性行动计划；和 • 监控计划和验证过程 2）位于或靠近国际生物多样性保护区的未来计划项目的任何基线评估的结果
12	环境	废气排放	大气排放是地方和区域空气质量的重要决定因素，会影响人类健康、动植物群或文化遗产。该指标主要根据每年释放到大气中的污染物数量反映绩效	运营活动释放到大气中的污染物排放。对多数石油和天然气公司具有重要意义的排放类别包括： • 挥发性有机物（VOC）； • 硫氧化物（SO_x）； • 氮氧化物（NO_x），不包括 N_2O； • 一氧化碳； • 颗粒物（PM）； • 消耗臭氧层物质（ODS）；和 • 其他受管制的大气排放	核心要素	1）以下大气污染物的总排放量： • 挥发性有机物（VOC）； • 硫氧化物（SO_x）； • 氮氧化物（NO_x） 2）监控和管理公司运营对当地空气质量的影响，包括使用的任何技术，例如消除或处理运营或燃料产品中燃烧排放的技术
					补充要素	1）按类别统计以下污染物总排放量： • 颗粒物（PM）； • 一氧化碳； • 消耗臭氧层物质（ODS）；和 • 其他具有环境影响的空气排放，考虑到当地的监管分类和要求 2）按区域和/或业务类型报告排放量 3）分享案例研究，展示区域、国家或地方层面的空气质量管理，包括已采取具体措施以缓解不良空气质量的运营地址

续表

序号	类别	对应指标	指标重要性	涵盖范围	统计要素	
13	环境	环境泄漏	在最坏的情况下，漏油可能会产生严重的多重环境、社会、健康和经济后果，还会严重影响公司的声誉	根据石油或化学品泄漏的量详细说明公司的表现，并可以包括有关泄漏对当地环境、社区或文化遗产的后果的详细信息。该指标与工艺安全直接相关。该指标的统计应该包括以下方面： • 公司运营范围，例如，从地上和地下设施或公司拥有/运营的交通运输中的泄漏；和 • 超出公司运营控制范围的事件，例如蓄意破坏、地震和极端天气事件	核心要素	1）预防碳氢化合物/其他材料意外释放到环境中的策略和方法
						2）超过1bbl的碳氢化合物泄漏到环境中的次数和体积
						3）提供公司确定的重大泄漏案例，其中可能包括以下内容： • 应对近期和长期影响的应对措施； • 对当地社区和利益相关者的任何次要影响； • 利益相关方参与； • 事件调查结果（如果有），包括根本原因；和 • 正在采取的措施以防止再次发生和分享经验教训
						4）应急准备和响应计划、组织结构和附属机构，以有效应对泄漏和其他紧急情况，包括应急计划的制订和检查，包括培训、技能发展和应急响应演练等方面
					补充要素	1）回收的碳氢化合物/其他材料的数量
						2）从初级围堰泄漏的超过1bbl的碳氢化合物的数量和体积
						3）泄漏到土壤和水中的碳氢化合物，按泄漏的数量和体积
						4）按业务类型划分的泄漏量
						5）非碳氢化合物材料（包括化学品、采出水或其他材料）泄漏到土壤和水中的次数和体积
						6）阈值较低（小于1bbl）的泄漏，其中较小的泄漏对某些活动或地点很重要
						7）第三方产品运输造成的重大碳氢化合物泄漏
14		物料管理	有效的材料管理有助于最大限度地减少当地对环境、社区和文化遗产的风险，并可以提高资源利用和成本效率	该指标突出了公司在整个项目或活动生命周期中管理材料的努力。指标应该统计运营产生的废弃物数量，以及管理材料的总体方法，包括为尽量减少使用的材料数量、高效运营和减少浪费所做的努力	核心要素	1）运营策略，以优化设计、最大限度地减少公司使用的材料数量并促进有效使用
						2）在尽量减少废物的产生和处置、增加再利用和回收利用，以及不断改进材料管理实践方面所做的努力
						3）产生的废物量，分别统计以下信息： • 产生； • 处置；和 • 回收、再利用
					补充要素	1）按废物流和按企业分别报告废物数量，突出任何旨在减少或消除特定废物流的新举措或项目
						2）报告储存的废物数量及在处置或回收之前等待处理的废物数量
						3）单独报告常规报告中排除的废物，例如活动和/或非活动地点的修复活动、非常规活动（例如大型一次性建设项目）或大宗废物（例如钻井液和钻屑）
						4）新的或改进的设施以加强当地材料和废物管理基础设施的任何合作项目

续表

序号	类别	对应指标	指标重要性	涵盖范围	统计要素	
15	环境	退役	公众普遍期望企业应根据环境标准拆除、移除或再利用运营设施，并考虑利益相关方和社区的需求	指标包括环境保护和恢复计划和流程，包括减排、拆除、修复、复垦和有益材料管理	核心要素	1）规划和执行海上和陆上资产退役活动的方法 2）提供有关退役活动回收材料管理的信息，包括有关重大退役项目（即海上生产钻井平台、炼油厂或主要管道/码头等主要设施）的已实现或计划的材料再利用和回收百分比的任何适用数据
					补充要素	1）提供相关的退役和相关修复项目的数量、位置、状态和简要说明 2）与退役和修复相关的任何技术和研究 3）退役工作及制订的任何退役后监测计划对环境和社会（包括经济）的影响 4）公司为海上和/或陆上项目退役提供的资金投入

使用表 3-8-6 时应注意：

（1）能源消耗统计：

$$能源使用总量 = 一次能源 + 进口能源 - 出口能源$$

——一次能源：直接一次能源来自公司在运营中及在公司的运营控制下的办公楼、船舶、卡车或其他固定或移动设备中自行产生的机械动力、电力、热量或蒸汽。耗能设备的例子包括锅炉、火焰加热器、垃圾焚烧炉、燃气轮机、燃气发动机和柴油发动机。直接能源使用是衡量用于生产直接在设施中产生的电力或热量的燃料或其他能源的能量含量。

——出口能源：是直接销售或以其他方式出口的一次能源的子集。

——进口能源：进口能源是通过使用购买的电、热或蒸汽的记录，然后使用效率系数转换回燃料或能源的能量含量来计算的。对于购买的电力，通过应用反映平均热效率（即燃料的能量含量与产生的能量）的当地"电网系数"，将输入的电力转换为实际使用的能源的估计值。对于购买的热量或蒸汽，效率系数通常可以从供应商处获得。

（2）放空废气来源：

——用于防止设备超压的泄压阀系统。

——用于安全工厂管理的紧急减压系统。

——工厂启动和关闭期间的操作。

——储罐顶部蒸气，例如填充和呼吸损失。

——乙二醇脱水器。

——来自原油电池、码头或其他生产设施的分离器或闪蒸罐的溶解气。

——试井，尤其是在边境地区最近钻的井。

——完井和清理作业，在井筒和油藏清理中需要进行扩口。

——气体收集或其他管道系统的排污和清管作业。

——维护期间容器、管道、气体压缩机或其他设备的排污；和

——船舶和油罐车装载排放物，例如油罐车装载过程中的蒸汽置换。

（3）新鲜水消耗的统计方法如图3-8-1所示。

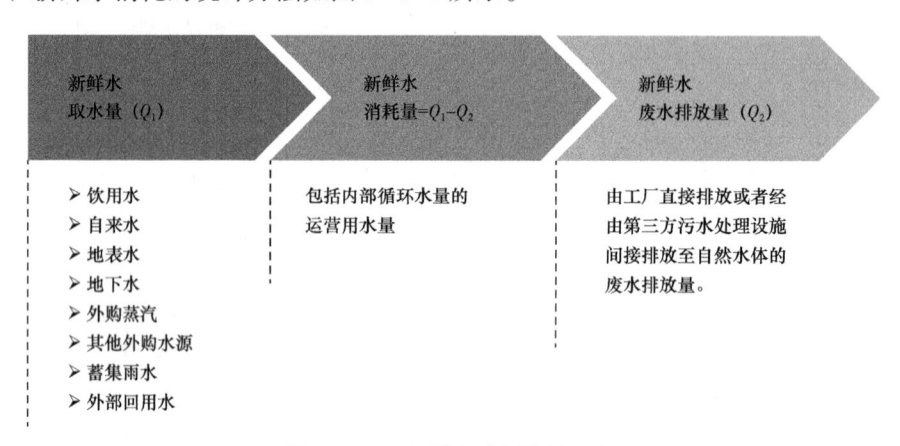

新鲜水取水量（Q_1）
- 饮用水
- 自来水
- 地表水
- 地下水
- 外购蒸汽
- 其他外购水源
- 蓄集雨水
- 外部回用水

新鲜水消耗量=Q_1-Q_2
包括内部循环水量的运营用水量

新鲜水废水排放量（Q_2）
由工厂直接排放或者经由第三方污水处理设施间接排放至自然水体的废水排放量。

图3-8-1 新鲜水消耗统计过程

第二节 国际石油公司实例分析

本节选取主要对标的国际石油公司，实例分析公司设定的可持续发展的目标和指标（包括能源和环境绩效指标），并在第三节就国际公司的绩效指标体系与中油国际现有指标进行对标，并在第四节给出完善指标体系的建议。

一、国际石油公司 A

（1）国际石油公司 A 的环境绩效指标体系主要围绕两个主旨目标建立，一是实现净零排放，二是尊敬自然。为实现净零排放，公司 A 制定了相关承诺和阶段性目标。尊敬自然主要包括生物多样性、水、循环经济、大气等方面；同样，公司 A 针对每个方面都制定了具体的目标和承诺。

（2）国际石油公司 A 的 2020 年可持续数据报表主要将绩效分为温室气体和能源绩效、其他环境绩效与社会绩效三大类。其中社会绩效不涉及环境方面，因此不做讨论。其他环境绩效又下分为废气、泄漏、用水和排放、废物四类，具体统计的指标详见表3-8-7。

二、国际石油公司 B

通过分析研究国际石油公司 B 可知，其可持续发展由宏观愿景及中长期目标作为引导方向。目前，国际石油公司 B 的可持续发展框架建立在三个宏观愿景的基础上，分别

是：达到净零排放、改善民生、关爱地球。在为三个愿景设立中长期目标时，国际石油公司 B 对标联合国可持续发展目标（SDGs），并参考投资者、可持续发展专家、社会组织、企业内部建议，为目标设定奠定基础。根据国际石油公司 B 的 2020 年可持续发展年报，其为应对气候变化、实现净零排放设定了 10 项目标（5 项为达到净零排放、5 项推动全球达到净零排放），为改善民生及关爱地球分别设定了 5 项目标（表 3-8-8 至表 3-8-10）。针对每个目标会统计具体指标，也就是管理所用的绩效指标。

表 3-8-7　国际石油公司 A 的 2020 年 ESG 及可持续报告绩效指标

指标类别	指标要素	单位	对应目标分类
温室气体排放 [范围 1 和范围 2 的温室气体排放分别按运营边界和股权边界分类统计，运营边界分业务和地区类型进行统计，股权边界统计仅按业务类型统计（分为上下游）]	净碳足迹	g（CO_2 当量）/MJ	净零排放
	产出的能量	10^2MJ	净零排放
	温室气体总排放量	10^6t（CO_2 当量）	净零排放
	碳强度（按能源类型分类）	g（CO_2 当量）/MJ	净零排放
	范围 1 排放： 1）按排放因子，业务类型，地区，源头分类统计； 2）排放因子分类包括 CO_2、CH_4、N_2O、HFC_s、SF_6、PFC、NF_3； 3）包括甲烷和火炬燃烧气体排放	10^6t（CO_2 当量）	净零排放
	范围 2 排放（按运营边界和地区分类统计）	10^6t（CO_2 当量）	净零排放
	范围 3 排放	10^6t（CO_2 当量）	净零排放
	温室气体排放强度	t（CO_2 当量）/t（产量）	净零排放
	碳捕捉封存量	10^6t	净零排放
	碳转移量	10^6t	净零排放
	碳抵消量	10^6t	净零排放
能源消耗 （只有运营边界）	总能源消耗	10^6MW·h	净零排放
	可再生能源消耗量	10^6MW·h	净零排放
	能耗强度	10^9J/t（产量）	净零排放
废气	酸性气体和 VOCs（SO_x、NO_x、VOCs）	10^3t	大气
	臭氧层有害气体排放（halons/trichloroethane, CFCs；hydrochlorofluorocarbons, HCFCs）	t	大气
泄漏	泄漏量（按导致原因分类：偷盗、运营、飓风）	kt	/
		起数	/

- 239 -

续表

指标类别	指标要素	单位	对应目标分类
泄漏	联合调查开始前平均天数	d	/
	完成表面漏油回收的平均天数	d	/
	清理修复数量	地点个数	/
	违法偷盗点摧毁	个数	/
	井口保护网安装	个数	/
	保护网被破坏个数	个数	/
用水和排放	新鲜水消耗量	$10^6 m^3$	水
	新鲜水回注量	$10^6 m^3$	水
	新鲜水取用量（上下游、气；地区；来源）	$10^6 m^3$	水
	采出水处置量（回注，排放，外运处置/重复使用）	$10^6 m^3$	水
	排放到地表环境中的油	kt	水
	采出水中的油	kt	水
废物	危险废物处置量	kt	循环经济
	非危险废物处置量	kt	循环经济
	废物回收利用量	kt	循环经济

（一）净零排放

净零排放目标及具体内容见表3-8-8。

表3-8-8 净零排放目标及具体内容

	目标	具体内容
1	2050年净零运营排放	减少运营排放是国际石油公司B生产和运营业务的核心优先项。相较于2019年，通过持续提升能效、减少燃烧、管理甲烷、资产变动，其在2020年有效减少16%的范围1和范围2排放。公司B的范围1及范围2温室气体排放的统计范围主要分为运营边界和股权份额边界。运营边界广泛包括除公司B运营资产及外包活动，而股权边界包括子公司排放及按股权份额计算的联营公司。 得益于部分业务剥离、实现可持续温室气体排放减少（SERs）和减少放空废气，甲烷排放量有效降低。以2019年为基线，公司B计划于2025年减少运营排放20%，并于2030年达成减排30%~50%的目标
2	2050年净零上游油气开采排放	范围3排放为目标2的主要绩效指标，主要与上游生产油气所燃烧产生的二氧化碳排放有关。相比2019年，国际石油公司B在2020年减少9%范围3排放，并计划于2025年减少20%，于2030年减少30%~40%

续表

	目标	具体内容
3	2050年排放强度减半	全生命周期的碳排放强度计算包括能源产品的市场销售，以及未来的其他产品销售。通过提供具有较低全生命周期排放的产品例如沼气发电、低碳电力、生物质能、引入碳捕获、利用与封存（CCUS）等技术、发展高效低碳燃料等方式，国际石油公司B计划于2025年减少5%碳排放强度，于2030年减少15%。 尽管公司B在2020年增加了低碳产品的销售，但由于COVID-19疫情导致的成品油销量下降，导致其在2020年的碳排放强度小幅上升
4	降低甲烷排放	甲烷排放的识别和量化，以及相关的减排一直具有挑战性，国际石油公司B积极采取措施并计划于2023年前完成所有主要油气加工站点甲烷测量系统的安装，并公开数据，推动减少50%运营中的甲烷排放强度，于2025年达到0.2%。同时，公司B也为合资企业设定了0.2%的甲烷强度目标。 2020年，公司B通过对生产基地的升级、开发新技术等方式来降低运营甲烷排放。相较于2019年，其甲烷排放强度降低了0.14%，等于减少了22%的上游运营甲烷排放
5	加大低碳产业投资	由于对低碳、零碳产业的投资正在逐渐上升，对油气行业的投资相比减少。2020年，国际石油公司B在低碳产业的投资共750万美元。未来，公司B的低碳投资重点主要放在：低碳能源产生的低碳电力，生物能源，氢和碳捕集与封存三方面。公司B新开拓的天然气和低能碳业务将专注于：整合天然气和可再生价值链，开发新的天然气市场，推动脱碳技术，建立和发展低碳、零碳企业和市场，利用数字化的商业模式
6	政策倡导	有力的政策是实现巴黎气候协定目标的必要条件，因此国际石油公司B积极与政府就支持净零排放的议题、政策等进行合作交流推广。2020年，公司B在全球对一系列气候相关政策和项目进行了倡导，其中包括美国的交通和气候倡议（TCI），在英国为CCUS建立商业模式，与印尼政府合作完成对一CCUS项目的可行性研究等
7	员工激励	国际石油公司B致力于动员全球大约28000名员工成为净零排放倡导者。2020年，公司B为员工提供课程就净零进行解释培训，并将员工的年终奖与低碳和可持续发展联系起来。同时，公司B创立了"可持续性奖励项目"旨在认可奖励在实现净零，改善民生，关爱地球方面做出贡献的员工
8	贸易协会合作关系审核	该目标旨在重新审视国际石油公司B与世界各大贸易组织的关系。公司B会在所属各大贸易组织中公开透明的陈述自己在气候变化议题上的立场并准备从存在立场分歧的协会中退出。2020年，公司B对参与的贸易协会发布了第一份审核报告，并因此退出3个在巴黎协定上立场不同的协会。同时，开始为所有的参与的贸易协会建立综合数据库，并创建明确的加入资格的规则指导。未来，公司B将继续对与全球贸易协会的关系设定新的期望，并始终保持在气候变化议题的立场
9	信息透明	国际石油公司B致力于成为信息披露、公开透明的行业领导者。2020年，公司B首次参考了可持续发展会计准则委员会（SASB）的报告标准，并扩展了气候变化相关财务信息披露工作组（TCFD）标准下的信息披露。未来，公司B将与TCFD、SASB等其他机构进行建设性合作，以制定透明度的良好做法和标准
10	清洁城市和企业	城市和企业是能源转型的重点，国际石油公司B于2020年建立工作组以助力地区、城市和国家实现脱碳。与国家、城市和行业的合作将是实现目标10的重点策略，公司B已经与全球十多个城市达成气候合作关系，并与高科技、消费、重型运输和重工业合作完成能源转型

(二)改善民生

改善民生目标及具体内容见表3-8-9。

表3-8-9 改善民生目标及具体内容

	目标	具体内容
11	更多清洁能源	国际石油公司B计划到2030年开发50GW可再生能源发电能力,以满足3600万人的电力需求,并研究如何满足最需要清洁能源的人群需求
12	公正的转型	在实现能源转型的同时,国际石油公司B还致力于促进人权和教育。公司B将制订转型方案来帮助员工学习未来所需的必要技能,并与当地社区建立更加透明、互相尊重、信任的关系
13	可持续生计	国际石油公司B计划未来为员工提供高质量岗位和公平的待遇,并通过战略性的社会投资帮助超过一百万人实现可持续生计
14	更加平等	为了给员工和客户提供更多的平等和包容,国际石油公司B将在2025年之际投入10亿美元来改善员工组成的多样性和工作场所的包容性。2020年,公司B的新进领导团队中40%为女性。为了增加种族包容性,公司B还制定启动了2项计划来反对种族主义和支持包容性
15	提高员工、承包商、当地社区的健康福祉	国际石油公司B致力于改善员工的身体和心理健康,并支持所在地社区的相关健康福祉。公司B设立了全球员工援助计划,为员工的疾病、健康、财务和其他生活问题提供24h的服务。未来,公司B计划采取措施提高对工作场所和社区所面临的心理健康挑战的认知,为提供相应的健康资源

注:改善民生目标下统计的绩效指标多为定性指标且大多不适用于环境绩效指标体系,因此仅作简述。

(三)关爱地球

关爱地球目标及具体内容见表3-8-10。

表3-8-10 关爱地球目标及具体内容

	目标	具体内容
16	加强生物多样性保护	为加强生物多样性保护,国际石油公司B在项目、运营、国家三个层面设立了目标。项目方面,预计从2022年开始,所有的公司B项目都将制定净积极影响(NPI)计划;运营方面,所有主要运营场地制订改善计划;国家方面,与多方合作为生物多样性和当地民众做出实际贡献。为实现NPI计划,公司B与国际动物和植物组织(FFI)达成了5年战略合作计划。后者将在制订净积极影响的方式方法上提供支持与帮助
17	2035年补充淡水量大于用水量	人口增长、经济发展、污染和气候变化都给水资源应用带来了挑战和压力。国际石油公司B主要运营场地的用水量占总用水量的98%,基于对淡水资源的依赖,公司B积极采取行动提升淡水资源利用效率和污水管理,并通过合作项目为国际石油公司B运营所在缺水地区补充淡水。2020年,公司B的淡水取用量比2019年下降2%,淡水消耗量比2019年下降17%。其中,4%淡水取用量来自缺水地区,8%淡水消耗量来自极度缺水地区。同时,多家炼油厂的废水处理站升级,使得处理后的水中化学需氧量比2019年降低15%

续表

	目标	具体内容
18	倡导基于自然的解决方案	基于自然的解决方案（NbS）如绿色屋顶、土壤侵蚀控制等，在保护、可持续管理和恢复自然和生态系统的同时有效应对社会挑战，并有益于人类福祉和生物多样性保护。2020年，国际石油公司B与美国国际开发署和非营利性组织Pronatura合作，扩展在墨西哥实行的自然气候解决方案。未来，公司B计划于2022年制定NbS行动方案，并支持扩展自然气候解决方案市场，以减少森林砍伐
19	循环经济	国际石油公司B认识到当前世界亟需从线性经济转型到循环经济，因此重新思考如何延长产品和材料的使用时间、废物利用和自然系统再生。废气排放也被包括在资源有效利用的绩效指标中。2020年，公司B比2019年减少了24%的危险和非危险废物的处置量，以及23%的废气排放量。未来，公司B计划提升废物统计和原料周转分析的颗粒度，并于2023年底前制定新目标
20	可持续供应链	国际石油公司B拥有约46000个供应商，分布于全球七十余个国家，与供应商合作是实现长期可持续发展的关键。2020年，公司B在传统上游采购的提案请求中试行了有关温室气体排放的问题要求，并通过专题会议提高采购团队对环境可持续性的认知，以了解范围1、范围2、范围3温室气体排放。未来，公司B计划于2023年制定可持续采购政策并设定长期目标

根据国际石油公司B的2020年ESG数据报表，在统计评估环境表现时，公司B将温室气体排放指标单独分类，环境绩效指标主要包括五大类：泄漏、水、废气、废物和其他。具体统计的指标详见表3-8-11。

表3-8-11　国际石油公司B的2020年ESG及可持续报告绩效指标

指标类别	指标要素	单位	对应目标
温室气体排放两种统计范围： （1）运营边界排放，包括一些外包活动； （2）股权边界排放，按股权百分比统计	范围1温室气体排放	10^6t（CO_2当量）	1
	范围1二氧化碳排放	10^6t（CO_2当量）	1
	范围1甲烷排放	10^6t	1、4
	范围2温室气体排放	10^6t（CO_2当量）	1
	范围3温室气体排放	10^6t（CO_2当量）	2
	甲烷强度	%	4
	可持续温室气体排放减少量❶	10^6t（CO_2当量）	1
	上游油气生产所使用的碳氢燃料	10^3t	2
	产品碳排放强度	g（CO_2当量）/MJ	3
	火炬燃烧废气	10^3t	
	温室气体排放强度（上游、精炼、石化）	t（CO_2当量）/bbl（原油当量）	3
	总能源消耗量（上游、下游、其他）	10^6GJ	1
	能源使用效率	上游：生产/消耗损失 下游：能源消耗强度	1

---

❶ 可持续温室气体排放减少（SERs）：源于导致范围1、范围2温室气体排放持续减少的行动或干预。SERs必须满足三个标准：减少温室气体排放的特定干预措施，减少必须为可量化的，减少必须持续进行。

续表

指标类别	指标要素	单位	对应目标
泄漏	严重泄漏事件	起数	/
	大于42gal的漏油事件（被控制、涉及水、涉及陆地）	起数	/
	上游泄漏事件（被控制、涉及水、涉及陆地）	起数	/
	下游泄漏事件（被控制、涉及水、涉及陆地）	起数	/
	其他泄漏事件（被控制、涉及水、涉及陆地）	起数	/
	漏油量［未清理、清理、上（下）游泄漏、上（下）游清理、其他］	10^3L	/
水	总淡水取用量，以及细分的饮用水、淡水（河流、湖泊、含水层，其中每个部分都包括上游，下游和其他）	10^6m^3	17
	再生循环利用水取用量	10^6m^3	17
	工业用水和蒸汽取用量	10^6m^3	17
	在水资源紧张或短缺地区的总淡水采水量	%	17
	淡水取用强度	t（取水量）/t（生产量）	17
	淡水消耗量	10^6m^3	17
	淡水消耗强度	t（取水量）/t（生产量）	17
	处理的采出水量/t（产品）	t/t	17
	上游：总采出水量（包括细分类别：排放、回注、蒸发）	10^6t	17
	上游：采出水百分比（按细分类别：排放、回注、蒸发）	%	17
	上游：以钻井液和岩屑排放的石油	t	/
	上游：钻井用化学品	t	/
	上游：除钻井用化学品	t	/
	上游：排放水中含油量	t	/
	上游：排放水中碳氢化合物	mg/L	/
	下游：总水排放量	10^6m^3	17
	下游：排放到第三方水处理厂	10^6m^3	17
	下游：排放到国际石油公司B水处理厂	10^6m^3	17
	下游：COD	mg/L	17
废气	总废气排放量（包括上游、下游、其他）	10^3t	19
	氮氧化物（包括上游、下游、其他）	10^3t	19
	硫氧化物（包括上游、下游、其他）	10^3t	19
	非甲烷总烃（包括上游、下游、其他）	10^3t	19
	甲烷类（包括上游、下游、其他）	10^3t	1、4

续表

指标类别	指标要素	单位	对应目标
废物	危险废物（不含深井产生）总量、场外回收量、处置量（包括上游、下游、其他）	10^3t	19
	非危险废物总量、场外回收量、处置量（包括上游、下游、其他）	10^3t	19
其他	环境方面投入	美元	5、18
	环境和安全违规罚款	美元	/
	第三方验证 ISO 14001 运营场地	%	/
	国际保护区域 20km 内作业场地	个数	16

注："/"代表不适用。

国际石油公司 B 的 2020 年 ESG 指标报告框架主要参考气候变化相关财务信息披露工作组（TCFD）、全球报告倡议组织（GRI），以及可持续发展会计准则委员会（SASB）所发布的报告标准及框架。此外，公司 B 的其他年报还着重参考了石油和天然气行业（IPIECA）报告指南、CDP 气候变化问卷、联合国全球契约组织（UN Global Compact）相关原则、世界经济论坛（WEF）原则。在 ESG 数据报表和可持续年报的基础上，公司 B 对应以上框架及原则也分别发布报告，其中包括一些定性指标，如 UN Global Compact 在环境方面提出：

（1）企业应支持应对环境挑战的预防措施。
（2）企业主动采取措施承担更大的环境责任。
（3）企业应该鼓励发展与倡导环境保护技术。

第三节 对标分析

通过对国际石油公司 A、B 的可持续年报和 ESG 数据的分析发现，国际石油公司的绩效指标设定和报告有两个重要依据，一是国际公认的报告指南或框架标准，二是公司的实际营运情况。根据企业目标制定的绩效指标不仅对公司完成目标有更明确地指引，而且在公司年报和对外信息披露中会更清晰有效地展示相关进展和成就。而国际权威机构发布的指南、报告框架会对绩效指标的制定、分类、报告格式、报告边界，以及必要内容起到不可或缺的规范作用。

国际石油公司的绩效指标体系有明确的类别，通常为温室气体、能源、水资源、废气、废物、泄漏等，每项由更细化的指标组成。温室气体和能源通常为重点关注和报告指标。不同公司的指标类别细化程度和分类方式存在差异，往往与公司的运营内容，管理方式和关注重点有关。同时，除了可量化指标外，国际石油公司在年报中会对一些指标进行定性报告，比如公司在环境政策方面的倡导、出台相关方案、公益事件描述等。

表 3-8-12 列出了国际石油公司和中油国际的环境相关指标，并按照指标类别进行分析。

表 3-8-12　环境绩效指标体系对照表

类别	指标要素	国际石油公司 A	国际石油公司 B	中油国际	分析
温室气体	范围 1 排放	√（按温室气体类别、国家、来源分类统计，分为上下游）	√（分为上下游）	√（未明确范围 1、范围 2、范围 3）	1）国际石油公司将温室气体排放分为范围 1、范围 2、范围 3（包含甲烷排放），并根据不同报告边界进行分别统计。此外，不同的业务，国家，来源地的温室气体排放的数据也分类统计。2）净碳足迹、产品碳排放强度等数据也包含在国际石油公司指标体系内
	范围 2 排放	√（按国家分类统计，分为上下游）	√（分为上下游）		
	范围 3 排放	√	√		
	甲烷强度	√	√	×	
	甲烷排放量	√	√（分为上下游）	√	
	碳捕集、储存、抵消、减少	√（CCUS &carbon offset）	√（SERs）	×	
	火炬燃烧气体	√	√	√	
	温室气体排放强度	√（分为上下游）	√（分为上下游）	×	
	产品碳排放强度	√	√	×	
	净碳足迹	√	√	×	
能源	总能源消耗量	√	√（分为上下游）	×	3）国际石油公司的能源使用指标中包括自产能源，进口电力，进口蒸汽和热，出口电力，出口蒸汽和热，能源消费形式可再生资源，能源强度。4）中油国际统计了耗电量数据
	能源使用分类统计（自产、进口电力、蒸汽等）	√	×	×	
	耗电量	√	×	√	
	能源使用效率	×	√（分为上下游）	×	
	能源消耗强度	√（分为上下游）	√（分为上下游）	√	
	上游火炬燃烧消耗碳氢燃料	×	√	√	

续表

类别	指标要素	国际石油公司A	国际石油公司B	中油国际	分析
废气排放	总废气排量	×	√（分为上下游）	×	5）各公司在废气排放类别的指标制定差异不大
	氮氧化物	√	√（分为上下游）	√	
	硫氧化物	√	√（分为上下游）	√	
	VOCs	√	×	√	
	非甲烷总烃	×	√（分为上下游）	×	
	甲烷类	√	√（分为上下游）	√	
	臭氧层有害气体排放	√	×	×	
泄漏	总漏油事件（漏油原因、阈值定义各公司不同）	√（按导致原因分类：偷盗、运营、飓风）	√（分为上下游）	√	6）国际石油公司关注不同的泄漏原因，并对泄漏的影响程度进行分类统计。同时还关注泄漏事件的处理，对清理量、未清理量进行统计
	漏油事件分影响程度统计（被控制、涉及水、涉及陆地）	×	√（分为上下游）	×	
	总漏油量	√	√（分为上下游）	√	
	泄漏清理量（清理、未清理）	√	√（分为上下游）	×	
	化学品泄漏物质	×	×	√	
	化学品泄漏次数	×	×	√	
	化学品泄漏量	×	×	√	
水资源	淡水取用量	√（按运营国家分类统计，分为上下游）	√（分为上下游）	√	7）国际石油公司在关注淡水取用量的同时，按照来源进行分类统计，并且统计了循环水、工业水的使用量。取用量和强度，消耗量和消耗强度。8）对来自缺水地区的取水量也是国际石油公司的关注重点
	可饮用水取用量	√	√（分为上下游）	×	
	河流、湖泊、含水层水取用量	√	√（分为上下游）	×	

续表

类别	指标要素	国际石油公司 A	国际石油公司 B	中油国际	分析
水资源	循环利用水取用量	√	√（分为上下游）	×	7）国际石油公司在关注淡水取用量的同时，按照来源进行分类统计，并且统计了循环水、工业水的使用量。取用量和强度，消耗量和消耗强度。 8）对来自缺水地区的取水量也是国际石油公司的关注重点
	工业水、蒸汽取用量	√（蒸汽）	√（分为上下游）	×	
	在水资源紧张或短缺地区的总淡水采水百分比	×	√	×	
	淡水取用强度	×	√（分为上下游）	×	
	淡水消耗量	√	√（分为上下游）	×	
	淡水消耗强度	×	√（分为上下游）	×	
水排放	吨产品废水排放量	×	√（分为上下游）	√	9）国际石油公司关注排放水中的含油量、上游采出水量，对采出水的管理处置方式进行细分统计。 10）国际石油公司在统计水排放时，还关注了随water排放的化学品量和排放水中的化学需氧量（COD）
	总采出水量	×	√（按细分类别：排放、回注、蒸发）	√（只统计回注量）	
	采出水百分比	×	√（按细分类别：排放、回注、蒸发）	×	
	以钻井液和岩屑排放的石油	×	√	×	
	钻井用化学品	×	√	×	
	除钻井用化学品	×	√	×	
	采出水中含油量	√（10³t）	√（t）	√（浓度）	
	采出水中碳氢化合物	×	√	×	
	总水排放量（分类：排放至第三方处理、排放至公司运营水处理）	×	√	×	
	COD	×	√	×	

续表

类别	指标要素	国际石油公司 A	国际石油公司 B	中油国际	分析
废物	危险废物产量	√	√（不包括钻井废物，分为上下游）	√	11）国际石油公司纳入危废产生、回收、处置量
	危险废物场外回收量	√	√（不包括钻井废物，分为上下游）	×	
	危险废物处置量	√	√（不包括钻井废物，分为上下游）	×	
	非危险废物产量	√	√（不包括钻井废物，分为上下游）	√	
	非危险废物场外回收量	√	√（不包括钻井废物，分为上下游）	×	
	非危险废物处置量	√	√（不包括钻井废物，分为上下游）	×	
	钻井废物产生量	×	×	√	
其他	环境投资金额	×	√	×	12）国际石油公司纳入了环境投资金额以及在国际保护区内或近（20km 内）的主要作业地点数
	环境事件总起数	×	×	√（包括违法事件）	
	环境和安全罚款金额	×	√	√	
	第三方验证 ISO 14001 运营场地	×	√	×	
	在国际保护区内或接近（20km 以内）的主要作业地点数目	×	√	×	
	公众环保投诉事件起数	×	×	√	
	生态环境舆情次数	×	×	√	
	放射源丢失、被盗或失控	×	×	√	

表 3-8-12 指标定义见表 3-8-13。

表 3-8-13 指标定义

指标	定义
范围 1 排放	公司持有（部分或全部）及运营设施的直接温室气体排放
范围 2 排放	净购入电力、热力或蒸汽的间接温室气体排放
范围 3 排放	与公司价值链相关的温室气体排放，销售产品的使用所产生的间接排放
甲烷强度	甲烷排放量占公司生产的天然气总量百分比
甲烷排放量	火炬、放空、仓储、无组织排放、装卸、计划外/计划内排放的甲烷吨数
碳捕集、储存、抵消、减少	所减少的温室气体排放，或从大气中清除或储存温室气体的量
火炬燃烧气体排放	指公司油气勘探、开发活动中非事故性的天然气燃烧
温室气体排放强度	温室气体排放量除以石油天然气开采产量（上游），或炼油产量（下游）
产品碳排放强度	每单位产品的温室气体排放量
净碳足迹	包括公司生产过程中的碳排放量（范围 1）、供应商为该生产提供能源的碳排放量（范围 2）、客户公司生产的碳排放量（范围 3）
总能源消耗量	直接能源消耗和进口能源消耗总和减去任何出口/售出能源量
耗电量	油气勘探、开发活动中消耗的总电量
能源使用效率	计算的能源输出与能源输入的比率
能源消耗强度	能源使用量除以产量（上游），或炼油厂产量（下游）
上游火炬燃烧消耗碳氢燃料	油气勘探、开发活动中每百万吨碳氢化合物燃烧的量
总废气排量	石油和天然气行业运营的废气排放，包括管道和运输
氮氧化物	用 NO_2 当量表示的一氧化氮（NO）和二氧化氮（NO_2）总量，但不包括一氧化二氮（N_2O）
硫氧化物	以 SO_2 当量表示的二氧化硫（SO_2）和三氧化硫（SO_3）
VOCs	在大气中蒸发并可能参与光化学反应的有机化合物，不包括甲烷和乙烷
非甲烷总烃	指除甲烷以外所有碳氢化合物的总称，主要包括烷烃、烯烃、芳香烃和含氧烃等组分
甲烷类	火炬、放空、仓储、无组织排放、装卸、计划外/计划内排放的甲烷吨数
臭氧层有害气体排放	包括 CFCs、HCFCs 和甲基溴等，用于制冷、气体加工和灭火等

续表

指标	定义
总漏油事件（漏油原因、阈值定义各公司不同）	超过或等于1bbl［159L，相当于42gal（美）]的液态碳氢化合物泄漏起数
漏油事件分影响程度统计（被控制、涉及水、涉及陆地）	被控制：被二级密封控制住的一级密封泄漏起数；涉及水、陆地：泄漏到环境（陆地或水域）的泄漏起数
总漏油量	超过或等于1bbl［159L，相当于42gal（美）]的总泄漏量
泄露清理量（清理、未清理）	清理：通过短期泄漏响应活动从环境中清除的泄漏碳氢化合物的量 未清理：清理后仍然留在陆地或水中的石油量
化学品泄漏次数	指因泄漏导致化学品进入环境的次数，化学品包括用于工业生产的所有化学制剂
化学品泄漏量	指化学品进入环境的化学品泄漏事件所泄漏化学品吨数。报告的数量应当是估算的进入环境的化学品的总重量，不应减去后来回收、蒸发或因其他方式损失的那些化学品的重量
淡水取用量	包括地表水、地下水、收集的雨水和市政供水
可饮用水取用量	淡水取用量中来自购买的可饮用水的量
河流、湖泊、含水层水取用量	淡水取用量中来自河流、湖泊、含水层的取水量
循环利用水取用量	在同一过程或不同过程中多次使用的水
淡水取用强度	淡水抽取量与指定产品之间的比率，例如上游作业的石油桶和下游作业的原油生产量，以及石化作业的特定产品
淡水消耗量	淡水取用量减去处理后排放至自然水体的量
淡水消耗强度	淡水消耗量与确定的生产单位之间的比率
吨产品废水排放量	指油产量、气产量均折成油产量后，每生产1t产品产生的废水的排放量
总采出水量	油气开采时被带到地表的水［按分类计算（排放、回注、蒸发），t]
采出水百分比	油气开采时被带到地表的水［按分类计算（排放、回注、蒸发），%]
以钻井液和岩屑排放的石油	钻井过程中钻出的岩石碎片和钻井液中的石油量
采出水中含油量	采出水中的含油量，单位为吨（t）
采出水中碳氢化合物	排放到地表水的采出水和工艺废水中的碳氢化合物的量
总水排放量（分类：排放至第三方处理、排放至公司运营水处理）	下游运营产生废水的排放量

续表

指标	定义
危险废物产量	被国家、监管机构或地方政府定义为有毒、危险、优先管控、特殊或类似术语的废物
危险废物场外回收量	被重复利用的废物，例如用作另外过程的原材料或回收用于有益用途
危险废物处置量	以被监管机构归类为"处置"的方式来进行处理的危废量
非危险废物产量	运营产生的工业废物，包括工业废物和其他办公、商业或包装相关的废物
非危险废物场外回收量	被重复利用的废物，例如用作另外过程的原材料或回收用于有益用途
非危险废物处置量	以被监管机构归类为"处置"的方式来进行处理的非危废的量
钻井废物产生量	指由钻井施工所产生的废弃钻井液、钻井岩屑等固体废物的湿吨数
环境投资金额	环境投资金额为预防、控制、减少或消除环境污染的支出。日常的污染防治设施运维和成本支出通常不作为环境投资金额计算，而是作为正常运营和维护支出
环境事件总起数	是指环境事件发生的起数。包括由于生产活动造成的违反当地有关生态保护的法律法规造成的事件次数
环境和安全罚款金额	在生产、建设或经营活动中因违反国家或所在地区环境保护法律法规规定，受到的环保罚款处罚。需报告环保罚款金额（单位是美元）和环保罚款次数
第三方验证 ISO 14001 运营场地	ISO 14001 规定了环境管理体系的要求，可以使用该体系来提高环境绩效
在国际保护区内或接近（20km 以内）的主要作业地点数目	国际保护区名称，包括联合国教科文组织世界遗产地（自然和文化）、拉姆萨尔公约湿地遗址和联合国教科文组织人与生物圈保护区等
公众环保投诉事件起数	是指公众对油气生产活动所产生的环境影响进行投诉的事件，单位是起数
生态环境舆情次数	指关于生态环境舆论的负面信息，包括负面视频、负面消息、负面新闻等，单位是起数
放射源丢失、被盗或失控	是指发生放射源丢失、被盗或失控的事件，单位是起数

第四节 完善建议

根据对国际石油公司 A 和 B 的详细对标，建议中油国际按照表 3-8-14 对于现有指标体系进行完善。

表 3-8-14 中油国际环境绩效指标体系完善建议表

类别	指标	单位	属性	作业者/控股项目	等权联合管理项目	小股东项目
温室气体排放 *两种统计范围： （1）运营边界排放，包括一些外包活动； （2）股权边界排放，按股权百分比统计	温室气体排放（范围1、2）	10^6t（CO_2当量）	已有，建议细化为范围1、2，以及分为上下游	√	√	√
	范围1二氧化碳排放	10^6t（CO_2当量）	增加	√	√	√
	范围1甲烷排放	10^6t	已有	√	√	√
	可持续温室气体排放减少量	10^6t（CO_2当量）	增加	√	√	√
	火炬燃烧	10^6t	已有	√	√	√
	温室气体排放强度	上游：t（CO_2）/bbl（原油当量） 炼油：t（CO_2）/当量蒸馏能力 石化：t（CO_2）/kt	增加	√	√	—
	总能源消耗量	GJ	增加	√	√	√
	能耗强度	GJ/t（油气产量）	已有	√	√	√
	能源使用效率	生产/消耗损失	增加	√	√	√
泄漏	严重泄漏事件	起数	增加	√	√	√
	大于42gal的漏油事件（被控制、涉及水、涉及陆地）	起数	已有，建议按照影响程度进行分类统计	√	—	—
	漏油量（未清理、清理、其他）	t	已有，建议按照处置情况进行分类统计	√	√	—
	化学品泄漏物质	/	已有	√	—	—
	化学品泄漏次数	起	已有	√	—	—
	化学品泄漏量	t	已有	√	—	—
水	总淡水取用量，以及细分的饮用水、淡水（河流、湖泊、含水层）	10^6m³	已有，建议按照饮用水、淡水（河流、湖泊、含水层，以及上下游进行分类）	√	√	√
	再生循环利用水取用量	10^6m³	增加	√	—	—
	工业用水和蒸汽取用量	10^6m³	增加	√	—	—

续表

类别	指标	单位	属性	作业者/控股项目	等权联合管理项目	小股东项目
水	在水资源紧张或短缺地区的总淡水采水量	%	增加	√	√	√
	淡水取用强度	t（取水量）/t（生产量）	增加	√	√	—
	淡水消耗量	$10^6 m^3$	已有，建议分为上下游	√	√	√
	淡水消耗强度	t（取水量）/t（生产量）	增加	√	—	—
	总采出水量（包括细分类别：排放、回注、蒸发）	$10^6 t$	已有，建议细分类别	√	√	√
		%		√	—	—
	以钻井液和岩屑排放的石油	t	增加	√	√	√
	钻井用化学品	t	增加	√	√	—
	除钻井用化学品	t	增加	√	√	—
	排放水中含油量	t	已有，建议增加总量	√	√	√
	排放水中碳氢化合物	mg/L	已有	√	—	—
	下游：废水总排放量（分类：排放到第三方水处理厂，排放到自营水处理厂）	$10^6 m^3$	增加	√	√	√
	下游：废水化学需氧量	mg/L	增加	√	√	√
		t	增加			
废气	总废气排放量	kt	增加			
	氮氧化物	kt	已有	√	√	√
	硫氧化物	kt	已有	√	√	√
	非甲烷总烃	kt	已有	√	√	√
	甲烷类	kt	增加	√	√	√

续表

类别	指标	单位	属性	不同类型项目的必要环境绩效指标建议 *		
				作业者/控股项目	等权联合管理项目	小股东项目
废物	危险废物（不含深井产生）总量、场外回收量、处置量	湿吨	已有，建议按照处置方式和去向，以及上下游进行分类	√	√	√
	非危险废物总量、场外回收量、处置量	湿吨	已有，建议按照处置方式和去向，以及上下游进行分类	√	√	√
其他	环境方面投入	美元	增加	√	√	—
	环境违规事件	起	已有	√	—	—
	环境违规罚款	美元	已有	√	—	—
	环境污染事件	起	已有	√	—	—
	公众环保投诉事件	起	已有	√	—	—
	第三方验证 ISO 14001 运营场地	%	增加	√	—	—
	国际保护区域 20km 内作业场地	个数	增加	√	—	—

* 海外石油项目合同主要包括矿税制、产品分成、服务合同、回购合同等多种类型，项目合作方大致通过组建经营联合体或合资公司，并签署相应的联合或合资类协议这两种模式来确定项目的运行权和管理权。根据股权占比，主要分为作业者（控股）项目、等权联合管理项目、小股东项目。中油国际各类石油项目的环境绩效指标选用，主要取决于各类合同中其股权占比所体现的实质掌控力与参与度；比如，小股东项目因其股权占比较小，建议主要选用温室气体排放量和污染物排放量等具有长期环境影响的环境绩效指标，并以对应的股权比例进行折算。

第五节 环境信息收集工作流程与方法

一、总体说明

以国际石油公司 A 为例，国际石油公司 A 总部发布的环境管理信息化数据收集填报和汇总规定中，包含需收集的原始数据类型、数据收集工具，以及数据换算方法等。各项目公司根据总部的要求，通过线上系统进行数据的换算和填报，并最终提交给总部进行审核。国际石油公司 B 总部则发布了内部文件"环境和社会绩效表现数据填报定义与实践"和

"环境绩效指标数据换算方法程序"❶等,总体指导项目公司进行数据的收集和填报。

二、整体流程

国际石油公司 A 的各项目公司负责收集各地区相关的环境管理数据,并汇总在总部下发的 Excel 表格中。表格的文件名及格式均遵从总部的规定。填报后的 Excel 表格最终被上传至"环境数据管理系统"(SAP),并传输至总部相关团队进行数据的审核。

项目公司填报的数据通过线上填报系统最终传输至国际石油公司总部,由总部专家或专门的团队进行数据的审核。国际石油公司 A 总部的"Data Reporting Management"(DRM)团队负责各项目公司提交数据的分类汇总和审核,并将总体情况汇报给总部最高决策层。

在人员配置方面,国际石油公司 A 各地区项目公司通常设置 1~2 名人员负责数据的输入及上传前的校核。填报数据的人员可以通过内部提名筛选出,并在上岗前按照总部规定的程序进行专门的培训,以保障数据填报人员的专业性。国际石油公司 B 则在各项目公司专门成立了"Reporting Units"(RUs)部门负责数据的填报。数据填报频率为季度填报。

各项目公司的数据通过总部既定的模板进行填报。在填报环境相关数据的同时,也可能包括部分健康安全等方面基础信息。

三、具体方法

国际石油公司 B 仅将碳排放和泄漏事故纳入为关键绩效指标,本节根据国际石油公司 B 的数据汇报程序,将其关键绩效指标相关数据的汇总方式及数据的来源进行总结。

(一)环境泄漏——泄漏量大于 1bbl 的事故

泄漏量大于 1bbl 的事故见表 3-8-15。

表 3-8-15　泄漏量大于 1bbl 的事故

目标 1	环境泄漏——泄漏量大于 1bbl 的事故
定义	作业中初级安全壳破碎或碳氢化合物损失事故的数量。 油品泄漏大于 1bbl 的事故被定义为泄漏事故
范围	包括运营边界内 HSE 事故中油品泄漏量大于 1bbl 的事故。 该范围包括公司运营的设施及合资企业中公司运营的设施
方法	IRIS 是公司用于记录、报告和学习事故的应用程序。任何具有 IRIS 访问权限的员工和承包商均可以在 IRIS 中记录油品泄漏事故的发生情况。IRIS 管理人员负责确认事故记录的完整性和准确性。IRIS 会根据事故记录上报的数据判定事故的类别
数据来源	项目公司在 IRIS 系统上记录的油品泄漏量大于 1bbl 的事故可作为该项指标的数据来源

---

❶　文件名信息是通过专家访谈和国际石油公司 B 公开的数据汇报程序中获得。

(二)运营零碳排放

(1)运营控制边界范围1:(直接)温室气体减排量见表3-8-16。

表3-8-16 运营控制边界范围1:(直接)温室气体减排量

目标2	2.1 运营控制边界范围1:(直接)温室气体减排量
定义	公司经营控制范围内的活动产生的范围1:(直接)温室气体排放量。公司报告的温室气体包括甲烷和二氧化碳。 公司使用政府气候变化委员会(IPPC)的第四次评估报告推荐的100年GWP将甲烷的排放量转换为二氧化碳当量
范围	报告的温室气体数据范围需涵盖公司的运营控制边界。 公司的经营包括: 1)公司运营的资产(包括油井和管道),或由公司拥有的合资企业运营的场地和资产; 2)公司拥有并经营的加油站; 3)公司持有国际安全管理合规文件的船舶; 4)专供公司业务使用的公路车辆、飞机和铁路运输; 5)公司运营控制下的承包商进行的钻探活动; 6)如涉及撤资,在场地和资产移交之前,公司仍需根据合同内容维持的场地和资产的日常运营; 7)租赁面积超过50000ft^{2}的办公室。 该报告边界与公司的HSE的报告边界大致一致
单位	10^6t(CO_2当量)
方法	公司填报数据总体按照总部发布的内部文件"环境和社会绩效表现数据填报定义与实践"8.1的要求进行。该文件根据《温室气体协议企业标准》和国际石油工业环境保护协会发布的《石油行业温室气体排放报告指南》(第2版,2011年5月出版)编制。公司总部发布的"环境绩效指标数据换算方法程序"(GPRO8.1-0001)列举出了用于换算温室气体排放数据的方法。 公司设置了"Reporting Units"部门("RUs"部门),主要负责计算和提交温室气体排放量。其他业务部门也同时参与数据报告工作。RUs部门负责将二氧化碳和甲烷的排放数据填报至总部数据填报工具OneCSR系统上,填报频率为季度。每年最后一个季度,RUs部门需对整年的排放情况进行整体说明,并确定可持续减排量。 RUs部门填报数据时需遵循总部发布的温室气体数据提交流程。数据提交后,将交由总部专家进行审核。 RUs部门需根据总部特定的要求对二氧化碳和甲烷的排放进行量化。若当地有关部门有其他的要求,需遵循较为严格和精确的要求进行量化。量化后的数据由RUs部门通过总部数据填报工具OneCSR进行填报。 向总部报告的数据需包含以下四个维度: 1)二氧化碳排放量; 2)甲烷排放量(10^6t); 3)英国和近海岸地区温室气体排放量; 4)全球范围(不含英国和近海岸地区)温室气体排放量
数据来源	直接温室气体排放数据由RUs部门填报至总部数据填报工具OneCSR系统中,并由总部的专家进行审核

（2）运营控制边界范围2：（间接）温室气体减排量见表3-8-17。

表3-8-17　运营控制边界范围2：（间接）温室气体减排量

目标2	2.2　运营控制边界范围2：（间接）温室气体减排量
定义	公司经营控制范围内的活动产生的范围2（间接）温室气体排放量。范围2（间接）温室气体排放量主要与消耗电力、热能、蒸汽和制冷剂等相关。公司报告的温室气体排放数据主要包括甲烷和二氧化碳。 公司使用政府气候变化委员会（IPPC）的第四次评估报告推荐的100年GWP将甲烷的排放量转换为二氧化碳当量
范围	报告的温室气体数据范围需涵盖公司的运营控制边界。 公司的经营包括： 1）公司运营的资产（包括油井和管道），或由公司拥有的合资企业运营的场地和资产； 2）公司拥有并经营的加油站； 3）公司持有国际安全管理合规文件的船舶； 4）专供公司业务使用的公路车辆、飞机和铁路运输； 5）公司运营控制下的承包商进行的钻探活动； 6）如涉及撤资，在场地和资产移交之前，公司仍需根据合同内容维持的场地和资产的日常运营； 7）租赁面积超过50000ft^{2}的办公室。 该报告边界与公司的HSE的报告边界大致一致
单位	10^6t（CO_2当量）
方法	公司填报数据总体按照总部发布的内部文件"环境和社会绩效表现数据填报定义与实践"8.1的要求进行。该文件根据《温室气体协议企业标准》和国际石油工业环境保护协会发布的《石油行业温室气体排放报告指南》（第2版，2011年5月出版）编制。公司总部发布的"环境绩效指标数据换算方法程序"（GPRO8.1-0001）列举出了用于换算温室气体排放数据的方法。 RUs部门主要负责计算和提交报告的范围2温室气体排放量。RUs部门填报数据时需遵循总部发布的温室气体数据提交流程。数据提交后，将交由总部专家进行审核。 向总部报告的数据需包含以下两个维度： 1）英国和近海岸地区温室气体排放量； 2）全球范围（不含英国和近海岸地区）温室气体排放量
数据来源	间接温室气体排放数据由RUs部门填报至总部数据填报工具OneCSR系统中，并由总部的专家进行审核

（3）股权边界范围1：（直接）温室气体减排量见表3-8-18。

表3-8-18　股权边界范围1：（直接）温室气体减排量

目标2	2.3　股权边界范围1：（直接）温室气体减排量
定义	公司在直接二氧化碳和甲烷排放中的股权份额。公司报告的温室气体包括甲烷和二氧化碳。公司使用政府气候变化委员会（IPPC）的第四次评估报告推荐的100年GWP将甲烷的排放量转换为二氧化碳当量
范围	包括子公司全部的排放量，以及根据股权份额计算出在合资公司排放量中占的比例。RUs需与财务部核对股权份额数据，以便对排放量进行收集和计算

续表

目标2	2.3 股权边界范围1：（直接）温室气体减排量
单位	10^6t（CO_2当量）
方法	公司填报数据总体按照总部发布的内部文件"环境和社会绩效表现数据填报定义与实践"8.1的要求进行。该文件根据《温室气体协议企业标准》和国际石油工业环境保护协会发布的《石油行业温室气体排放报告指南》（第2版，2011年5月出版）编制。RUs部门负责将二氧化碳和甲烷的排放数据填报至总部数据填报工具OneCSR系统上，填报频率为季度。每年最后一个季度，RUs部门需对整年的排放情况进行整体说明，并确定可持续减排量。 RUs部门填报数据时需遵循总部发布的温室气体数据提交流程。数据提交后，将交由总部专家进行审核
数据来源	直接温室气体排放数据由RUs部门填报至总部数据填报工具OneCSR系统中，并由总部的专家进行审核

（4）股权边界范围2：（间接）温室气体减排量见表3-8-19。

表3-8-19 股权边界范围2：（间接）温室气体减排量

目标2	2.4 股权边界范围2：（间接）温室气体减排量
定义	公司根据股权份额在间接温室气体排放量中所占的比例。范围2（间接）温室气体排放量主要与消耗电力、热能、蒸汽和制冷剂等相关。公司报告的温室气体排放数据主要包括甲烷和二氧化碳
范围	包括子公司全部的排放量，以及根据股权份额计算出在合资公司排放量中占的比例
单位	10^6t（CO_2当量）
方法	范围2（间接）温室气体排放量主要与消耗电力、热能、蒸汽和制冷剂等相关。公司填报数据总体按照总部发布的内部文件"环境和社会绩效表现数据填报定义与实践"8.1的要求进行。该文件根据《温室气体协议企业标准》和国际石油工业环境保护协会发布的《石油行业温室气体排放报告指南》（第2版，2011年5月出版）编制。RUs部门填报数据时需遵循总部发布的温室气体数据提交流程。数据提交后，将交由总部专家进行审核
数据来源	间接温室气体排放数据由RUs部门填报至总部数据填报工具OneCSR系统中，并由总部的专家进行审核

（5）累计可持续减排总量见表3-8-20。

表3-8-20 累计可持续减排总量

目标2	2.5 累计可持续减排总量
定义	涉及以下活动中的可持续温室气体减排量： 1）公司运营控制边界； 2）公司股权边界。 累计可持续减排总量是由特定的行动或干预活动引起的范围1和范围2温室气体持续减排，且如果没有进行该行动或干预活动会导致温室气体排放量持续升高。累计可持续减排总量需满足三个标准：有减少温室气体排放的特定干预措施；减量必须是可量化的；温室气体排放量会持续减少；减排量可在干预措施实施后的12个月内进行报告

续表

目标 2	2.5 累计可持续减排总量
范围	累计可持续减排总量包括范围 1（直接）温室气体减排量和范围 2（间接）温室气体减排量。 公司的运营控制边界包括： 1）公司运营的资产（包括油井和管道），或由公司拥有的合资企业运营的场地和资产； 2）公司拥有并经营的加油站； 3）公司持有国际安全管理合规文件的船舶； 4）专供公司业务使用的公路车辆、飞机和铁路运输； 5）公司运营控制下的承包商进行的钻探活动； 6）如涉及撤资，在场地和资产移交之前，公司仍需根据合同内容维持的场地和资产的日常运营； 7）租赁面积超过 50000ft² 的办公室。 公司的股权边界包括： 子公司全部的排放量，以及根据股权份额计算出在合资公司排放量中占的比例
单位	10^6t（CO_2 当量）
方法	RUs 部门及其他事业部共同负责计算和填报累计可持续减排总量。 如果有温室气体排放干预行动发生，RUs 部门需估算如无该行动发生排放量的增加量。该指标适用于范围 1（直接）和范围 2（间接）温室气体排放量的减少。累计可持续减排总量相关的数据及支持文件将提交至总部供专家进行审核，并确认该减排量是否符合相应标准
数据来源	累计可持续排放总量由 RUs 部门填报至总部数据填报工具 OneCSR 系统中，并由总部的专家进行审核

（6）能源消耗见表 3-8-21。

表 3-8-21　能源消耗

目标 2	2.6 能源消耗
定义	公司运营控制边界内的能源消耗活动
范围	公司的运营控制边界包括： 1）公司运营的资产（包括油井和管道），或由公司拥有的合资企业运营的场地和资产； 2）公司拥有并经营的加油站； 3）公司持有国际安全管理合规文件的船舶； 4）专供公司业务使用的公路车辆、飞机和铁路运输； 5）公司运营控制下的承包商进行的钻探活动； 6）如涉及撤资，在场地和资产移交之前，公司仍需根据合同内容维持的场地和资产的日常运营； 7）租赁面积超过 50000ft² 的办公室。 该报告边界与公司的 HSE 的报告边界大致一致
单位	GW·h

续表

目标2	2.6 能源消耗
方法	公司填报数据总体按照总部发布的内部文件"环境和社会绩效表现数据填报定义与实践"8.1的要求进行。该文件根据《温室气体协议企业标准》和国际石油工业环境保护协会发布的《石油行业温室气体排放报告指南》（第2版，2011年5月出版）编制。总部发布的"环境绩效指标数据换算方法程序"（GPRO8.1-0001）列出了能源消耗数据报告的方法。能源消耗数据根据能源种类提供，主要包括电、蒸汽、天然气、柴油等，可作为计算温室气体排放（不包括碳氢化合物的燃烧和排放）的基础数据。 RUs部门及其他事业部共同负责能源消耗数据的计算和填报。RUs部门将能源消耗数据填报至总部数据填报工具OneCSR系统中，填报频率为季度。 RUs部门填报数据时需遵循总部发布的能源消耗数据提交流程。数据提交后，将交由总部专家进行审核。 向总部报告的数据需包含以下两个维度： 1）英国和近海岸地区的能源消耗量； 2）全球范围（不含英国和近海岸地区）的能源消耗量
数据来源	能源消耗数据由RUs部门填报至总部数据填报工具OneCSR系统中，并由总部的专家进行审核

（三）上游油气生产零排放

上游油气生产过程中的碳排放见表3-8-22。

表3-8-22　上游油气生产过程中的碳排放

目标3	3.1 上游油气生产过程中的碳排放
定义	根据净产量份额，估算上游生产石油、天然气和液化气生产中二氧化碳的排放量（假设所有的产品碳的化学计量都经完全燃烧转化为二氧化碳）。 上游油气生产过程中二氧化碳的排放量根据下面的公式计算得到： $$上游油气生产中的碳总量 = \sum i（二氧化碳排放总质量）$$ 其中，i代表生产得到的产品类型（即石油、天然气或液化气）。 二氧化碳排放总质量可根据以下公式计算得到： $$二氧化碳排放总质量 = 产品体积 \times 密度 \times \frac{(C_{wt\%})}{100} \times \frac{44}{12}$$ 其中，产品体积为公司股权边界范围内石油、天然气和液化气的体积；密度为石油、天然气和液化气的密度；$C_{wt\%}$为石油、天然气、液化气中的碳含量
范围	根据公司股权边界范围内石油、天然气、液化气的产生量进行计算（假设所有的产品碳的化学计量都经完全燃烧转化为二氧化碳）
单位	10^6t（CO_2当量）
方法	战略和可持续碳管理团队负责上游油气生产中碳排放量的计算，并由独立的第三方机构进行数据核验
数据来源	产品体积需与年报中证券交易所公告及公开数据一致

（四）碳强度减半

市售能源产品平均碳排放强度见表 3-8-23。

表 3-8-23　市售能源产品平均碳排放强度

目标4	4.1　市售能源产品平均碳排放强度
定义	估算得到的市售能源产品每单位能源（MJ）在全生命周期（包括使用、生产和分配过程）中温室气体的排放率
范围	公司需计算所有销售的能源产品碳强度的加权平均值。能源产品主要分为以下四个类别：精炼产品、天然气产品、生物产品及新能源产品。 销售范围涉及与能源产品终端总销售量相关的碳排放。2020年报告的市售能源产品主要包括以下类别： 1）天然气产品：液化天然气、管道气体、沼气； 2）精炼产品：液化天然气、液化石油气、汽油、柴油、航空燃料、燃油、焦油、其他中间馏分，如瓦斯油、煤油等； 3）生物产品：生物异丁醇、乙醇、生物喷气燃料； 4）新能源产品：生物能、太阳能、风能、电动汽车电力销售、股权边界内的能源销售及其他能源。 精炼产品的销售客户包括加油站经销商、个人、航空公司、小型和大型经销商、军队等。所有产品的市场营销价值均可代表公司在销售中所占的份额。 以下特定产品不在该指标范围内：原油（因其已涵盖在精炼产品的全生命周期中，直接销售给终端客户并进行燃烧使用的除外）；非用于燃料用途的精炼产品（包括润滑剂、沥青、石脑油等）
单位	g（CO_2 当量）/MJ
方法	市售能源产品的平均碳排放强度可根据以下公式进行计算： $$平均碳排放强度 = \frac{\sum i 碳强度 \times 产品能耗 i}{\sum i 产品能耗}$$ 其中，碳强度 i 表示 i 产品的碳强度；产品能耗 i 表示 i 产品的产品能耗。 1）天然气产品、精炼产品和生物产品： 对于天然气产品、精炼产品和生物产品，计算方法应涵盖产品全生命周期的排放量。这类产品的碳强度根据以下公式进行计算： $$碳强度 i = \frac{WTT 排放量 i + 终端排放量 i}{产品能耗 i}$$ 其中，WTT 排放量 i 代表能源产品 i 全生命周期的碳排放量，可根据平均工业排放因子计算得到；终端排放量 i 代表能源产品 i 终端使用中的碳排放量。对于生物产品，终端排放量可假设为0。对于天然气和精炼产品，终端排放量的计算中假设所有的产品碳的化学计量都经完全燃烧转化为二氧化碳。 2）新能源产品： 新能源产品的碳排放强度需引入化石燃料当量因子，计算公式如下： $$碳强度 i = \frac{二氧化碳排放量 i}{销售的化石能源的能耗 i}$$ 其中，二氧化碳排放量由销售/出口能源量、当地电网排放因子及全生命周期的排放因子（适用于太阳能和风能）计算得到；销售的化石能源的能耗 i 通过引入化石燃料当量因子计算得到
数据来源	战略和可持续碳管理团队负责碳排放强度的计算，并由独立的第三方机构进行数据核验

（五）减少甲烷排放量

甲烷强度见表 3-8-24。

表 3-8-24 甲烷强度

目标 5	5.1 甲烷强度（%）
定义	上游石油和天然气生产活动的甲烷总排放量占销售天然气量的百分比。 上述销售天然气量是指上游资产中所有进入市场的天然气量
范围	所有上游资产产生的甲烷总量，包括上游运营的油气中转储存站和液化天然气设施排放的甲烷总量。 以下情况不算在范围内： 1）新开发地区的勘探钻井活动； 2）非生产资产，例如物流基地、办公室、钻井液厂等； 3）未投入生产的新项目。 销售天然气量：所有上游资产进入市场的天然气总量，包括天然气井的天然气产量和石油开采井的伴生气等
单位	体积分数，%
方法	公司填报数据总体按照总部发布的内部文件"环境和社会绩效表现数据填报定义与实践"8.1 的要求进行。该文件根据《温室气体协议企业标准》和国际石油工业环境保护协会发布的《石油行业温室气体排放报告指南》第 2 版（2011 年 5 月出版）编制。公司总部发布的"环境绩效指标数据换算方法程序"（GPRO8.1-0001）列举了用于换算温室气体排放数据的方法。 RUs 部门主要负责计算和提交报告的温室气体排放量。其他业务部门也同时参与数据报告工作。 RUs 部门负责将二氧化碳和甲烷的排放数据填报至总部数据填报工具 OneCSR 系统上，填报频率为季度。每年最后一个季度，RUs 部门需对整年的排放情况进行整体说明，并确定可持续减排量。 RUs 部门填报数据时需遵循总部发布的甲烷排放数据提交流程。数据提交后，将交由总部专家进行审核。 RUs 部门需根据总部特定的要求对甲烷的排放进行量化。若当地有关部门有其他的要求，需遵循较为严格和精确的要求进行量化。量化后的数据由 RUs 部门通过总部数据填报工具 OneCSR 进行填报。 销售天然气数据主要由油气开发团队提供。 总部专家将通过甲烷排放体积和销售天然气体积计算得到甲烷强度数据
数据来源	甲烷排放数据由总部数据填报系统工具 OneCSR 系统中获取；销售天然气数据主要由油气开发团队提供

四、改善建议

基于国际石油公司的优良经验，建议中油国际制订自身的"环境绩效指标的定义和填报指南""关键绩效指标的释义和项目应用"等体系文件，指导各项目公司进行数据的收集和填报。此外，建议中油国际本部设立专门的团队进行最终数据的汇总和审核，并将总体情况汇报给公司最高决策层。

第六节 环境管理信息化系统

一、总体说明

环境管理信息系统的设计和使用实际上是承载了各国际石油公司职能部门工作,通过数字化和可视化的形式反映各公司的环保管理理念。各国际石油公司设置系统均是为了更好地帮助各部门解决业务问题(进行数据收集、填报、传递、汇总、分析)和提高管理效率。

二、系统概况

(一)国际石油公司A环境管理信息系统

根据专家访谈和资料审阅,该公司2020年前主要分为三个业务部门,分别为上游业务、下游业务和项目与技术业务部门。其中项目与技术业务部主要负责技术解决方案、项目设计开发概念和环境管理等内容。各部门主要通过技术手段来实现和推进环境管理。2020年起,A公司将原业务部门变更为:传统上游业务、转型支持业务和未来增长业务。

A公司的未来增长业务包括:下游产品销售、生物燃料、可再生能源和能源解决方案等。职能变更的根本原因在于,A公司的碳减排目标在所有国际公司中最为激进,也是最早发布转型投资计划的国际石油公司:计划2025年对未来增长业务的投资比例提升至35%以上。这些变更会直接影响其环境管理信息系统的功能和使用。因此,不排除A公司近两年快速对信息化工具的内容进行升级,使得传统上游业务的环境信息收集能够更好地纳入零碳排放和碳减排的要求中,也可以为其未来增长业务提供更多的支撑。

1.系统框架设计和模块设计

A公司环境管理信息系统部署在公司内网上,客户端无须安装任何软件,只要能以某种方式(直连或VPN)访问公司内网,即可通过浏览器使用系统。该系统目前尚未开发手机应用APP,仅通过公司电脑使用。

目前主要分为三个使用层级、两种使用环境。

(1)三个使用层级主要包括:第一层级A公司运营主体机构(不分股权比例,包括所有由A公司负责运营的主体和在A公司负责运营主体机构场地工作的承包商);第二层级A公司不负责运营的主体机构(大股东持股比例或等股比,小股比主体机构不做要求);第三层级A公司集团层级。

(2)两种使用环境主要包括:气候变化与能源和环境保护。

主要应用和支持架构如图3-8-2所示。

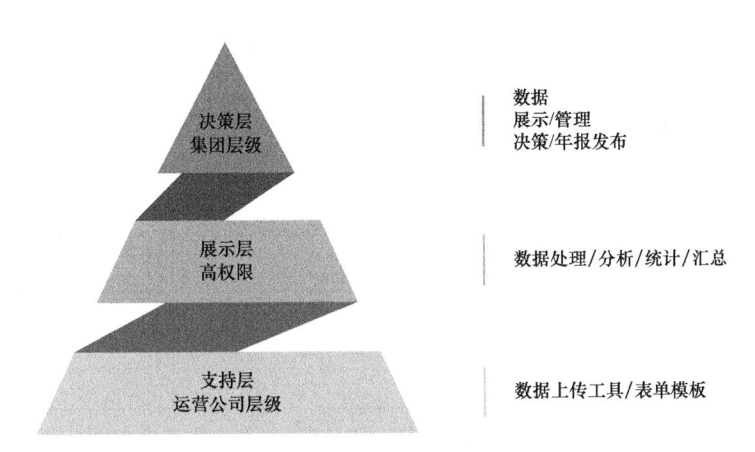

图 3-8-2　A 公司环境管理信息系统应用和支持架构

2. 语言设置

据了解，A 公司环境管理信息系统目前全部使用英文界面，填报语言也为英文，并未开发项目或运营主体机构所在国语言的应用界面或翻译界面，对使用者的语言要求较高。

3. 存储与权限设置

据了解，A 公司环境管理信息系统对登录和使用权限设置有明确的要求，系统加入了使用认证的模式，登录该系统必须使用用户名和密码，每一个使用者登录后在其被授予的权限下开展数据编辑、上传和浏览等操作。使用者的授权预设为最低权限政策，据称数据传输时使用了加密功能，使用者所在部门、职责和级别决定了其使用、浏览和下载等操作的权限。系统为每个模块提供了固定的数据模板，通常情况下使用者只允许进行填写和上传，不被允许进行修改。因此，并未对文档存储的方式进行详细要求和说明，根据访谈说明目前使用较多的文档以 Excel 文档或 Text 文档为主。使用者使用上传工具（Dataloader）固定生成的文档模板填写、存储和上传。通常情况，使用者并无线下保存文档的要求。

对于 A 公司不负责运营的主体机构的使用者来说，其权限等同于 A 公司运营主体机构同级别的使用者权限。但是，部分数据和指标并未要求必须填写，详见前述说明。

4. 海外项目案例

A 公司全球均使用统一的环境管理信息系统及相关 HSE 标准，海外项目除了环境管理信息系统外，还可以使用单独的项目管理工具，本节仅展示统一的环境管理信息系统。

A 公司环境管理信息系统采集的数据如图 3-8-3、图 3-8-4 所示。

（二）国际石油公司 B 环境管理信息系统

B 公司近年来也进行了职能部门变更，将原来上游、下游、替代能源三大业务板块变更为新的四大业务板块：生产运营、客户与产品、天然气与低碳能源、创新与工程板块，弱化了上游业务和下游业务的概念。同样，B 公司今年来开展了一系列动作，例如：关闭了中国境内所有的上游业务，收购了美国最大的碳排放削减开发商及环境服务公司，在德国建立氢能网络,在欧洲和美国开展海上风电开发,在中国合作建立充电桩项目,这些行动加快了其从传统能源公司向国际综合能源公司转型。

	单位	月份
酸性气体和VOCs		
硫氧化物（SO_x）	10^3t	
氮氧化物（NO_x）	10^3t	
挥发性有机污染物（VOCs）	10^3t	
臭氧层有害气体排放		
甲烷类	t	
含氢氯氟烃（HCFCs）	t	

图 3-8-3　A 公司环境管理信息系统数据示例（废气排放）

	单位	月份
泄漏		
破坏泄漏——泄漏量	10^3t	
破坏泄漏——次数	次	
操作泄漏——泄漏量	10^3t	
操作泄漏——次数	次	
台风泄漏——泄漏量（参考）	10^3t	

图 3-8-4　A 公司环境管理信息系统数据示例（泄漏）

1. 系统框架设计和模块设计

B 公司将环境和可持续发展嵌入到所有业务部门的日常管理中,环境绩效指标作为业务部门的职能划分和绩效考核的组成部分,环境管理事务由业务部门承担,集团层面的 HSE 承担顾问和支持职责。B 公司的运营管理系统（OMS）规定了其全球范围内管理其业务环境和社会影响的方式。按照 OMS 的要求,B 公司的每个业务部门均按照职能要求和管理需求创建和维护自己的管理手册,描述如何开展本地运营和本职工作,同时并通过验证程序确认流程优化程度和合规情况。

目前,B 公司通用的环境信息系统主要关注环境事故、溢油排放、新鲜水、废水排放、废气排放、废物排放、处罚、年审和环保费用支出。同样,温室气体排放也是 B 公司关注的重点。

2. 语言设置

据了解,B 公司的环境管理信息系统目前也全部使用英文界面,填报语言也为英文,并未开发项目或运营主体机构所在国语言的应用界面或翻译界面,对使用者的语言要求较高。

3. 存储设施和权限设置

据了解,B 公司环境管理信息系统的登录和使用权限设置也有明确的要求,由于各业务部门相对独立的管理模式,所以对于环境信息的收集并未设置过多的权限要求。另外,由于涉及数据的敏感性(如用水、用电、蒸汽等),B公司并未要求各运营主体机构上传原始数据,仅要求上传其规定范围内的数据(如股权边界内的甲烷和二氧化碳)。

B公司也未对文档存储的方式进行详细要求和说明,根据访谈说明目前由于公司基本上要求线上填报,也并未要求提交原始数据,因此文档存档的方式按照当地(项目)公司的要求或使用Microsoft Office软件即可。据访谈,使用较多的文档以Excel文档或word文档为主。

对于B公司不负责运营的主体机构的使用者来说,其权限等同于B公司运营主体机构同级别的使用者权限。但是,部分数据和指标并未要求必须填写,详见前述说明。

4. 海外项目案例

B公司已经关闭中国境内所有的上游业务,目前上游应用均为海外业务。根据访谈了解,目前B公司环境管理信息化(不仅是环境管理的板块)平台正在进行相关的升级和变更,还未有成熟的新平台模块和功能上线使用。据称,该平台致力于打造互联网平台,帮助B公司降低人力物力投入,逐步实现从信息化到数字化的转型。第(三)小节"3. AI平台案例1"介绍了Maana Knowledge Platform平台,可以作为平台系统和AI在油气行业应用的参考。

(三)环境管理信息系统其他应用案例

根据调查,各国际石油公司使用了多种专业HSE管理工具,同时也开展了大数据系统、AI技术等领域的投入。据专家访谈和资料分析,环境信息不局限于HSE领域信息系统的使用,也不局限于数据收集—数据上传—数据分析—数据展示单一数据流的应用。从职能领域来看环境信息系统已经将能源使用、能效、碳排放等指标纳入,同时与各国际石油公司战略转型紧密结合。总地来说,环境管理信息系统向着自动化(在线数据和设备运行数据实施传输)、智能化(机器自主学习、数据库自动更新优化等)和集约化(耦合工艺设计、生产运营、外部环境等)方向发展。下述内容简要介绍各国际石油公司近年来使用、投资或参与的公司/信息平台。

1. HSE管理工具案例1

ERA Environmental Management Solutions工具,内嵌所有运营站点(公司)的工艺和设备参数、排放标准和管理要求,利用连续排放监测系统(CEMS)和连续参数监测系统(CPMS),24h不间断实施数据传输、上传和自动处理,精确管理环保合规。该工具包括:废气、废水和废物管理、培训、化学品管理、供应链管理、物资管理,定制化报告等功能模块。

2. HSE管理工具案例2

LOTUS工具,内嵌运营站点(公司)的基本信息,需要人工输入相关管理信息。通过在云端管理数据，实施跟踪和记录现场活动，帮助现场和集团层面进行可视化管理。该工具包括：HSE 法规要求、ESG 和温室气体、化学品管理、许可管理、废物管理、事件报告、现场修复清理等功能模块。其中在废物处理及处置方面，雪佛龙股份有限公司、美孚公司、荷兰皇家壳牌集团业务部门使用了该工具。

3. AI 平台案例 1

Maana Knowledge Platform 数据平台：Maana 公司于 2015 和 2016 年获得英特尔投资、通用电气公司和雪佛龙股份有限公司的 B 轮投资，后期沙特阿美石油能源风险投资公和壳牌科技风险投资公司均投资了 Maana 公司。Maana Knowledge Platform 提供了油气业务的环境合规管理、风险评估、安全风险预防，以及勘探、开发、生产等全流程业务优化的功能模块，将环境信息与机器自主学习的功能进行了有机结合。

4. AI 平台案例 2

Beyond limited 数据平台：2017 年国际石油公司 B 向人工智能和认知计算公司 Beyond Limits 投资 2000 万美元。Beyond limited 开发的 AI 数据平台包括：油田优化应用程序、碳减排和碳封存应用、环境排放的算法等内容。Beyond limited 开发的 AI 数据平台已经将油田开采、环境信息收集及碳排放进行了有机结合。

三、优化建议

由于海外投资油气项目的环境信息管理紧密服务于项目全周期各阶段的投资风险控制及社会责任履行，因此首先对中油国际海外投资油气项目的项目阶段划分进行介绍，并结合各阶段特征进行环境信息管理思路的梳理。中油国际本部和下属联合公司针对海外投资油气项目的项目类型和项目阶段有不同的划分，分述如下：

（1）中油国际本部的项目类型主要分为"新项目获取"和"现有项目开发"两大类，大致上分别对应国际石油公司的"收并购项目"和"资本开发项目"两大类，"新项目获取"和"现有项目开发"两类投资项目整合后为 10 个主要项目阶段，具体为：机会筛选、全面评价、审批决策、签约交割、可行性研究、初步设计、最终投资决策（FID）、实施、运营、退出/延期。

（2）联合公司的投资项目遵循国际同行惯例，通常划分为评估（Assess）、选择（Select）、定义（Define）、执行（Execute）、运营（Operate）五个主要的项目阶段，由项目公司为主导开展日常运营和投资前期工作，并提供相关信息文件支持中油国际履行中方内部的监管和审批流程。

在项目全周期的环境管理工作中，需要采取适当的工作方法进行基础性信息收集、一致性信息填报、可靠性信息归档，以及专业性信息应用。总体来说，项目全周期的环境信息类型按其内容特点可以分为以下 4 类：

（1）项目背景与特征类：主要为项目环境管理相关的外部条件、内部特征、实施要求和限制等基础信息，主要产生于新项目获取投资前期机会筛查阶段的基线调查、政策法规识别、利益相关方识别、环境因素识别等工作，并持续于项目全周期各阶段整个发展过程。

（2）风险评估与管控类：主要为对基础信息进行分析，评估项目环境管理相关的风险，并论证相应的风险管控措施，主要产生于新项目获取投资前期机会筛查和全面评价阶段的国别风险评估、尽职调查、危害与效果管理登记、风险评估、最低合理可行原则（ALARP）风险管控措施论证、公众参与计划等工作，并持续于项目全周期各阶段整个发展过程。

（3）影响评价与预防类：主要为对基础信息进行分析，评估项目相关的环境影响，并论证相应的影响管控措施，主要产生于现有项目开发投资前期可行性研究阶段的环境影响评价（EIA）、环境与社会影响评价（ESIA）等工作，并持续于项目后续发展过程。

（4）实施保障与支持类：主要为按公司环境管理政策与流程保障项目和方案稳定实施，保障项目全周期从始至终的环境信息资料及时更新共享和有效传递衔接，并对环境管理工作绩效进行有效监测和必要改进，主要为环境管理体系、环境绩效监测考核、环境信息资料管理等方面相关信息，并持续于项目全周期各阶段整个发展过程。

基于海外油气项目各阶段环境信息持续管理工作特征，为确保项目相关的信息数据和文件资料在项目全周期的可靠读取、快速分享、高效理解、及时更新和持续传递，并在不同阶段被充分考虑和使用，应针对海外油气项目的环境信息管理建立全周期的统一管理机制。

参考借鉴国际石油公司的优良做法，将海外油气项目各阶段的环境信息管理工作分为以下两大功能模块，并进一步细分为更为具体的子模块，两大功能模块分别应达到以下设定目标：

（1）信息收集填报——边界明晰、统一明确、填报便利、准确高效。
（2）信息管理应用——分类清晰、存储可靠、获取便利、智能实用。

海外油气项目环境信息管理框架的总体示意图如图3-8-5所示。

基于中油国际海外投资项目全周期的环境管理模式，并结合各阶段工作特点和借鉴国际石油公司优良经验，对环境信息管理两大功能模块的工作思路分别介绍如下：

（一）信息收集填报

即对信息收集填报的边界、内容、格式、时间等方面进行确定，各方面的具体内容包括：

（1）边界确定：基于项目实际情况和可操作性原则，确定环境信息的收集填报单位，根据具体情况，这些单位可能为独立或联合运营的项目公司、合资公司、区域公司、炼油厂、办公室等，并可能包括运营范围内的承包商活动相关环境信息。

（2）内容确定：按照项目类别和项目阶段，基于实质介入度和可操作性原则，设立相应的环境信息收集填报内容评估确定标准，并基于公司整体的环境管理愿景、理念与目标，以及项目上下游行业特征和本地特定要求，对其具体收集填报内容进行评估确定。

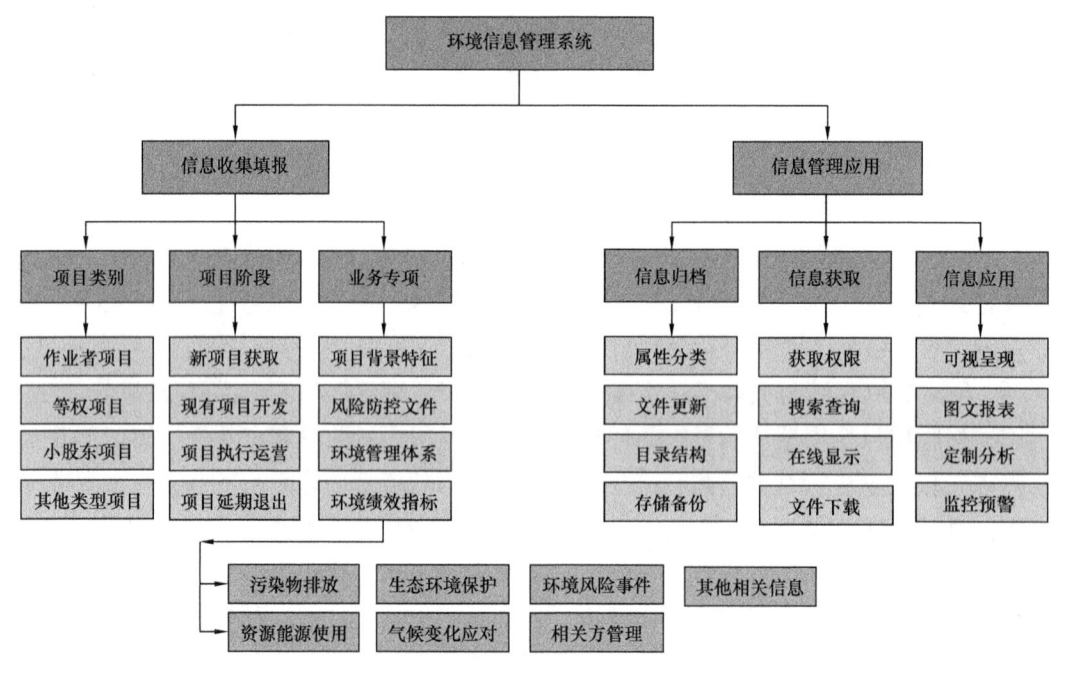

图 3-8-5　海外油气项目环境信息管理框架示意图

按项目类别可分为 4 类，各类项目收集填报的环境信息内容评估确定标准分述如下：

① 作业者/控股项目：基于项目实际作业情况，评估确定较为完整的项目环境信息作为收集填报内容，涵盖项目背景特征、风险防控文件、环境管理体系，以及全面的环境绩效指标等。

② 等权联合管理项目：基于项目所占股比权重和实质影响力，评估确定具有可操作性的项目环境信息作为收集填报内容，包括部分的项目背景特征、风险防控文件、环境管理体系，以及部分的环境绩效指标（如污染物排放量和温室气体排放量）等，并在适用条件下以对应的股权比例进行折算。

③ 小股东项目：基于项目所占股比权重和实质参与度，评估确定具有可操作性的项目环境信息作为收集填报内容，主要为具有长期环境影响的部分环境绩效指标（如污染物排放量和温室气体排放量），并以对应的股权比例进行折算。

④ 其他类型项目：基于项目所占权重、实质影响力和参与度，参考以上标准评估确定具有可操作性的项目环境信息作为收集填报内容。

按项目投资期可分为 4 个时期，各个时期收集填报的环境信息内容分述如下：

① 新项目获取投资期：本阶段的环境信息收集填报内容以项目背景与特征类和风险评估与管控类环境信息为主；根据实际工作情况具体可包括基线调查、政策法规识别、利益相关方识别、环境因素识别、国别风险评估、环境尽职调查、危害与效果管理登记、

环境风险评估、可行性研究报告、环境合同条款，以及与本阶段相关的环境管理体系、环境绩效监测考核、环境信息资料管理等方面文件。

② 现有项目开发投资期：本阶段的环境信息收集填报内容涉及对前期的项目背景与特征类环境信息的持续维护与更新，并以风险评估与管控类和影响评价与预防类环境信息为主；根据实际工作情况具体可包括前期环境信息更新、环境尽职调查、危害与效果管理登记、环境风险评估、ALARP 原则风险管控措施论证、可行性研究报告、公众参与计划、环境影响评价、环境与社会影响评价、环境合同条款，以及与本阶段相关的环境管理体系、环境绩效监测考核、环境信息资料管理等方面文件。

③ 项目实施与运营期：本阶段的环境信息收集填报内容涉及对前期的项目背景与特征类、风险评估与管控类、影响评价与预防类环境信息的持续维护更新与方案落实，并以实施保障与支持类环境信息为主；根据实际工作情况，具体可包括前期环境信息更新、环境设施设计施工与验收运行、环境风险专项管理计划落实执行、环境管理体系、环境绩效监测考核、环境信息资料管理等方面文件。

④ 项目退出期：本阶段的环境信息收集填报内容涉及对前期的项目背景与特征类、风险评估与管控类、影响评价与预防类、实施保障与支持类环境信息的持续维护更新与方案落实，并以风险评估与管控类环境信息为主；根据实际工作情况具体可包括前期环境信息更新、退场尽职调查、退场风险评估、可行性研究、污染调查评估、污染修复治理、退役弃置方案、环境合同条款，以及与本阶段相关的环境管理体系、环境绩效监测考核、环境信息资料管理等方面文件。

（3）格式确定：针对各类环境信息确定统一的收集填报格式，以确保所有信息的清晰性、一致性、相容性和关联性。相关格式具体可包括文件类型、命名方式、图文格式、数据单位、小数点位、绝对数值、相对数值、基准数值等。

（4）时间确定：针对各类环境信息确定统一的收集填报时间，以确保所有信息的连续性、及时性、衔接性和可比性，相关时间具体可包括参照时间基准、统计时间区间、填报完成时限等。

（二）信息管理应用

即对收集填报信息的信息归档、信息获取、信息应用等方面进行确定，具体内容包括：

（1）信息归档：包括收集填报的各类环境信息的属性分类、文件更新、目录结构、存储备份等方面进行设计确定；其中，中油国际总部可根据实际运营管理情况，将部分项目层面的具体环境信息交由项目公司进行归档管理，不纳入总部环境管理信息系统，如项目建设设计文件和验收文件、项目特定的环境管理体系文件等。

（2）信息获取：包括对归档的各类环境信息的获取权限、搜索查询、在线显示、文件下载等功能进行设计确定。

（3）信息应用：包括对归档的各类环境信息的可视呈现、图文报表、定制分析、监控预警等功能进行设计确定；其中，中油国际总部可根据自身的环境管理愿景、理念、目标，并考虑国际标准、行业惯例等因素，选择确定在可持续发展年报中公开相应的环境绩效指标统计数据。

针对环境信息管理两大功能模块，公司应基于设计确定的信息收集填报要求和信息管理应用方法，编制清晰明确的环境信息收集填报与归档应用技术指南文件，并根据使用反馈和系统升级不断迭代更新。

四、其他建议

（一）建议1：增加或完善环境和社会法规数据库

基于前述研究，各国际石油公司已经将国际金融公司环境和社会可持续性绩效标准、国际金融公司陆上石油天然气开采环境、健康与安全指南、API环境系列标准等指南和标准中涉及的指标和要求融入各自的环境管理信息系统中，同时要求运营公司和资产公司遵守所属国法规要求。据了解，由于中国环境管理要求与国际通用的环境社会管理要求存在差异，同时考虑到中油国际海外项目所属国法规设置情况参差不齐，建议中油国际在升级环境管理信息系统时增加或完善环境和社会方面的法规数据库，纳入中油国际环境管理体系文件要求、项目所在国法规标准、国际通用指南等内容。范围包括不限于：环境保护（废水、废气、废物、事故泄漏与应急、退场等）、气候变化与能源（资源使用、气候变化等）、生物多样性保护、自然资源管理、社区和利益相关方管理。

考虑到中油国际项目涉及国家和范围较广，参考国际石油公司做法，可以重点考虑优先纳入作业者项目所在国的法规标准，优先要求各类项目遵守中油国际环境管理体系文件。

（二）建议2：增加或完善基本信息数据库

鉴于中油国际的央企属性，同时考虑海外项目的特点，建议环境管理信息系统增加基本信息（舆情）数据库，纳入类似美国地质勘探局（USUG）地图数据、世界自然保护联盟（IUCN）的底层数据等内容。基本信息数据库包括不限于：地图数据、紧邻敏感点及周边区域敏感区域［包括自然保护区、野生动物栖息地、当地有特殊意义的区域（宗教信仰区域）信息等］、自然灾害和事故信息、舆情数据库［领导发言、重大事件（包括：突发环境事件和引起生产和环境风险的事件）、疫情统计、恶劣天气］。

（三）建议3：增加或完善处理工具

基于前述研究及专家访谈，建议设置单个的管理工具便于各种项目（作业者项目、等权项目等）或项目公司使用，同时便于实施集约化管理。该类工具也可以由中国石油提供基础依据，由项目公司根据自身的管理要求进行单独开发。该类管理工具包括不限于：

（1）合规管理工具：建议现有合规管理工具的优化应突出实用性和适用性。

（2）事故记录分析工具：详细的事故记录和根本原因分析。

（四）建议4：增加系统功能和用户友好性

基于专家访谈，结合各国际石油公司系统优势功能，建议中油国际在后续环境管理信息系统的开发和升级过程中考虑以下内容：

（1）数据共享功能：分散式操作，避免使用者多次上传。例如：某石油公司使用者上传开车至现场的财务报销数据后，系统可识别其转化的碳排放数据，无须单独上传加油、充电等数据。

（2）数据抓取功能：结合现场设备、监测、巡查记录、图像识别等情况，实时抓取和分析相关数据，无须人工输入。

（3）权限设置功能：根据权限变化，设置人员数据录入、查阅和使用等使用。

（4）监控预警功能：对于实际工作中涉及的信息变更、环境违规、环境事故、培训要求、自然灾害等情况发布预警信息。

第七节 总结与建议

本章借鉴国际石油公司的优良经验，主要讲述：

（1）根据专家访谈和资料审阅，针对国际石油公司的指标体系、数据汇报内容和对外信息公开内容进行分析，并开展和中油国际现有指标体系的对标，最后给出完善现有指标体系的建议。

（2）对环境管理信息化数据收集和汇总工作流程的具体方法，包括数据类型，收集工具，换算方法进行研究。

（3）介绍各国际石油公司的环境管理信息系统的框架设计、各模块内容及使用效果。

（4）结合访谈和文献内容提出中油国际相关环境管理信息系统模块设计和升级的建议。

基于研究结果，提出针对性建议如下：

（一）指标体系相关建议

（1）建议中油国际根据自己的发展愿景，设定清晰目标，然后根据目标完善现有指标体系。

（2）建议结合国际石油公司指标体系，根据中油国际运营实际，适当增加和细化具体指标和指标要素。

（二）数据收集相关建议

建议中油国际制定自身的环境绩效指标的定义和填报指南、关键绩效指标的释义和项目应用，指导各项目公司进行数据收集和填报。

（三）信息系统相关建议

信息系统的设计方面建议增加或完善环境和社会法规数据库、增加或完善基本信息数据库、增加或完善处理工具、增加系统功能和用户友好性。

事件分享（Alert）

01 Hand Injury Caused by Ventilation Fan

Accident Description

A subcontractor was conducting a repair of metal plate adjacent to an in-line air ventilation fan retrofitted to a hydraulic compressor to facilitate cooling. The operator was injured by a high-speed fan blade. His right middle finger was severely lacerated and another finger was broken from the fan's recessed blade.

Causes of Accident

Immediate Causes

• The operator was injured by the high-speed fan blades when he carried out maintenance work without turning off the fan.

Underlying Causes

• The in-line air ventilation fan retrofitted to the hydraulic compressor was not an approved manufacturer addition. The fan was not properly installed, was without a safety guard, and was not fixed or wired properly.

• Barge Master told the IP that the fan was "switched off" prior to the work activity-miscommunication.

• Daily jobs initiated often without Tool Box Talks.

• IP had been on rotation for 3 months (1 month quarantine, 2 months duty).

- IP was not wearing gloves at time of incident.

Correct Actions

- Management of Change Process must be in place and effective. The equipment cannot be modified without authorization.
- Pre-task planning must be in place for all work activities; including use of Toolbox Talks, Job Safety Analysis and Work Permits as appropriate.
- Understand and manage fatigue in the workplace.
- Effective oversight is required to ensure all safe work practices are in place, particularly for new projects and remote activities.
- Organize equipment safety inspection to identify the risk of mechanical rotation injury.

02 Fiber Optic & Power Cables Damage

Accident Description

On 03 May 2021, at around 07:00, during mechanical excavation, the contractor accidentally excavated the cables which resulting in 19 cables damage include power cables, communication cable, and fiber optic communication cables. Prior to excavation work, digging the trail hole (50cm depth) by manual method. However, the contractor doesn't find any underground facilities. The contractor decided to conduct mechanical excavation and unfortunately the excavation work cut off the 19 cables (70cm depth).

Causes of Accident

Immediate Causes

- The contractor carried out excavation without application.

Underlying Causes

- Failure to identify/ascertain the existence of underground facilities.
- No marker post above ground to warn the existence of the cables.
- The warning tape and bricks were close to the cables.
- Lack of on-site supervision.

Correct Actions

- Conduct training to ensure that contractors correctly apply for PTW (Permit to Work) before excavation operations.
  - Confirm underground buried facilities with the contractor before excavation.
  - Mark underground buried facilities on the ground.
  - Bury warning tape at a certain distance around the buried facilities.
  - Carry out on-site supervision of unconventional operations.

03 Car Crashed by Animal in Night Driving

Accident Description

On April 7, after one driver transported the operators to well 103 for gas production, he drove the car to road checkpoint without permission at 20:10p.m. for private issues. The checkpoint is 10km far west from well 103. On the way the car crashed one cow which was crossing the road. As a result of the collision, the cover of the engine, bumper and mask of the radiator were distorted.

Causes of Accident

Immediate Causes

- Speeding vehicle crashes into cow. The car was driven at 77km/h on the road in the evening. But the speed limitation at this road is 60km/h maximum at daytime.

Underlying Causes

• Night driving. The sight was limited at night.

• Poor safety awareness of the driver. He knew the rules of journey management includes speed limitation, no driving without permission but he made intentional violation of the rules to do private issues.

• Poor safety awareness of company leadership. The night driving is prohibited in company journey management, only except the emergency case. But company was urgent to put well 103 into gas production in the evening rather than the next morning.

Correct Actions

• Revised and updated the vehicle journey management procedures. Permission and speed limitation were stressed in vehicle driving. And organize related training.

• Strengthen supervision on the vehicle journey management, strict approval for night driving.

• Reasonable arrangement of work tasks to avoid rushing to complete tasks.

• Strengthen the management of vehicle trajectory to eliminate the use of official vehicles to handle private events during work.

04 Maintenance on Hydraulic Unit without Lockout-Tagout

Accident Description

During routine inspection on rig site while drilling operations, employees were performing maintenance and parts exchange on the hydraulic unit called Iron Roughneck. The operations were being conducted in dangerous area-potential drops zone under the top drive. HSE supervisor approached and observed that there is no LOTO (Lock Out-Tag Out) issued for the hydraulic unit and immediately stopped the job.

missing Lockout-Tagout on breaker

Causes of Accident

Immediate Causes

- Failure to follow the requirement of LOTO on during maintenance and parts exchange may accidentally open causing mechanical injury.

Underlying Causes

- Lack of understanding for task related hazards and risks involved.
- Employees with poor awareness of energized equipment hazard.
- Procedure not reviewed prior to task.
- Lack of on-site supervision and inspection.

Correct Actions

- Always apply primary and secondary energy isolation method and follow the LOTO Rules and procedures closely.
- Conduct the Tool Box Talk before operation to identify risks.
- Organize the training on LOTO Rules and procedures to ensure that operators have knowledge of energy isolation.
- Never take shortcuts. Review the procedures for unconventional operations.
- Carry out on-site supervision and inspection of unconventional operations.

05 Speeding Rollover Accident

Accident Description

At 14:45 on January 19th, on the main road near CPF, Armored Toyota Land Cruiser have made an incident. The incident caused by failure of the driver to comply with the prescribed speed limits, because of over speed, too near roadside, The local driver drove the vehicle into an uneven dirt road to avoid an obstacle on the road causing the vehicle to overturn. And the driver said the speed was 140km/h.

Causes of Accident

Immediate Causes

- When the driver meets the small obstacles on the road, The speed is too fast and too close to the roadside, so that when he changes the steering wheel, the car rollover.

Underlying Causes

- Failure of the driver to comply with the prescribed speed limits (80km/h).
- IVMS have been deactivated by the driver without giving any notice to company.
- The day before the rain made the road wet and slippery road, roadside soil soft, causing a threat to traffic safety.
- The driver has got his driving license on the 30 May 2021 (8 months of driving experience). inadequate practices, lack of experience.
- Lack of security awareness. Although the driver is often educated about safety.
- Poor judgment of driving risks, inappropriate attempt to save time.
- Do not understand the vehicle performance. The weight of bulletproof car is heavy, driving cannot be too close to the roadside.

Correct Actions

- Must abide by the 80km/h speed limit on the main road.
- Each driving recorder is checked once a week or at any time.
- Strictly dispatch vehicle system, prevent random car, reduce the frequency of car after bad weather.
- All drivers shall attend TBT session to aware about current situation and HSE instructions.
- It is strictly required that local drivers should not leave the site in work time.
- Organize the training to ensure that the all drivers have knowledge of defensive driving and vehicle performance.

06   Person Standing on a Handrail without Fallen Protection

Accident Description

On 06th Dec. 2021, During the site visit, the inspector observed an operator accessing the valve while standing on top of the platform handrail, and the operator was not wearing fall protection equipment. Placing himself at risk of falling from height. The height was approximated 8m from valve platform to the ground. May cause serious injury or death if fallen from a height.

Causes of Accident

Immediate Causes

- Routine activity was carried out without thought and the working at height hazard was not considered. The operator stood on the guardrail accessing the valve without fall protection equipment.

Underlying Causes

- Individual was inexperienced and unfamiliar with the safety site safety standards.
- Lack of supervision, the supervisor was not present with the inexperienced individual.
- Activity was not covered under a PTW due to this only requiring a close visual inspection.
- No initial personal risk assessment was completed.

Correct Actions

- Any persons new to the concession and requiring access to the equipment, a conversation must take place with the team to understand potential hazards and to determine if a PTW is required or not.
- Standing on plant/equipment is not to be carried out and when working on platforms all handrails must be in place and should a minimum of 1.1m. If not, this shall be considered as working at height.
- Ensure that supervision is available and inexperienced persons should be always accompanied.
- Conduct training to strengthen employees' awareness and skills in working at height.

07　Rig Site Accommodation Fire

Accident Description

In a cold winter, an electrical radiator was left "ON" unattended set at maximum heat resulting in a significant rig site accommodation fire. Fatal injuries and asset damage can result when electrical equipment is left on in accommodation unattended; sockets can overheat and result in a fire; electrical radiators can be a source of intense heat and should be in a well-ventilated place away from sources of ignition and must not be left unattended.

Causes of Accident

Immediate Causes

- There were clothes hanging above the radiator to dry and the radiator was positioned close to the wall. A buildup of heat either from the clothes hanging above or the wood cladding of the room caused an ignition and resulting fire.

Underlying Causes

• The occupants of the room left for duty and did not turn off the electric radiator that was at full heat.

• The room is messy, many used paper cups are thrown near electric radiator.

• Fully loaded sockets may lead to localized overheating of the line.

Correct Actions

• Electrical Radiators are not to be left "ON" and unattended.

• Radiators when "ON" are to be in a well-ventilated area and away from sources of ignition.

• Clothes are not to be left on or near the electrical radiator for drying.

• Ensure that accommodation rooms are clean and tidy, and all used paper cups etc. are thrown away.

• All electrical equipment must have a correctly rated plug. Bare wires not to be put into a socket.

• All extension cables are to be fit for purpose and not homemade.

08 Excavation Violate Procedures

Accident Description

On 22nd Jan 2022, while Contractor workforce carrying out excavation activity for pipe sleeper pit, inspectors found that the excavation depth was already greater than 1.2m, in violation of excavation procedures. The excavation was also missing barriers, access/egress not constructed.

Causes of Accident

Immediate Causes

- The inspectors found that the contractor had violated the excavation requirement such as slope formation, safety exit setting and fence marking etc.

Underlying Causes

- Contractor failed to comply with safe excavation requirement due to pre-job planning not effectively exercised.
- Lack of supervisors on site.
- Poor perception of hazard awareness.

Correct Actions

- Ensure exercise effective work planning to avoid / reduce potential risk or unattended consequences.
- Emphasis on implementing / Following excavation procedures as it a key to make the work safe.
- When the depth of manual excavation is greater than 1.2m, a ladder should be set up as a safety exit.
- Set up barriers and clear signs at the excavation site to prevent people from falling in by mistake.
- Organize the training to ensure personnel must be sufficiently competent to understand the hazards and risks associated with their work.

09 Running Casing Accident

Accident Description

While running casing, the pin in the casing elevators was incorrectly inserted before the latch was fully closed. This allowed the elevators to inadvertently open as a joint of $9^5/_8$ in casing was hoisted out of the tubular handling trough. The joint bounced in the trough and fell on next to the catwalk. No one was injured, however the potential for serious injury and/or equipment damage was very high.

Causes of Accident

Immediate Causes

- Casing Elevators not latched properly result in a dropped joint of casing.

Underlying Causes

- Casing crew employee was not aware that improperly latched elevators allowed the pin to be installed and door still come open.
- Lack of pre-lifting inspection.
- Failure to organize the crew to learn the procedures and warnings provided by the manufacturer.

Correct Actions

- Confirm that latch is completely closed before installing pin.
- Check whether the casing elevator is closed correctly before lifting.
- Organize training to familiarize employees with the operating procedures provided by the manufacturer.
- Post warnings at drilling sites to remind employees of the proper use of casing elevators.

10　Overturned Mobile Elevating Mobile Platform

Accident Description

On 12th Jan. 2022, at around 10:30, a work party was removing scaffolding from the top of a flow tank using a MEWP (Mobile Elevating Mobile Platform). As the MEWP man basket, containing two persons and various scaffolding materials, was being lowered, it became unstable and began to slowly tip to one side. The two members of the work were uninjured and walked away from the incident.

Causes of Accident

Immediate Causes

- Violation of operating procedures. Failing to retract the boom during the lowering process causing the working radius to increase. MEWP loses focus and topples over.

Underlying Causes

- The MEWP is not designed to carry heavy loads. lifting the scaffold exceeds its safe working load.

- Based on an estimated load weight of 640kg, the MEWP's tipping point was calculated at a radius of 8m. This radius was extended beyond 8m, which exceeded the safe working load and caused the MEWP to tip beyond its balance point.
- Lack of understanding and awareness of MEWPs limitations from work party and site teams.

Correct Actions

- All lifting operations being carried out on site must be in accordance with the latest revision of the lifting procedure.
- Man-baskets are designed to be used for men and light tools not to transfer heavy materials. Operators should use professional lifting equipment.
- Organize professional training to ensure that operators understand the calculation of safe working load and working radius.
- Arrange professional personnel on site to supervise lifting operations.

11 Lowering a Person Using the Air Winch

Accident Description

On 17th Feb. 22 the rig crew were attempting to lay down the pipe ramp using the crane; one of the crew was tasked with connecting the slings to the lifting points of the pipe ramp. The crew member wore his safety harness and connected his lanyard to the hook of the air winch for him to be lowered from the rig floor, through the V-door and down the pipe ramp. HSE used the SWA (Stop Work Authority) and requested that the crew member was brought back to the rig floor. Initial investigation identified that there was no SOP (Standard Operation Procedure) and there was no PTW for the activity; in addition, the air winch is not certified to support/lift personnel.

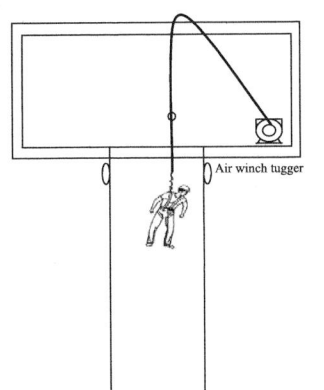

Causes of Accident

Immediate Causes

- Using air winch for manned lifting in violation of PTW procedure.

Underlying Causes

- Poor competency of the air winch operator.
- Incorrect assessment of the risk and hazard identification.
- Poor task planning for fixing the slings to the pipe ramp.
- Insufficient supervision for safe completion of the task.
- The operator did not use the Stop Work Authority.

Correct Actions

- Only competent personnel are to use the winches installed on the rig floor and are to understand the difference between the Air Winch and Man Riding Winch.
- High risk activities are to be correctly planned and risk assessed.
- Sufficient supervision must be given to ensure that activities are carried out safely.
- The use of the Stop Work Authority should be understood and when it should be applied.
- Unconventional operations should develop a pre-operational plan and comply with PTW procedures.

12 Tires Burst Causes Vehicle Rollover

Accident Description

On Aug. 27 at 16:00, Line Department conducted monthly IVMS (Integrated Vehicle Management System) test for 5 vehicles. The first three vehicles had been successfully tested with no major observation. At approximately 16:35, during testing of the fourth vehicle at runway, suddenly the driver and passenger heard an explosion and saw smoke derived from rear left tire from the mirror. While trying to slow down the vehicle, the right front tire got failure causing the vehicle to slide aside on right side of runway on soil about 50~60m and rolled-over. The car did five (5) times of roll over and stopped on its left side.

Causes of Accident

Immediate Causes

- The armored car was travelling in speed approximately 94km/h. Due to the speed and sudden deceleration, tires squeezed and right front and rear tire burst. Causing the vehicle to overturn.

Underlying Causes

- The test was performed on the runway in extreme heats which increased pressure on the tires.
- Incorrect tire pressure inflated on the armored car. The maximum tire inflation range had to be 35~45psi. The tire pressure was 50psi which exceed the normal range of pressure rating.
- Inadequate tires standard—its only can withstand the weight up to 3~4t. The normal tire could not withstand the weight of armored car load capacity to be 7~8t.
- Lack of experience in operating the armored car for testing, sudden changes in speed and direction which caused the car skidding to the left side of the runway.

Correct Actions

- The armored car to be fitted with standard tires that are designed to carry the maximum capacity of the car.
- The preventive maintenance and servicing record of the armored car to be established. this reports to be submitted to HSE Department for review on quarterly.
- Initial Defensive Driving Course (DDC) training to be conducted to all drivers to comply with traffic safety regulations.
- IVMS test procedure need to be revisit (avoid speeding test).
- The weather condition should be considered during conducting the IVMS test.

13 Hand Injury Caused by Working in the Line of Fire

Accident Description

On 21th Oct., at 10:30, during retrieving the rotary bushing using lifting sling assy, the floorman was standing in position that blocked the vision of the winch operator. He attempted to lift the 02 parts of bushing and handled the hooks of the lifting assy in wrong position. Then when he ordered the winch operator to pull, his left hand touched the 2nd part of the lifting assembly, and got hurt. He received the first aid in the rig clinic, and then transferred to hospital for X ray. The medical report showed hematoma on the left hand with pain in the joint.

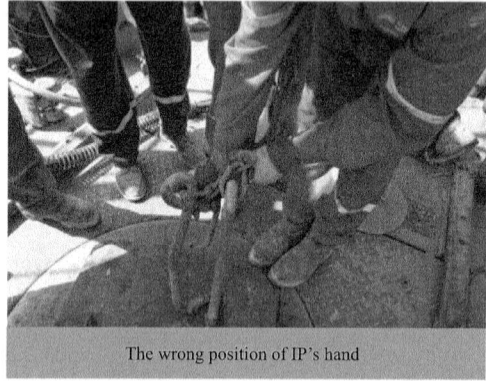

The position of the IP

The wrong position of IP's hand

Causes of Accident

Immediate Causes

- Lack of safety awareness among operators, The floorman standing in the line of fire to handle the hooks of lifting components.

Underlying Causes

- No toolbox meeting to identify operational risks.
- The floorman blocked the vision of the winch operator.
- Lack of necessary operational communication. It wasn't coordination well between air winch operator and injury person.

Correct Actions

- Hold a safety meeting, let all crew know what had happened and shared this lesson in the meeting.

- The floorman must follow the safety measures in lifting equipment in the next times.
- Conduct toolbox meetings to identify risks before operations.
- The site supervisors should coordinate with operators to avoid miscommunication resulting in injury.

14　Gradual Rotation of Pipe Spool

Accident Description

On March 16, 2022, after successfully completing hydrotesting of 16in main inlet line, spades on either ends of the line were in progress of being removed by partial removal of flange bolts when the line gradually rotated in an uncontrolled manner (12:00-2:00 orientation) before coming to rest on adjacent pipe supports. Pace of movement was restricted by remaining flange bolts. No person was in the immediate area (line of fire).

Causes of Accident

Immediate Causes

- Remove the bolts at both ends of the pipe at the same time, causing the pipe to rotate due to gravity.

Underlying Causes

- The hydrotest test pack included the bypass spool, the center of gravity is on top of the pipe, however, temporary pipe supports were not taken into consideration based on the geometry and offset of the bypass spool when removing spades.

- Lack of risk identification, the effects of cognitive related to the offset of bypass spool was not recognized by the Mechanical team when spades were removed.

- Lack of on-site supervision.

Correct Actions

- Ensure hydrotest test packs and supplementary documents hold-points to exercise line checks and identify any potential energy sources prior to removal/ installation of spades and/or flange bolts, and appropriate supports shall be installed.

- Do not underestimate hazards associated with energy sources related to gravity. Always consider geometry of loads and potential offsets to ensure appropriate supports.

- The spades removal operations should be supervised on site.

15 T-Handle of Manual Tong Broke Off

Accident Description

The upper manual tong was hung on the 5t utility winch line and the balance cylinder line, it was connected to make up the joint. While attempting to torque up the joint the driller mistakenly activated the lever for the utility winch rather than the manual tong's cat head lever, which caused tension in the wire resulting in the T-handle (about 2.9kg) of the manual tong to shear off. There was no DROPS hazard as the broken piece of the manual tong remained connected to the hook of the hydraulic winch. The winch line moved up vertically about 3m and slowly came back down. There were no personnel in the red zone/immediate vicinity of the incident.

Causes of Accident

Immediate Causes

• Not following process when changing the work method. Wrong use of the equipment, which caused tension in the wire resulting in the T-handle of the manual tong to shear off.

Underlying Causes

• Mistakenly activated the lever of utility winch rather than the manual tong's cat head lever.

• The levers for both utility winch and cat head are positioned side by side with unclear markings.

• Driller's training on that type of rig was not completed. Lack of equipment understanding.

• Lack of on-site supervision.

Correct Actions

• Organize training for all drillers to ensure proper use of equipment.

• All key position personnel are not allowed to work without completing training.

• Marking of all functions of the console to ensure proper use by the operator.

• Increased supervision to be applied when personnel are unfamiliar with equipment design.

16　Kitchen and Surrounding Got Fire

Accident Description

On 17th March 2022, the wind was blowing 31km/h. At 15:00, Fire was occurred at contractor camp during Tea Coal Preparation at the entrance of kitchen floor, the wind blowing a firing coal pieces (fire source) and get them dispatched in camp area with a poor housekeeping which led fire to get caught and spread out resulted in burn down partially camp and slight burn of worker while tried to take personal things from his room. Firefighting teams had controlled the fire and got it extinguished, the IP received First Aid treatment.

Fire Source

Damaged Assets

Causes of Accident

Immediate Causes

- Using Coal for preparation tea in the entrance of kitchen, the wind blowing a firing coal pieces caused camp kitchen and surrounding got fire.

Underlying Causes

- Fire source not contained. Non proper place for tea preparation.
- Windy weather not considered.
- Lack of security awareness. Local worker crossed a fire to recover his stuff.
- Lack Training's on fire prevention, protection & risks.
- Lack of Awareness related to housekeeping.
- Lack of regular firefighting inspections.

Correct Actions

- Implement Internal Instructions of fire prevention & protection covering safe coal use.
- Organize the training, refresh all employees on fire prevention and fire fighting awareness & housekeeping.
- Ensuring proper signs and awareness posters related to fire prevention, protection & housekeeping.
- Ensuring weather forecast monitoring check for windy days to aware employees and takes precautions.
- Develop fire periodic inspection plan, implement, record and track

17 Loss of Load whilst Making a Right-hand Turn

Accident Description

During transportation of 4×8in 10m pipes to flowline working location which was approx. 1.2 km away, two pipes moved and fell from the back of flatbed trailer. Driver made a gradual 90º turn off aggregate road onto asphalt road at approximately <20km/h, when 2x pipes rolled off. No injuries were sustained. No other vehicles were on the road at the time of the incident. Uncontrolled load transport can lead to serious traffic accidents when load crash into other vehicles at high speed.

Causes of Accident

Immediate Causes

- Two unsecured pipes fell from the back of a moving flatbed trailer.

Underlying Causes

- Failure to effectively secure piping in violation of load securement assurance procedures.

• Driver failed to recognize the unintended consequences of uncontrolled loads becoming projectiles if involved in a road traffic accident and/ or potential risk to other road users.

• Lack of hazard perception from driver, lack of supervision on site to exercise assurance prior to mobilizing load.

Correct Actions

• Organize the drivers training to ensure full understanding load securement assurance procedures and recognition of "what could go wrong" if loads were not appropriately secured.

• Carry out pre-travel safety inspection to test and verify effectiveness and capabilities of securement techniques.

• Ensure trucks have adequate and appropriate load securing equipment and the driver know how to use them.

• Assurance process for load securement is in place and robustly applied "prior" to transporting loads.

18　IP Trapped Finger in Cabin Door

Accident Description

On 1st Apr. 2022, two Well Site Leaders (WSL) visited Package 3 and following the site induction proceeded to conduct the site review. During the review, they both entered the control Unit cabin, one WSL had his hands close to the door hinge. When the site supervisor left the cabin and the hydraulic door was closed, the WSL trapped his finger between the door hinge and inner frame. The resultant finger injury to the IP led to amputation of distal part of his right middle finger.

Causes of Accident

Immediate Causes

• The IP entered cabin without permission and trapped his finger between the door hinge and inner frame resulting in finger injury.

Underlying Causes

• Existing procedures were not followed —Unpermitted personnel were not supposed to enter cabin.

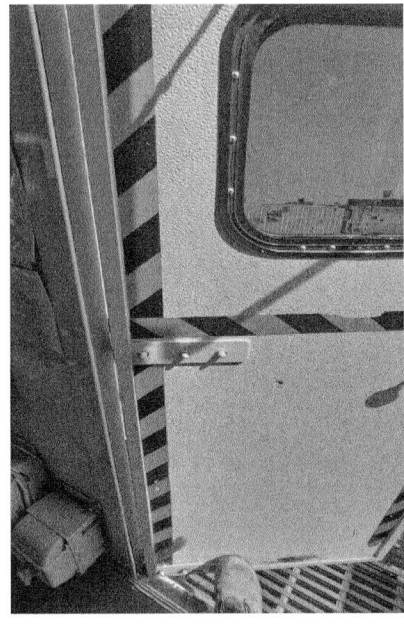

- The supervisor should have stopped the unpermitted personnel to entry the cabin.
- The IP was a trainee and should have been mentored & supervised by his partner.
- Lack of attention by the IP, he placed his hands in an area known to be a potential pinch point.

Correct Actions

- Hinge guards (rubber shields) should be fitted around inner hinges of steel doors at all cabins.
- SWA (Stop Work Authority) should be refreshed to all personnel to ensure that any failure to comply with procedures should be immediately stopped.
- Organize the safety stand downs to investigate the incident and share lessons learned.
- Expectations and limitations of trainees should be better recognized, and the correct level of mentoring be provided.

19　Iron Band Chain Falls from TDS

Accident Description

On the previous day, rig crew changed out the O-ring seal of the rotary hose and put TDS (Top Drive Drilling System) back into service. On 15 Apr. 2022 while RIH with 5in open ended drill pipe, the iron chain used to secure the TDS service loop and rotary hose (approx. 3.5kg) dropped from a height of 18m to the floor together with the 4parts shackle within the red zone. The safety pin failed leading to the bolt opening which was used to secured the chain. There were none personnel in the red zone at the time of incident.

Causes of Accident

Immediate Causes

- The shackle fails caused the heavy chain to fall from a height.

Underlying Causes

- The chain was not equipped with a secondary retention device if the 4-parts shackle fails.
- The chain and shackle were not included in routine Dropped Objects Inspection.
- Lack of Dropped Objects Inspection on the TDS following any routine/unplanned maintenance.
- Lack of SOP (Standard Operation Procedure) for returning the TDS back into service following routine/unplanned maintenance.

Correct Actions

- Identify and implement a better means of securing the service loop that negates the requirement of using heavy chain.
- Ensure that secondary retention is used for all equipment likely to pose a potential dropped objects risk.
- Review 3rd party dropped objects survey book and ensure all equipment posing potential risk are included.
- Ensure that there is an SOP in place for returning TDS back into service which includes details of all necessary Dropped Objects inspections to be carried out.

20 Loader Struck by Flatbed Truck

Accident Description

On 18 May 2022, at about 7:40, a vehicle collision incident occurred in the CPF tank farm construction area. The Team-5 loader was hit by the flatbed truck at the rear part. The incident caused the damage to loader in air conditioner, water tank, intercooler, hydraulic oil cooler and fan.

In the morning, a CPECC loader driver, drove the loader to dump sand from the sand pile to the crude oil tank. Later, the driver found that the ground of the sand pile became uneven. Therefore, the loader bucket was placed on the ground and reversed at a slow speed to scrape the ground. At 7:40, the driver noticed that there was a CPTDC flatbed truck approaching diagonally ahead, and pushed the horn to warn the driver. But the truck did not slow down and hit the rear part of loader.

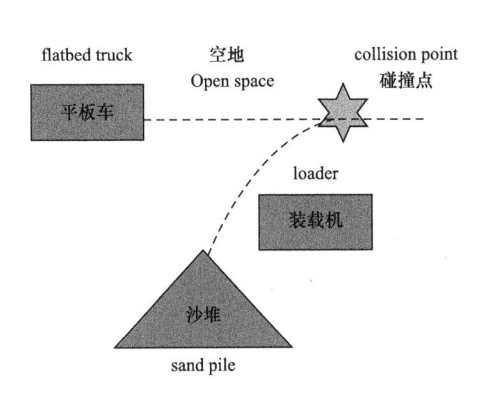

Causes of Accident

Immediate Causes

- The overspeed flatbed truck of the third party collides with the loader in operation.

Underlying Causes

- Cross-operation of multiple contractors at the work site, lack of on-site safety supervision.

- The driver did not comply with the speed limit. Flatbed truck driving over the speed limit in the CPF.

● When the surrounding construction noise is too much, the warning horn is not effective.

● The drivers have poor safety awareness and do not maintain a safe distance from other vehicles.

Correct Actions

● Regularly have driving safety meeting with drivers and operator to remind the driving risks, and the importance the speed limit.

● Organize toolbox meetings to coordinate cross-operations.

● Carry out on-site safety supervision to stop the non-compliant work.

● Drivers must not be fatigued to operate and observe the risks in time.

21　Fire and Sulfur Dioxide (SO_2) Intoxication

Accident Description

Approximately 09:30 on Sep. 13. at a sulfur storage yard of Gas processing Plant-1 (GPP-1), fire occurred in a cabin of a dump truck. Dump truck was moving in the yard for loading sulfur sacks when the driver felt an odor of burning from bottom of the cabin. Driver immediately stopped a vehicle, left the cabin, and started to extinguish ignition with available fire extinguisher. Other drivers joined him to help to extinguish the fire with available firefighting equipment on the site. After extinguishing the fire, driver of a dump truck told he felt dizziness and had been immediately delivered to the medical clinic of GPP-1. After examination and first medical aid, physician of medical clinic has made the preliminary diagnosis: "Poisoning with sulfur dioxide" and he was transferred to local hospital for further treatment.

Causes of Accident

Immediate Causes

● Sulfur dust accumulated on the surface of the components under the hood of the dump truck cab caused a fire when it contacted with the hot engine.

● Sulfur ignition resulted in formation of Sulfur dioxide (SO_2), which leads to intoxication when inhaled.

Underlying Causes

● No pre-work inspection. The dump truck was not inspected before starting work that day. Driver said it was not his responsibility.

● Job safety assessment and toolbox meeting were not held by the site supervisor before the task.

● No record of onsite safety induction for working in sulfur storage yard was found during the investigation.

Correct Actions

● Development of Safety instructions for dump truck drivers involved in sulfur transportation.

● To organize unscheduled (extraordinary) HSE meeting with the drivers working at sulfur storage yard and take the meeting under record.

● HSE officers to carry out training on a topic: "H_2S safety".

● Provision of corresponding PPE for drivers working at sulfur storage yard to eliminate hazards at work and to organize training on their correct usage.

● Responsible site supervisors daily to inspect work of drivers on conformity to safety requirements at sulfur storage yard.

● Drivers to clean the vehicle from sulfur dust and dirt after work every day.

● Site monitoring person must be available.

22　Team Started Working without Approved PTW/Proper PPE

Accident Description

The inspector found that the contractor team had removed the flange from a bleed point which resulted in an estimated 25L of oil spill. It was observed that the two technicians carried out the activity were heavily soiled with oil, and not wearing the appropriate PPE. It was also identified that there were no personal gas detection devices, and the task was carried out without an approved PTW, this may cause serious accidents such as hydrogen sulfide poisoning.

Causes of Accident

Immediate Causes

- The procedure was not followed. The contractor team started the removed the flange operation although PTW was not yet approved.

Underlying Causes

- Lack of risk identification and failure to develop control measures to prevent oil and gas leakage.
- Lack of operation planning. The correct PPE for the task was not used.
- Lack of supervision. no supervisor was found with the team.

Correct Actions

- Identify and communicate the risk of breaking containment job to all workers involved through TBT's / safety meetings.
- Work team must ensure the PTW are in place with all relevant documents signed/ approved prior to start the activity.
- Ensure that supervision is available and inexperienced persons should be always accompanied.
- PA must ensure that his team wearing the right PPE for the task and that all controls are implemented.

23 Uncertified Lifting Points

Accident Description

An inspection was conduct for lifting activities during a rig move, the lifting team was lifting the rig floor plates that might weigh between 500kg~1.5t, depending on its size. The lifting points used do not meet the load requirements of the CIS "Lifting points-a design guide" (2013 Edition), however, have been given a full Certificate of Thorough Examination and Magnetic Particle Inspection report, from the Third-Party Inspection Company (Pic 1). The inspector stopped the lifting operation in time, as this could have caused a serious lifting accident.

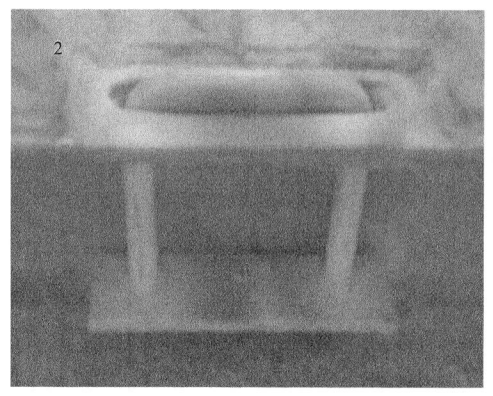

Causes of Accident

Immediate Causes

- Lifting point end welded with nut only, the internal stress of the metal may change after the bolt nut is heated (welded).

Underlying Causes

- Lack of understanding of the international codes and standards.
- Not following the inspection company's own procedures for the Inspection of Lifting Points.
- Although key members of the management team questioned and were uncertain of the quality of the third-party inspection, failed to apply SWA (Stop Work Authority).
- Pre and post use visual inspections were not conducted during the lifting operation.

Correct Actions

- The management team on site must ensure that any certification or inspection being conducted on their sites by a third-party contractor meets the relevant standards.
- Pre and post use inspections of all lifting equipment including lifting points are to be completed and documented as per the lifting plan prior to any lifting operation taking place.
- A blanket Inspection was conducted on all rig contractor's rig floor plates. Equipment used must conform to international codes and standards.
- Rig contractor to agree a new design of lifting bracket (Pic 2).

24　Deep Fat Fryer Caught Fire

Accident Description

On 9th Apr. 2022, following lunch the assistant cook was transporting raw food on a tray that also contained some water, he tripped and accidently spilt water into the hot fat fryer that was located next to stove. The oil was still hot from being used at lunch time and the stove temperature was 433℃, when water contacted with the hot fat, it caused a small fire. The chef attempted to cover the fire blanket however the fire could not be controlled, and the fire alarm was activated. All emergency procedures were correctly followed and there were no injuries although some damage to the kitchen.

Causes of Accident

Immediate Causes

- The cook's mistake of pouring cold water into the hot frying pan at 433℃ caused a fire.

Underlying Causes

• The deep fat fryer was located next to an additional heat source which increased the temperature of the fat contained in the deep fat fryer-the hazard was not recognized and mitigated.

• The deep fat fryer was used daily however the requirement for a protective lid was not identified to prevent the spill/splash of oil.

• Firefighting competency of kitchen staff—There had been a recent change of kitchen staff, insufficient provision of basic firefighting training (using of extinguishers & fire blankets).

Correct Actions

• Deep fat fryers need to be located away from additional heat sources.

• Protective lids provided to avoid spills/splashes of oil.

• Basic firefighting training to be provided for all kitchen staff which should include regular refresher training with practical use of the fire blanket and extinguishers.

• Firefighting competency to be assessed when there is a change of staff within the kitchen.

25　Fell Down from Mobile Scaffolding

Accident Description

On 12th Mar. 2022, the IP repairs the rolling door of the CPF2 Fire Station. He stood on the shelf and took off the chain. When the chain was removed, the rolling door suddenly rose, knocking the IP off the shelf. The principle of the rolling door is to drive the chain through the motor, and there are two springs on the reel to increase the tensile stress and control the lifting of the rolling door. When the roller shutter falls to the bottom, the spring is tight state. When the chain is removed, the spring immediately releases the stress from the original tight state, and the rolling door is quickly pulled up, colliding the IP and causing an accident.

Causes of Accident

Immediate Causes

• IP standing at top of mobile scaffolding knocked by rolling door causing IP to loose balance and fall down on the ground.

Underlying Causes

- IP not wearing the required PPE/Fall arrest to stop falling from high.
- The analysis of the rolling door is not clear, and the operation sequence is wrong, resulting in an accident.
- Poorly designed mobile scaffolding without fall barrier.
- Lack of PTW implementation, lack of supervisory.
- Lack of risk assessment, lack of TBT and JSA implementation before starting the job.

Correct Actions

- Prepare method statement, JHA and implement control measures through work permits & certificates to minimize task specific risks.
- Comply with lifesaving rule requirements while working at heights and ensure workers use certified fall arresters/full body harness and specific PPE and anchored properly.
- Design proper mobile scaffolding and ensure it is stable and rigid enough to have its own stability, have anchoring system and have fall protection rails.
- Conduct TBT, Training and enhance site supervision and awareness on hazards and associated risks.

附录：缩　略　词

ALARP	最低合理可行原则
API	美国石油协会
BBL	石油单位（桶）
CCUS	碳捕获、利用与封存
CEMS	连续排放监测系统
CPMS	连续参数监测系统
CNODC	中国石油国际勘探开发有限公司
EIA	环境影响评价
ESIA	环境与社会影响评价
ESG	环境、社会和公司治理
FFI	国际动物和植物组织
GRI	全球报告倡议组织
GWP	全球变暖潜能值
HSE	健康，安全和环境
IOGP	国际油气生产者协会
IPIECA	国际石油工业环境保护协会
IPPC	政府气候变化委员会
IUCN	世界自然保护联盟
JV	合资公司
NPI	净积极影响计划
OBO	非作业者项目
SASB	可持续发展会计准则委员会
SDGs	联合国可持续发展目标
SERs	可持续温室气体排放减少

SLCF	气候强迫因子
TCFD	气候变化相关财务信息披露工作组
TCI	交通和气候倡议
UN Global Compact	联合国全球契约组织
USUG	美国地质勘探局
WEF	世界经济论坛

后　　记

在党的二十大圆满闭幕之际，由中国石油国际勘探开发有限公司组织编写的《中国石油海外安全管理研究和实践》终于和大家见面了。

时间是最忠实的记录者，也是最伟大的书写者。回顾历史，中国石油海外油气业务已历经三十载风雨，实现了从无到有、从小到大、从弱到强的历史跨越。多年来，海外油气业务始终坚持"员工生命高于一切"的理念和核心价值观，切实为员工创造安全稳定的生产生活环境。在此期间，不断优化配置质量、健康、安全和环境资源，持续改进安全管理，坚持各级最高管理者是安全的第一责任人，全体员工主动履行安全职责，扎实落实管业务必须管安全，管生产经营必须管安全，持续开展安全培训，培育和维护企业安全文化。

安全生产没有最好，只有更好。本书的出版，是对历史的总结，也是对未来的期望。海外油气业务将在攀登安全高峰中追求卓越，胸怀大局，牢记目标，步履铿锵，一往无前，坚定不移向安全生产自主管理跨越，为中国石油建设基业长青的世界一流综合性国际能源公司更好贡献海外力量！

本书是中油国际各单位及员工共同创作的结晶，特此感谢下列供稿单位及人员：

第一篇：

彭继轩《境外旅程安全管理》；

杨意峰、田慧颖等《项目全生命周期 HSE 风险管理方法》；

中油国际质量健康安全环保部《事件管理》；

中油国际质量健康安全环保部《绩效管理》；

第二篇：

苏丹 1/2/4 区项目公司《苏丹 1/2/4 区项目紧急撤离》；

赵宏展、贺晓珍、杨意峰《哈法亚油田项目精准有效防控风险实践》；

中东公司《艾哈代布油田项目能源合作》；

中国石油安第斯安全文化调研检查团《拉美公司安第斯项目安全文化建设》；

殷源《中国石油在委内瑞拉的木薯情结》；

彭继轩、高希峰、王继维等《中国石油南美洲地区和谐油区建设》；

谢来《秘鲁 1AB 项目与亚马孙原住民培育良好关系》；

曹民权等《安第斯项目强化 HSE 培训严控岗位风险》；

陈蓓（中委公司）《委内瑞拉乳化油项目健步走和阳光心态活动》；

秘鲁 6/7 区项目公司《秘鲁 6/7 区项目坚持互利共赢树立良好形象》；

曹增民（阿姆河天然气公司）《用质量管理筑牢一流企业的根基》；

第三篇：

西非公司、乍得上游项目公司《创新社会安全危机应对策略》；

阎世和、彭继轩、孙洪坤、冀亚锋等《海外员工动态定位和预警系统开发和实践》（课题荣获集团公司 2020 年度管理创新成果二等奖）；

彭继轩、冀成楼、冯建勋等《伊拉克项目面临的安全风险与应对实践》；

安第斯项目公司《安第斯公司社会责任管理实践》（课题荣获 2014 年石油石化行业管理创新成果一等奖）；

曹民权（拉美公司）《安全风险量化和应急体系建设实践》；

赵宏展、贺晓珍和杨意峰等《伊拉克哈法亚项目韧性健康卫生保障系统》（课题荣获集团公司 2021 年度管理创新成果二等奖）；

宿敬新、金劲松、陆宝军、刘兴福、宋磊、程军、刘影、赵松、刘楠楠、信硕（尼贝管道项目公司）《执法记录仪对不安全行为规避的实证研究》；

宿敬新、金劲松、赵家顺、刘安全、朱俊燚、宋磊、刘影、孟庆亮、李军、叶陆军、孙帅（尼贝管道项目公司）《中资企业境外项目新冠病毒防疫衍生安保风险分析与规避》；

黄江（大港油田集团工程建设有限责任公司）《海洋石油工程平台安全管理策略分析》；

胡京高（中国石油工程建设公司）《非洲工程施工安全管理》；

赵东阳、刘安全、龚自超、曾进、李小红、张斌、许俊岗、高鹏、林远轮、李金龙、彭念寅（尼贝管道项目公司）《海因里希因果连锁理论与 HSE 执行力》；

信硕、金劲松、丛雷、陆宝军《海外石油化工行业污水处理技术》；

郭维、朱俊燚、刘兴福、曾进、刘黎明、张青、孙亮、刘艳君、侯晓宇《防御性驾驶技术在丘陵丛林作业中的应用》；

牛殿国、姚俊民、李愚、赵冬阳、陈永刚、宋兴盛和陆宝军等《长输管道线路焊接一个平台两项支点管理实践》；

赵奇志、彭继轩等《多元安全文化的创建与实践》；

中油国际质量健康安全环保部《环境管理信息化国际良好实践》。

2022 年 10 月